中央编译局文库出版工作领导小组(编委会)

主　　任：贾高建
副 主 任：俞可平　魏海生　陈和平　柴方国　杨金海
委　　员：崔友平　沈红文　杨雪冬　季正聚　陈家刚
　　　　　赖海榕　郗卫东　张文成　刘明清

中央编译局文库出版工作领导小组办公室

主　　任：薛晓源
成　　员：徐向梅　苗永姝

中央编译出版社文库编辑中心编辑小组

刘明清　薛晓源　谭　洁　董　巍　贾宇琰
冯　章　曲建文　苗永姝　邓　彤　盛菊艳
李媛媛　薛迎春　董　妍

马克思主义研究资料

第20卷

主　编　杨金海
副主编　冯　雷（常务）　薛晓源

科学社会主义研究 Ⅱ

本卷主编　彭萍萍

中央编译出版社

《马克思主义研究资料》顾问委员会

贾高建　俞可平　宋书声　殷叙彝　詹汝琮　张钟朴

李洙泗　冯文光　赵家祥　严书翰　梁树发　郭建宁

《马克思主义研究资料》编辑委员会

主　编：杨金海

副主编：冯　雷（常务）　薛晓源

编　委　（按姓名拼音排序）

陈喜贵　冯　章　黄晓武　江　洋　李百玲　李义天

李媛媛　林进平　刘仁胜　刘　英　刘元琪　吕增奎

马　瑞　苗永姝　彭萍萍　盛菊艳　史清竹　武锡申

姚　颖　苑　洁　郑　锦　郑天喆　周艳辉

参加本卷编辑出版工作的有

李媛媛　苗永姝　薛晓源

总　序

呈献给读者的这套《马克思主义研究资料》丛书，旨在服务于我国正在实施的马克思主义理论研究和建设工程，积极吸收和借鉴国外马克思主义研究成果，对改革开放以来中央编译局编译的有关国外学者研究马克思主义的成果，以及少量相关的国内学者的研究成果整理出版，为我国马克思主义研究提供基础性的参考资料。本丛书计划出版37卷，三年内陆续完成编辑和出版工作。

编译国外学者关于马克思主义的研究成果，并对相关问题展开深入探讨，是马克思主义经典著作编译研究的基础性工作。中央编译局作为马克思主义经典著作编译研究的专门机构，历来十分重视这项工作。20世纪50年代以来，特别是改革开放以来，中央编译局的同志们编译了大量国外学者关于马克思主义的研究文献，也发表了不少自己的相关研究成果。这些成果曾经在中央编译局编辑的《马列著作编译资料》、《马列主义研究资料》、《马克思主义与现实》等刊物公开发表，或在内部刊物《马克思恩格斯研究》、《列宁研究》等刊载。这些成果对于推进马克思主义经典著作的编译和研究工作发挥了重要作用，时至今日，一些学者仍然把它们当做研究马克思主义的珍贵资料。

然而，随着近年来中央实施马克思主义理论研究和建设工程的深入推进以及马克思主义学科建设的快速发展，这些研究资料的留存情况已经远远不能适应形势发展的需要了。《马列著作编译资料》和《马列主义研究资料》早已停止出版，很多人难以找到原有资料；《马克思恩格斯研究》等内部刊物刊载的文章没有公开面世，也难以为人们广泛使用；而新编译的文献资料又很零散。因而，希望中央编译局提供马克思主义研究资料的呼声越来越高。

为了继承前辈的事业，适应学界的需要，尽可能全面系统地收集整理中央编译局近几十年来编译的国外学者关于马克思主义的研究成果以及相关的国内学者的研究成果，中央编译局专门成立了《马克思主义研究资料》丛书课题组，并对该项工作提供了基金资助。课题组不仅在局内组织力量进行工作，而且争取到社会力量的支持。经过课题组同仁两年多努力，已经形成一批编辑成果，还将继续补充、完善并陆续推出。这套《马克思主义研究资料》丛书就是这些成果的集中体现。

本丛书力求体现如下四个特点，这也是丛书编辑工作所力求遵循的四条原则：第一，保证文献性。本丛书主要收集改革开放以来中央编译局刊物发表的有关马克思主义理论编译和研究方面的成果，这些刊物包括公开出版的《马列著作编译资料》、《马列主义研究资料》、《马克思主义与现实》、《当代世界与社会主义》、《经济社会体制比较》、《国外理论动态》等，也包括内部刊物《马克思恩格斯研究》、《列宁研究》、《斯大林研究》、《马克思恩格斯列宁斯大林研究》等；少量收集其他杂志发表的中央编译局学者编译或撰写的有关文章；个别收集与中央编译局长期合作的其他学者的相关文章；对所收商榷性文章涉及的其他学者的成果，也作为附文收入，以示对相关学者的尊重，也便于读者在阅读正文时参考。收集整理这些学术成果的目的主要是为学界研究马克思主义提供参考资料，同时帮助人们了解马克思主义研究的历史进程和思想脉络。因此，本丛书所收文献力求保持其历史原貌，包括其中的人名、地名、术语、引文等，都不作改动，以便读者进行文献考证之用，只对个别错漏文字等进行校正，对于文中可能产生歧义的地方，以"本丛书编者注"的方式加以说明。其中读者特别应当留意的是译名、术语的不统一问题，例如关于《马克思恩格斯全集》历史考证版，就有多种表达方式：原文版、国际版和MEGA版，其中，往往又以"老"、"新"、"MEGA^1"、"MEGA^2"、"MEGA1"、"MEGA2"等来区分历史考证版第1版和第2版。第二，突出编译性。本丛书所收文献中，以国外学者的成果为主，包括国外学者关于马克思主义经典作家的著作、思想、生平事业，乃至书信往来、工作生活等方面的研究文献，凡比较有资料价值的，均在收集之列。如上所述，国内学者的相关考证性成果，包括经典著作翻译、版本、传播、重要术语考据等文献，凡具有资料价值的，也一并收入，但这部分内容所占比例较小。第三，力求系统性。上述几十年来形成的这些编译研究资料繁茂芜杂，十分零散，使用起来很不方便，编辑整理就更为困难。为把这些宝贵文献整理面世，使之更好地发挥作用，编辑人员下了很大功夫。在收集整理中，我们力图分门别类，尽可能将同类资料按照一定逻辑顺序编排，使之呈现一定的系统性，以便读者全面掌握有关资料。第四，力争权威性。本丛书力争选编国内外在相关研究领域具有一定权威性的专家学者的具有代表性和影响力的文献。为保证文献的权威性和准确性，我们对文献的引文进行了校订，特别是对有关马克思主义经典著作的引文进行了原版原文核对，并对注释尽可能地作了规范化处理，以便读者更准确地了解引文及其出处。

基于上述考虑，本丛书的编排体系大体分四个部分。第一部分是经典著作研究，包括关于《共产党宣言》、《资本论》等手稿、创作、版本、传播诸方面的研究文献；第二部分是基本理论研究，包括哲学、政治经济学、科学社会主义以及政治学、法学等方面的研究文献；第三部分是版本和传播、编译以及生平事业研究；第四部分是国外马克思主义研究。每一部分包括若干卷。每一卷都有本卷编辑说明，对本卷编辑的思路、内容和有关技术问题作简要交代。各卷内容按照逻辑顺序进行编排，在此基础上再按照时间顺序编排。各卷内容一般要作分类，并加分类标题，以便读者阅读研究。

需要说明的是，由于本丛书是整理编辑已有的文献，而且主要限于整理编辑中央编译局学者编译和研究的部分成果，这就决定了本丛书不可避免地存在一些缺憾。一是这些文献中有的观点不一定正确。选编这些文献并不意味着编者赞同其中的观点，我们的目的仅仅在于为人们研究马克思主义提供参考资料，其中正确的思想成果可以作为我们研究借鉴的思想资源，而错误的观点可以作为我们研究批评的对象。例如，对有关马恩对立论的观点，我们是不赞成的，但为了让研究者了解、研究和批评这种观点，也收入了相关文章。所以，谨请读者在使用这些文献时注意辨别是非。二是这些文献存在质量参差不齐的情况。由于这些文章的作者、译者水平不同，写作时间、背景、针对的问题、产生的影响以及发表的刊物等不同，其质量也就有一定差别。例如，有的概念和译文在今天看来不一定科学、准确，有的文献曾经很有价值而在今天看来最多只有学术史的价值。在选编过程中，我们尽量收入那些分量较重、影响较大的文献，但为了比较全面地反映学术史的原貌并提供尽可能详细的研究参考资料，也收入了一些篇幅较短、影响不大但有一定资料或史料价值的文献。另外，有少量比较重要的文献，由于作者或译者不同意收入，也不得不忍痛割爱。三是这些文献的系统性、规范性不太强。尽管我们努力按照上述编辑原则工作，对这些文献进行了分类整理，力求全面系统地提供给读者相关方面的文献资料，但由于这些资料十分繁杂，彼此之间的关联性不强，有的方面资料较多，有的较少，且发表的刊物、时间等不同，体例也很不统一，整理起来难度极大，加之各位编者的研究角度不同，水平各异，所以，每一卷书的结构、篇章、内容、观点等都不尽相同，其规范程度也不尽一致。对本丛书存在的以上不足或缺憾，谨请读者鉴谅；对其中可能存在的疏漏和错误之处，谨请读者批评指正。

本丛书在编写和出版过程中，得到了各个方面的大力支持。中央编译局对此项工作高度重视，始终给予鼎力支持。国家出版基金将本丛书列入2013年度资助项目。中央编译出版社为本丛书申报国家出版基金项目并最终立项，以及为丛书出版做了大量工作。本丛书所收文献的译者、作者和出版者，凡已联系上的，均给予我们大力支持，同意使用这些文献；对尚未联系上的，我们将尽力联系，也请相关同仁主动联系我们。丛书顾问委员会的专家对丛书的编写工作给予热情指导，编委会成员和课题组同仁为丛书的编写付出了辛勤劳动。在此一并致以衷心的谢意！

《马克思主义研究资料》
编辑委员会
2013年12月10日

编辑说明

本卷是"科学社会主义研究"类的第 II 卷，共收录了 24 篇文章，主要涉及四方面内容。

一是关于马克思、恩格斯和列宁等经典作家的革命理论，涉及马克思主义革命理论的形成、发展以及在不同历史时期的革命战略等问题。二是马克思、恩格斯和列宁等经典作家的阶级和阶级斗争理论，主要包括经典作家关于工人阶级状况的论述、关于国际工人运动发展的评价问题，以及关于国际工人运动研究的方法论问题。三是关于经典作家的帝国主义理论，涉及帝国主义的经济特征、帝国主义的腐朽性和寄生性、资本主义周期性危机、国家垄断资本主义、当代科学技术革命对资本主义经济的影响等问题。四是关于经典作家的合作社观点，涉及经典作家有关合作社运动的研究及其对于马克思主义合作社观点形成的意义等问题。

为保持文献性，本丛书的注释基本保持原貌，不作改动；但对原注释有错误或有遗漏的，我们尽可能查阅了有关文献，作了必要的规范和完善；对有些查找不到的，保留原来的内容和格式。

目 录

关于1848—1849年革命后马克思主义革命理论的发展
　　〔民主德国〕马丁·洪特 ………………………………… 1
马克思和恩格斯关于不断革命的观点的形成
　　〔苏〕П.И.哥尔曼 ………………………………………… 43
恩格斯在反社会党人法废除后的革命战略
　　〔联邦德国〕汉斯－约瑟夫·施泰因贝格 ……………… 61
恩格斯在其一生的最后十年里运用、进一步发展和捍卫
　　马克思主义的革命理论
　　〔德〕瓦尔德特劳特·奥皮茨 …………………………… 80
恩格斯的《法兰西阶级斗争》导言（札记）
　　〔苏〕达·梁赞诺夫 ……………………………………… 106
马克思与列宁论危机、反抗与革命时机
　　〔意〕伊莱纳·韦帕莱利 ………………………………… 113
列宁、罗莎·卢森堡与不革命的无产阶级的困境
　　〔美〕查尔斯·艾略特 …………………………………… 131
苏联学术界研究列宁帝国主义理论的一些情况
　　张启荣　刘淑春 …………………………………………… 142

苏一些学者认为现实社会主义接近杜林的模式 …………………… 170
德国学者福尔格拉夫认为杜林先于列宁提出一国取得
　社会主义胜利的思想 …………………………………………… 173
俄国关于十月革命研究的新观点
　〔俄〕帕·瓦·沃洛布耶夫　弗·普·布尔塔科夫 ………… 174
论马克思在50年代初有关合作社运动的研究对于制订
　马克思主义合作社观点的意义
　〔德〕英格尔夫·诺恩于贝尔 ……………………………… 185
论50年代马克思对蒲鲁东主义的批判及其对国际工人运动
　进一步发展的意义
　〔德〕乌特·威尔特尔 ……………………………………… 208
马克思提出过"无产阶级贫困化"理论吗？
　——对有关这一问题争论的历史考察
　〔德〕卡尔·屈内 …………………………………………… 216
恩格斯关于工人阶级状况的论述和当代国际工人运动中的若干问题
　〔苏〕维·瓦辛 ……………………………………………… 232
工人阶级：历史使命与现实生活
　〔俄〕В.Г.安东年科 ………………………………………… 245
工人阶级仍然是最重要的政治力量
　〔美〕迈克尔·耶茨 ………………………………………… 262
谁来改变这个世界：工人阶级还是大众？
　〔美〕克里斯·哈曼 ………………………………………… 271
工人运动中的策略分歧
　〔荷〕安东·潘涅库克 ……………………………………… 277

论马克思关于国际工人运动史的研究
　　——几个方法论问题
　　〔俄〕瓦列里娅·库尼娜 ················· 311
恩格斯——工人运动史学家
　　〔苏〕列·伊·戈尔曼 ··················· 340
第二国际史研究工作中的几个问题
　　殷叙彝 ··························· 361
批判资产阶级和修正主义关于恩格斯的理论活动
　　和革命实践活动的观点
　　〔苏〕Е.П.康捷尔 ····················· 379
恩格斯与德国修正主义的起源：另一种视角
　　〔澳〕曼弗雷德·斯德戈 ················· 409

关于1848—1849年革命后马克思主义革命理论的发展*

〔民主德国〕马丁·洪特

马克思和恩格斯关于革命的观念——关于资产阶级革命和无产阶级革命以及两者相互关系的观念——在从19世纪40年代中期到90年代中期的半个世纪中，经历了一条漫长的道路。在这个多层次的深刻的、始终与他们理论的总发展基本上保持一致的发展进程中，对欧洲1848—1849年革命经验的理论总结占有重要的地位。众所周知，列宁曾指出，从这场革命中得出的经验和结论在马克思和恩格斯的一生中始终受到注意。①

本文的宗旨是，阐述从1850—1852年期间获得的一些认识，这同时也就总结了从《马克思恩格斯全集》原文版第1部分第10卷和第11卷的工作中得到的经验。首先应该明确理论发展的具体的、时代的状况

---

* 本文选自《马克思恩格斯研究》1989年总第2期。

原题注：本文是以1985年6月27日民主德国马克思恩格斯研究委员会举行的题为《在对1848—1849年资产阶级民主革命的总结中马克思和恩格斯革命观点的进一步发展》的学术讨论会上的一篇主报告为基础写成的。

① 《列宁全集》第2版第16卷第23页。

和条件。马尔科夫强调说,"对于革命应在其本身所具有的历史意义上来理解,以便能够了解革命既有永恒的重要意义,又有政治社会局限性这个辩证法。"① 这一看法也适用于从这些革命中得出的理论。这些理论是刚刚过去的历史过程中的经验在思想上的集中,是和对以前历次革命过程的认识联系在一起的。列宁曾强调指出,马克思1852年初关于通过无产阶级专政打碎旧的国家机器的必要性的卓越认识是以"1848—1851年革命伟大年代的历史经验"为基础的,它是由"深刻的哲学世界观和丰富的历史知识阐明的**经验总结**"。②

这个课题在文献中自然早已被经常地并且以各种各样的提法和角度探讨过。列宁在《国家与革命》中曾专门就国家问题进行了研究。1955年,奥伊泽尔曼第一个尝试说明马克思主义革命总结的全部主题

---

① 曼弗雷德·科索克:《瓦尔特·马尔科夫著作中关于革命和世界历史的论述》,载瓦尔特·马尔科夫:《世界历史的革命纵横图》,曼弗雷德·科索克编辑并作序,1982年柏林版第IX页。

② 《列宁全集》第2版第31卷第27页。

范围。① 此后，在苏联一方面对一般革命理论问题的研究有所深入，② 另一方面马克思恩格斯研究者对一些专题的研究也有了进展。③ 在民主德国情况也类似，马尔科夫、科索克、艾希霍恩、恩格尔贝克、屈特勒尔、施米特以及其他人探讨了革命比较理论、革命类型理论和形态分析

---

① Т. И. 奥伊泽尔曼：《马克思主义理论在1848年革命经验基础上的发展》1955年莫斯科版。

② Ю. А. 克拉辛：《论列宁主义的社会主义革命学说的某些方法论问题》，载1964年《苏共历史问题》（莫斯科）第9期第12—27页。——Ю. А. 克拉辛：《革命进程的辩证法》，1973年莫斯科版。——Ю. А. 克拉辛：《革命与社会进步。对资产阶级的社会革命观念的批判性研究》，1980年莫斯科—柏林版。——Ю. А. 克拉辛：《社会主义革命理论。列宁的遗产与现代》，1980年柏林版。——弗拉伊斯拉夫·凯勒和马特维基·科瓦尔松：《理论和历史》，1984年柏林版。——由凯勒领导的罗索诺索夫大学革命理论专题研究小组的成果，发表在《社会主义革命理论问题》1976年莫斯科版和《革命理论。历史和当代》1984年莫斯科版上。——《马克思列宁主义关于革命与反革命的辩证法》1984年莫斯科版。——《马克思列宁主义关于历史进程的学说》1985年柏林版。

③ С. З. 列维奥娃：《1848—1849年德国革命中的马克思》，1970年莫斯科版。——В. Г. 列乌年科夫：《马克思主义与雅各宾党专政问题》（历史论文集），1966年列宁格勒版。——В. Г. 列乌年科夫：《卡·马克思和弗·恩格斯关于法国大革命历史问题的观点和现代科学》，载《列宁格勒大学学报》1968年第8期第10—30页。——А. П. 葛罗米柯：《1848—1852年期间卡·马克思和弗·恩格斯的不断革命学说的发展》，载1979年《科学共产主义》（莫斯科）第6期第127—131页。——弗拉基米尔·莫索洛夫：《卡尔·马克思和弗里德里希·恩格斯论1848—1849年革命期间同反革命的斗争》，载《马克思恩格斯年鉴》（柏林）第7卷（1984年）第141—169页。

理论等等,① 同时也对有关或涉及上一世纪50年代初马克思主义革命理

---

① 沃尔弗冈·艾希霍恩:《辩证法——革命——世界进程。民主德国科学院会议报告》,载1981年《社会科学》(柏林)第13/G期。——《革命的规律性。民主德国科学院会议报告》,载1984年《社会科学》(柏林)第11/G期。——共产主义者同盟和格拉尔德·温斯坦利(马克思和恩格斯根本不认识此人)之间在资产阶级民主主义革命期间共产党人的战略战术这一根本问题上有着惊人的广泛一致,因此赫尔里·克莱纳的一些论文在此应引起注意,首先参看《作为改革理论的革命纲领。17世纪中叶英国空想共产主义的革命概念,民主德国科学院会议报告》,载1983年《社会科学》(柏林)第6/G期。——莱比锡的革命比较研究的成果以《革命史研究丛书》为书名由曼弗雷德·科索克与瓦尔特·马尔科夫、格尔哈德·席尔费特和瓦尔特·施米特联合编辑出版。到目前为止出版的有:《革命研究》,曼弗雷德·科索克编辑,1969年柏林版(1971年第2版);《1500—1917年革命比较历史研究》,曼弗雷德·科索克和瓦尔特·马尔科夫,格尔哈德·席尔费特以及瓦尔特·施米特共同编辑,1974年柏林版;《资产阶级革命周期中人民运动的作用和形式》,曼弗雷德·科索克编辑,1976年柏林版;瓦尔特·马尔科夫《世界历史的纵横图》,曼弗雷德·科索克编辑并作序,1979年柏林版(1982年第2版);《1500—1917年的近代革命》,曼弗雷德·科索克编辑并作序,1982年柏林版;《农民与资产阶级革命》,曼弗雷德·科索克和维尔纳·洛赫编辑,1985年柏林版。——此外应该提到的是1980年莱比锡出版的记录集《卡尔·马克思和理论与实践中的革命根本问题》。其中的主报告,科索克的《卡尔·马克思和科学革命观的基础》摘要发表在1980年《历史杂志》第2期第99—118页上。——到目前为止,主要由恩斯特·恩格尔贝格和沃尔弗冈·屈特勒尔领导的柏林历史方法论研究小组(它以多种方式探讨马克思主义的革命理论),出版了下列文集:《历史方法论问题》,恩斯特·恩格尔贝格编辑,1972年柏林版;《世界历史中的进化与革命。恩斯特·恩格尔贝格65寿辰纪念文集》,霍斯特·巴特尔、海因茨·黑尔默特、沃尔弗冈·屈特勒尔和古斯塔夫·西伯编辑,1976年柏林版第1—2卷。《历史学认识问题》,恩斯特·恩格尔贝格和沃尔弗冈·屈特勒尔编辑,1977年柏林版;《形态理论和历史。关于马克思、恩格斯和列宁著作中的社会形态的历史研究的论文》,恩斯特·恩格尔贝格和沃尔弗冈·屈特勒尔编辑,1978年柏林版;恩斯特·恩格尔贝格《史学中的理论、经验和方法。论文集》,沃尔弗冈·屈特勒尔和古斯塔夫·西伯编辑,1980年柏林版。

论发展的问题进行了多方面的研究。①

1985年出现一部著作,首次尝试把马克思主义革命理论从形成直到现代为止的整个发展过程按照时间和理论顺序概括地加以论述。② 尽管在这样一次引起广泛注意的尝试(在这里不能对它进行全面的评价)中不可能对1848—1849年革命的直接经验详细加以分析,然而应当说,照我们看来对这一革命的总结毕竟是太少了,这同这次尝试的重要意义相比

---

① 赫尔维希·福德尔:《革命前夜的马克思和恩格斯。为德国共产党人制定政治路线(1846—1848)》,1960年柏林版。——赫尔维希·福德尔:《关于1848—1849年革命后共产主义者同盟改组的若干问题》,载1978年《马克思恩格斯研究论丛》,柏林马列主义研究院编辑,(柏林)第4辑第23—67页。——霍斯特·巴特尔和瓦尔特·施米特:《马克思和恩格斯关于无产阶级政党的观点的发展》,载《马克思主义和德国工人运动。关于19世纪最后30年的社会主义运动的论文》1970年柏林版第7—101页。——奥托·芬格:《革命哲学。关于马克思主义列宁主义革命理论作为唯物辩证法发展学说的形成过程和批判当前反革命思想的论文》,1975年柏林版。——恩斯特·恩格尔贝格:《形态变化的理论与实践(1846—1852年)》,载《形态理论和历史》第91—153页。——瓦尔特·施米特:《论欧洲1848—1849年资产阶级民主革命的历史地位。一篇对革命进行历史比较研究的论文》,载《世界历史中的进化与革命……》第1卷第67—93页。——瓦尔特·施米特:《马克思和恩格斯在总结1848—1849年革命经验时对1789年和1848年革命进行的历史比较》,载1984年《马克思恩格斯研究论丛》(柏林)第16辑第93—100页。——罗尔夫·德鲁贝克和雷娜特·梅尔克尔:《马克思恩格斯论社会主义社会和共产主义社会。马克思主义关于共产主义改造的学说的发展》,1981年柏林版第142—187页。——马丁·洪特:《论共产主义者同盟时期马克思和恩格斯的政党观念的发展》,载1981年《德国工人运动史论丛》第4期第512—527页。

② 格茨·迪克曼:《社会主义革命。理论史概论》,1985年柏林版。

是不相称的。① 除了其他原因，看来这也是由于该著作作者迪克曼对历史认识的重视远远不如对政治经济学认识所给予的重视。例如，在共和制的实质这一问题上，完全忽视了从《路易·波拿巴的雾月十八日》直到马克思对巴黎公社的理论总结这样一条主线。

前不久，耶克非常全面地分析了马克思论述上述问题的主要著作《1848年至1850年的法兰西阶级斗争》和《路易·波拿巴的雾月十八日》②，他也第一次尝试全面"理解"马克思在两部著作之间在方法论上实现的巨大进步。

对1848—1849年革命进行的理论总结必将使马克思主义得到进一步的发展，因而与此相关的复杂领域必然是资产阶级和修正主义常常进行歪曲的一个领域。伯恩施坦就曾认为马克思主义在1850年前后经历了一个"布朗基主义"阶段，并由此引出他的相当一部分论据。此外，列宁与考茨基关于无产阶级专政的争论也与马克思主义对革命的总结密切相关。

在此期间出现了许多著作，力图从各个不同的方面进一步补充伯恩施坦关于马克思主义的"布朗基主义"或"雅各宾主义"阶段的观点。例如，说什么到1850年为止，马克思和恩格斯主要受巴贝夫－布朗基传

---

① 在迪克曼的著作中，对《路易·波拿巴的雾月十八日》（顺便提一下，这部著作于1852年，而不是1853年出版）的分析所占篇幅不到一个印刷页。这部著作也完全没有实现马克思要"全面而系统地阐述马克思主义国家学说"的愿望（格茨·迪克曼《社会主义革命……》第67页）。

② 汉斯·彼得·耶克：《形成过程与必然性。论马克思解释历史的方法论（1845/1846—1859年）。哲学论文》，1987年柏林版。——汉斯·彼得·耶克：《〈法兰西阶级斗争〉——马克思的第一部现代史著作及其资料来源》，载沃尔弗冈·屈特勒编辑的《卡尔·马克思的史学遗产》1983年柏林版第87—135页。

统的影响并表现出唯意志论倾向；说他们在革命后才比较彻底地研究政治经济学，从而制定在《雾月十八日》中才第一次出现的真正的历史唯物主义。①

歪曲马克思主义的这支主力军的一个分支又借用哲学上的二分法将马克思主义割裂为逻辑上互不相容的两个部分。这促使人们对马克思主义的统一性和科学性产生怀疑，同时使人们对在"反驳"中比以往任何时候都更加肆无忌惮地只去发挥从理论整体中被割裂出来的部分。有人认为，正是马克思和恩格斯对革命的总结，为割裂马克思主义提供了特别有利的出发点。诺尔特在解释马克思关于波拿巴主义的说明时就使用了二分法的撬棍，他力图将马克思主义的历史学说区分为"唯心社会学"和"唯实社会学"两个部分。②

《雾月十八日》也受到这样的对待，例如温克勒把这里的马克思主义

---

① 斯坦利·穆尔：《论马克思主义的政治策略学说》，1969年美因河畔法兰克福版。——哈特穆特·泰契：《不断革命。革命与意识形态批判的社会学》，1973年奥普拉登版。——哈特穆特·梅林格：《不断革命与俄国革命。1848—1907年马克思主义革命观念中不断革命论的发展》，1978年美因河畔法兰克福版。——罗尔夫·彼得·西费尔勒：《卡尔·马克思的学说中的革命》，1979年美因河畔法兰克福—西柏林—维也纳版。——阿尔弗雷德·普法比高：《马克思和恩格斯时代的资产阶级革命与无产阶级革命》，载《革命与社会。论新时期革命观念的产生》，赫尔穆特·赖因纳尔特编辑并作序，1980年因斯布鲁克版第141—147页。——让·佩尔·勒费夫尔的一个实际错误的论点是这种论据的一个"补充"，他认为，1849年以后马克思是一个纯粹的政治经济学家，从1851年起，关于1789年大革命的题目就不再出现在他的文章中［见1985年5月3日《人道报》（巴黎）第6版］。

② 恩斯特·诺尔特：《马克思和恩格斯著作中的唯心社会学和唯实社会学。论对波拿巴主义学说的理解》，载1974年《政治季刊。德国政治科学协会杂志》（科伦），第155—175页。

的国家学说划分为一种唯物主义的（经济占首位）和一种未必是唯物主义的（政治占首位）。① 稍后，有两部专题研究著作利用了历史分析方面的上述两种做法，诺尔特的学生维珀曼做得直接而公开，而克鲁黑尔特的做法则要审慎得多和小心得多。②

有些著作在维克多·雨果的波拿巴主义理论中竟只看到了马克思、恩格斯的论点"相类似和相同的东西"，在洛伦茨·冯·施泰因的理论中找到了和马克思、恩格斯的论点"简直令人惊讶的共同之处"，而在蒲鲁东的理论中甚至发现了和马克思、恩格斯的论点"惊人的一致点"。③ 指望从这些著作中找到对于真正的历史分析有益的问题提法，那是徒劳的。用形而上学的方法实际上是无法理解从《共产党宣言》或者哪怕从《1848年至1850年的法兰西阶级斗争》到《雾月十八日》的发展的。只有真正领会了理论和实践的辩证法，方能使下面这个非常简单的事实卓有成效地用于科学的分析，这个事实就是：真正的革命理论不能一成不变地产生于一次革命，并且这些变化不管多么广泛和深刻，同时都是同一历史唯物主义的普通出发前提的证明。因为历史唯物主义正是通过以这种迅速而深刻的方式实现的不断发展来得到证实的。

在必须把注意力集中在1850—1852年的时候，不能忽视下述事实：对革命经验的总结在一定程度上包括对这场革命本身以及对战略战术的

---

① 亨利希·奥古斯特·温克勒：《革命，国家，法西斯主义论对历史唯物主义的修正》，1978年格廷根版。

② 沃尔弗冈·维珀曼：《马克思和恩格斯关于波拿巴主义的学说》，1983年斯图加特版。——格尔哈德·克鲁赫尔特：《历史学与革命。1846—1852年卡尔·马克思和弗里德里希·恩格斯的历史著作》，1985年斯图加特—巴德—坎施塔特版。

③ 沃尔弗冈·维珀曼：《马克思和恩格斯关于波拿巴主义的学说》第166、176页。

探讨，党就是利用这种战略战术进行这场革命的，并在斗争后通过理论分析判断它们是否经受住了考验。① 这些分析无疑在很大程度上集中于上述3年，但是这种分析从二月革命后不久就开始了，1848—1849年之交在《新莱茵报》上发表的马克思的文章《革命运动》② 已经对这方面的思考进行了深思熟虑的概括。

《哲学的贫困》和《共产党宣言》是科学社会主义的出生证，它们第一次系统地论述了科学社会主义的革命理论，而这一理论现在受到了社会实践的检验。马克思和恩格斯经历了1848—1849年革命（或者就广义来说是到1851年12月），而且他们特别注意这样一个问题：欧洲阶级斗争的普遍进程在多大程度上证实了他们的革命理论。在1849年夏天的失败之后，更需要从这个角度来分析问题。马克思和恩格斯在回答历史的检验时，大大深化了他们的革命理论，以致完全可以说，他们通过对1848—1849年革命成果的理论总结继续向前发展了马克思主义。马克思和恩格斯在1489年秋—1852年底这一时期完成的著作，在他们的全部著作中构成一个比较完整的整体。

这一时期的著作第一次使用了在革命理论中具有重要意义的几个术语："无产阶级专政"、"打碎旧的国家机器"以及"社会形态"。在其中还把革命绝妙地比作"历史的火车头"。关于资产阶级民主主义革命高潮和低潮的认识也产生于那几年。正是在这一时期马克思和恩格斯还认识

---

① Т.И.奥伊泽尔曼：《马克思主义理论在1848年革命经验基础上的发展》，1955年莫斯科版。

② 《马克思恩格斯全集》第1版第6卷第173—175页。有关这篇文章的革命理论的分析见约阿希姆·斯特赖和格尔哈德·温克勒《1848—1849年的马克思和恩格斯。德国资产阶级民主革命期间〈新莱茵报〉的政策和策略》1972年版第146—174页。

到革命的这样一个规律性：革命不一定在构成革命基础的各种矛盾发展得最尖锐的地方开始，相反，资本主义生产方式的国际化趋势与此同时不仅把各种矛盾输出到资本主义的边缘地区，而且在那里甚至以特别集中的方式再生产着这些矛盾。"①

上述认识正是在1850年，在马克思和恩格斯使他们的革命理论具体化的过程中产生的，虽然他们在《德意志意识形态》中已经一般地论述过同样的看法。② 他们在《国际述评1850年5月到10月》中第一次明确地写道，英国虽然是"资产阶级世界的造物主"，然而在欧洲大陆上，也就是在"资产阶级躯体中，猛烈的震荡在四肢自然要比在心脏发生得早一些，因为心脏得到补救的可能性是比较大的"。③ 当然，这决不排除对中心的反作用，由于历史所决定的拖延，反作用甚至成倍增加。马克思和恩格斯1850年从"英国资产者的大批印花布"中预测到中国的一场彻底的资产阶级民主主义革命，这场革命"必将给……文明带来极其重要的结果"④，甚至可以把这设想为英国走向无产阶级革命的开端。

从关于中心和边缘的这一辩证法出发，革命前提出的关于资本主义发达国家同时发生革命的论点也有重新加以考虑的必要。德鲁贝克曾提到，1848年以后在马克思、恩格斯的著作中再也没有出现过这个论点。⑤

---

① 恩斯特·恩格尔贝格：《形态变化的理论与实践（1846—1852年）》，载《形态理论和历史》第149—150页。——沃尔弗冈·艾希霍恩：《革命的规律性。民主德国科学院会议报告》，载1984年《社会科学》第11/G期第13页。

② 《马克思恩格斯全集》第1版第3卷第81—82页。

③ 《马克思恩格斯全集》第1版第7卷第513页。

④ 《马克思恩格斯全集》第1版第7卷第265页。

⑤ 罗尔夫·德鲁贝克：《弗里德里希·恩格斯晚年（1883—1895年）著作中社会主义革命设想的具体化》，载《德国工人运动史论丛》1981年第2期第219页。

随着马克思这时重新积极地进行经济学研究,下面的认识得到了加深,即世界市场——特别是生产过剩危机和金融危机、歉收和战争——对各资本主义国家的反作用。在内容上会有所不同,在时间上也有早有晚,这必然会使可能由此产生的革命事件的酝酿时间拉开很大的距离。

马克思和恩格斯从1849年底至1852年底的所有著作都探讨了这样一个问题,即第一次资产阶级民主主义大革命在已经发展的资本主义关系下为什么遭到失败,它为什么落后于1789年的前一次伟大革命,为什么1848年革命(共产党人就在它爆发前还期待着能够不间断地推进到无产阶级革命的开始)走向低潮,因而没有成为继续发展为"真正的"革命的开端。这对于共产党人以后的全部活动来说是一个中心问题,从他们的回答中可以看出,或者在某种程度上应当立即直接着手无产阶级革命的准备工作,或者尚须在多年内,甚至在几十年内充当"反对派",进行宣传活动并慢慢地积聚力量。问题是"运动的形式"[①]是否应该根本改变。

马克思和恩格斯在总结1848—1849年革命的过程中对这一问题的回答原则上是正确的,但还不是在所有问题上都提出了论据。马克思主义的革命理论决不可能比马克思主义的整体走得更远,因为马克思主义的革命理论是从其所有来源汲取营养的,是同其所有组成部分最紧密地联系在一起的。因此只能从这个统一体中去推导并继续发展。

众所周知,马克思在1848年革命后的时期内并没有马上揭示出资本主义剩余价值生产的规律,经济社会形态的理论就其结构联系和阐述联系来说还处在开始阶段——仅仅举出两个特别重要的例子。这意味着,资本主义生产过剩危机或历史发展过程的长期性这样一些对科学革

---

① 《马克思恩格斯全集》第1版第18卷第625页。

命理论的发展具有极重要意义的出发点，还没有完全被掌握。

尽管这一时期的马克思主义革命理论的认识常常是在很短的时间内产生出来的，然而它们在原则上是切合实际的，因为马克思和恩格斯始终是按照他们学说的所有组成部分是一个统一体的精神，来仔细考察1850—1852年期间法国、德国和英国的政治事件和政治结构，并且从政治表层的事实深入到不同阶级、政治派别和政党的经济利益。

在他们50年代初的革命理论思考中有一个重要的、迄今为止还没有充分系统地研究过的问题，这就是历史发展过程的长期性问题，特别是资本主义生产方式的充分发展所经历的长期性问题。几年以后，这种思考被归纳为众所周知的一段话："无论哪一个社会形态，在它们所能容纳的全部生产力发挥出来以前，是决不会灭亡的；而新的更高的生产关系，在它存在的物质条件在旧社会的胎胞里成熟以前，是决不会出现的。"①

在许多文献中都强调指出了这一认识对于制定有科学根据的无产阶级革命理论的意义。但是，在1851—1852年，也就是说在直接总结革命经验的高潮期，已经向着成熟地表述这一认识迈出了重要的几步，而且这些成果是在把政治经济学和历史或现代史作为一个统一体来研究的情况下取得的。要想在革命刚过去这样短的时间就把欧洲1848—1849年革命列入具有世界历史意义的资产阶级革命周期中去，也就是说就能够认识到资产阶级革命的发展自16世纪以来，随着1789—1794年法国革命和1848—1849年革命的发生已经越过了高峰时期，开始走向低潮，

---

① 《马克思恩格斯全集》第1版第13卷第9页。

恩格斯那时已经为这个认识奠定了基础。①

也正是由于这个原因，对1848—1849年革命的理论总结，远远超出了具体事件而具有普遍的意义。对同盟问题、主观因素以及特别是党这三者的作用有了质上更高的认识，此外，关于低潮时期的革命的学说以及1850—1852年期间所获得的其他成果，尽管都产生于一场失败的资产阶级民主主义革命，一场正处于资产阶级革命周期中顶峰末端的革命，然而直到今天还保留着它们的现实意义。自1848—1849年革命以来，明显地出现了对以后的历史进程来说是极端重要的趋势，这就是封建主义和资本主义的阶级对立得到缓和，并且这两个阶级在同革命的民主主义的人民力量的斗争中相互勾结。因此，正像1871年、1917年2月和10月以及1918年11月所表明的，自1849年以后，任何资产阶级民主主义革命又都蕴藏着爆发为无产阶级革命的可能性。

从许多来源中得出的关于资本主义发展的长期性的这种认识，1852年夏天第一次引出这样的看法：周期性的生产过剩危机是资本主义再生产过程的正常现象。② 这样一来，就有必要把诸如工人运动中的工人贵族、改良主义，普选权和争取八小时工作日斗争的作用，合作社和工会的意义，以及无产阶级革命在一定条件下走和平道路的可能性等问题，第一次或者从更加原则的意义上纳入革命理论中来。

1851年和1852年的主要研究方向和提出的问题是什么呢？

马克思和恩格斯的革命理论思想至迟从1847年开始主要探讨这样

---

① 库钦斯基在附录《只是一个表面的衰落阶段》明确说明这个认识。在这里他忽视了1895年，产生于这个认识原来的形成过程和历时几十年的错综复杂的发展过程（参看尤尔根·库钦斯基：《灭亡中的社会。从罗马帝国直到美利坚合众国的衰落历史比较》1984年柏林版第189—210页）。

② 《马克思恩格斯全集》第1版第8卷第416—417页。

的问题：无产阶级充分利用（指把社会发展引导到无产阶级革命的开始）周期性危机、农业危机、资产阶级改良运动、民族解放战争以及其他震撼社会的事件应具备哪些客观条件和主观条件。在这里，可以说首先应当回答这样的问题：什么是革命形势以及它是怎样形成的？革命形势如何发展成资产阶级革命或在群众的真正干预下发展成资产阶级民主主义革命？

在这方面，从法国大革命中得出的一个认识对马克思来说起着重要作用，即各种不同的和不同类型的危机汇合起来才能造成革命形势。他非常清楚地了解法国1788年冬天到1789年的那些历史事实，马尔科夫对此曾这样描述："金融危机、工业和商业危机、农业危机、意识形态危机、政治和社会危机汇合成革命危机。"① 当马克思1849年底在伦敦重新着手从经济学上研究革命理论时，各种危机因素的汇合成了他的一个出发点，这从他1849年12月19日写给约瑟夫·魏德迈的信中就可以得到证实。②

怎样才能够把一场资产阶级民主主义革命非常具体地、实际地、一步步地引导、推进到超越其资产阶级性质而直到有可能开始无产阶级的革命？现在，全部注意力都集中在这个问题的逻辑展开上。

在这方面起着重要作用的是《中央委员会告共产主义者同盟书（1850年3月）》中以极其集中的方式加以概括的那些思想。这些思想在以后两年的著作中又有了许多变化，并且部分地得到发展。三月告同盟书无疑主要着眼于德国，然而它是在法国事件的直接影响下和对巴黎

---

① 瓦尔特·马尔科夫：《法国大革命》，载《1500—1917年近代革命》1982年柏林版第114页。

② 《马克思恩格斯全集》第1版第27卷第539页。

革命新阶段的期待中产生的。三月告同盟书的策略也适用于英国。在围绕1851年春天的宪章派代表会议展开的一场前哨战中（马克思和恩格斯当然支持琼斯和哈尼，反对奥康瑙尔），他们十分明确地告诉自己的朋友们：只要撇开你们的派别斗争和"截然不同的要求"，三月告同盟书的政策便同样适用于"即将来临的危机中的"宪章派。他们写道，宪章派像在几年前反谷物法的斗争中那样，又"不得不跟工业资产者即财政改革的拥护者一道，帮助他们击败他们的敌人，从而获得他们一定程度的让步"。① 他们认为，应"逼迫他们接受一些条件，使得资产阶级民主派的统治一开始就具有覆灭的根苗，使他们的统治在以后很容易就为无产阶级的统治排挤掉"②。

这样的政治结论的基础始终在于：马克思和恩格斯把充分利用和继续推进革命的一切可能的手段，把一切危机和暂时的同盟都理解为现在社会矛盾的表现，归根到底也就是理解为资本主义制度的基本矛盾的表现；他们的思考集中在下面的问题上：究竟哪一次动荡或哪一些汇合起来的动荡能够发动起革命进程，而这个进程又足以持续不断地向前发展，直到使工人阶级夺得重要的政权阵地，并由此给以后的革命过程打上越来越多的无产阶级的烙印。这同列宁所说的具体的、已提上日程的步骤是一回事，列宁曾用一句话来描述这一步骤："现在要找到**转向**或**走向**无产阶级革命的形式"。③

马克思和恩格斯第一次通过科学的论证指明，革命的前提是不能制造的，倒不如说，问题在于准确地认识和坚决地利用实际存在的社会矛

---

① 《马克思恩格斯全集》第1版第7卷第520页。
② 《马克思恩格斯全集》第1版第7卷第294页。
③ 《列宁全集》第1版第39卷第72页。

盾。正当他们对1848—1849年革命成果进行总结时，他们在当时的实际政治斗争中也就这个问题在共产主义者同盟内部，以及同各国的庸俗民主派展开了激烈的辩论。他们的唯物主义的、从经济学上越来越得到论证的革命理论使他们避免了各种各样的盲动主义和冒险主义，也使他们不至于在主观上延误时机，消极等待和丧失革命时机。

三月告同盟书列举了推动一场革命的重要手段和方法：以俱乐部和更广泛的组织形式建立工人的独立组织，人民真正武装起来，展开广泛的宣传活动（在协会中、报刊上、议会里），接过资产阶级民主派的最广泛的要求，然后超出它们。只有斗争的这些方面得到（部分地）实现，才能创造马克思和恩格斯所说的适当的"斗争基础"。

普选权和共和制无疑在这些思考中起着重要作用。在"英国只有实行宪章，才能开始真正的革命运动，正像在法国只有赢得共和制以后，六月决战才有可能一样"①。

所有这些政治要求和建议不是随意的设想，也不是巴贝夫主义和布朗基主义的过去时代的残余。马克思和恩格斯是从他们早已非常认真地研究过的社会关系中总结出这些政治要求的，应该把工业资产阶级的整个统治看作是完全适合于当时存在的或正在发展着的生产力的，资产阶级的统治必然同议会民主、普选权和共和制联系在一起。无产阶级作为经济上受压迫、不独立和受剥削的阶级，在这样的社会关系下必然会发现对自己的解放斗争逐渐变得更加有利的条件，或者更确切地说，能够争得更为有利的条件。同在各种封建的或半封建的关系下不同，工人阶级这时"用他们超过必要生活资料的积蓄可以不去买肉和面包，而是去买书籍以及请人讲演和召开群众大会。工人阶级有了更大的手段来占有

---

① 《马克思恩格斯全集》第1版第7卷第520页。

像精神力量这样的普遍社会力量"①。

马克思在他的政治经济学研究中也总是想到从中得出关于革命理论的结论。随着纯工业资本主义关系的不断发展，无产阶级阶级斗争的条件从原则上说也必然越来越有利，这个基本信念是不断革命学说的根源之一。《宣言》的出发点已经在于："资产阶级统治""必然带来"这样一些社会条件和政治条件，这些条件本身已经包含着使"作为反对资产阶级的武器"的东西去对准资产阶级的可能性。②

恩格斯在他最后的著作，即在为马克思的《法兰西阶级斗争》写的序言中，也就是在直接涉及1850的一部著作中，又提到这个问题。他把利用普选权称作无产阶级阶级斗争的"最锐利的武器中的一件武器"③，而且他是以客观情况为依据的，因为在"资产阶级借以组织其统治的国家机构中"，本来"有许多东西是工人阶级可能利用来对这些机构本身作斗争的"。④

然而波拿巴主义在一段时间几乎完全破坏了这些可能性。它取消了新闻自由（1851年底还在法国存在）、议会和共和制，并且使普选权不能正常行使，因而使无产阶级失去斗争的重要武器。从这个意义上讲，波拿巴主义是没有资产阶级国家机构的资本主义，但正是这种机构也可以用来反对资产阶级，而不管警察和军队的压力是多么异常地强大。可见，在对波拿巴主义的政变的回答中，马克思主义的国家学说获得了进一步的发展，这一发展同时也为革命理论的继续发展提供了总的前提。

---

① 《马克思恩格斯全集》第1版第44卷第162页。另见《马克思恩格斯全集》原文版第4部分第8卷第233—234页。

② 《马克思恩格斯全集》第1版第4卷第503—504页。

③ 《马克思恩格斯全集》第1版第22卷第601—603页。

④ 《马克思恩格斯全集》第1版第22卷第601—603页。

马克思在1850—1852年期间多次探讨了普选权、共和制和宪法这三项所谓的"国家设施",其中有的以法国和英国为例进行了比较,有的同美国作了比较。马克思在政变前半年在厄内斯特·琼斯的《寄语人民》① 上,在政变后几个星期,在《雾月十八日》第2篇中,分析了1848年的法兰西共和国宪法②,在这里他明确而有力地警告要提防议会和行政之间的分权制。马克思针对宪法发出呼吁:"人民!你们不仅对原则,而且对细节可以抱有自己的主张。"③

马克思对资产阶级共和国本质的思考对革命理论具有极重要的意义。由于尚未彻底认识到资本主义发展的长期性,他1852年春天还赋予共和国以过多的"社会主义的"性质④,并将它描述为"**资产阶级社会的革命改造的政治形式**"⑤。在这一表述中包含着因无产阶级解放斗争的可能性遭到波拿巴主义的破坏所表示的遗憾,这种态度是时代所能够决定的,并且是可以理解的。1869年马克思在他的《雾月十八日》第一次再版时把这个地方改为"政治改造的形式"⑥,然而又坚持说在

---

① 马克思《1848年11月4日通过的法兰西共和国宪法》,(《马克思恩格斯全集》第1版第7卷第578—592页)。此文写于1851年6月,预告了波拿巴政变,文中有一段意义深远的话:"国家机器不可能过于简单,骗子手要的花招常常就是使国家机构复杂化,把它弄得莫名其妙。"(《马克思恩格斯全集》第1版第7卷第582页)

② 《马克思恩格斯全集》第1版第8卷第132—144页。

③ 《马克思恩格斯全集》第1版第7卷第589页。

④ 马克思在《路易·波拿巴的雾月十八日》中指出"一切所谓的市民自由"都侵犯和威胁资产阶级统治的"社会基础"和"政治上层",因此这些东西就成了"社会主义的"了。(《马克思恩格斯全集》第1版第8卷第165页)

⑤ 《马克思恩格斯全集》第1版第8卷第130页。

⑥ 《马克思恩格斯全集》第1版第8卷第130页。

真正发展了的资本主义关系下,共和国决不会像(在特殊条件下)在美国那样是资本主义存在的"保守形式"。

当两年以后巴黎公社第一次尝试把资产阶级共和国改造为无产阶级共和国时,马克思理所当然地感到这就是他的论点的证明,并解释说,共和国只有作为"社会共和国"才有可能存在,这样的共和国"应该夺去资本家和地主阶级手中的国家机器,而代之以公社;公社应该公开宣布'社会解放'为共和国的伟大目标,从而以公社的组织来保证这种社会改造"。①

在《〈法兰西内战〉二稿》结尾部分,马克思用几页篇幅概括了《雾月十八日》中的认识,他十分详尽地阐述了关于共和制国家形式的观点,并且同打碎旧的国家机器的学说联系起来。② 当1848年二月革命举起"社会共和国"的旗帜,与此同时宣布"工人们要求共和制,已不再把它当作旧的阶级政治制度的一种政治变形,而是把它当作消灭阶级统治本身的革命手段"③ 时,革命也就促使资产阶级把国家政权变为反对无产阶级的"公开的内战的工具"④,六月起义的失败和波拿巴主义的形成就是这一发展的结果。马克思多次强调,当波拿巴主义(极而言之完全像任何一个"帝制"一样)成为资产阶级社会的"最完美的"、"最终的政治形式"时,议会制资产阶级共和国始终只能是一个"空位王朝"。⑤

从这个观点来看,对共和国的要求是一个鲜明的无产阶级的斗争目

---

① 《马克思恩格斯全集》第1版第17卷第600页。
② 《马克思恩格斯全集》第1版第17卷第660—662页。
③ 《马克思恩格斯全集》第1版第17卷第660—662页。
④ 《马克思恩格斯全集》第1版第17卷第660—662页。
⑤ 《马克思恩格斯全集》第1版第17卷第660—662页。

标,随着向帝国主义的逐渐过渡,这个目标自然达到新的高度。然而必须注意到马克思把"共和国"的概念理解为比任何一个资产阶级共和国今后能向劳动人民群众提供的制度都更加自由得多、民主得多的制度。

就通向无产阶级革命开端的具体途径问题来说,宪章运动的经验在马克思和恩格斯1850—1852年的思考中起着特殊作用。两个人无疑从1850年夏天开始同哈尼和琼斯(从1851年夏天开始只同琼斯)再三讨论过宪章派纲领的全部问题,并在纲领被1851年4月的代表会议通过后,直接参加了宣传和捍卫纲领的活动。令人遗憾的是,保留下来的关于这次合作的原始资料只有琼斯的几篇文章(它们能够证明马克思的合作),而不是宪章派纲领本身。这些文章收入《马克思恩格斯全集》原文版相应卷次的附录中。①

这个纲领是革命目标明确的、在相当大的程度上也在经济学上得到论证的人民阵线政策的第一个历史例证,马克思肯定参与了纲领的基本思想的制定,并且无疑从中学到许多东西,充实了他的革命理论,尽管在纲领中甚至没有出现革命一词。②纲领是以"生产社会"这一方与"阶级政府"这另一方的敌对的利益对立为出发点的。由宪章运动掀起

---

① 厄内斯特·琼斯:《致合作原则的拥护者和合作社成员的一封信》,载《马克思恩格斯全集》原文版第1部分第10卷第641—647页;关于《宪章派纲领的信件。第3封》,《马克思恩格斯全集》原文版第1部分第10卷第648—654页;《什么是合作,它应该是什么》,《马克思恩格斯全集》原文版第1部分第11卷第464—469页;《三比一;或工人阶级的力量》,《马克思恩格斯全集》原文版第1部分第11卷第470—472页。

② 《1851年4月10日左翼宪章派宣传纲领》,载《共产主义者同盟。文件和资料》第2卷第405—419页。

的群众运动应该向这个阶级政府的任何垄断、向该政府的"每个堡垒"展开进攻,将它们"逐个"击破,逐渐削弱它的社会建筑,并使余者也受到威胁。这里指的是"同时推进社会变革"的政治变革①,"影响和削弱阶级政府"② 这一表述无疑曾经过非常认真的思考,这也就是说,应当对阶级统治政权施加影响,必须控制它、削弱它,强迫它屈从,然而出于对客观力量对比的实事求是的认识,还不能提出推翻它的目标。

上述方针和表述第一次阐明了工人阶级通过和平途径取得政权的纲领。马克思认为,这对英国来说是可能的,因为工人阶级在这里已经形成人口的多数,并且国家镇压机器比较软弱,而旧的民主传统和制度也发育得很好,又因为这里不存在兵役制度,只有一支小型的常备军。

土地问题在具体的改革项目中居于首位,宪章派公会要求土地彻底国有化。"以往对土地及其原料的垄断,违背了神和自然的规律。"③ 必须重新建立的农业部应当把所有济贫土地、教区地产、教会地产归还给人民,废除封建狩猎法,准许购买自由地产并把所有土地分给每个贫穷的佃农或协会。这是带有国家社会主义萌芽的彻底的土地改革。

尽管在公会中革命的一派坚持国有化要求,然而,究竟是应当按照奥康瑙尔的意思把土地分配给每个贫穷的工人个体经营(可以预见,这

---

① 《1851年4月10日左翼宪章派宣传纲领》,载《共产主义者同盟。文件和资料》第2卷第405—419页。

② 《1851年4月10日左翼宪章派宣传纲领》,载《共产主义者同盟。文件和资料》第2卷第405—419页。

③ 《1851年4月10日左翼宪章派宣传纲领》,载《共产主义者同盟。文件和资料》第2卷第405—419页。

将会遭到法国小农经济所遭遇的同样命运），还是应当按照具有大生产的种种优点的现代方式来由社会进行大面积的经营，这个问题在纲领中未获解决。这是一个妥协。

只有第二条道路是革命的，然而也只有在全国范围内，并且在掌握了普选权这个统治手段的情况下走这条路，也就是说，只有当它既成为整个社会变革的组成部分，又成为变革推动力时，这条道路才是行得通的，上面提到的琼斯在马克思直接参与下撰写的文章主要探讨了这个问题。琼斯和马克思早在1851年就取得完全一致的意见。他们认为，"改革农业，因而改造建立在农业基础上的所有制这种肮脏东西，应该成为未来的变革的基本内容。"① 1868年，当这个问题对工人运动来说重新变得迫切时，马克思写道，他"早就"确信，"社会革命必须**认真地**从基础开始，就是说，从土地所有制开始"②。

在宪章派的纲领中还提出了同土地国有化在内容上有联系的一些要求（分成几部分并有专门的论证）：教会和国家分离、大学以下实行免费教育、设立综合技术职业学校、在国家资助和生产合作社的支持下逐渐废除资本主义雇佣奴隶制，取消地产税和资本税以外的所有赋税，以及实行新闻自由。把国家每年应付给金融巨头的利息不再作为利息而是改作分期付款，按照例如5%的利率在20年内用这种办法来取消国债。

纲领中关于军队和舰队的要求也表明，对于资本主义和社会主义之间有一个相当长的过渡时期这一点有了周密的设想。③ 尽管公会原则上

---

① 《马克思恩格斯全集》第1版第27卷第331页。
② 《马克思恩格斯全集》第1版第32卷第530页。
③ 罗尔夫·德鲁贝克和雷娜特·梅尔克尔：《马克思恩格斯论社会主义社会和共产主义社会》第184—187页。

表示反对常备军，然而它认为，"长时间地保持常备军，直到在我们的殖民地和国内发生相应的变化"，这是有利的，然而兵营应该取消，让部队在居民家里住宿并同时组织（军队性质的）义务市民自卫团，以便在必要时能够对付"某个武装起来的、有纪律约束的阶层"。①

宪章派纲领不包括对工业和交通事业中主要生产资料国有化的要求，这也同把土地看作"国家富裕的唯一真正基础"②这一政治经济学上的错误看法有关。然而，由于把"土地的原料"明确包括在国有化的范围内，宪章派也就要求把所有矿山、采砂砾场和采石场一律收归国有。这对从思想上认识真正社会主义的纲领具有重要意义，这一点1868年在第一国际中③以及在爱森纳赫党的形成期间也明显地表现出来。

总之，1851年的宪章派纲领是对1848年3月《共产党在德国的要求》④中的17点要求的有革命理论意义的补充。

有些著作有时批评宪章派纲领在重要的政权问题上吞吞吐吐、含糊不清。宪章派公会制定了通过基本的社会改革，而不以革命手段推翻现存国家政权和所有制关系的和平变革的途径，但这它也非常明确地表

---

① 《1851年4月10日左翼宪章派宣传纲领》，载《共产主义者同盟。文件和资料》第2卷第418、415页。

② 《1851年4月10日左翼宪章派宣传纲领》，载《共产主义者同盟。文件和资料》第2卷第418、415页。

③ 《布鲁塞尔代表大会关于土地、铁路等等所有制的决议》，载《第一国际在德国（1864—1872年）。文件和资料》1964年柏林版第263—265页。

④ 《马克思恩格斯全集》第1版第5卷第3—5页。

示，它决不想让人愚弄。它指出，要由"宪章派掌握政权"①，必要时要以武力镇压某个武装起来的"阶层"，要由政治上独立自主地组织起来的宪章运动来正确引导千百万劳动者的团结力量——所有这一切都说得够明白的了。而在所有这些考虑之外，宪章派还提出了有关普选权的基本要求。在19世纪中叶英国的条件下普选权（如果彻底实现）也许会为实现既定方针创造极大的可能性。1851年的宪章派纲领的基本思想，在13年后再次出现在《国际工人协会成立宣言》里，这当然不是毫无理由的，马克思在成立宣言中明确地提到英国"工人阶级最卓越的领导者们在1851年和1852年"②的经验。

一个始终没有解决的研究课题是，马克思和恩格斯的革命理论设想在多大程度上并有多长时间是以1789年革命，特别是它的雅各宾时期的榜样为依据的。耶克把他与此有关的研究只进行到《德意志意识形态》为止。他在自己的著作的结尾指出，在马克思和恩格斯1846年合写的著作中，在对1789年作出真正科学的解释方面究竟还有哪些问题没有得到解决。③弗尔德尔指出了法国的榜样在1848年革命前夜对制定马克思主义革命方案的影响。这个问题在革命总结中的地位如何呢？科索克谨慎地指出："法国大革命的经验"对马克思的"革命理论思考至

---

① 《1851年4月10日左翼宪章派宣传纲领》，载《共产主义者同盟。文件和资料》第2卷第414页。

② 《马克思恩格斯全集》第1版第16卷第12页。

③ 汉斯·彼得·耶克：《马克思早期著作（1843—1846年）中的1789年法国资产阶级革命》，载《历史方法论研究》1979年柏林版第190页。

少直到1848年……还有影响"①。

也许可以这样认为：对1848—1851年革命事件的理论总结也使这个问题告一段落；1848—1849年革命是一块棱镜，马克思和恩格斯此后也经常透过这块棱镜来回顾1789年。②

恩格斯1895年说过一句名言：1848年的无产阶级革命家全都对1789年着了迷。很明显，这句话无论如何不能理解为似乎马克思和恩格斯在1848年在革命理论上还没有超越1789年，虽然常常出现这样的简单化的理解。1789年的革命当然继续产生着相当大的影响，在某些具体概念以至命名（俱乐部、安全委员会、不断革命等）上打上了自己的印记。我们也不应该忘记，1789年和1848年相隔的年数比1917年和今天相隔的年数要少！雅各宾党提出的通过群众适当发挥的作用把革命推向前进的基本模式仍然完全有效。列宁在1917年6月多次提到这一点。他当时把顺乎时代变化的雅各宾主义称为"革命阶级的统治"。③他认为雅各宾党的榜样仍然极富有教益，完全没有过时，只不过应当使它适合于20世纪的革命阶级，"即工人和无产者"，因为他们是20世纪

---

① 曼弗雷德·科索克：《卡尔·马克思和科学革命观点基础的奠定》，载《卡尔·马克思和理论与实践中的革命基本问题》第27页。在马克思和恩格斯1850—1852年的思考中也接触到经常被忽视的17世纪英国革命的经验。（参看格尔哈德·席费尔特：《马克思著作中的英国资产阶级革命》，载《柏林洪堡大学学报，社会科学丛书》第1辑第43—49页）

② 瓦尔特·施米特：《马克思和恩格斯在总结1848—1849年革命经验时对1789年和1848年革命进行的历史比较》，载《马克思恩格斯研究论丛》第16期第93—100页；瓦尔特·施米特：《资产阶级在1789年和1848年资产阶级革命中的作用》，载1973年《历史杂志》第3期第301—320页。

③ 《列宁全集》第2版第30卷第347页。

的"雅各宾"派。①

　　对于这个基本立场的任何偏离,过去是、现在是,今后仍然是对革命的背叛。然而对革命理论的制定不能停留在这个基本立场上。正因为马克思和恩格斯懂得,1848年与1789年相比阶级状况是根本不同的,所以早在革命爆发之前就从中推断出革命的表现形式也会是根本不同的。因此,他们多次在重要著述(如《共产党宣言》)中强调指出,即将到来的资产阶级革命将处在比1789年"更进步的条件下",② 因此不断前进一直走向无产阶级革命,这在客观上是有可能的。正因为如此,列宁才把下面这样一点说成是**二者择其一**的问题:"1789年式的革命还是1848年式的革命?"③

　　从这个基本观点可以得出许多重要推论。例如,马克思和恩格斯曾有这样的看法:正因为有更加发展的社会条件,从资产阶级革命推进到资产阶级民主主义革命所需要的时间肯定用不了4年,也就是说,很快就可以争得一个可以和1793年6月的雅各宾专政相媲美的政权地位。这个思想是1848年3月的17条《共产党在德国的要求》的基础,这些条文实际上从一开始就是以革命的彻底的资产阶级民主主义性质为出发点,1850年三月的告同盟书也可以这样理解。

　　马克思和恩格斯在1850—1852年期间的革命理论分析的有决定意义的特征在于,他们的分析集中在他们当时所处的时代上,包括当时的经济事件在内。马克思从《经济学家》中所作的摘录从某些方面来看也是这一分析的组成部分。在革命失败后的困难条件下和失望中(这是

---

① 《列宁全集》第2版第30卷第274页。
② 《马克思恩格斯全集》第1版第4卷第503页。
③ 《列宁全集》第2版第9卷第362—364页。

一个历时 3 年多的失败！）马克思和恩格斯既没有回避过去，也没有对遥远的更美好的社会主义革命的未来避而不谈，而是花了很大力气分析这样的问题：哪些原因（主要是经济的）是欧洲 1848—1849 年革命的基础？那些原因在多大程度上并且怎样为反革命的胜利以及一场不可避免的、即将到来的新的革命奠定基础？为什么这场未来的革命（英国的特殊情况除外）首先还具有资产阶级民主主义的性质，而不是一开始就表现为无产阶级革命？

这显然是形态理论、革命理论方面的问题，然而同时也具有极其现实的意义。1850 年初秋，共产主义者同盟内部由于这些问题出现分裂，这就更说明了革命理论和党的观点相联系的重要性。

关于革命失败原因的问题，换个说法也就是关于资产阶级民主主义革命领导不力的问题。在马克思和恩格斯对这一问题的阐述中，出现了对资产阶级领导权和无产阶级领导权的重大差别问题的最初认识。马克思和恩格斯在 1849 年后不久提出这样的问题：就其历史经验和实行联盟的能力来看，究竟哪种势力完全能够（从经济上和社会政治上）将 19 世纪中叶的革命推向前进？

马克思早在 1848 年底就在《新莱茵报》上得出结论说，已经不再可能发生像 1640 年或 1789 年那样的纯粹的资产阶级革命（至少在德国），而是只可能发生某种"**社会共和革命**"①，也就是说，只可能发生人民革命，这一革命必将违反作为真正反封建领导力量的大资产阶级的意愿而继续向前推进。

然而这样一场革命也需要领导力量。马克思和恩格斯在 1850—1852 年期间的全部思考基本上都是围绕谁能成为这种力量的问题。他

---

① 1848 年 12 月 31 日《新莱茵报》第 183 号。

们完全清楚,自由主义的资产阶级由于害怕革命而一味追求"妥协",也就是说追求同封建容克反动势力妥协;他们也同样清楚,犹豫不决、摇摆不定的小资产阶级,尽管他们的少数代表人物充满革命毅力,但再也不能和60年前的长裤汉相比。关于这一点人们只要读一下恩格斯的《德国维护帝国宪法的运动》就清楚了。

恩格斯1850年夏天在他的《德国农民战争》中已经指出,数量上占人口大多数,并且客观上拥有不小的革命潜力的农民,由于种种原因不可能成为全民族革命的领导者。

因此,剩下的只有工人阶级,然而马克思和恩格斯同样清楚,这个阶级(英国仍除外)在发展上和组织上还决没有达到足以能够充当资产阶级民主主义革命领导力量的地步。

在这种情况下应当完全停止谈论革命吗?应当像卡尔·沙佩尔在1850年9月15日的辩论中所说的那样,最好立刻"去寻求安静"[①] 吗?应当在人生的几十年里先集中精力去发展资本主义社会,以便为以后的革命创造条件吗?共产主义者同盟的一些领导成员,如卡尔·瓦劳、约翰·米凯尔和亨利希·毕尔格尔斯,对这个问题作了肯定的回答。他们因此自然放弃了无产阶级政党党员的资格。

与此相反,马克思和恩格斯把一切人民力量的革命这一设想作为从1848—1849年斗争中得出的主要理论收获进行了阐述,他们认为在革命中工人阶级及其政党应起决定性的作用。早在1850年3月,马克思在《法兰西阶级斗争》中就写道,工人阶级是"革命利益的主要代表者"并起着"**革命联盟主脑地位**"的作用。[②]

[①] 《马克思恩格斯全集》第1版第7卷第616—622页。
[②] 《马克思恩格斯全集》第1版第7卷第69、108页。

两年半以后，恩格斯在他题为《德国的革命和反革命》的回顾中强调指出，在维护帝国宪法运动期间，从各方面情况来看，"起义者真正的战斗的力量，是首先拿起武器与军队作战的城市工人"①。在这一论断之后，接着是对1852年夏天形势所作的马克思主义革命理论中最好的概括，特别是涉及这一理论的这样一点：还没有能力直接领导资产阶级民主主义革命的、人数还不多的工人阶级应采取什么态度和提出什么任务。恩格斯说，工人阶级像参加资产阶级革命范围内的任何其他一次起义一样，参加了维护帝国宪法的运动，"只要这种起义能清除他们在取得政治统治和实行社会革命道路上的一些障碍，或至少可以迫使那些势力较大而勇气较小的社会阶级采取比他们以前所采取的更坚决更革命的方针"②。

恩格斯在这段接着说的话确实有些过头。他说："工人阶级拿起武器时已清楚地认识到，从直接目的来说，这次起义并不是它自己的斗争"；这是共产主义者同盟的，也是马克思和恩格斯本人的革命设想的复述。接下去的论述也是如此：工人阶级"仍然执行了对它来说是唯一正确的策略：决不让任何以它为垫脚石的阶级（像1848年资产阶级所做过的）巩固其阶级统治，除非这一阶级至少给工人阶级提供一个为他们自身的利益而斗争的自由场地。在任何情况下，工人阶级都力图使事情达到危机状态，这一危机不是使整个民族坚决果断地走上革命道路，就是使革命前的 status quo〔状况〕尽量恢复，从而使新的革命不可避免"③。

---

① 《马克思恩格斯全集》第1版第8卷第105—106页。
② 《马克思恩格斯全集》第1版第8卷第105—106页。
③ 《马克思恩格斯全集》第1版第8卷第105—106页。

19世纪中叶马克思主义革命理论中至少有三个重要的基本观点来自恩格斯的这一概括性论述：

1. 工人阶级已经是资产阶级民主主义革命的一个重要因素。

2. 决心，勇气，一个客观上革命的阶级的毅力。洞察力和科学觉悟，这就是革命危机时期起决定作用的因素。它们相对来说不受带来这些因素的各种力量的社会经济分量的影响。

3. 革命力量不能允许厌烦革命的、阻碍革命的、甚至反对革命的势力安居下来，不允许把第一次斗争的结果看成固定不变的，并把革命斗士打发回家，这是革命的一个非常重要的基本策略，并且是同不断革命的思想相联系的。这个思想已经成为《宣言》中下面这一表述的基础：工人们应该"立刻"① 用资产阶级民主主义革命的所有成就来反对资产阶级。这个思想贯穿了1850年三月告同盟书，并在1851年春天把马克思和恩格斯同布朗基献词的表述联系在一起。而且，我们在1852年夏对革命历史过程的第一次总结中再次看到这一思想。

当然，只有一支坚强的革命力量才能够实现这一目标，因为这意味着使革命超越大资产阶级自由主义阶段，或者至少防止退到1848年2—3月以前的状况。在"这两种场合"，恩格斯在结束他的总序时写道，"工人阶级都是代表整个民族的真正的和被正确理解的利益的，因为它尽量加速革命的进程。"②

在这一阐述中包含着自1845年以来反复思考过的问题，即在怎样的条件下某个阶级能够成为一个民族的领导力量，成为劳动阶级大多数人利益的代表，能领导群众把资产阶级民主主义革命进行到底，并向社

---

① 《马克思恩格斯全集》第1版第4卷第503页。
② 《马克思恩格斯全集》第1版第8卷第106页。

会主义革命过渡。① 恩格斯1852年底阐述了这个问题；他在发表于《纽约每日论坛报》上的文章《最近的科伦案件》中写道，共产党"研究了1848年革命运动的起因及其失败的原因。它认为，阶级间的社会对抗是一切政治斗争的基础，因此它去探究这样的一些条件，在这些条件下，一个社会阶级能够而且必然要担负起代表民族的全部利益的使命，也就是担负起在政治上领导该民族的使命"②。

马克思和恩格斯在对1848—1849年革命成果进行理论总结时，认识到了哪些这样的条件呢？有4个重要观点需要强调指出：

1. 无产阶级只有独立地组织起来并拥有一个革命的战斗的政党，才能履行它在革命中的职责。

2. 无产阶级只有成为人民革命的首脑和核心，才能在19世纪中叶的资产阶级民主主义革命中在政治上成为举足轻重的力量。这意味着，极广泛的联盟政策当时已受到极大的重视。马克思和恩格斯所有关于革命总结的重要著作都从根本上向无产阶级提出这样的任务：使农民和城市小资产阶级群众摆脱资产阶级或波拿巴主义的政治影响。所有关于暂时的联盟（包括其条件和界限）、农民的经济状况、普选权、宪法说明等等的论述，都是为这个任务服务的。③ 马克思在《雾月十八日》中写道，不把农民群众吸收进来，无产阶级革命就会变成孤鸿哀鸣。④ 4年以后他在给恩格斯的一封信中写道，德国的无产阶级革命将取决于它是

---

① 《马克思恩格斯全集》第1版第3卷第53—54页；第4卷第51页。
② 《马克思恩格斯全集》第1版第8卷第450页。
③ 《前言》，载《马克思恩格斯全集》原文版第1部分第10卷第21—35页；第11卷第14—22、28—29页。
④ 《马克思恩格斯全集》第1版第8卷第665页注89。

否有可能受到某种再版的农民战争的支持。①

3. 革命的根本问题是解决政权问题,具体地说就是接收国家权力。而资产阶级革命和无产阶级革命的根本区别也就在于,无产阶级不能接收旧的国家机器②,而是必须把它打碎。在1844年或1845年初的关于资产阶级社会和共产主义革命的研究笔记本中以及《德意志意识形态》中③,马克思已经围绕着这个问题进行思考,然而,只是在资产阶级国家机器的行政权和立法权首次发生激烈的冲突之后,在马克思和恩格斯自1848年以来尖锐批评的"议会迷"可以说"被上面"、被波拿巴主义打破之后,马克思才在1852年春天的《雾月十八日》中,在分析波拿巴政变时取得突破。用列宁的话来说,此时在马克思主义的发展中迈出了巨大的一步。④

马克思认为,必须摧毁来源于专制主义时期的资产阶级国家机器,并代之以无产阶级专政,他把这一认识同关于严格的国家中央集权和关于克服国家与社会的对立的新思考联系起来。所有这些思考都被包括到《雾月十八日》中所下的关于无产阶级专政的定义中,这一定义比两年前在《法兰西阶级斗争》中的提法要更加成熟。

4. 主观因素的作用。在革命总结过程中,马克思和恩格斯加深了

---

① 《马克思恩格斯全集》第1版第29卷第48页。——关于马克思提出这一见解的具体历史分期,参看马丁·洪特:《1856年的策略辩论》,载《德国工人运动史论丛》1969年第4期第614—615页。

② 汉斯·彼得·耶克:《卡尔·马克思早期著作(1843—1846年)中的1789年法国资产阶级革命》第128页。

③ 《马克思恩格斯全集》第1版第3卷第80—82页。

④ 《列宁全集》第2版第31卷第26页。

他们对生产力和生产关系、① 基础和上层建筑、客观和主观、历史进程中的必然和自由的辩证认识。同时，历史唯物主义的基本认识始终是这样一点：所有政治运动和思想运动都是由经济决定的。但是马克思和恩格斯这时比以往更加坚定地认识到，政治对经济运动也产生重要的、不能忽视的反作用。（在经济归根结底起决定作用的条件下）不是只有一种，而是有许多种行动的可能性，对于革命的工人运动来说也是如此。

某种政策相对说来可以不以生产力发展水平，从而不以生产关系中各种矛盾的尖锐化程度为转移而促使实现革命的突破，包括前进到某种更高级的生产方式（并在此后实现不可超越的快速发展），换言之：可以缩短发展的时间。不仅要促进推翻资本主义这一客观的、合乎规律的、不可改变的历史过程的实现，而且要缩短这一过程的时间，以减少人类的痛苦和牺牲。这甚至是共产党人公开宣明的一个目标。这也是我们的人道主义的一个最重要的表现。

马克思在加速合乎规律的历史进程，从而缩短斗争时间和避免牺牲的问题上不断进行思考。1867年他在伦敦纪念波兰起义大会上说："工人与资本家之间的斗争比当时英国和法国的封建领主与资本家之间的斗争，可能不那样残酷，可能血流得少一些。但愿能够如此。"② 这种可能性的实现主要取决于主观因素的力量；马克思完全承认这种可能性（尽管在阶级社会和无阶级的共产主义形态之间隔有一条极为明显的形态鸿沟），他表示相信，工人运动的主观因素、觉悟和组织性会得到无

---

① 罗尔夫·巴特尔的思想发人深省，参看他的著作《历史中的社会推动力》，载《社会理论和历史学说明》，沃尔弗冈·屈特勒尔编辑，1985年柏林版第107—149页。

② 《马克思恩格斯全集》第1版第16卷第229页。

法估量的发展。

早在无产阶级革命的准备阶段（这恰恰不是自发的自然现象），主观因素的作用就从种种来源中发展起来。1848年以后马克思主义的革命总结的许多方面已经包含着列宁提出的下述要求的萌芽、暗示、思路："**革命阶级**能够发动足以摧毁（或打垮）旧政府的**强大的**群众革命运动，因为这种政府，如果不去'推'它，即使在危机时代也决不会'倒'的"。[①] 只有通过牢固的组织使革命力量全部发挥出来，才意味着承认马克思列宁主义革命理论所提出的主观因素。为此要有必不可少的革命洞察力和以积极推进历史进程为目标的革命政策、革命政党、革命的联盟政策。摧毁旧的国家机器并建立无产阶级专政，承认主观因素是现实革命力量——这里包括的所有问题，只有列宁才完全按照马克思和恩格斯的精神再次详细加以阐述。

马克思和恩格斯在50年代初主要研究的是把资产阶级民主主义革命继续进行下去的问题，也就是说，还没有研究无产阶级革命。然而，由于他们以不断革命为出发点，由于他们把无产阶级革命的概念理解为一条完整的历史道路，在这条道路上，工人阶级首先把自己的力量组织起来，去争取政权，进而建立无产阶级专政、彻底改造资本主义社会并为一个崭新的制度奠定基础。由于他们的革命概念并不认为在资产阶级民主主义革命和无产阶级革命之间隔有一道"万里长城"，所以，我们在他们关于他们那个时代的革命的思考中也发现一系列对革命的以后阶段，即对建立工人阶级政权之后的阶段的意见。

[①] 《列宁全集》第2版第26卷第230页。

这些意见在形式上主要是对资产阶级革命和无产阶级革命进行的对比。① 这一点也是同下面的认识联系在一起的：如果连资产阶级革命同无产阶级革命的某些根本的典型的特征都不认识，那就不可能对19世纪中叶比较发达的资本主义状态下的资产阶级革命作出全面的分析。这样的比较在逻辑上是以下面一点为前提的，即马克思和恩格斯当时对工人阶级政治统治下的革命进程和特点已有某些设想。他们在任何地方都没有对这些设想作出概括的阐述，然而我们可以根据上述对比在一定程度上推导出这些论点，而且恰恰在今天，马克思和恩格斯革命设想的这部分论点仍具有特殊的价值和特殊的现实意义。

在《法兰西阶级斗争》中，也就是1850年春天，马克思已经着重指出，无产阶级革命不像资产阶级革命那样"气短"，并且不再是依靠战斗的工人来实现资产阶级和小资产阶级的目标，而是最终完成工人自己的使命，在这部著作中有一个地方还包括了无产阶级革命使命的精确定义。马克思在这个只有半页的真正令人惊叹的段落中不仅给科学社会主义和工人阶级历史使命下了新定义，而且也概括了直到推进到无产阶级专政消亡为止的无产阶级革命的任务。他很快中止了这种插入的论述，他说："由于本文叙述范围有限，我们不能更详细地来讨论这个问题。"②

重要的是，马克思是怎样插入这一段有关革命理论的论述的。他在《法兰西阶级斗争》的第3篇中探讨了所谓选举联合和（有条件的）党

---

① 列宁曾经在分析马克思的人民革命概念时告诫说，不要死板地理解这一对立，特别是不要把马克思主义歪曲成"非常贫乏的自由主义"，以为"除了资产阶级和无产阶级革命的对立，再没有任何东西"。（《列宁全集》第2版第31卷第37页）

② 《马克思恩格斯全集》第1版第7卷第102—105页。

派联合的实现和作用，这种联合正是在法国1850年的三月事件中获得了引起多方注意的选举胜利，并被称为"社会民主党"或"红色共和国党"，被反革命势力称为"无政府党"。这个"党"的每一个组成部分都持有一种特殊方式的社会主义思想。"各因一定阶级或阶级集团所处经济条件以及由此产生的一般革命要求不同而有所不同。"① 自《宣言》以来，马克思首次重新在广泛的对比联系中论述了资产阶级社会主义、小资产阶级社会主义和在这里被他称之为"空论的社会主义"的乌托邦社会主义的区别。马克思在对乌托邦的即空论的社会主义（无产阶级在其迅速的历史发展过程中把它转让给小资产阶级）进行评论时，直接发挥出了前面提到的"插入的论述"：无产阶级"愈益团结在**革命社会主义**周围，团结在被资产阶级叫作**布朗基思想的**共产主义周围。这种社会主义就是宣布**不间断革命**，就是实现无产阶级的阶级专政，把这种专政作为必经的过渡阶段，以求达到**根本消灭阶级差别**，消灭一切产生这些差别的生产关系，消灭一切和这些生产关系相适应的社会关系，改变一切由这些生产关系产生出来的观念"。② 这是从夺取政权直到向共产主义社会更高阶段过渡的完整的无产阶级革命纲领的概要。当然，马克思在四分之一世纪之后才对共产主义社会本身下了定义。③

这个思想在两年以后同样又出现在马克思1852年3月5日给魏德迈的信中，马克思在信中只用了10行就说明了这情况：他既没有发现阶级斗争的事实，也没有发现对阶级的"经济上的分析"，而是仅仅证明了三件事："（1）**阶级的存在仅仅同生产发展的一定历史阶段**相联

---

① 《马克思恩格斯全集》第1版第7卷第102—105页。
② 《马克思恩格斯全集》第1版第7卷第102—105页。
③ 《马克思恩格斯全集》第1版第19卷第21页。

系；（2）阶级斗争必然要导致**无产阶级专政**；（3）这个专政不过是达到**消灭一切阶级**和进入**无阶级社会**的过渡。"① 没有这种根本的认识，就不可能有科学的革命理论。

列宁曾经指出这段话同《雾月十八日》的一些章节在时间顺序上和思想上的联系。② 实际上，《雾月十八日》和《法兰西阶级斗争》一样也包含着关于无产阶级革命的这种插入的说明，但是现在，在对革命成果进行了两年卓有成效的分析之后，在重新开始紧张的经济学研究达两年之后，这种"插入的论述"在总体上已经具体多了。在这里没有再次为无产阶级革命的根本任务下定义，而是从同资产阶级革命各个特点的正反对照中引申出无产阶级革命的每个特点。无产阶级革命的任何一个特点都不是马克思臆想出来的，而是从两种革命类型的深刻对立的阶级性质和根本不同的历史任务中引申出来的。

1. "资产阶级社会"按其本性是"缺少英雄气概的"。③ 因此，至少从19世纪初以来，资产阶级革命也是如此。而无产阶级则与此相反，它除了自己的锁链再也没有什么可失去的，按它的本性来说是一个果敢的、富于斗争精神的、英勇的阶级，无产阶级革命将是一场英勇的革命，工人阶级也将乐于作出牺牲。

2. 为了"不让自己看见"自己的革命的"资产阶级狭隘内容"，不致因此而一蹶不振，为了把自己的先驱的"热情保持在伟大历史悲剧的高度上"，为了"再度找到革命的精神"，资产阶级革命客观上绝对

---

① 《马克思恩格斯全集》第1版第28卷第509页。

② 《列宁全集》第2版第31卷第31—32页。

③ 《马克思恩格斯全集》第1版第8卷第122页。恩格斯1873年还重新提到这个特点。（参看《马克思恩格斯全集》第1版第18卷第325页）

需要"幻想、理想"。① 无产阶级革命需要的不是幻想，而是尽可能清楚的认识。无产阶级革命的内容是无限的，因为它的最终目标是消灭一切阶级统治，所以它不需要"假借的"理想，然而它自然需要普遍的广泛发生作用的基本观念。马克思为此使用了"缪斯"这个好字眼，他曾谈到19世纪社会革命的缪斯。然而这必然是知识的"缪斯"，而不是理想的缪斯。

3. 资产阶级革命主要吸取了历史（圣经、古希腊、古罗马、启蒙运动等等）上的必不可少的幻想、理想等等。马克思早已在《德法年鉴》上和《神圣家族》中研究过这个问题，他和恩格斯一起在《德意志意识形态》②中对这一过程从社会、经济方面作了论证。正像马克思1852年所描述的，在资产阶级革命中，"辞藻胜于内容"。无产阶级革命不能这样做，它甚至必须绝对避免这样做，"它在破除一切对过去的事物的迷信以前，是不能开始实现自身的任务的"。现在是"内容胜于辞藻"。③

马克思所要摆脱的不是过去，而是对过去的迷信。他把作为迷信对立面的历史知识理解为甚至是无产阶级觉悟的关键，是正确的革命行动的必不可少的前提。

此外，属于这一论题范围的还有关于无产阶级历史编纂学同资产阶级历史编纂学的对立性质的崭新观点。无产阶级的历史编纂学不应再从过去提炼有助于提高现实政治斗争"热情的"理想，而是应该把对历史发展规律性的准确认识纳入长期革命变革的"缪斯"中去。因此，

---

① 《马克思恩格斯全集》第 1 版第 8 卷第 122—123 页。
② 《马克思恩格斯全集》第 1 版第 3 卷第 80—82 页。
③ 《马克思恩格斯全集》第 1 版第 8 卷第 124、125 页。

应该把马克思在这里使用"缪斯"一词同时理解为是对下面这样一点的提醒：不仅要注意规律性，而且要不时地记起，克利俄是属于缪斯之列的。

4. 资产阶级革命开初由于取得突飞猛进的成就而给人以深刻的印象，直至令人陶醉，然而社会很快就陷入长期的"无精打采状态"。与之相反，无产阶级革命是冷静的、严肃的和自我批判的。后一种革命达到非常高的境界，它自己会"嘲笑自己的初次企图的不彻底性、弱点和不适当的地方"，而且这种嘲笑不是有保留的，而是"十分无情的"。① 无产阶级革命是自我批判的。它在革命一开始就常常不仅能够发现缺点，而且能够发现"不适当的地方"。② 这种革命和追求"戏剧效果"有天壤之别。

列宁在《伟大的创举》中说过，人们从历史教训中会懂得，一种新的生产方式从来不会"不经过许许多多的失败、错误和反复"③ 就站稳脚跟。新事物的一些幼芽也是不免会"死亡"的，社会主义革命成就的奥秘在于，"具有坚韧不拔的精神来试验几百以至几千种新的斗争方法、方式和手段，直到从中得出最适当的办法"。④

5. 资产阶级革命是"短暂的"，而无产阶级革命是长期的。我们在马克思和恩格斯的著作中不止一次发现这样的对比，这种对比也是基于下列的认识：无产阶级革命必须完成一个世界历史上无可比拟的伟大

---

① 《马克思恩格斯全集》第 1 版第 8 卷第 124—125 页。

② 米哈伊尔·戈尔巴乔夫在接受《革命非洲》采访时，把马克思的这个思想同苏联当前的政治直接联系起来。［参看 1986 年 4 月 5、6 日《新德意志报》（柏林）］

③ 《列宁全集》第 2 版第 37 卷第 17 页。

④ 《列宁全集》第 2 版第 37 卷第 17 页。

"阶级使命"，完成这个使命自然需要长得多的时间。两种革命类型的重要区别点之一在于，资产阶级革命随着政权问题的解决而基本结束，而解决政权问题只是无产阶级革命的开始。

在使用"短暂"这一概念时，马克思和恩格斯没有肯定，他们所指的是直接战斗的时日，革命动荡的年头（两者都属于狭义的革命概念），还是彻底的社会变革所经历的几十年（这是广义的革命概念）。恩格斯1851年8月写道，为了取得自身对封建主义的社会的和政治的优势，英国资产阶级用了48年（从1640—1688年），法国资产阶级则经历了40年（1789—1830年）。① 他在1883年的一封信中又说："革命是一个长期的过程（参照1642—1646年和1789—1793年）。"②

马克思在《雾月十八日》中论述短暂的资产阶级革命时，使用的是狭义的概念，因为他把短暂的革命狂热同下述这样一个时期明显地区分开来，在这个时期内，客观上还是革命的资产阶级将"清醒地领略其疾风暴雨时期的成果"③。然而，他毕竟认为，要"在3天之内从头到尾完成一次革命"④，这是糟糕的"法国方式"，这种方式在1848年也蔓延到法国以外的地方。他在《革命的西班牙》这组文章开篇的第一段中立即指出，西班牙没有采取这种"方式"，相反，它的革命需要3—9年。对于要把已经发生的革命按照本阶级的精神推向前进的无产阶级来说，3天的时间提供的可能性和接合点要比3年所能提供的少得多，这一点是无须大量论证的。

---

① 《马克思恩格斯全集》第1版第8卷第5页。
② 《马克思恩格斯全集》第1版第36卷第38页。
③ 《马克思恩格斯全集》第1版第8卷第125页。
④ 《马克思恩格斯全集》第1版第10卷第455页。

马克思在 1854 年没有机会更加详尽地研究革命理论问题。这个问题一方面导致三月告同盟书的这样一个实际结论：在资产阶级民主主义革命中，工人政党的政策必须以革命过程的不间断性为方向，不能过快地结束"第一次斗争"。获得胜利的资产阶级"号召工人镇静下来和回到劳动中去"，与此相反，工人政党应该"努力设法使直接革命的热潮不至于又在革命刚刚胜利后就被镇压下去"。①

另一方面，这种同资产阶级革命的对比表明，资产阶级随着历史上不断增强的经济力量和对无产阶级的与日俱增的恐惧，在政治上更加力求早日结束革命，确保"安定和秩序"，采取"可以协调"的态度，背叛人民革命。因此，应该更加紧寻找"走向"真正的革命的途径和可能性。

资产阶级革命就是要尽可能快地熄灭历史火车头的炉火，而无产阶级革命与之相反，是要勇敢而有耐心地把这种炉火保持几十年以至更久。

6. 由于无产阶级革命所进行的历史性的耕耘比资产阶级革命要深刻得多，参加的人民群众要多得多，参加的时间要长得多，并且这种参加不是出于某些接踵而来的革命时日所激发起来的戏剧性的狂热，而是出于不断增长的科学认识，因此，主观因素比在资产阶级革命中起着大得多的作用。这个因素必然在革命之前，而特别是在斗争过程中才发展起来，并且伴随有错误、弯路和曲折。把马克思的阐述中隐藏的内容加以冷静客观地表达，这就是：无产阶级革命"在自己无限宏伟的目标面前，再三往后退却，一直到形成无路可退的情况时为止"。②

---

① 《马克思恩格斯全集》第 1 版第 7 卷第 294 页。
② 《马克思恩格斯全集》第 1 版第 8 卷第 125 页。

正是通过这样的过程人们逐渐清楚地认识了无产阶级革命的历史深度,从而认识了在行动上必须严肃、周密、富有创新精神。

(原载《马克思恩格斯年鉴》[柏林] 第 10 卷
[1987 年] 第 31—64 页)

(张红 译　籍维立 校)

马克思和恩格斯关于不断革命的观点的形成*

〔苏〕П. И. 哥尔曼

不断革命的理论是马克思列宁主义关于社会主义革命学说的有机组成部分之一,是科学共产主义的极端重要成分之一。三次俄国革命的经验,特别是伟大十月革命的经验,第二次世界大战后一些国家的社会主义体系的形成,20 世纪世界革命过程的整个进程,都完全证实了这一理论的科学价值和生命力。

因此,研究这一理论的起源,研究马克思和恩格斯制定它的历史,阐述它同马克思主义其他成分(关于无产阶级的世界历史作用和它在革命解放斗争中的领导权、关于工人阶级同农民和其他被剥削阶级的联盟等等)的联系,是十分重要而迫切的任务。不断革命理论的起源成为有关马克思主义历史的许多著作[①]专门分析的对象,绝不是偶然的。

不断革命的原理在马克思和恩格斯那里常常是同总结 1848—1849 年革命的经验联系在一起的,因为他们在 1850 年 3 月写成的《中央委员会告共产主义者同盟书》里经典地阐述了这一思想。但是,苏联和国

---

* 本文选自《马列主义研究资料》1982 年第 1 辑。

① 奥伊泽尔曼:《马克思主义理论在 1848 年革命经验上的发展》,1965 年莫斯科版。

外的一些研究人员早就舍弃了30年代和40年代的一种看法：似乎只有《告同盟书》才表达了这一思想，似乎这一思想的作者只由于一时的悟性而把它提了出来，后来再也没有或几乎再也没有提到它，只有列宁才重新把它恢复。列宁捍卫了马克思主义的革命精神，其中包括不断革命的理论，使它免遭第二国际机会主义首领们的阉割和掩埋。他大大丰富了这一理论，全面论证了在新的历史时代——帝国主义时代——条件下关于资产阶级民主革命转变为社会主义革命的结论。但绝不能由此得出结论，说马克思和恩格斯自己忘记了自己学说中的这些最重要的成分，说它们在他们的理论遗产中是某种单独的和短暂的东西。

马克思和恩格斯的不断革命理论表达了他们在发展自己的学说、分析社会发展的倾向、概括劳动群众和工人阶级革命运动历史经验的过程中所形成的、对革命过程的规律性的种种观点的一个决定性的体系。早在1848—1849年革命前科学共产主义奠基人的著作里就已经出现了这一理论的个别要素。它在革命时期得到了相当的发展，它不仅在《告同盟者书》中，而且在总结革命战斗的其他著作中得到了明确的表述。不断革命的理论是马克思和恩格斯为1848—1849年无产阶级运动以及后来的包括第一国际和巴黎公社时期在内的各个革命斗争阶段制定战略和策略的基础。马克思主义的奠基人在许多地方都遵循了这一理论的一些原理，解决了关于无产阶级运动和民主运动的相互关系的问题，关于把争取工人阶级解放的斗争同争取民主、和平、消除封建主义残余和争取其他进步改革的斗争结合起来的问题，以及关于把农民和城市中间阶层吸引到社会主义革命方面来的问题。马克思和恩格斯的不断革命理论的形成和发展过程就是这样地在有关马克思主义史的文献中以这种和那种方式被确立下来了。自然，这一过程的个别环节和个别阶段还应深入的研究，而深入的研究定会导致这一主张的具体化和精确化。马克思和恩格斯作为 19 世纪下半叶无产阶级运动的领袖，在他们的著作和实践活动中，不断革命的理论反映得少而明显。不过这一理论的形成、起源、前提、形成的各个阶段等等，我认为都还没有得到足够的研究。本文的目的就是提醒注意这方面的问题。

不断革命或不停顿①革命这一术语本身还在马克思的唯物主义、即共产主义的世界观形成的阶段，就出现在他的著作中了。1843 年秋他在《论犹太人问题》一文里谈论 18 世纪末法国革命时第一次使用了这个词。② 稍后，也是由于分析这一革命事件，他在《神圣家族》（1844 年秋）又用了这个词。马克思在这里比较了君主和皇帝的制度同雅各宾专政的制度，指出拿破仑用不断的战争代替了不断的革命。③

自然，这些著作里的"不断革命"与马克思和恩格斯在《中央委员会告共产主义者同盟书》中所理解的"不断革命"绝不一样。先进的西德研究家克拉梅尔的意见是可取的，他认为，马克思主义的奠基人在革命的过程中和革命以后使这一概念充满了另外的阶级内容，把它变成有关社会主义革命的学说的一个重要组成部分。④ 但这些最早的说法难道没有多多少少为后来理解革命过程的高级阶段的特征和重要方面打开一条道路？实际上马克思当时已经认为，革命发展的不间断性是当时知道的全部历史中最激进的革命转变的一个特征。他认为不间断性反映

---

① 自然完全不是后来托洛茨基分子所谈论的那种"不断革命"，他们是以宗派主义—冒险主义的精神来解释这个词，认为要不断地扩大革命、把革命从一个国家"输出"到另一个国家、超越必要的阶段。
② 《马克思恩格斯全集》第 1 版第 1 卷第 430—431 页。
③ 《马克思恩格斯全集》第 1 版第 2 卷第 157 页。
④ 德·克拉梅尔：《马克思和恩格斯的改革和革命》，1971 年科伦版第 96—99 页。

了这种变革的深度，而这种变革增加了人民群众对变革过程的影响，因为人民群众在雅各宾专政时期达到最高点的革命的每一个新的阶段上提出了愈来愈多的任务。① 马克思当时关于不断革命的一切说法还只涉及资产阶级的变革，他在《论犹太人问题》中已经指出了这种变革的局限性，针对这种变革（他当时用的术语是"政治解放"），他提出了更深刻的共产主义革命，或者像他所称作的"人类的解放"。当时他还没有把前者和后者看作一个过程的两个阶段。但是，一旦理解到，如果资产阶级革命确实是激进的、不可战胜的，它就应当是一个不断的革命事件的链条，就会不难得出结论说，共产主义革命是更加激进而深刻的革命，它所具有的不断性将不是最小的；然后将进一步理解革命发展的规律性，在一定的条件下把深化的资产阶级民主革命同将来的无产阶级革命联系成一个革命过程。马克思主义的奠基人在他们后来形成不断革命观点的过程中就是这样认识的。

这样一来，马克思关于法国资产阶级革命是不断的革命的说法，后来导致把不断性这一概念扩展到革命改造的所有阶段，成为后来制定马克思主义不断革命理论的一个严肃的前提。还应当注意到，在创立这一理论的决定性阶段，在1848—1849年革命时期，马克思和恩格斯经常研究十八世纪末法国革命的经验，从中看到许多对无产阶级革命者有教益的东西。

在欧洲革命前1846到1848年初这个时期，马克思主义作为无产阶级的世界观已达到成熟的阶段，马克思和恩格斯关于欧洲不同国家的革

---

① 马克思关于18世纪法国资产阶级革命的这种认识，从他对雅各宾党人勒瓦瑟尔关于雅各宾党同吉伦特党斗争的《回忆录》摘要中也可得到证实。（见《马克思恩格斯全集》第1版第40卷第372—388页）

命任务的先后顺序已经有了十分明确的看法。它们中的大多数正面临资产阶级民主革命,并处于工人阶级已基本形成并开始提出独立要求的条件下,按恩格斯的说法,当时在资产阶级背后,到处都站着无产阶级。马克思和恩格斯那时已清楚看到,工人阶级为了准备进攻资产阶级应当对推翻封建君主制度、争取政治自由加以利用,只让资产阶级"获得短期政权"①。同时他们认为,不应当把这种准备工作长期摆在一边,而应当在人民战胜封建君主势力之后立即开始广泛动员无产阶级的力量,把它们组织起来。马克思和恩格斯当时在报刊上,特别是在《德意志—布鲁塞尔报》上表述的策略方针就是这样。这一方针特别包含在马克思的文章《〈莱茵观察家〉的共产主义》以及马克思和恩格斯反对卡尔·海因岑的政论性文章里。在这些文章里,资产阶级革命被看作无产阶级革命的准备阶段和前奏。

对革命发展前景的这种理解是不断革命理论的最重要的成分。但我们认为不能说这一理论在当时就已经形成了②。马克思和恩格斯对革命过程的看法还缺少一个必然会把已形成的不断革命论的成分变成严谨的理论的重要环节,这就是:理解社会革命从第一个阶段(解决推翻封建君主制和清除封建主义残余的任务)向更高阶段(紧接着提出推翻资产阶级统治的任务)过渡时期的革命性质。马克思和恩格斯只是在1848—1849年革命事件的过程中和深入分析并概括了这些事件的教训的基础上,才有了关于革命在不断革命的过程中从一个阶段转变为另一阶段的重要性、关于革命如此发展所需的客观条件、关于为了实现这种

---

① 《马克思恩格斯全集》第1版第4卷第515页。
② 我们认为,在 Б. В. 拉斯金的内容十分丰富的著作中就有一定的倾向性,夸大了马克思和恩格斯当时的不断革命观点的完善程度。

发展的客观可能性而必须运用的种种手段等等的清楚概念。

1848—1849年的革命经验在这方面具有决定性的意义。

马克思和恩格斯在革命一开始就已经从这个意义上前进了非常重要的一步。他们在奥地利、普鲁士和德意志其他邦的三月革命事件后立即制定的德国无产阶级在革命中的纲领——《共产在德国的要求》中，不仅预见到将彻底实现资产阶级民主革命的种种任务、把这一革命进行到底，而且还提出了一系列措施（国家银行、运输、矿山、大封建领地等等），这些措施将会使向无产阶级革命的转变过程变得容易些。① 这样一来，在革命的资产阶级民主改革的过程中、在发展中的革命过程中对推翻资产阶级制度作出准备，在这里已经明确地设想出来了。正如以斯捷潘诺娃为主要负责人的编撰组所撰写的《马克思传》的第二版中指出的那样，马克思和恩格斯向德国无产者指出了方向：革命沿上升的路线发展、革命不断发展直到社会主义变革和深刻的社会主义改造实现为止。②

不过，指出方向在这里还是很一般化的，它还没有由于考察了革命发展的现实前景、各阶级在革命中的立场、反革命势力和革命势力的对比，一句话，还没有由于对19世纪革命过程的性质进行了阶级分析而被充实和确定下来，因为，只有经过这样的考察和分析，不断革命的原理才可能具有准确的形式和科学论证的性质。1848—1849年的事件本身为这种分析提供了资料，这不仅在德国，在其他发生了资产阶级民主

---

① 详见C.列维阿娃：《马克思在1848—1849年德国革命中》，1970年莫斯科版第19—29页。

② 见《卡尔·马克思传》1973年莫斯科第2版第174页。

革命的国家，例如在法国①、意大利、匈牙利等等，以及在英国和比利时这样一些多少受到影响的国家里都是这样。马克思和恩格斯在总结1848年和以后若干年的经验的基础上对革命理论作出的贡献之所以特别重要，他们从这些事件的教训中得出的结论之所以具有普遍的意义，是因为这样的总结和结论是以最广泛的国际资料为依据，总结了世界历史的各个方面，揭示了整个历史过程的种种具有特征的倾向。揭示这些倾向促使马克思主义的奠基人把1848年的革命事件同过去各个时期的事件加以对比。

马克思主义奠基人在1848年革命过程中根据它的经验而获得的对革命过程的崭新理解，就是解释清楚了他们在19世纪中叶对比早先资产阶级革命的各个时期、特别是18世纪末的法国革命时所发现的一些重要变化。无怪乎马克思和恩格斯在他们发表在《新莱茵报》上的文章中不止一次地呼吁比较18世纪和19世纪的革命运动。马克思在他的《路易·波拿巴的雾月十八日》一书中以总结的形式阐述了这一分析工作的结果，他在这里对比了资产阶级革命在18世纪"沿着上升的路线"发展和在19世纪中叶"沿着下降路线行进"。②

马克思和恩格斯认为变化的实质是主要阶级的地位的改变、它们在革命过程中的作用的改变。还在1848年革命前，马克思和恩格斯就看清楚了德国和其他国家的资产阶级有妥协的倾向、它们害怕人民群众的革命行动、它们力求通过同贵族集团妥协来达到必要的资产阶级改革。

---

① 马克思和恩格斯赋予这个国家以特殊的意义，因为它当时是革命过程的中心。关于总结1848年法国革命的经验在马克思主义学说发展中的作用，请看 H. E. 扎斯坦克尔的《卡尔·马克思论法国1848年革命》。

② 《马克思恩格斯全集》第1版第8卷第145页。

但是，只有1848年和以后若干年的事件揭穿了欧洲资产阶级反革命背叛的整个情况，它们几乎完全丧失了过去作为反对封建主义的先进战士的战斗品质（只是在个别的革命战斗中、在匈牙利和意大利的某些州，它们中激进的阶层还在进行革命活动）。资产阶级的政策是动摇的，在许多情况下是叛变的，而在另一些情况下则公开地反革命，这样的政策导致了革命的失败，为法国波拿巴帝国的确立、为中欧和亚平宁半岛的专制制度和半专制制度的复辟开辟了道路。马克思和恩格斯不止一次地指出了资产阶级的这种变化，它们在19世纪中叶由革命阶级、在一定程度上同人民群众共同行动（像17世纪40年代在英国、18世纪末在法国那样）的阶级变成萎靡不振的、谨小慎微的、懦弱的阶级，它"没有首创精神，不相信自己，不相信人民，没有负起世界历史使命"①。

正如马克思和恩格斯所指出的那样，资产阶级转到反革命的立场，这不能不对19世纪资产阶级革命的进程本身发生影响。由于资产阶级背叛、暗中破坏人民群众的革命活动、千方百计要拯救旧的制度、在革命的每一个新阶段都起着"盾牌王朝"的作用，政权就落到了不太激进的、而是更右的党派的手里，革命的成果不仅没有得到巩固和更加深化，相反地，它们被丢失了，化为乌有。事件的这种连续性质不仅是法国和德国诸邦1848年革命的一种特征，它在1848—1849年间和以后若干年内是一种典型。

在这种形势下，把资产阶级民主改革进行到底的唯一彻底的战士是工人阶级。马克思说，不仅从将来向社会主义过渡来看，而且从满足现

---

① 《马克思恩格斯全集》第1版第6卷第127页。

在的历史需要来看,这个阶级"身为社会革命利益的汇集中心"①。正是它肩负了这样的任务:在它能着手建立社会主义社会以前要为此清扫出一条道路,即根据具体情况预先或顺便消除封建制度的残余,包括中世纪的割据和分散主义,恢复被压迫民族的独立,也就是说,完成资产阶级所放弃的革命工作。而工人阶级要胜利地完成这项任务只能通过革命的途径。

马克思和恩格斯得出结论说,如果资产阶级民主革命将在日益增长的无产阶级的影响下完成,那么革命就不仅能沿着上升的路线发展,而且可以使革命成为不间断的。以资产阶级革命开始的革命,可能以社会的社会主义改造结束。

这样,19世纪中叶的革命过程的特征使马克思和恩格斯得出了一个结论,这个结论是关于无产阶级在资产阶级革命中的领导权的学说的主要原则。他们在这方面所表述的思想,列宁后来把它发展并总结为严谨的关于无产阶级在资产阶级民主改革时期和资产阶级民主革命转变为社会主义革命时期的领导权的学说。这一思想同马克思主义的不断革命的理论是紧密相连的。

所以我们认为,早先在马克思和恩格斯制定的这一理论中所缺少的这样一个结论:在资产阶级民主改革过程中革命的发展可能有两种方案。马克思和恩格斯在革命时期已经不止一次地谈到了事件发展的两种趋向、两种方针——革命深化和激化,这对工人阶级和同它建立联盟关系的阶层有利;革命偃旗息鼓,这是自由资产阶级朝夕期待的,是小资产阶级民主派完全动摇的和不坚定立场客观上促成的。正如马克思在

---

① 《马克思恩格斯全集》第1版第7卷第21页。

1848年12月所写的,"普鲁士资产阶级以及一般德国资产阶级从三月到十二月的历史证明:在德国不可能发生纯粹**资产阶级的革命**,也不可能建立**君主立宪**式的**资产阶级政权**,可能发生的不是封建专制的反革命,就是**社会共和的革命**。"① 马克思主义的奠基人在1850年3月的《中央委员会告共产主义者同盟书》中总结了1848年的经验,对这一思想表达得还要更加清楚。他们强调说,在新的历史条件下,与18世纪末资产阶级革命的发展不同,可能出现暂时的资产阶级统治,它们在没有确立"稳固的"反革命制度以前就一个接一个屈从于公开反动的立场,或者出现革命的不断深化,把右派势力日益排挤掉,而当资产阶级和小资产阶级民主派的代表不再继续当政时由无产阶级掌握政权。这第二种情况占优势的条件是,革命不断发展、劳动群众革命热情日益广泛扩展、他们的革命积极性高涨、无产阶级对发展的影响愈来愈加深。马克思和恩格斯在这一文件中制定了工人阶级在资产阶级民主革命中的任务,并写道,"工人……首先必须尽一切可能反对资产阶级制造和平局面的企图……应该努力设法使直接革命的热潮不至于又在革命刚刚胜利后就被镇压下去"。②

我们认为,在有关这一问题的文献中,前不久提出了一种极其有助于发展的见解:马克思和恩格斯根据人民群众参加18世纪末法国资产阶级革命的经验,根据无裤党和他们的组织——巴黎公社、俱乐部、支部(起了极为重要的革命杠杆和推动力的作用)的活动,在1850年不仅一般地论证了不断革命的理论,而且论证了它的具体形式,还在这里

---

① 《马克思恩格斯全集》第1版第6卷第146页。
② 《马克思恩格斯全集》第1版第7卷第294页。

列举了关于必须在革命过程中武装人民和在建立无产阶级专政前建立革命政权机关的原理。这一观点是 В.Г.列乌连柯夫教授提出来的,他的许多著作充分地论证了这一点。①

但是,对上述文章里关于马克思恩格斯不断革命理论起源的某些说法是难于苟同的。显然,18世纪末法国革命的经验是这一理论的根据。正如我们在上面指出的,研究18世纪法国的革命事件还在40年代初就成为马克思不断革命观点形成的前提,而"不断革命"的理论首先是由于他分析了这些事件才出现的。在50年代,当这一理论最终形成时,马克思和恩格斯视线中经常出现雅各宾党人的大胆革命策略、18世纪末法国革命年代的人民运动、人民群众的革命独创精神、他们建立的管理机关和社会组织。所有这一切构成历史经验的重要成分之一,在此基础上得出了他们的理论结论。不过,18世纪末法国革命的经验只是不断革命论的根据之一,而不是它的唯一历史来源。在列乌连柯夫的文章里则避而不谈离马克思恩格斯更近的1848—1849年革命经验的综合在这一理论形成过程中的作用。诚然,1848年革命事件的进程与1789—1794年的情况不同,人民群众在取得最初的胜利之后,遭到多方面的失败,他们的革命积极性由于反动派的暴力,也包括反革命资产阶级的暴力(对巴黎无产阶级六月起义的镇压值得记住)而被抑制和消除了。然而,马克思和恩格斯不仅善于从革命的胜利中,也能从革命的失败里,不仅从革命的强大,也从革命的软弱和缺点中得出正确的教训。马克思主义的理论是在分析积极的和消极的经验的基础上建立起来的。因

---

① В.Г.列乌连柯夫:《中央委员会告共产主义者同盟书(1850年)同法国大革命历史的若干问题》。

此，1848—1849 年资产阶级民主革命的经验以其独特性和革命发展中的种种缺陷，对于马克思主义理论在这一阶段上用新的理论加以充实来说，较之过去种种革命的经验，其意义不是小而是更大。

其次，列乌连柯夫没有估计到，马克思和恩格斯在 19 世纪中叶只根据 18 世纪末的革命事件的教训，不顾整个后来的社会发展，是不可能制定革命的理论的。他们不是直接从 1789—1794 年的经验中，而是用这一经验同后来事件、特别是 1848—1849 年革命的经验**相对比**之后，才得出了自己的理论结论。正是这种对比，正是对 1848 年经验的考虑，给马克思和恩格斯制定不断革命的理论提供了最主要的根据——认识到 19 世纪革命过程中较之 18 世纪所发生的变化、不同阶级在沿着上升路线或下降路线的资产阶级革命发展中的立场的变化。从 19 世纪革命过程的种种变化出发，从它在欧洲开始形成无产阶级革命的前提（大工业的建立、无产阶级的形成和发展）时的种种条件的特点出发，也引出了关于不断革命，是工人阶级从资产阶级民主改革过渡到社会主义改革的最合适的道路的主张。

这一主张不仅在马克思的《中央委员会告共产主义者同盟书》中表现出来，为了了解它的本质，必须不限于只分析这一文件。特别是，不断革命的思想在恩格斯 1850 年初发表在宪章派机关报《民主评论》上的早先不为人知的一组文章《德国来信》中已有所反映。这篇文章大约在《告共产主义者同盟书》前两月写的。恩格斯看到德国新的革命高潮的前景（当时马克思和恩格斯还期待着近期爆发新的革命），指出革命精神在整个国家复活了，"各地的工人和农民都在警惕地等待着起义的信号，这次起义要使无产者的政治统治和社会进步得到保证，否则决不会平息下去"①。值得注意的是，不断革命思想的这种表述是同工农联盟的原理联系在一起的。马克思和恩格斯正是根据1848—1849年事件的经验而深刻地论述了这一联盟不仅在资产阶级民主革命中，而且在无产阶级革命中也是必须的。在这里，以及在其他的以这种或那种形式发展不断革命理论的著作中，这一结论的提出，都是直接联系着革命按上升的路线发展、革命深入发展、资产阶级民主改革向社会主义改革过渡。马克思和恩格斯认为工农联盟是不断革命的最重要的条件。

不断革命的原理在关于建立共产主义者革命者世界协会的协议中也有所规定，该协议是马克思和恩格斯作为共产主义者同盟中央委员同宪章派左翼和流亡的布朗基分子的代表们签定的。这一协议于1850年4月签订，一月后《告共产主义者同盟书》写成，它的第一条是："协会的宗旨是推翻一切特权阶级，使这些阶级受无产阶级专政的统治，为此采取的方法是支持不断的革命，直到人类社会制度的最后形式——共产主义得到实现为止。"② 在我们看来，该文件的文风带有马克思恩格斯当时的伙伴们——法国的布朗基分子、哈尼和维利希等人倾心革命辞藻的明显痕迹。然而马克思主义的奠基人善于用极其简练的形式在这里表述了科学共产主义的两个基本原理：不断革命的思想和关于无产阶级专政是共产主义的社会改造的杠杆的思想。把这些思想结合在一起，揭示出它们之间的有规律的联系，强调不断革命是一条建立工人阶级专政的道路（而工人阶级面临的任务是把革命过程继续推进到确立新的社会制

---

① 《马克思恩格斯全集》第1版第44卷第34页。
② 《马克思恩格斯全集》第1版第7卷第605页。

度)——所有这些是该文件第一条的特殊意义。

马克思给科伦共产党人的信证明了:不断革命的原理是在科学共产主义理论总的发展范围内制定的,制定这一原理是同发现革命过程各阶段的连贯性有联系,也同论证建立无产阶级专政后必然有从资本主义转向共产主义的过渡时期相联系,甚至同关于共产主义社会两个阶段的思想萌芽有联系。这封信的内容后来由1852年科伦共产党人案件被告者之一、雪茄烟工人勒泽尔在他的供词中转述出来。这封信是马克思在1850年夏天寄到科伦的。勒泽尔说,马克思在信里指出了他们当时期待的德国革命的新的回合的几个阶段,他把这看成是不断革命过程的几个阶段,即:"推翻国王的政权"——"小资产阶级的统治"——"社会共和国"——"共产主义共和国"。①

马克思和恩格斯并不把不断革命的理论看成是一种公式,即预先规定的一个绝对的形式:开始是政权转归小资产阶级民主派,然后是转归无产阶级。他们在《告共产主义者同盟书》中考虑到当时德国的情况,即在1850年夏天以前一直期待着新的革命高潮,制定了这一理论的主要原理。然而,到同年秋天,他们很快就确信对这种高潮的估计在近期是没有根据的。接着他们以更一般化而灵活的形式表述了这一理论,对革命事件的实际过程并不加以具体化,因为他们认为,革命事件的实际过程是受许多并不听从定义支配的情况所制约的。那时,在反对宗派冒险主义分子的斗争中他们必然是出色地坚持这一不断革命的理论,因为这些宗派冒险主义分子用教条主义的唯意志论的精神来解释这一理论。

---

① 参看《共产主义者同盟是第一国际的前身》,《文件集》1964年莫斯科版第402页。

上面谈到的马克思给科伦共产党人的信，尖锐地批判了维利希所发挥的关于在最近的德国革命时期立即实行共产主义的思想。宗派分子宣布自己是不断革命的拥护者，把不断革命解释为号召发动由工人阶级夺取政权的直接的革命行动。

他们似乎预先就想到了托洛茨基分子后来提出的"理论"，从不断性这一概念中排除了解决革命任务的连贯性，把这一概念解释为人为地加快革命事件，通过不仅使德国、还有其他国家"革命化"的办法来大大扩大革命事件。宗派分子完全无视革命的客观前提，只根据可能性就号召在任何时候起来革命。他们认为不断革命本身是一系列短暂的革命闪光，是接连不断的起义，而在起义过程中可以不要预先的准备，绕过中间阶段，直接去争取实现共产主义。①马克思和恩格斯严肃地批判了宗派分子的这些粗浅的主张，论证他们的唯意志的思想同无产阶级的科学唯物主义世界观没有丝毫共同之处，实际上也就捍卫了不断革命的理论，使它免遭歪曲和庸俗化。马克思在1850年9月15日共产主义者同盟中央委员会的会议上同宗派集团的代表们进行争论，论证决不容许忽视革命的客观规律性、革命的必要前提，不容许破坏革命任务的顺序而超越革命阶段。马克思说："我们的党只有在条件允许实现它的观点的时候，才能取得政权。"②马克思和恩格斯反对维利希、沙佩尔和他们的拥护者用虚假的革命词句来代替实际的革命运动，他们把关于革命发展是一整个时期的观点纳入不断革命的概念，这种革命发展多少要延

---

① 维利希－沙佩尔集团代表人物的观点可从保存下来的他们的单独联盟（马克思、恩格斯讽刺地称它为宗德崩德）的文件中得到证实。对这些文件的分析，参看《新时代的工人运动》文集1964年莫斯科版第153—160页。

② 《马克思恩格斯全集》第1版第8卷第639页。

续一段时间，而这种延续性又决定于具体的条件，这种革命发展的特点会有形形色色的阶级斗争形式，其中包括最尖锐的形式，即在某个国家内或国际舞台上进行的武装斗争。"……我们对工人说：不仅为了改变现存条件，而且为了改变自己本身，使自己具有进行政治统治的能力，你们或许不得不再经历十五年、二十年、五十年的内战和国际冲突"。①

这样一来，科学共产主义的创始人把不断革命设想为进行深刻革命改造的整个时期，这种革命改造包括阶级意识范围的改造，也包括革命发展的各种阶段、工人阶级准备夺取政权、掌握政权、并利用它以达到社会改造的各个时期。马克思似乎是为了警告把他的不断革命理论变成某种刻板的公式，指出革命发展的不同形式决定于种种具体的历史情况，赋予现存的不断革命理论的表达方式以灵活性。他在《路易·波拿巴的雾月十八日》里就这样做了。他们在这里以下述形式提出不断革命的原理：用过去一百年中"突飞猛进的"资产阶级革命来对比将来的无产阶级革命，后者应包括一个长的发展时期，并为社会的社会主义改造预先创造前提。② 换句话说，马克思想说，无产阶级革命应当经历资产阶级革命未曾经历过的那一段路程，"返回到仿佛已经完成的事情上去"，③ 完成这一革命还未完成的任务，并初步地或顺便地完成自己的任务——马克思认为这一点要看具体条件如何，不能详细阐述。马克思和恩格斯后来在评论革命事件及其前景时所用的最重要的标准之一就是这种形式的不断革命理论。

马克思恩格斯在使用这一标准时相当灵活和谨慎。他们认为不能不

---

① 《马克思恩格斯全集》第 1 版第 8 卷第 465 页。
② 《马克思恩格斯全集》第 1 版第 8 卷第 124—126 页。
③ 《马克思恩格斯全集》第 1 版第 8 卷第 125 页。

顾是否存在为社会发展创造现实前提的内部主客观因素，而把任何的革命事件都纳入不断革命的构思中。许多具有资产阶级民主主义性质的革命运动并不具有直接成为争取社会主义改造的斗争的前景。1860年意大利争取统一的革命斗争、1861—1865年美国内战、1864—1867年墨西哥资产阶级革命和反对西方列强入侵的斗争、1854—1856年西班牙资产阶级革命、1863—1864年波兰起义都是这样。如果从这些事件内部发展的观点来看，那么用不断革命的标准来看待它们，就显得走得太远和脱离了现实基础。无论马克思和恩格斯在这种情况下都不使用这一标准，尽管他们认为这些事件加速了世界革命的进程，是总方向符合不断革命理论（即由资产阶级民主改革向社会主义改革过渡）的革命发展的整个链条中的决定性一环。

然而现代西方马克思学的代表之一、"新左派"的活动人物米哈艾尔·洛威力图把马克思对1854—1856年西班牙资产阶级革命的看法说成是把不断革命的思想应用于落后的不发达国家的表现。他在法国社会主义杂志《社会运动》上发表的专论这一题目的文章中，非常牵强附会地说，马克思在1856年认为西班牙资产阶级革命具有社会主义的性质，并将根据他和恩格斯在1850年制定的不断革命理论发展下去。然而，马克思在有关西班牙事件的文章中说，"下一次的欧洲革命将发现，西班牙已经成熟到能够同它合作"①，显然是指西班牙人民群众的作用在将来的资产阶级革命中可能加强，这一革命将变成人民的、资产阶级民主革命。他让自己的读者了解，只有在这样的条件下，西班牙的革命才可能赢得胜利，并成为欧洲革命发展的真正因素和组成部分。至于西班牙革命可能向社会主义阶段过渡，马克思根本就没有说过。他估计到

---

① 《马克思恩格斯全集》第1版第12卷第53页。

当时西班牙经济和社会的发展水平，显然认为说这种前景适合西班牙的国情是不合适的和为时过早，虽然，对于欧洲的许多国家——德国、法国、英国等等来说，对于整个革命过程的主要方向来说，他无疑一直都认为具有这种前景。

马克思主义的不断革命理论并不是借以剪裁未来一切革命的教条样板，也不是应当用来衡量所有革命事件的无所不包的抽象标尺。它是灵活的、创造性的理论，表现了19世纪、特别是20世纪革命进步发展的总路线。马克思和恩格斯以及后来列宁运用这一理论去评价某种现象时，决不是抽象地、同辩证唯物主义的其他所有准则割裂开来地运用，决不是不仔细估计某个国家的经济的和社会的成熟程度，不考虑单个阶级的状况和社会作用。马克思和恩格斯反对片面地过分强调他们学说的任何方面并把它绝对化，他们对自己的不断革命的理论也是采取这种态度。正因为这样，这一理论在马克思列宁主义的强大武库中是认识革命过程的规律性的根据，是工人阶级和共产党制定有科学论据的策略的手段。

（原载苏共中央马列主义研究院马恩室《学报》1974年第26期）

（肖竹 译）

恩格斯在反社会党人法废除后的革命战略*

〔联邦德国〕汉斯－约瑟夫·施泰因贝格

"因为党正进入另一种斗争环境，因而它需要另一种武器，另一种战略和策略"①，这是恩格斯在反社会党人法正式失效前几天在《社会民主党人报》终刊号上所写的关于德国社会民主党的一句话。一个与情况相适应的革命战略（尽管它考虑到整个社会主义工人运动，但由于我们将要谈到的一些原因，却是专门涉及德国党的），以及按基本设想所产生的策略，这两方面的问题是恩格斯逝世前经常反复思考的问题，并且如同一条红线贯穿于他的书信和文章之中。除整理出版《资本论》第三卷外，他把制止错误的（从他所设想的革命战略这一角度来看）策略、竭力宣传正确的策略视为自己的主要任务。

恩格斯战略的本来出发点是这样一个事实即 1870—1871 年普法战争以来，大陆工人运动的重心已从法国移到了德国。早在 1884 年，恩格斯鉴于德国党在帝国国会选举中所取得的成就，曾经把它的兴旺比作基督教势不可挡和有信心的发展，他写道："它是那样地有信心，以致

---

* 本文选自《马列主义研究资料》1985 年第 4 辑。作者是联邦德国艾伯特基金会工作人员，哲学博士，著有《社会主义和德国社会民主党》一书。

① 《马克思恩格斯全集》第 1 版第 22 卷第 88 页。

现在就可以精确地算出它的加速度方程式，从而推算出它最终胜利的时刻。"① 在反社会党人法时期他曾坚持这样一个论点，即德国社会主义工人运动的和平而不受干扰的发展会取得肯定的胜利。② 在1890年2月20日的选举获得大胜以后，上述论点便成为一切战略和策略考虑的出发点了。恩格斯曾估计在最好的情况下可以得到125万张选票，并为此而被认为"过于乐观"③，现在由于获得140多万张选票，从而按选民数量来衡量，使社会民主党成了德国最强的党，所以他便把大选的日子评价为"德国革命开始的日子"④，这里说的革命当然就是社会革命。因为，恩格斯坚信，他一向认为革命这一整个欧洲的事件的成败的决战只能在德国进行。⑤

从恩格斯把2月20日确定为德国革命开始之日的上述致拉法格的信中可以清楚地看到，恰恰是这一认识要求采取一种策略，其要旨是，

---

① 《马克思恩格斯全集》第1版第36卷第230页。

② 1888年1月4日恩格斯致若·纳杰日杰的信，关于欧洲大战有一段话："这种战争是可怕的，但是无论发生什么情况，归根结底，都会有利于社会主义运动，都会使工人阶级早日执掌政权。"（见《马克思恩格斯全集》第1版第37卷第6页）

③ 《马克思恩格斯全集》第1版第37卷第362页。

④ 《马克思恩格斯全集》第1版第37卷第356页。

⑤ 1893年6月27日恩格斯致保·拉法格的信："如果法国——**可能如此**——发出信号，那末，斗争的结局将决定于受社会主义影响最深、理论最深入群众的德国"（《马克思恩格斯全集》第1版第39卷第87页）；1893年10月12日致倍倍尔的信："我们距离危机的到来也许还有五六年，但我看比利时特别是奥地利这次将起准备作用，而最后收场还是在德国。"（《马克思恩格斯全集》第1版第39卷第140页）另见1893年10月18日和21日恩格斯致倍倍尔的信（《马克思恩格斯全集》第1版第39卷第151页）以及1894年6月2日恩格斯致保·拉法格的信（《马克思恩格斯全集》第1版第39卷第244页）。

宣布合法活动和避开来自统治阶级方面的挑衅。虽然革命的开始使得革命胜利本身和革命胜利所期待的结果——在德国由社会民主党接管政权——指日可待，但也带来因过高估计自己的力量而匆忙出击的危险。此外，欧洲大战的可能性在恩格斯看来越来越成为一个威胁，因为战争会使德国社会主义工人运动功败垂成。

在此指出90年代上半叶恩格斯战略的基本要素似乎是相宜的。

1. 在形势不受干扰地发展的情况下，社会主义在德国取胜是不可避免的。社会民主党取得统治的时间"几乎能像数学那样准确地确定"①。

2. 鉴于武器技术发展的水平，只有当军队的多数走到革命者方面来，武装斗争才卓有成效。"街垒和巷战的时代已经一去不复返了；**如果军队作战，进行抵抗就是发疯。**"②

3. 现代无产阶级最有效的斗争手段是德国社会民主党模范运用的普选权。如果正确地加以利用，普选权必然导致革命。

4. 在设想的历史情况下，唯一具有实际重要性的是，德国的社会主义工人运动不允许遭受任何失败。与此相比，其他一切均属次要。

下面试就上述几点作出解释，并指出它们在具体情况下引出什么样的策略结论。

恩格斯认为，德国社会主义的必然胜利是不可遏止的，甚至社会民主党的发展也必然是一个自然的过程。用恩格斯的话来说，反社会党人法的结束说明德意志国家"已经走入绝境，工人却刚才起程"③，自那

---

① 《马克思恩格斯全集》第1版第22卷第290页。
② 《马克思恩格斯全集》第1版第38卷第505页。
③ 《马克思恩格斯全集》第1版第22卷第601页。

时起，有许多证据可以说明恩格斯这一观点。推算期限当然是难于做到的，特别是在 1890 年和 1893 年的选举之间。恩格斯使自己同时也使他的读者产生这样一个印象，即社会民主党获得的选票正势不可挡地持续增长，例如 1891 年他就列出了下述表格：

1871 年	101927
1874 年	351670
1877 年	493447
1884 年	549990
1887 年	763128
1890 年	1427298

在这个统计表中没有列入 1878 年和 1881 年的选举情况，党在这两次选举中遭到了完全可以解释的失败（诺比林暗杀事件，反社会党人法）①。在这样一个数字的鼓舞下，恩格斯估计，在他算定于 1895 年举行的下一次选举中，将获得 250 万张选票，到 1900 年则将增加到 350 万至 400 万张选票。② 1890 年选举之后，他认为三、四年之内，普鲁士东部各省的农业无产阶级将成为社会主义的了，这意味着现存的国家制度和社会制度的完结。1891 年 9 月初，恩格斯预见到德国将发生一场严重的国内政治斗争，一方面是土地贵族和资产阶级之间的斗争，另一方面是主张保护关税政策的资产阶级和主张贸易自由的资产阶级之间的斗争，这使他推算："如果事态会这样发展的话"，社会民主党可能在

---

① 1878 年社会民主党获得 437158 张选票，比 1877 年少 56289 张；1881 年只获得 311961 张选票。

② 见《马克思恩格斯全集》第 1 版第 22 卷第 291 页。1893 年选举前夕，恩格斯预期获得 225 万至 250 万张选票（《马克思恩格斯全集》第 1 版第 22 卷第 629 页，第 39 卷第 53、75 页）。社会民主党实际获得 1786738 张选票。

1898年左右取得政权。① 尽管预言中的日期变来变去,但是德国社会民主党的胜利"指日可待"② 这一点对恩格斯来说是肯定无疑的。他甚至在这方面援引了宗教改革的例子来说明德国的革命传统。他在1892年的《〈社会主义从空想到科学的发展〉英文版导言》中写道:"四百年前,德国是欧洲中等阶级第一次起义的出发点;依目前的形势来判断,德国难道不可能同样成为欧洲无产阶级第一次伟大胜利的舞台吗?"③

当然,恩格斯看到有两种情况会威胁德国社会主义胜利的不可遏止的发展,即因为受到挑衅或者不是因为受到挑衅而匆忙出击,以及欧洲大战。

至于后一种情况,恩格斯的策略设想是出于"联盟的恶梦",也就是说,同沙皇制度结盟的法国可能对德国发动一场复仇战争。还在1885年至1887年欧洲危机的时代,恩格斯就对德国还有法国的社会主义运动极为担忧。他断然认为,法国社会党人对资产阶级沙文主义缺乏一定的抵抗力,因而他觉得有必要向他们指出,当前对于社会主义来说只有一点值得追求,那就是维持欧洲现状。而全面战争会把运动"抛进

---

① 《马克思恩格斯全集》第1版第38卷第148页。1894年,鉴于"防止政变法草案"的威胁,倍倍尔在致恩格斯的信中说:"说不定你对1898年的预言不像你自己所认为的那样正确了。若是对1898年一说打赌,我分文都输不掉。"(《恩格斯与倍倍尔通信集》中文版第921页)

② 《马克思恩格斯全集》第1版第22卷第361页。

③ 《马克思恩格斯全集》第1版第22卷第361页。

一个无法预料、无法估计的事件的领域"①。如果战争爆发，不论出于什么理由，都只会导致一个目的：阻止革命。1888年，恩格斯认为可以肯定，法国社会党人的领袖保·拉法格可能同布朗热主义有某种眉来眼去的表现，这促使他采取有力的干预。恩格斯认为，在法国身居政治要职的布朗热就等于这样一场战争，根据列强的情况来看，在这场战争的过程中，或者作为战争的结果，革命都将成为不可能，并将导致全面的衰竭，在这种状况下反动派将庆祝自己的胜利。"这使我感到可怕。对我们德国的运动来说尤其可怕，这个运动会被暴力破坏、镇压、扼杀，而和平却能使我们取得几乎是肯定的胜利"②，这是恩格斯在1889年3月间致拉法格的信中讲的话。

80年代末和1890年法兰西共和国同沙皇帝国结成矛头指向德国的联盟还只是具有可能性，到了1891年和1892年，在恩格斯的眼里就成为具有威胁性的现实了，他主要考虑的是德国社会民主党，它的不断的稳定的发展是欧洲社会主义胜利的保障。鉴于这一联盟，恩格斯一方面在同倍倍尔取得一致的情况下规定了德国党的立场，另一方面又极其恳

---

① 《马克思恩格斯全集》第1版第36卷第553页。该信（即1886年10月25日恩格斯致拉法格的信）经过加工以后的文稿发表在1886年11月6日《社会主义者报》第63号上。见《马克思恩格斯全集》第1版第21卷第356—364页。

② 《马克思恩格斯全集》第1版第37卷第163页。特别重要的是1888年12月4日恩格斯致保·拉法格信中的这段话："布朗热就是战争，这几乎是绝对准确的。什么战争呢？法国和俄国结成同盟，从而丧失进行革命的机会；一旦巴黎出现最微小的动乱，沙皇就会勾结俾斯麦，以便一举彻底摧毁这个革命策源地；更坏的是，如果战争开始，沙皇将完全成为法国的主人而赏给你们一个他合意的政府。所以，由于仇恨激进派而投入布朗热的怀抱，就等于由于仇恨俾斯麦而投入沙皇的怀抱。"（《马克思恩格斯全集》第1版第37卷第115页，另见《马克思恩格斯全集》第1版第37卷第69页和第10—11页）

切地设法劝阻法国社会党人不要支持这个旨在发动一场复仇战争的法俄联盟。这里应该指出，恩格斯（马克思也同样）似乎一向把沙皇俄国看作欧洲政治的凶恶基础。在他看来，推翻沙皇制度，消除这个威胁着欧洲的"祸害"，是解放中欧和东欧各民族以及缓和欧洲紧张局势的先决条件。而沙俄帝国的"消极存在"对于西欧工人政党是一种危险，并且给了欧洲各反动政府以镇静和自信心。欧洲外交的紧张局势和沙皇俄国在其中所起的作用，促使恩格斯于1889年和1890年积极研究了俄国对外政策的传统目标和方法，研究成果在《俄国沙皇政府的对外政策》一文中作了总结，文中他把沙皇帝国的职能历数为欧洲反动势力的主要堡垒、后备阵地和后备军[1]。法国的沙文主义者在1871年以后就决定："在收复亚尔萨斯以前，历史应当停止。"[2] 1890年4月，恩格斯看到，沙皇政府同法国的联合不仅针对着德国，而且也针对着俄国的工人和革命者，因此，他最严厉地谴责法国社会党人没有鼓起勇气来反对本国的沙文主义。他认为法国这种普遍的"爱国狂热"的后果是，法国工人成为沙皇的同盟军。[3] 他在正式贺信中关于法德两国无产阶级之间真诚的兄弟般的团结[4]从来没有蒙蔽他，使他看不到法国的任何一个联

---

[1] 《马克思恩格斯全集》第1版第22卷第15页。
[2] 《马克思恩格斯全集》第1版第37卷第383页。
[3] 《马克思恩格斯全集》第1版第37卷第384页。
[4] 《马克思恩格斯全集》第1版第22卷第101页。

盟都不会放弃收复亚尔萨斯—洛林的政策。① 在引人注目地显示俄法亲善的法国一支分舰队访问喀琅施塔得（1891年7月）和俄法军事协定于1893年12月底获得批准这段时间，恩格斯一直努力宣传正确的策略，以便使德国社会民主党存在和稳定地发展。下面这些话是对法国社会主义者不加掩饰的威吓之词，已经说到顶了："如果沙皇的征服欲望和法国资产阶级的沙文主义急躁情绪要阻挡德国社会主义者的所向无敌的、但却是和平的前进运动，那末，请放心，德国社会主义者准备向全世界表明，今天的德国无产者无愧于上一世纪的法国长裤汉，1893年能够同1793年媲美。"② 与此相对照的是他在同倍倍尔的通信中给这位德国党的领袖分析说，一场由法国人和俄国人进行的战争"首先是反对欧洲最强大、最有战斗力的社会主义政党的战争；我们只好全力迎击一切进攻我们和将要援助俄国的人，别无其他出路。因为，要么我们被打

---

① 见1891年11月9—10日恩格斯致倍倍尔的信。信中写道："当李卜克内西在《前进报》上兴高采烈地谈论法国没有沙文主义时，巴黎报刊……使我确信，共和派的反布朗热主义的联盟（机会主义派、激进派、可能派）有一个心照不宣的基础，即政府在爱国主义方面要胜过这个布朗热，同俄国结盟，向全世界显示军队的战斗力，挥舞刀枪，如果这样做引起复仇战争，就振奋地、愉快地进行之，换句话说，就有可能更直截了当地挑起复仇战争，这是所有法国资产者的宿愿。"（《马克思恩格斯全集》第1版第38卷第208—209页）

② 《马克思恩格斯全集》第1版第22卷第297页。同德国的立宪制度相比，法兰西共和国代表着政治的进步，这一论断鉴于德国社会民主党的强大并未能给恩格斯留下丝毫印象。像任何政体一样，共和国取决于它的内容并且作为资产阶级的统治形式和任何君主国一样是敌视无产阶级的（《马克思恩格斯全集》第1版第39卷第209页），如果说这在他看来已经十分普通，那么，在他眼中为沙皇效劳的共和国就是反动的化身。

败，那时，欧洲的社会主义运动就要停滞二十年，要么我们自己上台执政"①。

虽然倍倍尔在恩格斯来信（这些信件已经遗失）的鼓舞下，于1891年9月27日在《前进报》上发表题为《俄国公债》一文，接受了恩格斯的论点，但是也把这些论点粗陋化了。倍倍尔认为，参与刚刚发行的俄国公债是"**道义上的卑鄙行为**"。他说"反对以至消灭那个残忍的、野蛮的和敌视文化的官方俄国"是社会民主党最"神圣的使命"。倍倍尔完全可以用展示广阔的革命前景来说明，为了防御外来侵略而同国内政治上的敌人暂时联合是正确的。② 在1891年10月5日帝国国会柏林第四选区选举协会的一次集会上，倍倍尔引用了恩格斯关于俄国对外政策传统目标的研究，同时再次指出用革命手段③进行一场反对官方俄国的歼灭战所能开辟的前景：把俄国赶回东方，建立民主的新波兰，成立一个将永远结束战争的"国际联盟"。然而，当着这样一些前景还没有十足把握的时候，恩格斯一直使用各种办法进行斗争，以防止"这一持续不断的发展过程因某种危机而中断，诚然，这种危机可以使它缩短两三年，但也同样可以使它延长十至二十年"④。因此，当1891年8月初丹尼尔逊写信告知恩格斯俄国正处于饥荒的前夜时，恩格斯如同得

---

① 《马克思恩格斯全集》第1版第38卷第157页。

② "而如果我们同今天是我们的敌人的那些人并肩战斗的话，我们这样做不是为了拯救他们和他们的国家制度和社会制度，而是为了拯救整个德国，就是说拯救我们自己，并且为了从一个野蛮人手里解放一块土地，在这块土地上我们准备将来有朝一日实现我们自己的社会理想。"（1891年9月27日《前进报》第226号）

③ 恩格斯和倍倍尔在这点上是一致的，即如果打起仗来，在德国就应提出全民武装的要求。（参看《马克思恩格斯全集》第1版第38卷第157页）

④ 《马克思恩格斯全集》第1版第38卷第160页。

到了解救一般。他认为这是使和平延续到1892年下半年的保证；1892年年初，他认为同俄国的战争被推迟了三、四年；① 在他逝世前不久的几个月当中，他对欧洲和平持续下去的前景的判断是格外乐观的。这些并没有阻止恩格斯继续批判地密切注视俄法两国的对外政策。这方面有趣的是，1893年年初，他把猜测中的俄国间谍在东普鲁士湖泊之间封锁着的边防要塞一带的活动详情写给倍倍尔，并鼓动倍倍尔把这些情报告知德国当局。倍倍尔后来亲自把这些情报转告给外交国务秘书马沙尔。

有人提出这样一个论点：德国社会民主党在1914年8月4日的态度可以同1891年恩格斯所奉行的策略相比较，或者说，可以用马克思和恩格斯在1870—1871年普法战争第一阶段所采取的立场来辩护。权威人物列宁在1916年11月和12月以及1917年1月写的信件中，反对在1891年的情况和1914年的情况之间进行比较，认为这是不允许的。"1891年，法国的凯撒制度＋俄国的沙皇制度反对**非帝国主义的**德国——这就是1891年的历史情况"，而第一次世界大战却是"**双方的帝国主义**战争"。历史情况的差别无疑是显而易见的，但是，客观的观察家不能不指出，把社会主义革命无条件地归结为德国党的命运（恩格斯战略的一个基本点）导致恩格斯采取一种看来是过高估价德国政策和三国同盟的政策的策略。例如，他没有指出，正是1891年5月恢复三国同盟和在意大利议会以及英国下院中就地中海协约所发表的那些言论才

---

① 1892年1月6日恩格斯致阿·左尔格的信中写道："只要没有人在什么地方干出蠢事，对俄战争就可望推迟三至四年。德国的稳步的发展向我们预示，胜利将在最顺利的情况下到来，尽管会稍晚一些，然而一定会到来"。（《马克思恩格斯全集》第1版第38卷第245页）

使得俄法两国重开谈判,因为在再保险条约失效后这些言论使俄国政策意识到了自己的孤立。① 福尔马尔曾保证,当祖国遭到(来自与沙俄结盟的法国的)进攻时,社会民主党人将履行自己的义务。对此,恩格斯在1891年6月29日即法国分舰队访问喀琅施塔得前不几天曾给予尖锐的批评,而在喀琅施塔得联欢之后,他又认为伯恩施坦驳斥福尔马尔的有关文章"显然是根本不适宜的"②。这大大说明恩格斯有着一种值得注意的灵活性。只要事关保护德国社会民主党免遭可能的失败,其他任何观点都是次要的。

除了肯定要使社会民主党倒退的欧洲大战这一危险(看来自1891年年底暂时可以避免),恩格斯所思虑的就是德国国内政治斗争有可能导致像1871年在巴黎那样一次"放血"的可能性。他认为通过突然袭击而达到社会的和政治的改造这种尝试,会使在不远的将来必定自然而然地获得肯定成功的运动遭到毁灭或者至少要受到极为沉重的损害,这种想法他直到逝世都没有摆脱。在1877年帝国国会选举之后,恩格斯曾简明地谈到过这个想法,但是,从1890年1月25日帝国国会就反社会党人法进行表决时起或者说从同年2月选举时起,这一想法才在策略措施和指示方面成了主导的、决定性的思想。恩格斯对这个问题的看法,在反社会党人法废除即1890年9月30日以前这段时间和随后直到他逝世前的那些年月是不同的。在9月30日以前"避免任何喧嚣"③是恩格斯的愿望,他感觉到,对俾斯麦来说是一种灾难的选举结果(卡

---

① 这并不是说,恩格斯似乎如同福尔马尔一样赞成三国同盟,照福尔马尔的意见,三国同盟的倾向"无疑是以和平为宗旨的"。(福尔马尔:《社会民主党最近的任务》1891年慕尼黑版第9页)
② 《马克思恩格斯全集》第1版第38卷第159页。
③ 《马克思恩格斯全集》第1版第37卷第377页。

特尔政党联盟获得的席位从 220 个降到 135 个）有可能促使这位首相考虑发动一场政变。此外，他对局势还有这样一种估计，威廉二世和俾斯麦唯一还能取得一致的一点是"猛烈炮击和不可避免的残酷恐怖"①。在这种形势下，恩格斯认为"平静"，首先是在对待五一方面，是德国党的任务。② 德国国会党团 1890 年 4 月 13 日的号召，他虽然认为"不行"，但是还是接受了，因为他说党团有责任"控制各种过激的行动"。恩格斯批评"青年派"（今天的马克思主义的历史编纂学称它为左倾分裂主义的、半无政府主义的集团，这可能有些片面）对五一的态度是"空洞的吹牛"，只会使德国有利的形势变坏。③ 正因为他把"青年派"看作是那些被选举的胜利冲昏头脑而现在认为用"冲击就可以取得一切"④，同时却显然"不能认清最简单的事物，在观察经济的和政治的情况时不能毫无偏见地衡量现实事实的相互关系和斗争着的力量的实际影响"⑤ 的集团的典型代表，所以他不断分析所有力量同时又找到"表面上保持平静"⑥ 的理由之后，就必然把他们的积极主动视同冒险，视为"极其轻率的策略"。⑦ 9 月 30 日平安地过去了，没有发生他所担心

---

① 《马克思恩格斯全集》第 1 版第 37 卷第 362 页。

② 1890 年 4 月 12 日恩格斯在致弗·阿·左尔格的信中说："因此，如果我们党最近时期在德国以及在对待五一方面表面上比较平静，那你就知道其中的原委。我们知道，将军们是乐于利用五一来向我们开枪射击的。"（《马克思恩格斯全集》第 1 版第 37 卷第 378 页）

③ 《马克思恩格斯全集》第 1 版第 37 卷第 392 页。

④ 《马克思恩格斯全集》第 1 版第 37 卷第 378 页。

⑤ 《马克思恩格斯全集》第 1 版第 22 卷第 99 页。

⑥ 《马克思恩格斯全集》第 1 版第 37 卷第 377 页。

⑦ 《马克思恩格斯全集》第 1 版第 22 卷第 99 页。

的"警告性射击",党迅猛发展的条件已经具备(至少恩格斯是这样看的),而党的迅猛发展也就会冲淡2月20日的结果。

当然,"**表面上平静**"和"**表面上表示平静**"这两种提法本身就已经表明恩格斯和德国党之间有差别,而这种差别最后在1895年讨论他为马克思《法兰西阶级斗争》一文所写的导言发表的形式时才明显地表现出来。"当一切社会条件和政治条件都有助于社会民主党人,甚至他们的一切敌人也不得不像得到报酬那样地为社会民主党效劳的时刻"①,不要毁掉自己的事,这一告诫是针对具体的政治形势而言的。还在1890年3月9日的时候,恩格斯就被迫抗议李卜克内西把他的关于不要轻率行事、不要接受挑衅的警告歪曲为非暴力论的一般信条。恩格斯说的"**在当前**"党应该"尽可能以和平的和合法的方式进行活动"这一事实,就包含了他坚决不同意李卜克内西"那样愤慨地反对任何形式的和任何情况下的暴力"② 这一层意思。俾斯麦被解职,特别是反社会党人法废除,对社会民主党顺利发展的迫切危险因而暂时排除以后,恩格斯还偶尔谈到等待合法性的策略。他说过,政治敌人将由于"厌恶对日益高涨的社会主义高潮袖手旁观"③ 而会长期不断地"破坏"这种合法性,最终将被迫开枪。在这方面,他认为在自己的革命战略中,威廉二世的亲政会起积极的作用,因为威廉二世的亲政保证了"资产阶级政党之间相互倾轧",他们之间的倾轧就阻止了他们结成统一战线对付社会民主党,阻止他们形成反动的一帮。④

---

① 《马克思恩格斯全集》第1版第22卷第11页。
② 《马克思恩格斯全集》第1版第37卷第362—363页。
③ 《马克思恩格斯全集》第1版第22卷第292页。
④ 《马克思恩格斯全集》第1版第37卷第293—294页。

正是由于防止政变法草案和皇帝及其周围的人所酝酿的政变计划，1894年年底，防御策略、暂时等待的策略问题才又成为恩格斯考虑的中心。同时可以看出，德国党的执行委员会和国会党团的态度同恩格斯1893年在德国访问时从社会民主党的群众所获得的印象不相符合，党的执行委员会和国会党团在讨论防止政变法草案时一味地炫耀社会民主党的合法表现。党的领导不希望再来一个非常法，之所以不希望，原因就在于，这似乎是统治阶级的一剂起死回生的灵丹妙药，而在历史发展的正常过程中它是会灭亡的。恩格斯也看不出有任何理由欢迎反政变法草案或者可能遏制历史条件决定的党的平静的和不停的发展的任何措施，所以遵照党的执行委员会的愿望，考虑到面临着反政变法草案的辩论，同意了对他为马克思的《法兰西阶级斗争》所写的《导言》作几处修改。当然谈不到党领导的策略同恩格斯的使得党"长得肌肉结实，面颊红润"① 的合法性策略是一致的。首先从1967年本人第一次发表的1895年3月8日恩格斯给理查·费舍的信中可以看出这种对立。正如恩格斯于是年2月写给保·拉法格的信中所阐明的那样，德国社会民主党任何保持平静和任何诉诸于合法性的做法的目的仅仅在于，国际工人运动"战斗的基本力量"要为危机时刻的到来做好准备，而不可"参加先头部队的冲突"使自己消耗殆尽。② 这同德国党领导的看法截然不同，他们把恩格斯反复讲的"仅仅是针对**今天的德国**，而且还有**重大的附带条件**"③ 的一种策略当成有强制性的东西来接受了。党的领导认为保持平静和等待的策略的目的就是在议会中获得多数。就连党的杰

---

① 《马克思恩格斯全集》第1版第22卷第610页。
② 《马克思恩格斯全集》第1版第39卷第391页。
③ 《马克思恩格斯全集》第1版第37卷第436页。

出的领袖们也宣扬现存社会制度长入社会主义，而恩格斯的策略则是革命的，并且明确排除了"社会党将取得多数，然后就将取得政权"① 的可能性。这个策略的出发点是，统治阶级在社会党人有可能取得多数之前采取暴力，这就必然使党"从议会斗争的舞台转到革命斗争的舞台"②。

革命无疑是政府和由它所代表的社会面对自己死敌的不可抗拒的兴旺发达而进行垂死挣扎的后果。但是这样一场革命的前景又如何呢？这个问题就涉及处于恩格斯战略的中心地位的一个概念，普鲁士军队的"模范团"1877年选举之后还是渺茫的东西，在1890年的胜利之后却变成确定无疑的东西，"到1900年，这支以前在德国特别充满普鲁士精神的军队将大半成为社会主义的军队。这种情况正像按照命运的吩咐那样不可阻挡地日益迫近。柏林政府了解这一点并不比我们差，但是它无能为力。军队正从它的手中滑走"③。军队不久会被社会民主党渗透瓦解的论断一方面证明等待策略的正确性，但另一方面也是为了阻止统治阶级铤而走险进行挑衅——这是恩格斯所不希望的——而发出的那些威胁的出发点。所以恩格斯对1890年选举的第一个反应就是警告俾斯麦不要尝试少量"放血"："但是他这时不应当忘记，德国社会党人至少有一半在军队里呆过。他们在那里学会了遵守纪律，这一点至今帮助他们抵制了任何挑起他们暴动的做法。此外，他们在军队里还学到了一点别的什么"④。

---

① 《马克思恩格斯全集》第1版第22卷第327页。
② 《马克思恩格斯全集》第1版第22卷第327页。
③ 《马克思恩格斯全集》第1版第22卷第291—292页。
④ 《马克思恩格斯全集》第1版第22卷第6页。

通过分析1890年二月选举中梅克伦堡和波西米亚的选举结果，他设想，三、四年以后，普鲁士东部省份的农村无产阶级和普鲁士军队的模范团就会转到社会主义一边。1878年恩格斯所写的《德意志帝国国会中的普鲁士烧酒》一文就表明，这些地方的农村无产阶级在恩格斯的战略中一向占有稳固的位置；这篇文章，鉴于缺乏普选权方面的经验，还把酿酒业由于俄国的竞争而衰落评价为发展的开端，这种发展将会把"军队不交给普鲁士邦，而交给社会民主派"①。

1894年和1895年德国社会民主党内激烈争论的农业问题，迫使恩格斯写了《法德农民问题》一文。这令人信服地证明，在恩格斯看来，这不是农民问题而是革命问题。关于保护小农的议论，被他一语道破了实质："企图在小农的所有权方面保护小农，这不是保护他的自由，而仅仅是保护他被奴役的特殊形式而已"②。农业工人，首先是易北河以东的农业工人，他们"实际上的半农奴状况，是普鲁士容克统治的主要基础，因而也就是德国的道地普鲁士霸权的主要基础"③，所以在他的革命构想中对于这些人的地位的评价就完全不同了。"只要把社会民主主义的种子撒在这些工人当中，只要鼓舞他们和团结他们去为自己的权利而斗争，——那末容克的统治就会完结。这一对于德国犹如俄国沙皇制度对于整个欧洲一样是种野蛮劫掠成分的巨大反动势力，就会像个刺破了的肥皂泡一样完全瓦解。**普鲁士军队的'劲旅'就会变成社会民主主义的劲旅，那时在力量对比上便会发生那孕育着彻底革命的变动。**但是正因为如此，所以把易北河以东地区的农村无产者吸引到我们方面

---

① 《马克思恩格斯全集》第1版第19卷第59页。
② 《马克思恩格斯全集》第1版第22卷第573页。
③ 《马克思恩格斯全集》第1版第22卷第586页。

来，比吸引德国西部的小农或者甚至比吸引德国南部的中农都重要得多。"① 显然，恩格斯在农民问题上的构想同福尔马尔的、大卫的和甚至奥古斯特·倍倍尔的设想有着天渊之别。假如社会民主党在争取到普鲁士德国国家政权的基础——军队以前，一直成功地保持着国内政治现状，德国资产阶级就会由于社会民主党的急剧增长而惊恐万状②，不动声色地准备反击。在这种情况下，社会党人所使用的弹仓式步枪的量无疑就要转化为战无不胜的革命的质。不言而喻，恩格斯的这种革命战略肯定是令人神往的，但是历史已充分证明它的前提条件是不存在的。把投社会民主党的票的人等同于积极的革命者、"当代工人运动的一支战斗队"③ 的成员，和认为小资产者和小农必然要站到社会民主党一边的论断同样是冒险的。90年代上半叶反犹主义者在德国选举中所取得的成就是一个不祥之兆，指明了这些阶层可能采取的基本政治立场。然而，我们假设恩格斯的革命战略考虑到了现实，那么，人们要问，社会主义的无产阶级根据什么来确定何时接受统治阶级的挑战，就是说以武装的暴力去回答挑衅？它自己又何时才能敢于展开革命斗争呢？恩格斯在90年代对此所准备给予的答案仿佛是这样的：正确运用普选权就能够使人们正确估计自己的力量，并同时增加敌人的恐惧，迫使他们随便什么时候采取只能促使社会主义革命胜利的行动。在这最后一战到来之前，在武器技术条件变化了的情况下，普选权就是无产阶级的革命武

---

① 参看《马克思恩格斯全集》第1版第22卷第587页。

② 参看《1893年9月14日在维也纳的社会民主党人大会上的演说》："在每一次新的选举中，社会民主党的选票总是不可遏止地增长，这使资产阶级战栗，使卡普里维战栗，使所有的执政者战栗。"（《马克思恩格斯全集》第1版第22卷第482页）

③ 《马克思恩格斯全集》第1版第38卷第518页。

器，它远比街垒战之类更有成功的希望，即使在过去街垒战也只有在指挥瘫痪或者军队拒绝开枪的情况下才能成功。恩格斯说，德国工人运动的功绩就是把普选权由"欺骗的工具"变为"解放工具"。① 按照恩格斯的观点，"历史的必然性，无论是经济的还是政治的，都完全在社会主义一边起作用"②，所以欧洲革命似乎是作为自然过程的结果必定要到来的事情。在他看来，有资格决定这场革命胜负的党就是德国社会民主党。这便说到了他的革命战略的最后一个组成部分。他无情地谴责国际工人运动中的任何机会主义变种，并对机会主义下了一个马克思主义的、经典的定义。如果事关德国社会民主党平静的兴旺发达，他就准备在这方面给他们留有大的活动余地。③

如果我们最后再一次想一想反社会党人法废除后恩格斯革命战略的那些基本要点的话，那么就是下列各点：德国社会主义的胜利包含着欧洲社会主义的胜利，在形势发展不被干扰的情况下，这个胜利是不可遏止的，而且时间可以用数学方法加以确定。因为他认为情况如此，所以，必须千方百计防止欧洲大战，特别要防止法国同沙皇帝国联合发动

---

① 《马克思恩格斯全集》第1版第22卷第602页。
② 《马克思恩格斯全集》第1版第22卷第520页。
③ 这首先涉及德国党对布鲁塞尔国际代表大会有关五一节的决议的解释方式。恩格斯在1892年11月19日致倍倍尔以及11月22日致保·拉法格的信中都谈到了这一点。最说明问题的主要是1891年1月31日致保·拉法格的信，他在信中明确驳斥了法国人方面对德国党的批评。他写道："德国社会党人最好的示威，是他们自身的存在和稳步地、持续地、不可阻挡地向前发展。我们还远远不能经受住一场公开的斗争；我们对整个欧洲和美洲的义务，不是使自己遭受失败，而是时机一到，在首次大战中获得胜利。**我要使其他一切都服从这个考虑。**"（《马克思恩格斯全集》第1版第38卷第19页）

的反对德国的战争。但是，如果战争发生，那么德国社会民主党就应进行卫国战争，或许他们必须"演一次1793年"①。平静的发展也不要受国内政治事变的影响，首先，只要军队特别是普鲁士的精锐团队的多数还没有争取到社会主义方面来，就应避免为挑衅所动。无产阶级拥有普选权，也就有了正确估计自己的力量和可能的手段。总之，必须考虑到，决定性的力量是德国社会民主党。

按照恩格斯的理解，德国政治变革的结果必然是被他描述为"无产阶级专政的特殊形式"的"民主共和国"。② 在恩格斯诞辰150周年的今天，他视之为社会主义工人运动的"政治上的最终目的"——"消除整个国家因而也消除民主"③ 这一点情况如何呢，让每一个人自己去评判吧。

（原载艾伯特基金会1971年编辑出版的《纪念弗·恩格斯诞辰一百五十周年论集》）

（王宏道 译）

---

① 《马克思恩格斯全集》第1版第38卷第181页。
② 《马克思恩格斯全集》第1版第22卷第274页。
③ 《马克思恩格斯全集》第1版第22卷第490页。

恩格斯在其一生的最后十年里运用、进一步发展和捍卫马克思主义的革命理论[*]

〔德〕瓦尔德特劳特·奥皮茨

马克思逝世后,恩格斯"一个人继续担任欧洲社会党人的顾问和领导者"[①]。他在其一生的最后几年里,运用、进一步发展和捍卫马克思主义的革命理论,这在其著作中占有重要地位。研究恩格斯的这项活动具有现实意义。那时,恩格斯获得了一些在阶级斗争相对平静的条件下引导群众参加民主主义和社会主义的革命斗争的重要结论。他明确地阐明了有关社会主义革命的具体方法、阶段和过程的一些观念,并进一步认识到无产阶级专政时期工人阶级的任务。

列宁在其著作《国家与革命》里一再高度评价恩格斯的这些结论和认识,并指出它们对工人阶级在帝国主义条件下准备和进行无产阶级革命、对建立社会主义社会具有伟大意义。

---

[*] 本文选自《马克思恩格斯研究》1994年总第19期。
[①] 《列宁全集》第2版第2卷第11页。

革命的客观条件

恩格斯直至生命终结都在努力帮助革命的工人们理解社会主义运动和社会主义社会的阶级性质，他经常注视和分析阶级斗争在社会经济领域和政治领域中发生的变化。从"社会主义现在已经不再被看作某个天才头脑的偶然发现，而被看作两个历史地产生的阶级即无产阶级和资产阶级间斗争的必然产物"这个认识出发，涉及的问题不再是"想出一个尽可能完善的社会制度，而是研究必然产生这两个阶级及其相互斗争的那种历史的经济的过程，并在由此造成的经济状况中找出解决冲突的手段"①，以及得出与阶级斗争的战略和策略相适应的结论。

恩格斯清楚地看到，垄断将以以往从未有过的规模发展。他颇有见地地断定，垄断的形成不久将使生产社会化达到这样的阶段，即合乎规律地准备社会主义社会和进行无产阶级革命。我们在恩格斯为《资本论》第3卷写的补充说明中发现了列宁在研究资本主义的帝国主义发展阶段时开始研究的一个很有意义的提示：垄断的发展为社会主义社会创造了物质前提。恩格斯分析了在英国产生的联合制碱托拉斯，并得出结论："在这个构成整个化学工业的基础的部门，竞争已经为垄断所代替，并且已经最令人鼓舞地为将来由整个社会即全民族来实行剥夺做好了准备。"②

此外，对作为阶级斗争之源的"历史经济过程"的令人关注的研究，使恩格斯得出重要结论：资本主义社会的垄断的发展使这个社会固

---

① 《马克思恩格斯全集》第1版第19卷第226页。
② 《马克思恩格斯全集》第1版第25卷第495页。

有的一切矛盾都尖锐化了,并产生了新的矛盾。"资本主义生产作为一个终将消逝的经济阶段,充满着各种内在矛盾,这些矛盾随着资本主义生产的发展而发展,并日趋明显。"① 最后一个剥削社会制度将因资本主义社会制度固有的这些矛盾而灭亡。

恩格斯在给尼·弗·丹尼尔逊的信中,以资本主义社会的国内市场为例来说明这个马克思主义的结论。他写道:"大工业所造成的必然后果之一就是:它在**建立**本国国内市场的过程中,同时又在**破坏**这一市场。它在建立国内市场时,破坏着农民家庭工业的基础。但是,没有家庭工业,农民就无法生存。他们**作为农民**在遭受破产;他们的购买力降到最低点,而他们作为**无产者**在还没有适应新的生存条件以前,对新出现的工业企业来说,将是极为匮乏的**市场**。"② 资本主义生产的这个趋势——"在建立自己的市场的同时又破坏这个市场"③——正是这些矛盾之一,这些矛盾随着垄断资本主义的发展而发展和激化。

恩格斯认识到,自由竞争的资本主义向垄断资本主义的发展,将引起阶级对立的前所未有的激化。"社会分裂为人数不多的过分富有的阶级和人数众多的无产的雇佣工人阶级,这就使得这个社会被自己的富有所窒息,而同时它的极大多数成员却几乎得不到或完全得不到保障去避免极度的贫困。社会的这种状况一天比一天显得愈加荒谬和愈加不需要了。它**应当**被消除,而且**能够**被消除。"④ 恩格斯认为,在这些矛盾,尤其是资本主义社会的基本矛盾——生产的社会性和产品的资本主义的

---

① 《马克思恩格斯全集》第1版第38卷第467页。
② 《马克思恩格斯全集》第1版第38卷第467页。
③ 《马克思恩格斯全集》第1版第38卷第467页。
④ 《马克思恩格斯全集》第1版第22卷第242—243页。

私人占有之间的矛盾——日益尖锐的过程中，使革命地战胜资本主义制度成为迫切需要的、决定性的客观条件成熟了。

令人感兴趣的和富有启发性的还有恩格斯关于资产阶级（垄断资产阶级）的一个小阶层和人民群众之间的矛盾不断发展和激化的论断。恩格斯写道：实际统治已越来越"集中于大资产阶级"手中。权力集中必然导致"所有其他的社会阶级，农民和小资产者……团结到无产阶级周围"，并开始参加工人运动，参加反统治集团的斗争①。可见，向垄断资本的发展不仅合乎规律地使无产阶级和资产阶级之间的矛盾尖锐化了，而且也使大资产阶级即垄断资本家和城乡中间阶层之间的矛盾尖锐化了，它甚至也引起了统治阶级本身内部的矛盾，因为资产阶级中越来越大的一部分被排斥在统治之外。对此恩格斯在《反杜林论》中就写道："在托拉斯中，自由竞争转为垄断、而资本主义社会的无计划生产向行将到来的社会主义社会的计划生产投降。当然，这首先还是对资本家有利的。"② 然而有一点是肯定的，即"任何一个民族都不会容忍由托拉斯领导的生产，不会容忍由一小撮专靠剪息票为生的人对全社会进行的如此露骨的剥削"③。垄断资本主义越来越陷入与全体人民的矛盾中，而全体人民将反抗这个制度。④

把人民中的农民阶层和小资产阶级阶层引入争取民主权利和自由，反对反动的阶级势力的斗争，是广泛的群众运动发展和把这些群众引向无产阶级革命的决定性前提⑤。恩格斯尽力使国际工人运动的领导人了

---

① 《马克思恩格斯全集》第 1 版第 22 卷第 597 页。
② 《马克思恩格斯全集》第 1 版第 20 卷第 708 页。
③ 《马克思恩格斯全集》第 1 版第 20 卷第 708 页。
④ 参看《马克思恩格斯全集》第 1 版第 20 卷第 708—709 页。
⑤ 参看《马克思恩格斯全集》第 1 版第 22 卷第 607 页。

解这个重要结论。

恩格斯在为马克思的《法兰西内战》一书写的导言中认为：现在也在德国发生的工业革命引起了生产方式的彻底改变，最终使各资本主义国家内各阶级之间的关系都变得非常清楚，这样就"产生了真正的资产阶级和真正的大工业无产阶级，并把它们推到了社会发展的前台"[①]。资本主义社会中这两个基本阶级之间的斗争，由于工业革命现在已遍布全欧洲，并且达到了在工人运动史上迄今还从未有过的猛烈程度[②]。

关于主观因素的作用

资本主义社会日益尖锐的矛盾向革命的社会民主工人党领导的争取消灭反动的阶级统治的斗争提出了更高的要求，以及在社会民主运动向群众运动的发展中产生了对党员进行思想理论教育的新要求——这些认识推动恩格斯去敦促革命的领导人重视加强思想理论斗争的必要性，注意在共产主义世界观的基础上巩固工人政党。因此，恩格斯指出了在《神圣家族》里已阐述过的思想：随着历史行动的深入，即必然发生的改革的深入，必将是群众队伍的扩大，因而必将使千百万群众自觉地对待这些改革[③]。无产阶级革命政党的根本任务是唤起斗争的觉悟。恩格斯本人怀着特有的作为一个为无产阶级事业奋斗的战士的热情，积极支持这一斗争。恩格斯与国际工人运动领导人的广泛通信为此提供了令人印象深刻的证明。恩格斯经常为发表马克思主义的重要著作费尽心力，

---

① 参看《马克思恩格斯全集》第1版第22卷第598页。
② 参看《马克思恩格斯全集》第1版第22卷第598页。
③ 参看《马克思恩格斯全集》第1版第2卷第104页。

并力图根据最新的认识水平尽快把《资本论》第3卷提供给革命运动，这都说明了恩格斯对社会主义的工人们进行马克思主义教育和革命教育所作的种种努力。在这里，恩格斯以马克思一生奉行的为工人写作的原则为指导，这要求付出极大的艰辛，而且正如他给康拉德·施米特的信中所说的，最好的东西正是足够好的。①

资产阶级思想家极力企图歪曲马克思主义，党内青年作家肤浅和庸俗地阐述马克思主义的著作的现象日益增多，这些也向思想斗争提出了更高的要求。恩格斯认为"这种肤浅化和歪曲的本质在于，一方面，唯物主义方法在历史研究方面没有被当作主导思想，而是当作现成的模式。另一方面，唯物主义历史观的基本思想被现实生活的生产和再生产的决定性作用歪曲了，似乎经济因素在社会生活中是唯一决定性的因素"②。

但是，历史哲学专著的作者忽略了去考察下述情况：恩格斯考虑到阶级斗争向无产阶级的群众性政党提出了更高要求而全面加强了世界观问题的研究。绝不只是党内青年理论家的错误和资产阶级思想家的歪曲促使恩格斯在当时研究世界观问题，而主要是恩格斯认识到在阶级斗争的具体条件下主观因素具有重要意义，这就是恩格斯尽管时间有限，却仍然十分关心党内的青年理论家并试图帮助他们理解马克思主义本质的最终的决定性原因。

恩格斯帮助党内的青年理论家认识到马克思主义的方法是重要的行动教科书，并坚决反对把马克思主义的方法变成教条主义的空谈的种种

---

① 参看《马克思恩格斯全集》第1版第37卷第433页。
② 《德国马克思列宁主义哲学史》第1卷，《从初期到伟大的社会主义十月革命》1969年柏林版第2分册第228—229页。

企图，他在1895年3月写道：马克思的整个世界观"不是教义，而是方法。它提供的不是现成的教条，而是进一步研究的出发点和**供**这种研**究使用**的方法"①。

对马克思主义辩证法的不理解，阻碍了党内的青年作家去把握经济条件和上层建筑各种要素的关系的辩证法，使他们低估和否认主观因素。如果低估主观因素，一旦成了无产阶级政党的意见，就必将给革命运动造成严重损失。恩格斯在1890年9月给约瑟夫·布洛赫的信中写道：根据唯物史观，"历史过程中的决定性因素**归根到底**是现实生活的生产和再生产"。"经济状况是基础，但是对历史斗争的进程发生影响并且在许多情况下主要是决定着这一斗争的**形式**的：还有上层建筑的各种因素：阶级斗争的各种政治形式和这个斗争的成果——由胜利了的阶级在获胜以后建立的宪法等等，各种法权形式以及所有这些实际斗争在参加者头脑中的反映，政治的、法律的和哲学的理论，宗教的观点以及它们向教义体系的进一步发展。这里表现出这一切因素间的交互作用，而在这种交互作用中归根到底是经济运动作为必然的东西通过无穷无尽的偶然事件……向前发展。"②

恩格斯十分注意从各方面加强德国、法国和其他各国的无产阶级政党。恩格斯在他晚年的大量著作和给国际无产阶级政党领导人的许多书信里一再注意到，工人阶级的思想斗争只有在无产阶级坚定的阶级政党的领导下，在这种政党不断致力于把科学社会主义同工人运动结合起来的条件下才会卓有成效。恩格斯热情支持国际工人运动中开展的意见争论，而且坚持反对试图以行政决定来"解决"理论上有争议的问题和

---

① 《马克思恩格斯全集》第1版第39卷第406页。
② 《马克思恩格斯全集》第1版第37卷第460—461页。

代替必要的讨论。然而，这并不意味着他把政党当作讨论问题和争论问题的俱乐部。只有那些故意对这些事实视而不见的人，才看不到，恩格斯**绝对不**容忍对工人政党与工人阶级中相异和相敌对的思想意识采取宽容态度。我们也可以从这个意义上来理解恩格斯给格尔桑·特利尔信中的著名的一句话（这向来是马克思和他的观点）：工人阶级"必须组成一个**不同于**其他所有政党并与它们**对立**的特殊政党，一个**自觉的**阶级政党"①（重点是瓦·奥加的——译者注）。这句话如果不包括无产阶级政党还在思维方式、在其思想意识和理论上明确、坚定地与其他一切政党划清界限并与它们相对立的思想，那么这句话就失去了任何意义。

恩格斯认为重要的任务在于，使日益发展成为无产阶级群众性政党的各个党派意识到，它们作为革命无产阶级的领导及其同盟者在反对资本主义的剥削社会、建立新的社会主义社会、争取民主权利和自由的斗争中的重大责任。在科学社会主义与工人运动密切结合、党的领导干部已具有运用马克思主义的能力的地方，成效最为显著。而运动的成效主要是由这样的能力决定的：善于在科学社会主义基础上独立地阐述无产阶级阶级斗争的战略策略，并把马克思主义当作阶级斗争的重要工具。

科学社会主义与工人运动相结合，认识政党作为工人运动的领导核心的历史作用，是一个过程，这个过程根据各国各不相同的客观条件和主观条件达到了极为不同的成熟程度。恩格斯在德国社会民主党身上看到了一切工人政党的国际范例。对恩格斯和马克思来说，在19世纪后三分之一时期的社会民主党，表现为在相对和平时期为夺取政权作准备

---

① 《马克思恩格斯全集》第 1 版第 37 卷第 321 页。

的工人政党的模式和典范。① 正如恩格斯的许多书面提示所证明的那样,他坚信这个政党既懂得而且有能力和毅力做到这一点:通过完成自己的任务来使自己成长壮大,并在无产阶级夺取政权的决定性战斗中担任领导。恩格斯的出发点始终是:每一个革命的、马克思主义的工人政党都必须通过完成自己日益增多的任务来使自己成长壮大。同时,他既不把一度确定的阶级斗争的战略策略视为一成不变的,也不把党的组织形式教条地视为一成不变的。组织形式和战略策略是从阶级斗争的具体条件中产生的。阶级斗争的条件如何发展和改变,工人运动的战略策略和组织形式也就如何发展和改变。

恩格斯也十分关心法国工人党的发展,他时常敦促保尔·拉法格注意,为了确保无产阶级的彻底胜利,必须从组织上和思想上巩固法国的党。他认为,在革命传统即法国人民所具有的革命传统的基础上,战斗的工人阶级可以在反对剥削制度的斗争中取得在一定程度上是初步的成功,这是完全可能的,尽管该党尚未具有对无产阶级的彻底胜利来说所必需的水平②。但是,恩格斯写道:在这种条件下取得的胜利始终只是暂时性的。工人阶级只有在达到高度的组织性和自觉性并在反对统治阶级的斗争中已具有重要经验的党的领导下,才能保证彻底胜利,才能建立社会主义制度。恩格斯在1894年6月给保尔·拉法格的信中针对法国的党写道:"但是要保证胜利,要摧毁资本主义社会的基础,你们需要一个比你们现在所指挥的更加强大、人数更多、更加可靠和觉悟更高的社会主义政党的积极支持。那时,我们在很多年前所预见和预言的情

---

① 参看霍斯特·巴尔特、瓦尔特·施米特:《谈谈马克思和恩格斯的政党概念》,载《德国工人运动史论丛》1969年第4辑第596页。

② 参看《马克思恩格斯全集》第1版第39卷第244—246页。

景将会实现。"①

恩格斯论社会主义革命的任务

　　恩格斯一直告诫人们提防那些把无产阶级革命理解为一次完成的行动，能够"以一次决定性的打击"② 取得对旧反动阶级的胜利的观点。恩格斯一再强调：如果工人阶级的政党能够负责在这场斗争中使人们弄清楚革命是一个由艰苦和顽强的斗争锻造出来的过程，而工人阶级在这个过程中在其政党的领导下"不得不慢慢地向前推进"③，那么无产阶级革命就能胜利。恩格斯强调说：19世纪后三分之一的时期内工人阶级政党的一个重要任务是，考虑到在相对平静的阶级斗争条件下，可以进行为捍卫和进一步扩大民主权利的斗争。恩格斯要求革命领导人始终要把为民主的斗争当作无产阶级的阶级斗争的重要组成部分。阐明和确定无产阶级在民主运动以及在为民主共和国斗争中的立场，是对建立工人阶级的政权，建立无产阶级专政的具体道路问题的回答。恩格斯也像马克思一样，始终先要考虑具体历史条件、当时的阶级关系和当时工人运动的成熟程度，然后才回答关于无产阶级对民主运动的立场、这个运动的性质、民主共和国的具体内容和这场斗争的领导等问题。他认真考虑各国在各个发展阶段中的现有差别和各个国家本身之间的现有差别。恩格斯认为民主共和国是无产阶级专政的过渡形式。在他看来，为民主共和国的斗争是工人阶级夺取政权的斗争中的决定性发展阶段，是为争

---

① 参看《马克思恩格斯全集》第1版第39卷第245—246页。
② 《马克思恩格斯全集》第1版第22卷第598页。
③ 《马克思恩格斯全集》第1版第22卷第598页。

夺资产阶级和无产阶级之间进行决战的战场的斗争。为民主共和国而斗争的阶级力量必然对共和国的阶级性质产生影响。工人阶级在这场斗争中的比重和立场决定社会和国家的民主主义改造的深度。

恩格斯把为消灭资本主义和建立社会主义而进行的政治、经济、思想和道德的改革的总和理解为社会主义革命。恩格斯认为,工人阶级夺取政权、摧毁现有的剥削者统治的国家、建立社会主义国家,建立工人阶级专政,是这场变革的核心。只有夺取政权,建立无产阶级专政才能使生产社会化,才能建立社会主义社会。马克思和恩格斯认为,革命变革的阶段就是从资本主义社会向共产主义社会过渡的时期。"这个时期的国家只能是**无产阶级的革命专政**"①,正如恩格斯强调的那样,在这个时期阶级斗争是"历史发展的伟大动力"②。"自从原始公社解体以来,组成为每个社会的各阶级之间的斗争,总是历史发展的伟大动力。这种斗争只有在阶级本身消灭之后、即社会主义取得胜利之后才会消灭。而在那时以前,相互对立的阶级,无产阶级、资产阶级、土地贵族,将照旧彼此进行斗争"③。

从恩格斯的各种论述中可以看出,他把建立无产阶级专政视为对无产阶级胜利来说绝对必要的革命行动④。马克思和恩格斯始终强调,消灭资产阶级统治,建立工人阶级的政权,不得不使用暴力。恩格斯在他反驳柏林的编外讲师欧根·杜林的著作《欧根·杜林先生在科学中实行的变革》(《反杜林论》)中谈到暴力作为"财产"的执行者、作为新

---

① 《马克思恩格斯全集》第1版第19卷第31页。
② 《马克思恩格斯全集》第1版第22卷第560页。
③ 《马克思恩格斯全集》第1版第22卷第560页。
④ 参看《马克思恩格斯全集》第1版第39卷第106页。

社会的助产婆的作用时写到:"暴力在历史中还起着另一种作用,革命的作用;暴力,用马克思的话说,是每一个孕育着新社会的旧社会的助产婆;它是社会运动借以为自己开辟道路并摧毁僵化的垂死的政治形式的工具——关于这些,杜林先生一个字也没有提到。他只是带着叹息和呻吟的口吻承认这样一种可能性:为了推翻进行剥削的经济,也许需要暴力,这很遗憾! 因为暴力的任何应用都会使应用暴力的人道德堕落"。①

列宁把恩格斯对暴力在历史上的作用的论述称作是"对暴力革命的颂扬",并得出结论:在恩格斯始终强调的"必须系统地教育群众**这样**来认识而且正是这样来认识暴力革命"的见解中,一个重要的马克思主义的结论就是,它是"马克思和恩格斯**全部**学说的基础"。②

无产阶级革命的重要任务在于摧毁旧的国家机器,建立一个新的、真正民主的国家机器③。马克思和恩格斯在巴黎公社前就获得的这个结论④和巴黎公社无产阶级夺取政权的第一次尝试对这一结论所作的出色检验,是马克思主义的革命理论的基本组成部分。不彻底摧毁旧的国家机器,不建立无产阶级专政,就不可能保障工人阶级的政权,就不可能建立社会主义社会。

在革命力量集中的情况下宣传马克思主义的国家理论具有重大意义。马克思逝世后,恩格斯虽然要从事有关《资本论》的大量工作,

---

① 《马克思恩格斯全集》第 1 版第 20 卷第 200 页。

② 《列宁全集》第 2 版第 31 卷第 20 页。

③ 参看《马克思恩格斯全集》第 1 版第 17 卷第 355 页及以下几页,第 22 卷第 227 页。

④ 参看《马克思恩格斯全集》第 1 版第 8 卷第 215—216 页,第 33 卷第 206 页。

但他依然特别致力于这项任务，并为此作出重大贡献：基本上驳倒了党内机会主义势力在 19 世纪最后 10 年里日益嚣张地对马克思主义国家学说和革命学说的攻击。马克思逝世后，恩格斯的《家庭、私有制和国家的起源》是进一步发展和加深马克思国家学说的主要著作。

恩格斯在他的著作里指出，国家是同阶级和阶级社会一起产生的，而且与阶级和阶级社会的存在紧密相连。从阶级和阶级社会一开始存在起，国家就始终是当时的统治阶级压制和奴役被压迫阶级的权力工具。"由于国家是从控制阶级对立的需要中产生的，同时又是在这些阶级的冲突中产生的，所以，它照例是最强大的、在经济上占统治地位的阶级的国家，这个阶级借助于国家而在政治上也成为占统治地位的阶级，因而获得了镇压和剥削被压迫阶级的新手段。"① 以往的历史证明：这个阶级国家历来是统治的少数人镇压被剥削的多数人的工具。但是，通过无产阶级革命，国家第一次在人类历史上成为这些多数人的权力工具。②

一些怀疑论者和"聪明绝顶的有教养的人"怀疑工人们能够建设社会主义国家并自己经营已被剥夺的工业和农业大企业。恩格斯回答他们说，正是德国工人证明了他们是有教养的，而且有经验来完成这个任务。"我觉得，我国所谓有教养的人那种好为人师的狂妄自大倒是更严重得多的障碍。当然，我们还缺乏技术员、农艺师、工程师、化学家、建筑师等等，但是在万不得已时我们也能像资本家所做的那样收买这些人来为自己服务，如果再对几个叛徒——他们中间一定会有叛徒的——给以应有的惩罚以做效尤，那么他们就会懂得，就是为自己的利益着

---

① 《马克思恩格斯全集》第 1 版第 21 卷第 196 页。
② 参看《马克思恩格斯全集》第 1 版第 22 卷第 597—598 页。

想,也不能再盗窃我们的东西了。但是除了这些专家(我把教员也包括在内)以外,我们没有其他'有教养的人'也是完全过得去的,而且,比方说,目前文学家和大学生大量涌进党内,如果不把这些先生控制在一定范围内,还会带来种种的危险。易北河以东地区的容克大庄园可以在必要的技术指导下毫不费力地租给目前的短工和雇农集体耕种。如果在这种情况下出一些乱子,那么应由容克先生们负责,容克先生们无视所有现存的学校法,把人们弄得如此野蛮。"①

马克思和恩格斯始终以下述认识为出发点:无产阶级在生产资料变为国家财产后必须着手使生产资料社会化和社会主义化。恩格斯在1893年给弗·阿·左尔格的信中就探讨过费边社分子的"地方公有社会主义",这种社会主义最终必然被视为企图"抹杀阶级斗争"。"在伦敦这里,费边派是一伙野心家,不过他们有相当清醒的头脑,懂得社会变革必不可免,但是他们又不肯把这个艰巨的事业交给粗鲁的无产阶级单独去做,所以他们惯于自己出来领导无产阶级。害怕革命,这就是他们的基本原则。他们多半是'有教养的人'。他们的社会主义是地方公有社会主义:生产资料不应当归国家所有,而应当归**公社**所有,至少是在开头应该这样做。他们把自己的社会主义描述为资产阶级自由主义的一种极端的但又是不可避免的结果,因此就产生了他们的策略:不是把自由党人当作敌人来坚决地斗争,而是推动他们作出社会主义的结论,也就是哄骗他们,'用社会主义**渗透**自由主义',不是拿社会主义候选人去同自由党人相对抗,而是要把他们塞给自由党人,强加给自由党人,也就是用欺骗手段使他们当选。他们这样做不是使自己受欺骗和受

---

① 《马克思恩格斯全集》第 1 版第 37 卷第 443—444 页。

愚弄，就是欺骗社会主义，这当然是他们所不了解的。"①

马克思和恩格斯在《共产党宣言》（恩格斯始终让人们去参阅该宣言的普遍有效的论述）中就已注意到：一方面被推翻的阶级不会毫无反抗地忍受生产关系如此彻底的变革，另一方面有必要从根本上改变人民头脑中的思想，在人民头脑中进行一场革命。"共产主义革命就是要最坚决地打破过去传下来的所有制关系，所以，毫不奇怪，它在自己的发展过程中要最坚决地打破过去传下来的各种观念。"② 无产阶级专政的任务就是粉碎被推翻的阶级的反抗，以新的方式方法引导和有计划地指导生产，促使人的思想的改变。

恩格斯不仅从所有制关系的彻底变革的角度来考察生产资料的社会化，而且也从提出任务的角度来建立社会主义的生产和生活关系。当生产力持续不断和有计划地发展时，就要全面变革人的生产方式和生活方式。必须从实质上提高生活水平，必须创造一切先决条件，使劳动人民能够全面发展其体力和智力。恩格斯写道：一个根本上不同于以往一切社会制度的"新的社会制度是可能实现的，在这个制度之下，现代的阶级差别将消逝，而且在这个制度之下——也许在经过一个短暂的，有些艰苦的，但无论如何在道义上很有益的过渡时期以后，——通过有计划地利用和进一步发展现有的巨大生产力，在人人都必须劳动的条件下，生活资料、享受资料、发展和表现一切体力和智力所需的资料，都将同等地、愈益充分地交归社会全体成员支配"③。

恩格斯关于过渡时期和共产主义社会的任务的思想使我们看出了他

---

① 《马克思恩格斯全集》第 1 版第 39 卷第 8 页。
② 《马克思恩格斯全集》第 1 版第 4 卷第 489 页。
③ 《马克思恩格斯全集》第 1 版第 22 卷第 243 页。

的预见：在为共产主义社会的斗争中新人将成长起来。"一旦社会占有了生产资料，商品生产就将被消除，而产品对生产者的统治也将随之消除。社会生产内部的无政府状态将为有计划的自觉的组织所代替。生存斗争停止了。于是，人才在一定意义上最终地脱离了动物界，从动物的生存条件进入真正的生存条件……这是人类从必然王国进入自由王国的飞跃。"①

恩格斯认为，随着社会主义生产关系的建立和社会主义大生产的发展，城乡对立将消失，脑力劳动和体力劳动之间现有的差别也将消失。共产主义社会的人成为社会发展的自觉的创造者，从而成为自然和自己生活的主人。

恩格斯从国家的本质得出的完全合理的结论，即当国家"真正成为整个社会的代表时"国家也就自行消亡的结论，往往被资产阶级和机会主义的思想家歪曲和窜改。因此，像列宁在他的《国家与革命》一文里已经指出的那样，这个结论也是被广为传播的恩格斯的论述之一，而且被马克思主义的"修改者们"作了极其不同的解释。列宁写道：在机会主义意义上宣传的"自行消亡"，"无疑意味着回避革命，甚至是否定革命"。② 我们不妨把这些歪曲马克思主义理论的发动者列入像列宁在1918年所说的那些人的行列，这些人所做的一切都是试图把马克思和恩格斯"变为无害的神像，可以说是把它们偶像化，赋予他们的**名字**某种荣誉，以便'安慰'和愚弄被压迫阶级，同时却阉割革命学说的**内容**，磨去它的革命锋芒，把它庸俗化。现在资产阶级和工人运动中的机会主义者在对马克思主义作这种'加工'的事情上正一致起来。

---

① 《马克思恩格斯全集》第 1 版第 19 卷第 245 页。
② 《列宁全集》第 2 版第 31 卷第 16 页。

他们忘记、抹杀和歪曲这个学说的革命方面、革命灵魂。他们把资产阶级可以接受或者觉得资产阶级可以接受的东西放在第一位来加以颂扬"①。

恩格斯关于国家自行消亡的结论的革命方面在于：他的出发点是工人阶级夺取政权，也就是工人阶级夺取国家政权，用革命的方法消灭资产阶级国家，而正如列宁强调的——反马克思主义的势力却故意对这一点避而不谈。恩格斯关于国家不是被废除而是自行消亡的论断明确地是指**无产阶级的国家**。19 世纪末至 20 世纪初工人运动中的机会主义势力竭力把恩格斯关于国家不是被废除而是自行消亡的论断扯到资产阶级的阶级国家身上。他们企图利用恩格斯来为自己的和平长入社会主义社会的理论开道。恩格斯本人就人们任意删节发表他的《马克思〈法兰西阶级斗争〉一书导言》一事坚决抗议援引他的话来论证"无论如何是和平的和反暴力的策略"②的类似企图。恩格斯反驳了意大利资产阶级哲学家卓万尼·博维奥企图把德国社会民主党的策略说成是偏爱和平和议会道路的策略的谰言。他说："首先，我根本没有说过什么'社会党将取得多数，然后就将取得政权'。相反，我强调过，十之八九我们的统治者早在这个时候到来以前，就会使用暴力来对付我们了；而这将使我们从议会斗争的舞台转到革命的舞台。"③

当恩格斯谈到国家"自行消亡"或"自行停止"时，那是非常明确地指在无产阶级国家以社会的名义占有生产资料后即在社会主义革命后的时期，在共产主义建立之后。恩格斯认为，提出的目标——建立共

---

① 《列宁全集》第 2 版第 31 卷第 4 页。
② 《马克思恩格斯全集》第 1 版第 39 卷第 436 页。
③ 《马克思恩格斯全集》第 1 版第 22 卷第 327 页。

产主义社会制度——同建立无产阶级社会的意义是相同的。但是，这可能——当时的期望如此——不只是在一个国家，而是在许多国家大致同时发生。这个看法的根据是革命的发展是持续不断地实现的观点。恩格斯在《反杜林论》里写道："国家真正作为整个社会的代表所采取的第一个行动，即以社会的名义占有生产资料，同时也是它作为国家所采取的最后一个独立行动。那时，国家政权对社会关系的干预将先后在各个领域中成为多余的事情而自行停止下来。那时，对人的统治将由对物的管理和对生产过程的领导所代替。国家不是'被废除的'，**它是自行消亡的**"。① 这就是说，国家作为阶级统治的工具，作为镇压工具和调节阶级之间关系的工具，将像恩格斯预言的那样在社会主义生产关系取得胜利的条件下，在世界范围内阶级消灭了的条件下"自行消亡"，"自行停止"，它将在这个无产阶级社会中由人民的机构取而代之，而这些机构必然会自觉地调节社会生活的各个领域。共产主义社会也需要一个导向工具，而这个工具不再用"国家"这个术语来表示。正如"国家"这一术语是历史地产生的一样，它以非常特殊的条件为前提，又同这些条件一起消逝，那么也会出现人民**统治**意义上的民主。②

---

① 《马克思恩格斯全集》第 1 版第 20 卷第 305—306 页。
② 参看曼弗雷德·弥勒：《马克思和恩格斯论社会主义国家的经济作用》，载《德国工人运动史论丛》1969 年第 5 辑第 760 页及以下几页。

恩格斯关于工人阶级革命斗争的形式和手段的观点的几个方面

正如恩格斯一再强调的那样,各种极不相同的人民运动可以导致无产阶级革命。19世纪末的形势颇具代表性。恩格斯特别考察了各种各样的政治运动,如民主主义运动或争取选举权的运动①,反军国主义运动或旨在反对统治阶级的政治运动。工人阶级的任务是,站在这些群众运动的前列,在"为民主共和国而斗争"的口号下使这些运动联合起来,并把它们引向无产阶级革命。

恩格斯像马克思那样有下述的看法:无产阶级革命持续不断地扩展到整个欧洲和全世界。他强调说,无产阶级革命是在矛盾最尖锐、阶级斗争最公开化的时候和地方开始的。他根据各国的政治形势认为,有可能在法国或奥地利积累冲突材料,可以由这些国家发出无产阶级革命的信号。他当然也期望在德国土地上出现决定性的战斗②。恩格斯强调说,德国工人运动的斗争将基本上决定国际无产阶级的另一些革命运动是否成功。但是,他认为,欧洲无产阶级的胜利最终只是通过"英德法三国的共同努力"③才能得到保证。

恩格斯强调说,革命的具体进程和革命的手段始终取决于具体的阶级斗争形势。因此,在各个国家,具体的阶级斗争形势在形式上可能是

---

① 参看《马克思恩格斯全集》第1版第39卷第137—140、149、160—161、174、212—213、293—297、333—334页。
② 参看《马克思恩格斯全集》第1版第39卷第246、122页。
③ 《马克思恩格斯全集》第1版第22卷第361页。

极不相同的,但就其内容来说,是一致革命的,而且从属于无产阶级阶级斗争的最终目的——建立工人阶级的政权。19 世纪最后几年已表明:除了久经考验的斗争手段外,无产阶级阶级斗争的、已经发生变化了的斗争条件也需要新的斗争手段和进一步发展以往的斗争形式。但是,还缺乏能使斗争手段和形式进一步发展的决定性推动力,而这种推动力是在几年后由于为资本主义成功地过渡到帝国主义,由于革命形势的存在才产生的。19 世纪末,工人阶级为夺取政权的斗争的准备工作,虽然已处于强大的垄断资本主义的条件下,但是阶级斗争仍然相对平静。因此,在国际工人运动领袖中进行的讨论,例如,关于政治罢工、大罢工或总罢工的讨论,基本上仍停留在理论上。

恩格斯在他的《马克思〈法兰西阶级斗争〉一书导言》[①] 里谈到进一步发展以往革命中工人阶级的旧的斗争形式。这篇《导言》是他在 1895 年为马克思 1848—1850 年的一组文章的德文版单行本而写的。恩格斯在《导言》里提出这样一个问题:1848 和 1849 年革命中运用的斗争形式在 90 年代中期,即半个世纪后的条件下是否还完全适用;同时得出下述结论:例如,街垒战,就其形式和中心地位来说,在即将来临的无产阶级革命的可寄予希望的武装斗争中已不再像它在 1848 和 1849 年革命中那样发挥作用了。"如果说在国家之间进行战争的条件已经起了变化,那么阶级斗争的条件也同样起了变化。实行突然袭击的时代,由自觉的少数人带领着不自觉的群众实现革命的时代,已经过去了。"[②] 恩格斯这样说道,旧式的巷战条件发生了基本上"对军队有利的"[③] 变

---

① 参看《马克思恩格斯全集》第 1 版第 22 卷第 591—612 页。
② 《马克思恩格斯全集》第 1 版第 22 卷第 607 页。
③ 《马克思恩格斯全集》第 1 版第 22 卷第 605 页。

化。出其不意的"无准备的攻击"的战术"都退到次要地位去了"①。将来的革命必然是群众革命,因为有一点是清楚的,没有群众的自觉行动,将来的无产阶级革命就不可能获得持续胜利。②

因此,军队在革命运动中占什么地位,这在新的斗争条件下具有特殊的意义。工人阶级必须竭尽全力把军队从统治阶级的工具变为无产阶级革命的工具。③恩格斯写道:当然,在新的斗争条件下不会排除巷战。但是,它的地位在革命斗争过程中发生了变化。例如,巷战"在大革命初期将比在大革命继续发展进程中发生得较少"④。此外,人们必须用"更大的力量"来进行革命斗争,而且"宁愿采取公开进攻,而不采取消极的街垒战术"。⑤

令人感兴趣的还有恩格斯在该著作中概括分析了工人运动中革命斗争的一种崭新的斗争方式——议会战术。他说:"原来,在资产阶级借以组织其统治的国家机构中,也有许多东西是工人阶级可能利用来对这些机构本身作斗争的。工人开始参加各邦议会、市镇委员会以及工商业仲裁法庭的选举;他们开始同资产阶级争夺每一个由选举产生的职位,只要在该职位换人时有足够的工人票数参加表决。结果,资产阶级和政府害怕工人政党的合法活动更甚于害怕它的不合法活动,害怕选举成就更甚于害怕起义成就"。⑥恩格斯认为普选权是"估计我们行动的比例

---

① 《马克思恩格斯全集》第 1 版第 22 卷第 607 页。
② 参看《马克思恩格斯全集》第 1 版第 22 卷第 607 页。
③ 《马克思恩格斯全集》第 1 版第 22 卷第 587 页。
④ 《马克思恩格斯全集》第 1 版第 22 卷第 606 页。
⑤ 《马克思恩格斯全集》第 1 版第 22 卷第 606 页。
⑥ 《马克思恩格斯全集》第 1 版第 22 卷第 602 页。

尺"，是赢得群众的手段。①

列宁也赋予选举和在资产阶级议会中工作以这种意义。因此，不久前才发现的列宁的一篇文献对理解这个问题富有教益。我们在为计划写的一本论无产阶级专政的小册子所作的提纲里发现了很有意义的短评，它在涉及利用议会和选举的作用时把十月革命时期与第一次世界大战前的时期比较。评论中谈到："有个时期（大约1871—1914年）必须用全民投票而不用革命（罢工等等）来启发落后者。——革命时期（1917—）到来了，无产阶级的国内战争推动着**无产阶级**革命的进程。"②

鉴于在德国进行的关于1894年12月6日政府向帝国国会提出《〈关于修改和补充刑法典、军事法典和出版法〉法律草案》③（即所谓《防止政变法草案》）的讨论，恩格斯决定考虑"柏林朋友们"的意愿，并避免说一切"会被帝国国会作为通过防止政变法草案的借口的话"④。他非常遗憾地写信给劳拉·拉法格说，由于小心谨慎，他的《导言》"受到了一些损害"⑤。恩格斯想对国际工人政党还有德国社会民主党人谈论关于未来斗争中的战术问题的许多话在恩格斯的《马克思〈法兰西阶级斗争〉一书导言》里没有提出，或者是措辞十分谨慎。恩格斯写信给保尔·拉法格说："除了对那时以来发生的事件加以概述外，还应说明为什么我们那时会寄希望于无产阶级取得最近和最终的胜利，为什么这一点没有实现，以及后来发生的事件在什么程度上改变了我们当

---

① 《马克思恩格斯全集》第1版第22卷第602页。
② 《列宁全集》第2版第37卷第433页。
③ 参看《德国工人运动史论丛》第1卷第445—447、657—659页。
④ 《马克思恩格斯全集》第1版第39卷第430页。
⑤ 《马克思恩格斯全集》第1版第39卷第430页。

时的看法。"①

尽管恩格斯（从他于2月26日给保尔·拉法格的信中得知）已经考虑到德国特殊的政治形势，理查·费舍仍然建议他做一些改动。"在我们的书报检查处这里"（正如他信上说的，他与倍倍尔、辛格尔和奥艾尔商定办的检查处）"我们遵循这种思想：可以毫不费力地把'易受挑剔的'东西注入我们的敌人的磨盘里"。② 恩格斯非常兴奋地在3月8日给费舍回了信，并很恳切地告诫这么片面地阐述的后果。国际工人运动的代表不具有对政治状况的洞察力，因而不得不作出这样的阐述。恩格斯考虑到他们有可能作出错误的解释，拒绝了所建议的一些改动。他写信给费舍说："我尽可能考虑到你们的严重担忧，虽然我十分愿意理解但还是不能理解——起码在讨论的中途——你们的担忧是由何而起。"③ 但是，我还必须考虑到"阅读我的著作的还有外国人——法国人、英国人、瑞士人、奥地利人、意大利人等，我绝不能在他们面前这样糟蹋自己的名誉。"④ 从恩格斯的这封信可以清楚地看出，他多么担心地注视着德国社会民主党领导人的过分谨慎——避免说一切可能促使新的非常法通过的话。"我认为，如果你们宣传绝对放弃暴力行为，是决捞不到一点好处的。没有人会相信这一点，也没有一个国家的**任何一个政党**会走得这么远，竟然放弃拿起武器对抗不法行为这一权利。"⑤ 也不可让德国社会民主党发展到这样的地步：出于搞垮新法律草案的意

---

① 《马克思恩格斯全集》第1版第39卷第389页。

② 理查·费舍1895年3月6日给恩格斯的信，载《社会史国际评论》阿姆斯特丹版1967年第12辑第181页。

③ 《马克思恩格斯全集》第1版第39卷第401页。

④ 《马克思恩格斯全集》第1版第39卷第401页。

⑤ 《马克思恩格斯全集》第1版第39卷第401页。

图，发表一些隐讳自己的革命性的言论，给人以似乎德国工人党放弃"抵制权"的印象。要经常想一想在大辩论时，"听你们讲话的还有老一代的革命者，法国人、意大利人、西班牙人、匈牙利人和英国人；'合法的'一词很久以前在维登被删掉一事，必须严肃对待的时刻还会到来（谁知道多快到来）。请你们看看奥地利人，如果选举权不很快实行，他们将尽可能直接地使用武力威胁，回想一下你们自己在非常法时期的非法行为吧，现在人们又想用它让你们就范！守法——目前暂时在一定程度上对我们还是适用的，但绝不是不惜任何代价的守法，即使是口头上也罢！"①

应该强调的是，这些与《马克思〈法兰西阶级斗争〉一书导言》有关的评论具有原则意义。它们说明了马克思主义革命理论的决定性的根本问题即工人阶级夺取政权的道路问题的特征。恩格斯恳切告诫，要不断强调（当然不是出于修辞学上的考虑）社会民主党在合法的基础上进行斗争。对工人阶级来说，资产阶级的法根本不是什么永远有用的东西。只要法在与资产阶级的斗争中有利，只要粉碎资产阶级制度还没有提上日程，工人阶级就要充分利用法。但是，工人阶级懂得，当法束缚了资产阶级时，资产阶级就会撕毁他们自己的法，而革命最终要扫除资产阶级的法。在资产阶级法的范围里不可能进行无产阶级革命，在这个范围里无产阶级不可能夺取政权。因此，法只是在一定程度上对我们适用，但绝对不是不惜任何代价，也就是说，只付出代价去粉碎资产阶级的法，建立无产阶级的法。任何过分强调斗争的"合法性"，必然导致危险的幻想。就是在言词上也绝对不容许在这个问题上含糊不清。

---

① 《马克思恩格斯全集》第1版第39卷第403页。

毫无疑问,社会民主党的革命领导人和一批党员的观点对费舍给恩格斯的复信颇有影响,他写道:"我们中无人想全身心地献身于法,等等;就像我们不想劝告人们绝对放弃痛击一样。没有人会相信我们这样做——因为你是完全对的……正是最近一些老一代的人,还有奥古斯特,又非常尖锐地强调,从上到下地破坏宪法和法,就会解除从下到上的一切义务。我们今天是合法的,因为这对我们有利(此外,其他人也仍然强大到足以迫使我们这样做),因为这恰恰是今天令我们的敌人特别难堪的,而且打乱了他们的计划。"①

　　倍倍尔也像费舍那样答复恩格斯。"今天读到你给费舍的信。我认为,你是以错误的前提为依据的。我们不指望你说一些你不愿意说也不应该说的话,而是指望你**不要**说那些一旦说了出来在目前只会使我们难堪的话。你写的东西我们都认真加以阅读并且受到了我们给予党的首脑应有的重视。你的言论可能正中敌人的下怀,他们巴不得我们现在就告诉他们,有朝一日我们掌权以后打算干些什么。我们什么都不予否认,但是他们想听到的事我们同样也不说。没有人想到要说,将来我们要走'合法的'道路,我们决不怀疑,事物发展的自然进程会把政权交到我们手中,至于怎么个交法,我们并没有表示过意见。我们只是驳斥了说我们热衷于尝试一下新的弹式步枪的那种看法"。②

　　的确,很遗憾,恩格斯给倍倍尔的信当时没有找到。显然,恩格斯也在1895年3月11日至4月20日给倍倍尔的一些信里讨论了在发表

---

① 理查·费舍1895年3月14日给恩格斯的信,载《社会史国际评论》阿姆斯特丹版1967年第12辑第185页。

② 倍倍尔1895年9月3日给恩格斯的信,载《恩格斯和倍倍尔通信集》1985年人民出版社版第940—941页。

恩格斯的《导言》时出现的问题。① 倍倍尔在4月20日给恩格斯的信中用这些话来结束这场讨论。"关于对《马克思〈阶级斗争〉一书导言》所作的修改,我不想再多费唇舌了,因为小册子已经出版"。②

但是,关于恩格斯的《导言》以及《前进报》上用《今天该如何进行革命》③这个抽象标题发表的从《导言》中任意选出的摘录的大讨论,清楚地表明,德国社会民主党的革命领导人并没有充分认识到:由于他们对这些涉及机会主义幻想的问题所采取的态度,无意识地助长了关于可以用"和平"方式即靠改良来变革社会的看法。

恩格斯认识到这个危险,并试图使德国工人党的革命领导人懂得:这些重要的无产阶级革命问题,指的就是无产阶级阶级斗争的战略策略这个决定性的根本问题,而不是偶然的、与具体的斗争条件相适应的问题。因此,决不允许像《前进报》那样,以过去那种劲头大声宣传革命,最近又以同样的劲头大声否定革命。④

从上所述可以看出:恩格斯在19世纪90年代初已经变化了的斗争条件下创造性地进一步发展了马克思主义的革命理论,而且制定了准备无产阶级革命和进行无产阶级革命的完整概念。

(原载《德国工人运动史论丛》1970年第5辑)

(胡慧琴 摘译)

---

① 参看倍倍尔1895年3月31日给恩格斯的信,载《恩格斯和倍倍尔通信集》,由威纳尔·勃鲁门贝尔格出版,1965年伦敦、海牙、巴黎版第798页。

② 倍倍尔1895年4月20日给恩格斯的信,载《恩格斯和倍倍尔通信集》1985年人民出版社版第944页。

③ 1895年3月30日《前进报》。

④ 参看《马克思恩格斯全集》第1版第39卷第401页。

恩格斯的《法兰西阶级斗争》导言（札记）*

〔苏〕达·梁赞诺夫

众所周知，恩格斯为卡·马克思《1848年至1850年的法兰西阶级斗争》所写的著名导言，引起了何等热烈的争论。爱·伯恩施坦在自己所写的《社会主义的前提》一书中试图把这篇导言说成恩格斯的政治遗嘱，认为"十九世纪中最革命的学说"的奠基人之一摒弃了自己革命的过去，给自己的学生留下遗嘱，要他们尽一切力量避免自己和马克思所犯的错误。

考茨基立即站出来坚决抗议这样歪曲恩格斯的话，但在同时，他也承认，出自恩格斯笔下的文本同已经发表的文本差别不大。如果说恩格斯的革命世界观在导言中表现得不够鲜明和清楚，那么"不能怪恩格斯，而要怪那些说服他删去结尾部分的德国朋友，因为结尾部分过于革命。他们认为，前言本来就写得够明确了。我们现在知道，其实并不完全如此"。于是，考茨基给伯恩施坦提出了下列建议：

"伯恩施坦掌握着恩格斯留下的手稿。如果其中有未删去的结尾部分的序言原稿，那么我建议他把恩格斯只是迫于外部的条件而不是出于自己的想法所删去的结尾部分公布出来。那时我们就能看到，伯恩施坦

---

* 本文选自《马列主义研究资料》1984年第2辑。

是没有多少权利这样来谈恩格斯的。"①

伯恩施坦对这一挑战没有作答,大概是因为没有能找到导言的原文——但他却继续顽固地在自己书的所有的新版本中以及在其他文章中一再说,他只是恩格斯最后遗言的忠实执行者。

必须回过来看看恩格斯本人的证据。原来,他在生前还来得及尖锐地抗议那些对他的导言所作的修正主义的解释。

例如,拉法格发表了恩格斯在1895年4月3日写给他的一封信的片段。

"X② 刚刚和我开了一个很妙的玩笑。他从我给马克思关于1848—1850年的法国的几篇文章写的导言中,摘引了所有能为他的、无论如何是和平的和反暴力的策略进行辩护的东西。近来,特别是目前柏林正在准备非常法的时候,他喜欢宣传这个策略。但我谈的这个策略仅仅是针对**今天的德国**,而且**还有重大的附带条件**。对法国、比利时、意大利、奥地利来说,这个策略就不能整个采用。就是对德国,明天它也可能就不适用了。"③

我们在考茨基后来收入《取得政权的道路》一书的文章中找到了新的证明,说明恩格斯并不十分满意这样运用他的导言中的内容。

考茨基请求恩格斯在他的序言出单行本之前,允许把他的序言刊印在《新时代》上。恩格斯"很高兴地"同意了这点,他在信中写道:"我的文章由于我们那些害怕防止政变法草案的柏林朋友们的不坚定而

---

① 考茨基:《伯恩施坦和辩证法》,载《新时代》第17卷第2期第46—47页。

② 在恩格斯的信中这里写的是"李卜克内西"。——译者注

③ 《社会主义者报》,1900年11月24日。(《马克思恩格斯全集》第1版第39卷第436页)——译者注

受到了一些损害，在目前形势下，对此我仍然不得不加以考虑。"①

新的反社会主义党人法于 1894 年 12 月 5 日提交国会，1895 年 1 月 14 日国会把它转交给委员会，4 月 25 日前，委员会讨论了草案。

局势非常严重，只有这点说明了为什么恩格斯同意缓和某些措辞。

考茨基写道："但当《前进报》为了对议会委员会的工作施加良好的影响，就自作主张从序言的行文中砍掉了一些地方，并且发表时的样子的确造成符合后来修正主义者精神的印象，恩格斯极其生气，在他于 4 月 1 日给我的信中写道：

'使我惊讶的是，今天我发现，《前进报》**事先不通知我就发表了**我的《导言》的摘录，在这篇经过修饰整理的摘录中，我是以一个**爱好和平的**、无论如何要守法的崇拜者出现的。我特别希望《导言》现在能全文发表在《新时代》上，以消除这个可耻印象。我将非常明确地把我关于此事的意见告诉李卜克内西，也告诉那些（不管是谁）事先一个字也未通知我而给他这种机会来歪曲我的观点的人。'②"

从那时起，已经过了十五年，尽管发生了 1918 年的十一月革命，恩格斯的《法兰西阶级斗争》导言仍然没有全文发表，而伯恩施坦甚至在自己的《社会主义的前提》的"修订和增补的新版"中继续毫不更改地重复他有关恩格斯在 1899 年③改变观点的一切说法。

他仍然没有找到恩格斯的手稿。值得庆幸的是，我在伯恩施坦转交给德国社会民主党档案馆的文件中找到了这一手稿。我们现在得以把 1895 年在德国社会民主党中央委员会坚决要求下删去的所有地方恢复

---

① 《马克思恩格斯全集》第 1 版第 39 卷第 426 页。——译者注
② 《马克思恩格斯全集》第 1 版第 39 卷第 432 页。——译者注
③ 此处应为 1895 年。——译者注

过来。

把原文同发表的文本进行比较表明,考茨基认为仅仅是结尾部分受到损害,这不对了。更准确些说,编辑的大笔在最后五页上作了特别热心的删节。

如果我们拿目前最容易得到的带有倍倍尔前言的1911年版本①——该版本完全回避了恩格斯的导言曾遭到了多大更动这一问题——同原文对照一下,就可以看出,原来直到18页之前,除文字上略有改动以外,我们未发现有任何重大区别。而从这一页开始,则完全是另一回事了。

为了不把整个导言重印一遍,我们现在把每一个更改过的段落照原样印出来,只是着重标出一切被删去的部分:

(1)② 德文版的第18页。

"这样,即使在巷战的典型时代,街垒也与其说是在物质上,不如说是在道义上起作用。街垒是一种动摇军心的手段。如果它能坚持到这个目的实现的时候,斗争就获得胜利;如果坚持不到,斗争就遭受失败。**这就是在考察将来可能发生的巷战的胜利机会时也应该注意的一个主要点。**"③

可见,谈的并不是要放弃巷战,甚至放弃街垒,而只是更谨慎细致地权衡时机。

接着在下面指出,1849年以来巷战的条件,无论在人民方面,还是在军队方面,都发生了巨大的变化,恩格斯在发表的文本中结束这一

---

① 卡尔·马克思:《1848年至1850年的法兰西阶级斗争》,附弗·恩格斯的导言和奥古斯特·倍倍尔的前言,1911年柏林版。
② 原文有"(1)"。——译者注
③ 《马克思恩格斯全集》第1版第22卷第604—605页。——译者注

段时是这样写的（德文版第19页）：

"最后，各大城市在1848年以后新建的街区中的街道，都是又长、又直、又宽，好像是故意要使新式枪炮能充分发挥其效力似的。一个革命者，如果自愿选择柏林北部和东部的新建工人街区来进行街垒战，那他一定是个疯子了。"① 细心的编辑删去了这一段的结束部分。这就是：

"这是不是说，巷战在将来就不会再起什么作用了呢？决不是。这只是说，自从1848年起，各种条件对于民间战士已变得不利得多，而对于军队则已变得有利得多了。这样，将来的巷战，只有当这种不利的对比关系有其他的因素来抵销的时候，才能达到胜利。因此，巷战在大革命初期将比在大革命继续发展进程中发生得较少，并且必须要用更大的力量来进行。而这种力量，正如在整个法国大革命期间以及1870年9月4日和10月31日在巴黎那样，自然是会宁愿采取公开进攻，而不采取消极的街垒战术的。"②

恩格斯似乎预见了十月革命的经验！我们提醒一句，早在1854年，恩格斯在为《纽约论坛报》写的一篇文章中，谈到1854年西班牙起义时写道：

"第二，我们已经亲眼看到了成功的街垒战。自1848年6月起，无论哪里筑起的街垒都没有发生过作用。街垒战作为大城市居民抵抗军队的形式，似乎根本达不到目的。这种偏见现在已被驳倒了。我们再次看到了获得胜利的、不可攻破的街垒。咒语已被破除。"③

在第20页只作了一个小小的改动：

---

① 《马克思恩格斯全集》第1版第22卷第606页。——译者注
② 《马克思恩格斯全集》第1版第22卷第606页。——译者注
③ 《马克思恩格斯全集》第1版第10卷第400页。——译者注

"在罗曼语国家里，人们也开始愈益了解到对旧策略必须加以修改了。德国所作出的利用选举权夺取我们所能夺得的一切阵地的榜样，到处都有人模仿；**无准备的攻击，到处都退到次要地位上去了。**"①

在第 21 页，恩格斯亲自在清样上增加了：

"我们在现在就已能指望拥有 225 万选民。如果这样继续下去，我们在本世纪末就能夺得社会中等阶层的大部分，小资产阶级和小农，发展成为国内的一个决定力量，其他一切势力不管愿意与否，都得向它低头。"②

在紧接着这些字后面有我们用着重号标出的、被他们删去的话：

"我们的主要任务就是毫不停手地促使这种力量增长到超出政府统治制度所能支配的范围，**不是要把这个日益增强的突击队在前哨战中消灭掉，而是要把它好好地保存到决战的那一天。**"③

在同一页上——就是恩格斯谈到统治阶级有可能进行血腥镇压的地方——的最后一句中删去了一个指示：

"要把一个人数以数百万计的政党从地面上消灭是不可能的，即使用欧洲和美洲所有的连发枪都是做不到的。但是这会阻碍正常的发展进程，**我们临到危急关头时也许就会没有突击队**（'危急'一词恩格斯加了着重号），**决定性的搏战**（发表时印的是'解决'）就会延迟、拖远并且要付出更大的牺牲。"④

如果最后这个更改可能出自恩格斯本人，那么，下面第 22 页的如

---

① 《马克思恩格斯全集》第 1 版第 22 卷第 607 页。——译者注
② 《马克思恩格斯全集》第 1 版第 22 卷第 609 页。——译者注
③ 《马克思恩格斯全集》第 1 版第 22 卷第 609 页。——译者注
④ 《马克思恩格斯全集》第 1 版第 22 卷第 609 页。——译者注

下"剪裁"无疑是党的书报检察官干的。

恩格斯让普鲁士反动分子去"采取行动",同时他说:

"但是请不要忘记,德意志帝国,也如一切小国家和一切现代国家一样,乃是**契约的产物**:首先是君主之间的契约的产物,其次是君主与人民之间的契约的产物。如果有一方破坏契约,契约就要全部作废,另一方也不再受契约义务的约束。这点已由俾斯麦在1866年给我们绝妙地表明了。所以,如果你们破坏帝国宪法,那末社会民主党也就会不再受自己承担的义务的约束,而能随便对付你们了。但是它那时究竟会怎样做,——这点它今天未必会告诉你们。"①

甚至这种伊索寓言式的说法,中央委员会都觉得太强烈了。

我们看到,恩格斯为《法兰西阶级斗争》这部马克思对无产阶级的革命专政作了最鲜明论证的著作写的导言,被人当作根据试图把恩格斯变成"**爱好和平的、无论如何要守法的崇拜者**"②,对此,恩格斯完全有理由感到气愤。当他的朋友们明明知道自己在玩偷天换日的把戏,却还照着做时,就更有理由生气了。

(原载《马克思恩格斯文库》第1卷第257—261页)

(闻文 译)

---

① 《马克思恩格斯全集》第1版第22卷第611页。——译者注
② 《马克思恩格斯全集》第1版第39卷第432页。——译者注

马克思与列宁论危机、反抗与革命时机[*]

〔意〕伊莱纳·韦帕莱利

将马克思主义中的危机与社会反抗之间的联系做出深入分析或许是一项比较棘手的工作。如果我们耐心分析马克思本人对资本主义危机问题研究的方法,就会发现本文所要研究的内容在马克思那里并没有提到。实际上,当危机被视为一种"纯粹"的经济现象时,主观力量的行为问题就无从谈及;相反,如果从危机本身更加宽泛的含义来看(即"革命危机",同时涵盖了政治和意识形态层面),那么一切焦点都会集中在如何利用危机孕育的"革命时机"问题上。但在上述两种视角中,社会反抗的问题都没有被提及。对于这样一种理论"沉默",我们将如何处理?

首先我们要面对两种可能性:要么只局限于马克思文本中对特殊反抗形式进行特殊的分析,要么如同阿尔都塞那样,对马克思的"沉默"提出质疑,并努力从资本主义危机与"革命时机"[①]之间的显性联系

---

[*] 本文选自《马克思主义与现实》2011年第3期。作者 Irene Viparelli 系意大利萨勒诺大学哲学博士,葡萄牙埃武拉大学哲学博士后,国际关系与政治学研究中心研究员。

[①] L. Althusser, E. Balibar, R. Establet, P. Macherey, J. Rancière, *Lire le Capital* (1965), Paris, PUF, 1996.

出发去分析危机与社会反抗之间的隐性联系问题。如果要遵循第一种可能性，我们很可能达不到研究的目的。假如我们只把研究焦点放在工厂手工业向机器大工业转变过程中最初出现的工人反抗运动（即马克思在关于西里西亚纺织工人起义一文中所作的分析），根本不可能触及到成熟资本主义国家的危机和无产阶级反抗的关系问题。所以我们认为第二种可能性或方法要更好：在危机与革命时机的总体性分析中找出我们要研究的"隐性对象"：社会反抗。为此，我们首先要从危机和革命形势，同时从"社会反抗"和革命时机中准确找出要分析的内容，然后转向马克思与列宁所作的关于危机与革命形势之间联系的分析。

社会反抗问题其实在罗莎·卢森堡和葛兰西等作者或上世纪60年代意大利的工人主义思潮中体现得更为集中，那么为什么我们还要集中精力研究马克思和列宁所做的分析呢？因为反抗问题反而没有在马克思和列宁的分析中占据中心位置。确切地说，社会反抗在马克思和列宁的分析中只是一种"隐性对象"，我们需要从资本主义危机与革命形势的关系这个更宽泛的问题内部去寻找这个"隐性对象"。马克思和列宁只是分别突出了自己的观点，但两者的观点并没有出现一个汇合点，从而更加明确马克思主义在看待危机与社会反抗之间关系的特殊性。

一、危机与"革命时机"：社会反抗到底扮演什么角色？

提到"社会反抗"一词我们会想到什么？其实马克思在《资本论》中关于工人反抗的文章已经给出了答案。我们可以从中发现，马克思的分析总结了反抗的主要特点，不单是无产者的反抗运动具有这种特点，所有社会反抗活动的根源都体现出这些特征。第一个特点：在描述工人对机器的反抗斗争时，马克思这样写道："劳动资料一作为机器出现，立刻就成了工人本身的竞争者。通过机器进行的资本的自行增殖，同生存条件被机器破坏的工人的人数成正比。"① 由此可见，反抗是对生存条件恶化的失望情绪产生的必然后果。第二个特点：马克思将罢工定义为"反抗资本专制的周期性暴动"②。由此可见，反抗是与对资本主义剥削形式的不满和仇恨紧密相连的。第三个关于反抗的特点：马克思在《资本论》中谈到："工人要学会把机器和机器的资本主义应用区别开来，从而学会把自己的攻击从物质生产资料本身转向物质生产资料的社会使用形式，是需要时间和经验的。"③ 由此看来，马克思对于反抗的定义最终强调的是反抗现象与斗争手段和目标之间的联系，即意识形态。因此，"反抗"一词在马克思那里就具有了双重含义：它既指代"自发反抗"，即源于失望与仇恨情感的阶级斗争形式，同时又指代"意识形态反抗"，即由一种包含手段和目标的理念控制的阶级斗争。总之，"反抗"一词就是指情感与意识形态超越了单纯的自发形式的阶级斗争阶段。

那么反抗运动到底在资本主义危机开启的革命形势内部扮演什么角色呢？要回答这个问题，绝对不能只将危机看作"纯粹"的经济现象。要将危机与"主观行动"的联系概念化，必须从危机本身更宽泛的意义上来理解，即把危机理解为同时涵盖政治和意识形态维度的社会危机。如果我们认真思考阿尔都塞关于资本主义矛盾的特征、经济基础的最终决定作用以及危机时期主要矛盾转移的分析，就会得出如下结论：首先，任何一种经济危机中都不会自然产生反抗运动；其次，一种革命

---

① 《资本论》第 1 卷人民出版社 1975 年版第 471 页。
② 《资本论》第 1 卷人民出版社 1975 年版第 476 页。
③ 《资本论》第 1 卷人民出版社 1975 年版第 469 页。

形势既可以由一种经济危机孕育（当这种经济危机扩展到政治与意识形态层面时，如1848年与1905年的革命形势），也可以在一种政治或意识形态危机中诞生（这时的经济因素并不立刻构成决定因素）。例如1870年或1917年的形势就是这种情况，主要是军事失败引发的政治危机孕育了革命形势。

由此我们可以将"革命形势"定义为一种"辩证空间"，它介于一种纯粹的经济危机（不会引发任何社会反抗）与一种"革命危机"（所有的经济、政治、意识形态、国内与国际条件以及这些条件之间的相互联系推动危机向革命转变）两者的"限制情况"之间。总之，革命形势就是这样一种背景：所有的主观和客观条件同时具备，使得危机向革命时机的转变势在必行。

如果只讨论社会反抗，即阶级斗争的一种形式问题，我们的分析就应当限制在研究主观条件范围内。因此，我们要研究上面提到的两种"限制情况"，主要是"纯粹反抗"（所有能够利用革命时机的主观条件都没实现）和"像对待艺术那样对待起义"[①]（所有主观条件已经具备）。在这种研究框架内部，我们必须要明确什么是"自发反抗"和"意识形态反抗"，并指出两者是否推动或阻碍了能够利用革命时机的主观性的形成。

"自发反抗"是面对危机的主观反应最直接的形式。被剥削阶级（农民阶级、小资产阶级和无产阶级）由于对物质条件恶化的失望以及对资本主义矛盾（财富生产与社会贫困）激化的不满而奋起反抗。鉴于这种斗争形式的自发性与直接性特征，每个阶级都只能孤立地去反抗，即为"自我"而反抗；但这种反抗的情感同时也是一种团结和凝

---

① 《列宁全集》第2版第32卷第236页。

聚的因素，这种因素能够促使各阶级放弃相互猜疑，从而进行共同斗争。

即使这种斗争阶段并不能使人预见到革命时机，但它能够创造出一个统一的大众群体，这是所有革命的一个必要条件。换句话说，对剥削的仇恨和对悲惨境况的失望是人民大众主观化的首要形式，同时也是所有革命运动的源头。这种仇恨和失望推动各个被剥削阶级进行反抗，并促使各个阶级间形成情感的统一。这就是为什么马克思和列宁一直赋予这种自发斗争形式一种积极的评价：马克思将其称为革命的"学校"，列宁认为这是革命的"萌芽"（胚胎）形式。

"意识形态反抗"是指小资产阶级在革命力量中占据统治地位的阶段：在资本主义生产关系中，由于小资产阶级处于资产阶级与无产阶级的中间地位，它根本无法形成一种独立的阶级观。因此，小资产阶级的意识就是资产阶级的自由原则与无产阶级的社会主义原则的矛盾混合体，这就直接导致了在小资产阶级的理论中，反抗的价值与目的总是在经济与政治两个维度间摇摆不定，以至于完全将两者盲目、抽象、武断地分割开。

从其不可实现的层面来看，小资产阶级的意识形态与无政府主义的观点是一致的：通过对政治维度和社会压迫的国家维度的直接认同，小资产阶级将政治与经济割裂开来。这就导致了两种后果：一方面，阶级斗争的政治时机（即夺取国家政权的时机）被否定；另一方面，限制在单纯的经济斗争领域的革命被视为一种"总罢工"，从而在实现社会解放的同时也摧毁了斗争的政治维度。无政府主义者希望实现的革命目标是消灭国家和剥削，却不考虑接受实现目标的必要手段。

从其缺乏逻辑的层面来看，小资产阶级的意识形态是一种机会主义：通过无产阶级斗争的两个独立机构（工会与政党）将政治与经济机械地分割开来。工会是为逐步提高无产阶级物质条件的改良斗争工具。与其说工会是一种社会反抗政治化的工具,不如将其称为社会反抗的疏导工具更为确切。政党主要负责培育群众的政治意识,并对其进行开化和教育。政党的政治行动已经完全脱离了社会反抗运动的那种活力和生机。这种机会主义的内容实际上与无政府主义同出一辙:它将罢工理解为斗争的一种纯粹经济形式,同时将政治斗争简化为单纯的议会斗争。这种机会主义只是简单地通过资产阶级议会制中的表面自由来教化大众,并期望资本主义本身能创造出超越自我的客观条件。因此,本来应当成为阶级斗争一个重要工具的议会斗争已经无法再履行这种职能。

罗莎·卢森堡在《群众罢工、政党和工会》中评价群众的自发运动时就曾批判过这两种观点。1896年以来的俄国罢工史以及1905年革命对群众罢工的利用即可成为佐证。一方面,以罢工形式出现的社会反抗运动的发展能够成为一种比议会制更强有力的群众教育工具。罗莎·卢森堡指出,一年的革命使俄国无产阶级所受的教育要远胜于30年的议会和工会斗争给德国无产阶级带来的教育效果。[①] 另一方面,罢工并不仅仅是一种纯粹的经济斗争形式。罗莎·卢森堡认为,在大规模的罢工中,经济因素与政治因素并不是明显区分并相互排斥的,俄国无产阶级斗争中的经济与政治因素是交织在一起的。[②] 而独立的工会斗争与议会斗争则是斗争的"改良"形式,它们在实践中的辩证结合使其成为

---

① R. Luxemburg, *Grève de Masse, Parti et Syndicats*, Paris, Maspero, 1964, p. 63.
② R. Luxemburg, *Grève de Masse, Parti et Syndicats*, Paris, Maspero, 1964, pp. 45 – 46.

革命斗争的重要手段。①

总而言之,"意识形态反抗"占据统治地位的时候就预示着反抗变成了一种消极和反动的力量,从而分化和削弱了革命阵营。无政府主义状态下缺乏真正的革命斗争策略,机会主义状态下将斗争局限在狭窄的议会斗争范围内,这两种情况都阻碍了群众有效地利用危机提供的革命时机,从而使群众的自发反抗完全变为被动:他们在面对资产阶级的反动企图时,只能表现出束手无策。

为什么马克思和恩格斯认为只有无产阶级才是真正革命的阶级呢?这是由无产阶级在资本主义生产关系中的特殊地位所决定的:只有无产阶级才能用其独立的阶级观来反对资产阶级的自由主义,并找出达到政治目的的有效手段。因此,确立无产阶级对小资产阶级和农民阶级的领导支配权就意味着革命主体性的成熟,而反抗的情感也将服从于斗争的革命目标。

通过以上分析,我们可以尝试回答社会反抗在革命形势中到底扮演什么样的角色。一方面,社会反抗是群众主观化的第一种"自发"形式,意味着革命的开端;另一方面,从斗争的手段与目的来分析,社会反抗的一个重要特点就是"意识形态的混乱",因此反抗也可能成为一种反动力量。由于社会反抗具有这种双重含义,它也因此成为了革命形势中的辩证选择时刻。当反抗的情感服从于革命目标时,就实现了将危机转变为革命时机的主观条件;相反,当"意识形态反抗"的层面占据统治地位时,解决危机的方法就沾染了反革命的色彩。

---

① M. Löwy, "La théorie marxiste du parti", *Actuel Marx*, No. 46, second semester 2009, Partis/Mouvements, pp. 27–51.

二、马克思如何看待危机、反抗与革命时机

马克思将社会反抗形容为群众的"学校",即从青春期逐渐走向成熟的过程,这也向我们指出了反抗向革命的过渡是一个自我解放的过程。阶级斗争的具体经验,即革命实践,不仅使群众积累了自身状况逐渐成熟的经验,也使他们具备了自身解放的清晰意识。"自发反抗"与"意识形态反抗"在马克思那里其实就是群众学习的两个阶段,因此也是形成革命主体性的两个连续步骤。

在上述分析框架下,危机应当起到什么作用呢?危机时期其实就是这样的历史时刻:社会关系的神秘面纱被揭开,统治阶级的政治软弱性凸显,两者的同时作用促使阶级斗争以最激进的形式发展。而革命形势则是检验群众成熟程度的时刻,同时也是群众以后继续学习的历史背景。换句话讲,革命形势就是这样一种背景:"革命实践"使群众在具体行动中完成了对"自发反抗"和"意识形态反抗"阶段的超越,并达到一种更加成熟的革命主体性形式。从以上分析中我们可以看出,马克思的观点遵循一种线性逻辑。只有通过社会反抗运动,组织混乱的群众才能形成真正的革命主体性。这种线性逻辑可以被视为一种历史趋势,但我们不能将其与历史过程的目的论相混淆。构成主观活动特殊场所的革命形势包含着全新的阶级斗争形式,而我们不可能事先掌握。因此,与这种历史的形势与事件紧密相连的社会反抗必然是阶级斗争中一直存在的因素。从反抗过渡到革命的历史时刻也应当被视为一种"趋势",即主体掌握革命时机的可能性不断增加,但这并不意味着完全实现了革命胜利的主观条件。

三、马克思的行动主义和 1848—1871 年间的形势

1848 年二月革命到巴黎公社期间,从自发反抗到起义革命,法国这个国家几乎试验了所有阶级斗争的形式。通过对这些事件的分析,我们可以从实践上证明革命主体性的成熟,即能够抓住危机提供的革命时机。

1845—1847 年英国爆发的经济危机为整个欧洲开启了一个新的革命形势。危机波及法国,导致了 1848 年的二月革命,同时也拉开了频繁阶级斗争的序幕:危机加深了人民的苦难以及资产阶级政府的政策引发的不满情绪,两者同时作用推动被剥削阶级(无产阶级、小资产阶级和农民阶级)奋起反抗。由于这种对危机的自发反应,每个阶级都成为历史活动的积极主体。

1848 年 6 月,无产阶级被迫起义。"工人们没有选择的余地:不是饿死,就是斗争。他们在 6 月 22 日以大规模的起义作了回答。"① 掌握政权的资产阶级实行反无产阶级的政策,尤其是颁布解散"国家工厂"的法令,更加恶化了本来就让无产阶级失望的生存条件,进一步激化了无产阶级的不满情绪,彻底摧毁了他们"相信能在资产阶级身旁谋求自身解放"的幻想。② 六月起义也因此成为无产阶级的一所"学校"。

"1848 年 12 月 10 日是农民起义的日子。"③ 资产阶级的税收政策使法国农民的悲惨境况更加恶化,从而导致了农民起义。以路易·波拿巴

---

① 《马克思恩格斯选集》第 2 版第 1 卷第 398 页。
② 《马克思恩格斯选集》第 2 版第 1 卷第 385 页。
③ 《马克思恩格斯选集》第 2 版第 1 卷第 411 页。

为代表的"富人共和国"是农民失望与仇恨的对象。农民的这种反抗对于他们来说也是一所"学校":"议会制共和国的三年严酷统治,使一部分法国农民摆脱了对于拿破仑的幻想。"①

面对《友好合同》(Concordats à l'amiable)法案被否决以及法国资产阶级的反革命趋势,小资产阶级以自己的方式于1849年6月19日发起反抗运动。小资产阶级本来是要举行维护宪法的和平示威游行,但"游行队伍在和平路口转入林荫大道时遇到了尚加尔涅的龙骑兵和猎步兵的完全不是议会式的接待"②。正是在游行失败后,小资产阶级才意识到自身势单力薄,并认识到与无产阶级联合的必要性。

被剥削阶级反抗运动的失败经验使他们学习到联合对抗资产阶级的必要性,并且要走向阶级斗争更加成熟的形式。因此,在1848年革命形势的末期,群众主观性形成的一个新阶段拉开了序幕。马克思认为1850年3月10日的选举是一个真正的革命时机:一方面,被剥削阶级联合成立社会民主党;另一方面,在反对波拿巴的战斗中,资产阶级被削弱和分化。选举的胜利本来可以被认为是阶级斗争走向革命的开端,然而小资产阶级领导的社会民主党并没有将选举的成功视作革命的手段,恰恰相反,只是将这种成功解释为"自身目标"的实现。革命时机就这样消逝了,资产阶级又获得了胜利。

然而,这种"意识形态反抗"占据统治地位的情况也是群众进行学习的阶段。反革命的激进化既是小资产阶级改良主义的后果,同时也证明了任何和解与妥协方案都是不可行的。然而,这种反革命的激进化

---

① 《马克思恩格斯选集》第2版第1卷第679页。
② 《马克思恩格斯选集》第2版第1卷第438页。

也是摒弃小资产阶级意识形态统治的一个重要手段，同时也确立了无产阶级作为先锋阶级的革命领导权。

1871年革命形势的出现主要是由于法国在法德战争中的失败引发的社会政治危机。得益于1848年的革命经验，1871年的革命形势是检验革命主体性成熟度的时刻：一方面，无产阶级确立了自己成为革命力量中的先锋阶级的地位；另一方面，凭借1848年革命以及第二帝国的教训，其他被剥削阶级接受了无产阶级的领导权。首先是农民阶级："农民曾经是波拿巴派，因为在他们的眼中大革命及其带给农民的所有利益都体现在拿破仑的身上。这种在第二帝国时代迅速破灭的幻觉，这种过去时代的偏见，怎么能够抵得住公社对农民切身利益和迫切需要的重视所具有的号召力呢？"① 其次是小资产阶级，他们被第二帝国从政治和经济上摧毁，面对公社只能持中立态度："公社拯救了这个中等阶级，因为公社采取英明措施把总是一再出现的中等阶级内部纠纷之源，即债权和债务问题解决了。"②

群众面对危机的态度与1848年时的态度完全不同。1848年的危机使资产阶级利用了无产阶级的失望和不满情绪，并对其进行残酷镇压。1871年的形势正好相反，无产阶级巧妙地利用了资产阶级的政治经济软肋：针对资产阶级通过妥协的方式来解决危机的企图，无产阶级将危机转化为"革命时机"，用自己的方式来解决危机。由于将危机积极转化为革命，作为先锋阶级的无产阶级将被剥削阶级的反抗情感成功纳入到革命目标之中，由此在实践中完成了向阶级斗争最成熟形式的过渡：发起革命。

---

① 《马克思恩格斯选集》第2版第3卷第63页。
② 《马克思恩格斯选集》第2版第3卷第61页。

四、列宁如何看待危机、反抗与革命时机

列宁将1905年的革命经验视为1917年革命胜利的一个先决条件。我们同样可以用分析马克思观点的方法来分析列宁关于危机与社会反抗的联系问题。我们首先对比两种革命形势：第一种形势是群众的"学校"，为进入第二种形势做好准备。通过这种对比，我们可以分析要达到革命主体性成熟必须完成的不同阶段。需要强调的是，通过对1848年与1905年革命形势的粗略对比，足以说明这种试图将马克思与列宁之间建立一种历史观与方法论的连续性的理论方法很可能会忽略我们的研究对象。

实际上，1902年的工商业危机以及随后爆发的日俄战争同时作用，导致了1905年革命形势的出现。面对沙皇政权下的这种政治与经济危机，列宁设想了两种历史可能性：第一种，人民利用危机提供的历史时机来领导革命，通过革命道路来实现超越资本主义的客观条件；第二种，资产阶级通过达成反动阶级与大资产阶级间的各种妥协走向改良道路。

与马克思对1848年的情况分析以及罗莎·卢森堡对1905年的情况分析不同，列宁并没有过多关注社会反抗维度下的形势，他提出了如何抓住革命时机的问题。如果按照马克思的分析思路和框架，即把反抗与革命视作同一过程的两个相连阶段，那么我们认为列宁并没有提到社会反抗的问题。因为面对革命问题的紧迫性，研究反抗的问题已经显得过时了，抑或是社会反抗问题只是以消极的方式显现出来：反抗的概念只是涉及无纪律的大众自发性，即回应压迫的一种无序的社会暴力型自发运动，或是涉及小资产阶级思想意识下的反抗。

但是，当列宁将苏维埃定义为群众自发性组织的最先进形式时（即作为继1848年六月起义与巴黎公社后革命主体性形成过程的第三个阶段），他似乎准确使用了马克思的分析逻辑，即通过革命实践逐渐从反抗过渡到革命。那么，列宁到底赋予这样一种革命主体性（在实践中）的发展什么意义呢？列宁是否认为当群众参与到革命实践中时，社会反抗本身才能具备向革命过渡的能力？抑或是列宁提出一种不同的理论分析，通过其他方式来提出社会反抗问题？

要回答这些问题，我们首先要从列宁对苏维埃在革命形势中的角色分析入手。苏维埃也面对双重可能性：要么成为人民政权机关，要么变为资产阶级统治制度下的机构。1917年，这种双重可能性必须在"一切权力归苏维埃"和"革命失败"两者之间做出选择。① 列宁认为："苏维埃只有在取得全部国家政权之后，才能真正发育起来，才能发挥自己全部的潜力和才能，否则就会无所作为，或者仍不过是个胚胎（而过久地作为胚胎存在是不可能的），或者成为一种玩物。"② 我们看到列宁在这里谈到了革命力量的成熟与革命之间的关系问题，但是他采取了与马克思相对立的方式来阐述。马克思认为革命是革命力量达到成熟后产生的结果，而列宁的观点恰恰相反：只有革命（即夺取政治权力）才能促使革命力量达到成熟。实际上，列宁以自己独到的见解阐述了从反抗过渡到革命的问题。马克思提出的"学校—成熟"分析框架将反抗到革命的过渡设想为一个通过群众实践达到自我转变和自我解放的过程。而列宁提出的"胚胎—组织"分析框架重点强调的是通过先锋政党、理论甚至是国家政权来赋予反抗一种具体的形式。具体来说，列宁

---

① A. Negri, *Trentatre lezioni su Lenin*, Roma, Manifestolibri, 2004, pp. 109 – 151.
② 《列宁全集》第2版第32卷第298页。

不再将"自发反抗"与革命视为同一过程的两个不同阶段,而是将其视作阶级斗争的两种不同性质的方面:反抗是群众的自发性组织层面,它总是处在一种双重演变中(要么成为革命力量,要么成为资产阶级统治的组织)。我们现在要面对的问题不再是促使反抗转变成革命的过程问题;在列宁看来,问题的核心是要完成从阶级斗争的自发层面到其革命层面的"质的跨越"。①

那么,什么力量能够实现这种"质的跨越"呢?列宁认为要准确定义先锋政党与群众的辩证关系,由此来解决理论与实践的关系问题。但列宁的表达方式与马克思相反。马克思认为革命实践是形成主体性和革命理论的决定力量。而列宁认为"没有革命的理论,就不会有革命的运动"。②

在列宁的理论中,"自发反抗","意识形态反抗"与"革命"是历史,尤其是革命转折的三个组成部分。然而我们需要明确这些词汇在列宁的理论中到底有何种意义。

"自发反抗"是试验所有斗争形式的场所:从恐怖主义斗争到群众起义,从议会斗争到抵制运动,从经济罢工到政治罢工,从农民的暴力反抗到贫苦农民夺回土地,从和平示威到武装斗争。无论斗争采取怎样的形式,这种"自发反抗"总是由反抗的情感或各种意识形态支配。在自发斗争领域,无产阶级远不能占据先锋队的地位,无力从反抗中脱颖而出,因为无产阶级在自发斗争中的阶级意识并不是革命性的,而是

---

① D. Bensaïd, *Leaps! Leaps! Leaps!*, In S. Budgen, S. Kouvélakis, S. Žižek (dir.), *Lénine Reloaded, Towards a Politics of Truth*, Durham and London, Duke University Press, 2007.

② 《列宁全集》第2版第6卷第23页。

改良性质的,即工会主义思想。

从自发阶级斗争产生的阶级力量关系来看,马克思理论的作用在于为群众指明推动斗争前进的道路,即超越这种自发性。马克思的理论通过在每一个历史转折时刻为群众指出达到政治目标的最佳策略来实现向革命斗争的"跨越"。换句话说,在每一个历史转折时刻,理论应当成为群众的"行动指南"。

但是小资产阶级的意识形态却与之相反,它与群众的自发性相比总是显得落后:小资产阶级的思想并不能将反抗的情感作为斗争的起点,从而赋予这种情感一种意识和一个指导方向,也不能推动群众的自发性继续向前发展,它(小资产阶级意识形态)既不懂得历史矛盾与阶级斗争,也不能作为群众的"行动指南"。由于小资产阶级的意识形态脱离了现实,它只能是一种抽象和无力的"主义",只能服从于自发意识。

五、列宁的行动主义与1917年的形势

当危机强化了人民的革命激情并推动人民群众自发进行反抗时,理论与意识形态面对社会现实的不同态度会在革命形势中清晰地表现出来。理论能够使群众的激情服从于革命的目标,因此理论是一种能够使反抗完成向革命"跨越"的力量;相反,意识形态在革命形势中是一种反动力量:由于它无法为群众指明革命的手段与目标,因此意识形态只能将斗争限制在它的胚胎状态,这就意味着群众斗争的解体、革命时机的丧失以及将革命颠倒为反革命。

下面我们来分析一下在既定的历史形势中这种观点是如何体现的:我们以1917年的形势为例(1917年的革命形势源于帝国主义战争导致

的俄国内部的政治危机)。通过分析布尔什维克党与群众之间的关系我们可以得出如下结论：意识形态并不仅仅代表与理论相对立的态度，它也是理论自身最大的危险：党与群众的辩证关系很可能由于群众的自发反抗与"革命的抽象教条"之间的意识形态分离而互相颠倒。列宁在《关于目前政治形势的决议草案》中写道："党的任务绝不是加速事态的发展，相反地，应该尽一切努力赶上事态的发展，并及时向工人和劳动者做力所能及的解释工作，说明形势的变化和阶级斗争进程的变化。目前党的主要任务，就是要向群众说明：形势非常危急，任何行动结果都可能变成爆发，因此，过早的起义会带来极大的危害。"①

当处于革命转折时刻时，党的组织任务显得非常困难：布尔什维克党面临落后于事态发展的危险，因为各阶级之间的力量对比关系发生了改变。这就意味着：一方面，没有理解正在发生的历史转折，无力制定一个适合的策略，只能从意识形态层面去面对群众的自发性；另一方面，人民的革命激情有随时爆发的危险，资产阶级对群众反抗的镇压以及革命时机的丧失。

1917 年 7 月是第一个历史转折时刻：当时的布尔什维克党只能无奈地从意识形态层面来面对群众的反抗。无产阶级于 4 月 20—21 日以及 6 月 18 日先后发起两次游行示威，这种自发斗争最终以 7 月初资产阶级的残酷镇压谢幕。这个历史转折时刻无疑体现出反抗运动的特点。列宁在《六月十八日》中写道："这两次游行示威都没有打算指出革命今后发展的方向，而且也不可能指出。这两次游行示威都没有向群众和代表群众提出具体的、明确的和迫切的问题：革命应当向何处去，应

---

① 《列宁全集》第 2 版第 32 卷第 144—145 页。

当怎样进行。"① 面对无产阶级的这种自发反抗,当时的布尔什维克持什么态度呢?列宁认为:"我们党在7月3—4日这两天所犯的真正错误,就在于党对全体人民的革命情绪估计不足,党认为政治改革还可以通过苏维埃的改变政策而和平发展。"② 布尔什维克本应当通过自发的阶级斗争来制定党的正确策略,但是它只停留在口号阶段,即倡导权力向苏维埃的和平过渡,这其实在实践中已经被无产阶级的反抗斗争所否定,因而只能成为空洞和抽象的教条。这样,布尔什维克不仅没能将群众的革命激情有效组织起来,反而间接地帮助资产阶级取得了反革命的成功。

同年9月,当孟什维克和社会革命党人召开民主会议时,布尔什维克再一次落后于事态的发展:"对所谓民主会议的意义愈深入思考,站在旁观者的地位对民主会议愈仔细观察,就会愈加确信,我们党参加这个会议是犯了错误。本来应当抵制这个会议。"③ 列宁认为抵制政策是起义条件成熟时要采取的策略。然而,1917年9月,布尔什维克党不仅没能利用有利形势来引导群众走向革命,反而将群众的注意力引向"民主会议"这样的错误目标,因此丧失了革命时机。

最后,在同年10月份,当所有有利于起义胜利的条件都具备之时,布尔什维克党再一次面临危险:党内一部分人认为在苏维埃代表大会没有赋予革命合法性之前不能发动革命。面对这样的危险状况,列宁写道:"我深信,如果我们'等待'苏维埃代表大会,放过目前的时机,

---

① 《列宁全集》第2版第30卷第334页。
② 《列宁全集》第2版第32卷第143页。
③ 《列宁全集》第2版第32卷第251页。

就等于断送革命。"① 不利用革命时机只能意味着背叛革命,仅仅凭借群众的自发性无法完成从反抗到革命的"跨越"。②

(本文编译自法刊 *Actuel Marx*,2010 年总第 47 期,原文标题为"Crises, révoltes et occasion révolutionnaire chez Marx et Lénine"。)

(张春颖 编译)

---

① 《列宁全集》第 2 版第 32 卷第 278 页。
② S. S. Žižek, *Tredici Volte Lenin*, Trad. It. F. Rahola, Milano, Feltrinelli, 2003, pp. 7 – 15.

列宁、罗莎·卢森堡与不革命的无产阶级的困境[*]

〔美〕查尔斯·艾略特

一

列宁和罗莎·卢森堡之间就"组织问题"和俄国社会民主工党问题展开的争论相当有趣,因为在 20 世纪初,这涉及一个不断困扰着马克思主义者的基本问题:不革命的无产阶级的困境。1848 年,《共产党宣言》的作者们曾经这样问道:"共产党人同全体无产者的关系是怎样的呢?"对这一涉及社会主义运动本质的关键问题,马克思从未在理论上给出充分的答案。这一缺憾部分地是由于马克思缺乏一个革命的工作场景。正如罗莎·卢森堡强调指出的:"对于科学的马克思主义来说,不得不在革命时期制定策略的唯一一次机遇赋予了 1848 年的卡尔·马克思。"有趣的是,在 19 世纪 60 年代初,马克思赞成俄国民粹派组织"青年俄罗斯"这样的精英政党模式——这大概是在他抛弃了 1847—1850 年这一时期年轻气盛的革命急躁情绪之后。1885 年,恩格斯就俄国的情况进一步指出(在给查苏利奇的信中):"如果说布朗基主义约

---

[*] 本文选自《马克思主义与现实》2006 年第 4 期。作者为乔治·华盛顿大学中国—苏联研究所教授。

想通过一个小小的密谋团体的活动来推翻整个社会，曾经有某种存在的理由的话，那这肯定是在彼得堡。"

但是，除了这些以及其他一些针对俄国革命运动的有趣论述外，不论是马克思还是恩格斯都没有从理论上系统阐明共产党和无产阶级之间的关系。因为不论是马克思还是恩格斯都没有认识到，无产阶级或许不能接受"历史"定制的道路。第一国际章程声称："工人阶级的解放应该由工人阶级自己去争取。"但如果无产阶级没能"解放自己"又会怎样？

马克思和恩格斯有时抱怨英国工人阶级的不革命态度；由于英国资本主义相对较为成熟，英国工人阶级本应比大陆的无产阶级更加意识到所受的剥削。例如，恩格斯在1889年写给左尔格的信中说道："这里（英国）最令人讨厌的事情就是资产阶级的'尊严'，它已深入到了工人的骨髓。"但是，如果无产阶级确实背离了"历史的"道路，那么掌握着"科学社会主义"真理的革命的社会主义领袖应该采取何种策略呢？马克思没能解决这个问题，他将它交给了他的继承者。

二

世纪之交，这一悬而未决的问题——马克思主义革命者和无产阶级之间的正确关系——在俄国社会民主工党内部引发了激烈的争论。列宁在《火星报》上的一系列文章和《怎么办？》（1902）、《进一步，退两步》（1904）这两本小册子中都大谈特谈这个"有争议的问题"。

在《怎么办？》这一当今世界共产党的组织"圣经"中，这位未来的布尔什维克领袖要求建立一个纪律严明、高度集中的马克思主义职业革命家组织；这些革命者不是将他们"空闲的夜晚"奉献给革命，而是全身心地投入革命。他们将"从外部"给俄国无产阶级带来"阶级意识"。列宁声称，这一俄国社会民主党组织应严格保密、职责分明。在这样一个组织中，民主是没有市场的。列宁认为民主不合时宜，甚至有害，因而蔑视它，与此相反，他主张一种革命的"同志关系"。

在俄国社会民主工党第二次大会上，列宁坚持其党组织的理论，这最终导致了在党员资格问题上的历史性分裂。被称作"孟什维克"（因为他们在之后的选举中成了少数派）的那些代表支持马尔托夫提出的、灵活的（"温和的"）党员资格的表述，这与列宁严格的（"强硬的"）表述不同。马尔托夫认为，党员应该是这样一种人：他"承认党纲，在物质上帮助党并在党的一个组织领导下经常协助党"。列宁关于党员资格的建议是，党员应该"承认党纲，在物质上帮助党并亲自参加党的一个组织"。第二次代表大会最初采纳了马尔托夫关于党员资格的表述，但列宁——由于五名犹太人联盟代表和另外两名"经济学家"代表的过早离去——控制了党的中央委员会及其理论喉舌《火星报》。（之后，在没有孟什维克参加的情况下，1905年在伦敦召开的俄国社会民主工党第三次大会将马尔托夫关于党员资格的表述变成了列宁的表述。）

不久，由于普列汉诺夫投向了孟什维克，列宁失去了对中央委员会和《火星报》（随着第52期的出版，它成了孟什维克控制下的"新"《火星报》编委会）的控制。尽管遭遇了挫折，但在党和工人阶级正确关系的问题上，俄国社会民主工党中布尔什维克派的缔造者却一如既往地坚持着自己的主张。在《进一步，退两步》（写于1904年初，同年5月出版）中，列宁研究了俄国社会民主工党第二次大会关于党的组织问题的争论。列宁这一著作的许多内容与当下的研究无关，但其中两部分特别有价值，因为列宁对"雅各宾主义"和"社会民主党"作了评论，并就俄国社会民主工党中工人和知识分子相对可靠的革命性以及相关话题进行了讨论。在《进一步，退两步》中，列宁直截了当地回击了孟什维克的批评者,尤其是马尔托夫。孟什维克谴责他是"雅各宾",他对此表示欢迎。他这样说道,一个完全参加到无产阶级——意识到自身阶级利益的无产阶级——组织中的激进民主派成员,是革命的社会民主主义者。一个站在教授和中学生身后叹息、害怕无产阶级专政并渴求民主需要的绝对价值的吉伦特党人,是机会主义者。

列宁说,孟什维克害怕"布朗基主义",这仅仅表明了"资产阶级知识分子的懦弱"和伯恩施坦式的机会主义。列宁认为:"作为工人阶级先锋队的社会民主党不应与整个阶级混为一谈。"

列宁谴责了俄国社会民主工党中知识分子的"官僚无政府主义",并将其"模棱两可、散漫和捉摸不定"与无产阶级在其"工厂训练"中获得的组织纪律性作了对比。(托洛茨基在攻击列宁时曾说道:"兵营制不能成为我们党的制度,就像工厂不能成为其模式一样。")列宁反驳说,马尔托夫党员资格的说法"是为资产阶级知识分子利益服务的,它排斥了无产阶级的纪律和组织"。

在《进一步,退两步》中,列宁赞成"集中制",不断反击马尔托夫对"自治"的支持。列宁辩论说,机会主义者(马尔托夫和其他孟什维克)"力图从下向上发展,因此只要可能,他们都会尽力支持自治和'民主',直到(由那些过分热心的人)发展到无政府主义的地步"。相反,革命社会民主党"力图从上向下发展,主张中央的权利和权力向部分扩散"。

三

罗莎·卢森堡——通过瓦尔斯基和约吉赫斯这两位最亲密的政治和私人伙伴(她们都参加过俄国社会民主工党第二次大会)——曾谨慎

地倾听了列宁和马尔托夫关于马克思主义政党和俄国无产阶级之间正确关系的争论。在写于1904年的《俄国社会民主党的组织问题》一文中,卢森堡因列宁《进一步,退两步》的"极端集中制"和否定社会主义运动中无产阶级群众的"创造作用"而对其进行了猛烈抨击。她坚定地支持马尔托夫的党的结构理论,责备列宁犯了"主观主义"错误——在她看来,由于俄国知识分子的犯罪情结和落魄地位,这个特点是为俄国社会主义思想(例如在民粹派成员当中)所特有的。她所谓的"主观主义"是指列宁过分依赖"主观"(意志)因素,就像革命精英体现出来的那样。

罗莎·卢森堡认为,俄国革命运动的最近10年已然表明,最富有成效的工作"总是不受束缚的运动本身所产生的自发后果",而不是"任何专门的领袖或'领导组织'先决的、机械的发明"。在她的演讲和著述中(例如在其1906年对"群众罢工"和俄国革命的分析中),革命进程的"自发"性是一个关键议题。她对无产阶级"自发性"的强烈支持与列宁对它的极度怀疑形成了鲜明对比。

卢森堡相信,列宁误用了"纪律"一词,他过于依赖中央委员会的"控制功能"。相反,卢森堡坚持认为,社会民主党应当依靠群众的"自律"和"自我激励"。列宁想让意识和组织权威"自上向下"流动;而她则想要它"自下而上"发展。卢森堡是以这样肯定的语气结束文章的:"以历史的观点看,与最好的'中央委员会'的一贯正确相比,一场真正的革命劳工运动所犯的错误要富有收益得多,也有价值得多。"

1904年的这篇文章表明,卢森堡对组织和官僚制抱有成见,不够信任,她认为它们具有内在的保守性。在她的整个政治生涯中,她对这一问题屡有涉及。在1904年的文章中,她认为,就像布朗基一样,列宁的组织精英会脱离群众,它只会遵循僵硬的和先决的策略,而不能考虑到革命群众的自发创造性。实际上,罗莎·卢森堡大错特错了,因为列宁在策略上是相当灵活的(例如,布尔什维克在1917年夏对苏维埃的态度的突然转变,或者争取"喘息机会"的布列斯特立托夫斯克政策,或者1921年新经济政策的"战略退却")。实际上,他在战略和策略上要比卢森堡灵活得多。就像在其《布尔什维克革命》的手稿中看到的,卢森堡在农民和民族问题上始终是坚定和毫不让步的。

列宁无意使他的布尔什维克派脱离巴枯宁派、涅恰也夫派以及特卡乔夫派的群众。他的《进一步,退两步》首先是对"集团思想"的声讨。像布朗基一样,他想造就一支革命的精英队伍,但他同时也希望在它周围形成一种群众运动。在俄国社会民主工党第二次大会前的一次演说中,他强调指出,党的组织不应只包括职业革命家。相反,他坚持说:"我们需要最为多样化的、各种类型的、各个阶层的和形形色色的组织,既有极为严谨、秘密的组织,也有非常公开、自由的组织。"这一精英主义和群众影响的巧妙结合,正是列宁组织智慧的产物。这种结合使得布尔什维克的领袖能够在1917年利用历史的瞬间,在权力"出现在彼得格勒的大街上"时夺取权力。

在论述"组织问题"的文章中,罗莎·卢森堡责备列宁为了激进民主派和布朗基派而抛弃了马克思。这中间,她犯了几个严重错误。她不经意间忽视了这样的事实,即马克思在早期曾从雅各宾党人(恐怖和"不断革命")和布朗基派("无产阶级专政")那里借鉴了许多东西。此外,她不能将布朗基主义与列宁主义的革命的组织模式区分开来,这使她难以认识到,布尔什维克领导的精英组织全然不同于俄国传统的、独立的密谋"集团"(例如,"十二月党人起义"中的"北方协会"和"南方协会",陀思妥耶夫斯基参加的彼得拉谢夫斯基集团,扎伊奇涅夫斯基的"青年俄罗斯"以及涅恰也夫夸口说由他操纵的假想牢房)。

在 1904 年论述"组织问题"的文章中，罗莎·卢森堡承认，在西方，议会制度使社会民主党的领袖疏远了无产者群众，但她认为，俄国政治上的落后（例如缺乏议会、自由言论、自由出版、自由政党，等等）会在沙俄杜绝此类机会主义——这样就不需要以列宁式的集中制克服机会主义了。她承认，在俄国社会民主工党的成员中，存在着对马克思主义的"修正主义"。她在《社会改良还是革命?》中已经强调了这一事实。在这部著作中，她（正确地）指出了伯恩施坦的观点和普克波维奇"经济主义"观点的相似性。但卢森堡相信，列宁僵化的集中制在对机会主义的斗争中是徒劳的。只有通过对民主的最广泛运用，才能战胜机会主义——罗莎·卢森堡在研究布尔什维克革命时再次谈到了这个话题。

列宁试图通过压制反对派的观点战胜"修正主义"，他认为反对派无疑犯了机会主义的错误，因为他们不赞成他本人对马克思主义的解释。在俄国社会民主工党第二次大会上，他要求在党内形成一种对机会主义的"围攻态势"。1907 年 2 月，列宁——面对诋毁俄国社会民主工党内孟什维克成员的责难——宣布，他的意图"不是纠正反对派的错误，而是消灭他们，把他们从地球上清除掉"。罗莎·卢森堡——尽管她极力主张将伯恩施坦和其他修正主义者开除出德国社会民主党——与列宁的马克思主义观却极为不同。列宁将俄国社会民主工党想象为一支军队，它纪律严明，随时服从"来自上层"的命令。列宁公开承认，他"非常喜欢军队的比喻"。而卢森堡则认为："社会主义工人运动不仅就要发端，而且总是自然地表现为许许多多的组织和倾向。"

罗莎·卢森堡总是不断地试图将俄国社会民主工党内的不同派别调和起来。她在 1911 年夏写给路易斯·考茨基的信中表达了这样的希望，即如果迫使俄国社会民主工党内所有互相争斗着的组织参加一个联合会议,就可以实现团结。但是,此后不久,罗莎·卢森堡就对将俄国社会民主工党内素来不和的流亡派别联合起来的可能性感到悲观了。她在写给路易斯·考茨基的信中说道:

> 自然,在这个(建议召开的)大会上,只有一些生活在国外的好斗者会为争得德国受托人(卡尔·考茨基、克拉克·蔡特金和梅林是俄国社会民主工党一笔基金的受托人)的注意和支持争论不休,如果期望从这些人那里得到别的什么东西,那纯粹是幻想。他们已经深深地卷入了争论,并且如此愤怒,一般的谈论只能给他们发泄老的、最老的和最新鲜的侮辱之辞提供机会,这只是火上浇油罢了。维持团结的唯一办法是召开一次包括来自俄国的代表在内的大会,因为俄国人都渴望和平和团结,他们是唯一能使那些生活在国外的好斗者恢复理智的力量。

与罗莎·卢森堡不同,列宁并无将俄国社会民主工党内的布尔什维克和孟什维克两派重新团结起来的强烈愿望。他的全部政策是以维持这种分裂为基础的。在这一点上,他所拥有的优势比孟什维克大得多;像卢森堡一样,孟什维克"将与布尔什维克的团结作为其政策的要旨"。在《怎么办?》的前言中,列宁称道了拉塞尔的断言,即"一个党是通过自我整肃强大起来的",这绝非偶然。

四

1904 年秋,针对卢森堡对《新时代》的进攻,列宁提交了一份答辩。但是,这一主要马克思主义理论喉舌的编辑卡尔·考茨基却拒绝刊发列宁的答复。这位德国马克思主义者说,这是因为这本杂志没有足够的篇幅印发这种"纯俄国的问题"。考茨基这时（之后，他与卢森堡的政治决裂在1910年出现了）是罗莎·卢森堡亲密的私人朋友，毫无疑问，他对布尔什维克领袖所作的解释不够坦白。1930年列宁对卢森堡的反驳在苏联的《列宁文集》上首次发表，这时，参加争论的两位当事人早已过世。

在这次"保卫战"中，列宁高兴地表示，德国的同志正在对俄国党的文献产生兴趣。但他声言："罗莎·卢森堡发表在《新时代》上的文章不是在向读者介绍我的书（《进一步，退两步》），而是其他东西。"列宁否认他关心特殊类型的马克思主义组织；他声称，他的兴趣只在于对任何政党组织都必要的基本组织。这种说法很难站得住脚，因为他在《进一步，退两步》中为"从上而下"专门组织起来的党组织进行了辩护。列宁进一步否定了罗莎·卢森堡的说法，即按照他的计划，"中央委员会看来是党内唯一活跃的核心"。

列宁认为，"卢森堡同志"说他试图"美化工厂的教育作用"，这是错误的。列宁还声明，不是他，而是阿克雪里罗德首次提到了"雅各宾主义"这个词。这位布尔什维克领袖争论说，在罗莎·卢森堡谴责他的《进一步，退两步》时，她忽略了俄国社会民主工党第二次大会的背景，这样，她"就只是重复着空洞的话语"。他认为，卢森堡违反了马克思主义辩证法的"ABC"："这个ABC教导我们，没有抽象的真理，真理总是具体的。"列宁继续说道："少数派（孟什维克）的支持者，包括卢森堡同志，胆怯地避开了（俄国社会民主工党第二次大会的）这一分析。"在对俄国社会民主工党从成立（在明斯克，1898年）到1904年的历史作了一番长长的、繁复的解释之后，列宁作结论说，读者现在很容易明白，"卢森堡同志"对俄国社会民主工党内集中制的反对是对第二次党代会的"嘲弄"；它们只是"对马克思主义的庸俗化，是对真正的马克思主义辩证法的滥用，等等"。

在"保卫战"中，列宁并没有直接针对卢森堡对其党组织模式的责难，他并不想纠缠于其对手的言论。列宁和卢森堡都是革命的马克思主义者。因此，这位布尔什维克领袖不愿意像挑战马尔托夫那样挑战卢森堡。因而，他模糊了"列宁主义"（相信马克思主义精英政党）和"卢森堡主义"（坚信社会民主党必须与无产阶级融合）间的核心差别。罗莎·卢森堡的传记作者保罗·弗勒利希令人信服地评述道："很显然，在1917年之前，列宁的观点总的说来反映了布朗基主义的影响和夸大了的唯意志论……"但是，也许会有人不同意弗勒利希这样的看法，即斯大林独裁是"列宁组织原则不幸的讽刺画"。因为正是列宁极力坚持毫不动摇地"从上至下"组织俄国社会民主工党，才为斯大林的"极端中央集权制"提供了必要的理论基础。

就像托洛茨基1904年著名的"替代论"的断言那样，罗莎·卢森堡对列宁党组织模式的敌视同样具有预见性。但卢森堡和托洛茨基（在1904年；他在1917年改变了主意）都没有认识到，在面对不革命的无产阶级（只能产生工联意识）时，列宁的党的模式是完成马克思主义革命唯一可能的方式。因为到19世纪末，革命的马克思主义开始显得过时和落后了。令人难堪的是，无产阶级不会"解放自己"或像马克思预言的那样行动，这一点越来越明显了。针对这一挑战，列宁提出了直截了当的和明确的答案。因为无产阶级没有受到马克思主义革命组织的教育，它难以正确（革命地）理解马克思主义，所以这一真理应当"从外部"强加给工人。

罗莎·卢森堡尝试解决无产阶级意识这一重大问题的方法，得自对马克思"不完全遗产"的有趣推论，这位推论者与恩格斯（和列宁）一样坚信，马克思"首先是一位革命者"。她坚信，无产阶级自己可以获得革命的阶级意识，这不会因为民族主义和改良主义的诉求而变得无足轻重或"有所恶化"。卢森堡探讨无产阶级意识这一关键问题的方式塑造了她的基本政治路线。她拒绝了列宁主义关于利用革命少数派将恰当的政治神话强加给工人阶级的建议（与俄国布朗基主义者特卡乔夫的建议相似）。但她不能为不革命的无产阶级这一困境提供一个有效的答案——就像列宁那样。马克思从未预见到不革命的无产阶级的困境，但这个问题对实现马克思主义体系"理论与实践的结合"是至关重要的。

（本文编译自 *Midwest Journal of Political Science*, Vol. 9, No. 4, 文中注释从略。）

（张永红 编译）

苏联学术界研究列宁帝国主义理论的一些情况[*]

张启荣　刘淑春

近年来,苏联学术界就"列宁关于帝国主义的理论与现时代"这个题目,举行了一些纪念性的学术会议,发表了一些文章。这里准备简单介绍一下几次会议的情况,然后简要地综述一下学术会议上以及某些著述中就几个理论问题发表的一些观点。

一、几次会议的简况

1977年4月20日至22日,在莫斯科举行了纪念《帝国主义是资本主义的最高阶段》出版60周年的全国性学术会议。会议是由苏联高等中等专业教育部和莫斯科大学共同组织的。参加会议的共有500多人,包括高等院校的代表,苏联科学院、苏共中央社会科学院、苏共中央高级党校的研究人员,以及东欧一些国家的代表。会议共听取了36个报告和65个发言。除了听取大会报告和发言之外,会议共分四个小组进行。第一组主要探讨列宁对垄断资本主义的范畴和规律体系的研究的方法论意义。第二组根据列宁的帝国主义学说研究了有关资本主义垄断和

---

[*] 本文选自《马列著作编译资料》1979年第6辑。

金融资本在现代条件下的发展趋势。第三组的研究题目是列宁关于帝国主义的学说与现代国家垄断资本主义。第四组的题目是列宁关于帝国主义国际联系的论述与当前资本主义世界经济的危机。

1977年5月,"社会主义国家科学院现代资本主义研究合作委员会"在苏联亚美尼亚共和国首府埃里温也召开了纪念《帝国主义是资本主义的最高阶段》出版60周年的学术会议。会上主要听取了苏联科学院世界经济与国际关系研究所提出的题为《列宁的帝国主义理论与现时代》的报告(下文简称《研究所报告》)。报告共分七部分,小标题是:现代帝国主义及其发展的规律性、国家垄断资本主义在现阶段的发展特点、生产的国际化和国际垄断组织、1974—1975年世界周期性危机的特点和新的经济形势、帝国主义的三个中心和帝国主义之间矛盾的尖锐化、殖民体系的瓦解和获得解放的国家争取改革国际经济关系的斗争、帝国主义堡垒中争取民主和社会主义的斗争的现代条件。该报告是在已经出版的、研究所集体编写的同名著作(伊诺泽姆采夫、马尔丁诺夫、尼基丁主编)的基础上写成的。会上,保加利亚、东德、罗马尼亚的代表也作了发言。

1970年1月,为纪念列宁诞辰100周年,在莫斯科还举行过一次题为"列宁的帝国主义论与现代革命力量"的理论讨论会。这次会议是由苏联高等中等专业教育部、苏联科学院世界经济与国际关系研究所和《世界经济与国际关系》杂志共同举办的。参加讨论会的有各城市高等院校以及苏联科学院有关研究所的专家和理论工作者。会议分为三个小组,共听取了二十个报告和三十几个发言。第一组的题目是两个体系的斗争、科学技术革命和现代帝国主义发展中的基本趋势。第二组主要讨论现阶段革命力量发展的迫切问题。第三组研究现代国际关系的特点和帝国主义之间的矛盾。会后,在1970年的《世界经济与国际关系》杂志上，发表了德拉吉列夫教授（莫斯科大学）、伊诺泽姆采夫院士、米列科夫斯基通讯院士（世界经济与国际关系研究所）等的报告以及第一组中的报告和发言摘要。

此外，在最近几年出版的几本书中，也对列宁的帝国主义理论结合当前的情况有所论述。这几本书是：鲁缅采夫主编的《政治经济学教科书》（下文简称《教科书》。1978年莫斯科版）、伊诺泽姆采夫、米列科夫斯基、马尔丁诺夫主编的《现代垄断资本主义政治经济学》（下文简称《政治经济学》。1975年莫斯科版）、德拉吉列夫主编的《国家垄断资本主义》（1975年莫斯科版）。

二、若干理论观点的综述

在学术讨论会的许多报告和发言中，以及一些论文、专著中，都涉及帝国主义经济特征的发展变化问题、帝国主义的腐朽性寄生性问题、资本主义周期性危机问题、国家垄断资本主义问题、当代科学技术革命对资本主义经济的影响问题。现将在这几个问题上的一些观点摘要介绍如下。

关于帝国主义的基本经济特征

在学术会议的很多发言中以及不少论著中都谈到，列宁当年在《帝国主义是资本主义的最高阶段》一书及其他著作中所表述的帝国主义的基本经济特征，作为世界资本主义发展的根本趋势，在现代条件下仍然完全保持着它们的意义。同时，经过几十年来世界历史的巨大变迁，这些特征也在不同程度上发生了种种变化。

科学院通讯院士米列科夫斯基在他的题为《列宁对帝国主义的经济分析与现代资本主义》的文章中具体分析了帝国主义基本经济特征的一些变化。

他说,第一个特征表现了资本的积聚和集中导致垄断的趋势。几十年来资本主义经历过三次合并的浪潮,第一次是在19世纪末至20世纪初,第二次是20世纪20至30年代,第三次是从20世纪50年代中期开始的合并高潮。应当指出,垄断加强的过程并不像经济危机那样是周期性的,而是一贯的、不断的。今天,在资本主义的所有一切经济部门中都形成了垄断结构。当前的一个新的特点是,非生产领域也被日益纳入垄断的范围。米列科夫斯基说,在当前科学技术革命条件下,在一些发达的资本主义国家建立的农工联合体,是垄断集中的一个新形式。此外,在现代资本主义经济中可以清楚看到帝国主义的第一个特征和第二个特征之间,即在生产日益集中和金融寡头统治加强二者之间的联系。

米列科夫斯基说,这几十年来金融寡头对银行体系进行了改造,从而进一步加强了金融寡头的力量。当前,银行体系已经差不多控制了社会全部的暂时闲散资金,包括劳动人民手中的闲散资金在内。工人职员的工资也成了金融资本的对象,在很多发达的资本主义国家,工资不是发给现金,而是记入职工在银行的账册。

在资本输出方面,一个新的趋势是,对发达的资本主义国家的资本输出加强了。

随着发达的资产阶级国家转向国家垄断资本主义的轨道,垄断资本家的国际同盟开始采取帝国主义一体化这种形式。现在作为垄断组织国际同盟的上层建筑的,是一种消除了关税壁垒、使资本和劳动力能够比较自由转移的凌驾于国家之上的权力机构。帝国主义的一体化,表明垄断组织客观上不得不适应生产力发展的需要,因为在科学技术革命使社会分工大大加强、生产集中规模大大扩大的条件下，生产力的发展正在超出国家的界限。同时，随着帝国主义的一体化，在国际关系中还出现了一些新的因素，如在和平时期也把许多国家的武装力量置于一个共同的司令部指挥之下的军事集团，这种情况过去只是在战争时期才会有的。所以说，垄断资本家同盟从经济上瓜分世界的斗争发展为从领土上重新瓜分世界的战争的这种趋势，今天仍然存在。米列科夫斯基在另一个报告中也指出，列宁当年曾研究过萌芽状态和原始形式的多国公司，现在，正是这些多国公司在争夺世界市场上的霸权地位，加剧国际紧张局势。

特列别可夫教授在《列宁的帝国主义学说与现时代》一文中也谈到帝国主义基本经济特征的变化。他说，随着生产规模的扩大，随着新的部门的建立，随着技术和工艺的改革，垄断组织的组织形式也发生了变化，康采恩成为典型的形式。这种形式在20世纪初已经存在，但是现在的康采恩在管理方法和活动范围方面都和当初的康采恩根本不同了。现在的康采恩是最大的工业综合企业，它们不仅包括直接属于它们的企业，而且把成百成千个法律上独立、实际上完成康采恩订货因而完全依附它们的小公司包括进来。

他说，在列宁写作《帝国主义是资本主义的最高阶段》时，垄断组织主要存在于一些重工业部门。目前，它们已在资本主义世界的所有一切经济部门中建立了统治。在20世纪初，在资本主义世界只有一个拥有十亿资产的垄断组织——美国钢铁公司，到1974年，拥有十亿资产的公司数目已达到344个。生产集中的程度也有很大发展。在20世纪初，在美国汽车制造业中共有1600家公司，到1974年只剩下了四家，其中三家（通用汽车公司、福特汽车公司和克莱斯勒汽车公司）所生产的汽车占美国全部汽车产量的97.8%。

关于金融寡头的地位，特列别可夫指出，在列宁关于帝国主义的划时代著作出版以来的几十年中，金融集团的形式和统治机制、金融信贷机关的结构和活动方式，都发生了很多变化。金融集团的互相渗透大大加强。资产阶级经济学家力图把这些新的现象说成是所谓金融资本的"民主化"，是所谓"管理革命"，但实际上金融寡头在资本主义国家经济和政治中的统治地位却在继续加强，它和国家机构的联系越来越密切。

关于资本输出，他说，列宁曾经详细分析了帝国主义条件下资本输出的可能性和必要性，指出它的特殊意义以及它的方式和手段。在资本主义总危机加深的进程中，特别是在资本主义总危机的第三阶段，在资本输出的方向上发生了根本的变化。如果说在20世纪初垄断组织扩张的主要对象是殖民地和半殖民地的话，那么目前，私人资本最紧张的运动却是在工业发达国家之间进行。

在资本主义总危机第二和第三阶段资本输出的另一个重要特点是，资产阶级国家作为资本输出者的作用加强了，特别是在向垄断组织认为政治上不大稳定的那些发展中国家输出资本方面更是如此。

关于帝国主义基本特征在现代条件下的变化，《教科书》中说，在过去，说明生产集中的首先是在企业中劳动的人数，而现在，生产集中的主要指标则是产额、科研费用、垄断组织拥有的发明专利证和特许证数量、利润额。在金融资本方面出现的新现象是，与工业垄断组织相融合的不仅仅是银行，而且有各种各样的金融信贷机构（保险公司、投资托拉斯等等）。在资本输出方面，现代的一个重要特点是国家资本输出的数量和比重大大增加。国家资本的输出首先是政治性的，其目的主要在于维护世界资本主义体系的生存，建立和巩固他们的军事政治集团。同时，帝国主义国家的政府输出资本也是为了经济目的。首先，国家对外贷款可以获得高额利息；其次，可以为私人资本输出提供良好条件，使输出国的垄断组织取得最大利润。此外，第二次世界大战以后，在国际垄断组织瓜分世界市场方面也发生了变化。在20世纪初，国际垄断组织主要是在不同的国家的资本实行联合的基础上产生的，现在最常见的则是所谓跨国垄断组织，它们在资本和控制权方面是属于某一国的，而其活动范围则是国际性的。

《政治经济学》谈到战后垄断组织形式的变化。书中说，过去我们一向都把垄断组织分为卡特尔、辛迪加、托拉斯、康采恩。这样分类，在垄断资本主义的初期是很有意义的。但是现在，这种传统的分类越来越显得不合适了。目前，纯粹的辛迪加和托拉斯已经很少看到。在一定部门范围内企业之间通过法律手续签订正式的卡特尔协定也很少见了。继续发生作用的是在一定部门范围内各垄断联合组织之间的秘密的协议。此外，近年来出现同一部门企业的联合公司逐步转变为多部门的联合组织即康采恩的趋势。而目前的康采恩，无论就经营规模或就组织机构的复杂程度来说，都已经不同于20世纪初期的康采恩。康采恩现在是发达的资本主义国家中最典型、最主要的垄断组织形式。这是由生产力发展的需要和当前资本积累的特殊条件造成的。

在谈到资本输出问题时，《政治经济学》写道，战后时期，资本主义世界国外投资的布局发生了很大的变化。第二次世界大战以前，将近70%的国外投资是投放于殖民地、半殖民地和其他经济不发达国家。战后，情况完全颠倒过来。在70年代初期，全部直接国外投资约有70%投放于发达的资本主义国家。其原因主要是帝国主义殖民体系的瓦解，工业发达国家本身经济结构的改变，以及这些国家中科学技术革命的空前发展。在这些条件下，在生产新产品方面最有成绩的大公司，竭力渗入其他国家的市场，以取得额外利润。

伊诺泽姆采夫（世界经济与国际关系研究所所长）在他的题为《现代帝国主义的特点及其基本矛盾》的报告中说，几十年来，现代资本主义垄断化的整个过程已经大大向前推进，垄断制本身无论在量的方面或质的方面都发生了重大的变化。超级垄断组织——联合企业成为生产和资本集中的典型形式，这些联合企业把属于许多生产部门的企业、巨大的科研中心、银行、商业销售网都囊括进来。在银行的集中、大财团活动的方式方法及其组织结构、现代信贷体系机制等方面，也都出现一系列新的现象。

安尼金教授（世界经济与国际关系研究所）谈到了列宁关于金融资本的学说与现代信贷银行体系中的新现象。他认为，科学技术革命、国家垄断资本主义、生产和资本的国际化，这些是影响银行的集中和积聚过程的现代因素。在科学技术革命条件下，银行资本的积聚特别迅速；信贷体系，特别是一些新的信贷金融机构，在资本积累过程中具有重要作用。居民的资金在储蓄机构中的大量集聚，说明资本积累过程的内容超出了剩余价值的范围，资本在价值规律机制之外吸收了一部分必要产品。银行正在变成为无所不包的金融综合体，发展为国际银行垄断组织。

达林教授（世界经济与国际关系研究所）谈到当前资本输出的特点时说，垄断组织的国际同盟现在多半已经不是建立在卡特尔协议的基础上，而是采取在其他国家设立生产的分支机构的形式。正是由于这个原因，向最发达的资本主义国家输出工业资本，近年来成为特别引人注目的事实。

《研究所报告》也指出了资本输出方面的变化。报告中说，垄断资本的国外投资在地理结构上发生了巨大变化。现在，不是落后的国家，而是先进的工业发达国家成了生产资本新的直接投资的主要场所。

国际垄断组织形式和活动范围的改变在资本主义世界引起新的问题和矛盾。这些垄断组织客观上促进国际分工的进一步发展，刺激社会劳动生产率的增长，促使社会劳动进一步国际化和大规模社会化，以致紧紧接近必须实行社会主义社会化的程度。同时，这些组织又促使各种矛盾加剧，表现为跨国公司和多国公司同各国政府的矛盾，垄断巨头之间的竞争，以及私人资本主义意图同整个帝国主义国际关系体系的要求之间的冲突。

《研究所报告》谈到资本家的国际同盟问题。报告中说，在列宁关于帝国主义的理论中，对国际垄断组织的分析占有一个重要的地位，它们是同生产的集中、金融寡头的形成、资本的输出紧密联系的帝国主义基本经济特征之一。几十年来，国际垄断组织的社会经济本质仍和过去一样，但其形式和活动范围，特别是在第二次世界大战以后，发生了重大的变化。在生产和资本空前大规模集中的情况下，增长经济实力的主要已经不是卡特尔式的国际联盟，而是独立活动的大型康采恩。这些康采恩一方面保持着传统的对销售的控制，同时日益广泛地利用各种有力的杠杆来直接在生产领域实行经济统治。

《研究所报告》谈到帝国主义的三个中心和帝国主义国家之间矛盾的尖锐化。报告中说，关于帝国主义时代资本主义经济政治发展不平衡的学说，是列宁帝国主义理论的重要组成部分。

战后，在40年代的后几年和50年代初，美国在资本主义世界占有特殊的、独一无二的地位。可是从50年代中期，在帝国主义国际关系中开始出现新的因素，美国的经济增长速度相对减慢，它的生产力水平同西欧和日本逐渐接近。到70年代初，西欧（首先是欧洲经济共同体国家）和日本终于形成为与美国相抗衡的新的经济政治中心。

资本主义国家体系是在两种趋势——分裂的、离心的趋势和联合的、向心的趋势——的尖锐对抗中发展的。世界资本主义经济的国际化过程是在同相反的、分裂资本主义世界的趋势的斗争中进行的。现代帝国主义三个主要中心的对抗在加强，它们的垄断组织之间的竞争日益加剧。在资本主义世界，垄断同盟之间，国家之间，"力量中心"之间正越来越频繁地爆发贸易战、关税战、通货战。

报告中还谈到，列宁曾把帝国主义列强从领土上瓜分世界作为帝国主义的基本特征之一。世界社会主义体系的建立和巩固，殖民体系的瓦解，几十个独立的主权国家的出现，在实际上取消了列强对世界领土的瓜分，把帝国主义变成了一种"没有殖民帝国的帝国主义"。现在已经不可能再谈什么帝国主义列强从领土上重新瓜分世界了。

关于帝国主义的腐朽性寄生性

第二次世界大战以后，主要资本主义国家的经济都有较快的发展，科学技术革命蓬勃兴起。在这种情况下，如何看待帝国主义的腐朽性寄生性，成为人们普遍关心的一个问题。苏联学术界也就这个问题进行了一些探讨。然而就所收集的材料来看，几次学术会议及各种著述中对此发表的意见不多，比较新鲜的见解更是少见。

达林教授说，在当代科学技术革命普遍展开的条件下，产生了一系列理论问题。例如，资本主义经济增长和腐朽这个矛盾过程现在又成为一个引起普遍注意的题目。

他说，列宁把资本主义的腐朽看做是资本主义垄断阶段所特有的趋势之一。列宁认为，在某些工业部门，某些国家，这种趋势会在一段时间占上风。同时他又强调指出，以为腐朽的趋势排除了资本主义的迅速发展是不对的。列宁的话对于分析现代资本主义具有十分重要的意义，因为这里所谈的是历史过程的加速,是把资本主义引向必然灭亡的那些对抗矛盾的加速发展。各种各样的资本主义停滞论,以及认为列宁的上述原理在第二次世界大战以后已经失效的论断,都被实际生活所否定了。科学技术革命再次证明了列宁关于帝国主义时代资本主义加速发展的论点是正确的;同时,这并不排除某些工业部门甚至整个国家在一定时期内的腐朽和停滞。科学技术革命的辩证法正在于,它大大加剧了资本主义发展的不平衡性。例如,战后日本获得了高速度的发展,而英国战后发展的特点则是低速度,甚至常常是处于停滞状态。

世界经济与国际关系研究所副所长马尔丁诺夫在纪念《帝国主义是资本主义的最高阶段》写作60周年的文章中谈到帝国主义的寄生性和腐朽性时说,第二次世界大战以后,在帝国主义国家,在列宁所说的两种趋势中,促进科学技术进步的趋势成了主要趋势。这是科学技术革命的展开和资产阶级国家的经济作用的加强所造成的。当然,垄断组织对采用新技术的兴趣并不是绝对的,而是相对的。一切取决于保护和扩大垄断利润的需要。当垄断组织能够使自己的产品保持高价而不必担心被新的代用商品的竞争所压倒时,它一般是不去采用新的技术和工艺的。

随着帝国主义的发展,列宁所说的占有资本同职能资本的分离、货币资本同工业资本或生产资本的分离也不断扩大。尽管某些殖民帝国的瓦解打击了一些"殖民"食利者集团,但整个食利者阶层在战后时期却有了显著增长。例如在美国,不到2%的人控制了美国各大公司股票的80%以上。占全部人口1%的最富有者的收入,比占人口50%的低收入者的全部收入多七倍以上。

帝国主义的腐朽性还表现在资产阶级社会不断加深的思想政治危机。甚至在国家机器的最高环节上贪污受贿的事件也层出不穷。精神文化日益堕落,社会犯罪有增无减,暴力崇拜、色情文化和吸毒现象十分普遍。

马尔丁诺夫说,在收买工人方面,情况也有所变化。由于社会主义的存在和发展,以及资本主义国家中工人阶级结构的变化,战后时期垄断资产阶级不得不采取比较灵活的所谓社会策略,其对象不是过去那样仅限于少数"工人贵族",而是着眼于工人阶级中的很大一部分。当然,收买少数某些类别的工人的做法,在垄断组织的社会政策中目前仍占有一定的位置。但整个说来重心已经转移。

现代资本主义的腐朽性还表现在它无法解决居民生活的一些根本问题。尽管科学技术革命开辟了广阔的可能性,并且资本主义国家也拥有巨大的经济潜力,但是像大规模失业、广大阶层的贫困、大城市生活条件的恶化和环境污染等这样一些迫切的社会问题十分尖锐,无法得到解决。

关于寄生性腐朽性,马尔丁诺夫还谈到了生态危机问题。他说,大规模破坏环境而引起的生态危机,主要是由垄断经济的本质造成的。其根源就在于资本对人类和自然资源的竭泽而渔的劫掠性剥削。

伊诺泽姆采夫说,正确估计现代资本主义经济的可能性,是国际经济研究者的一项十分重要的课题。例如,在资本主义经济的发展速度和规模问题上,在40年代末和50年代初曾流行过一些错误观点,这种观点否认现代资本主义可能迅速发展。持这种观点的人实际上是忽视了列宁的教导。因为列宁说过,帝国主义过去更快地发展。在阐述资本主义积累和无产阶级贫困化的普遍规律方面也有类似的情况。马克思和列宁都曾指出,除了工人阶级状况恶化的趋势之外,还存在一些起相反作用的因素,如阶级斗争的发展、劳动力价值的提高等。有些人不顾事实,硬说在几乎所有的资本主义国家里,无产阶级都不断地、一年一年地、十年十年地绝对贫困化。这实际上是无视伟大十月社会主义革命和两个体系的斗争对资本主义的影响,无视马克思关于工资水平和劳动日长短只能通过劳资之间的不断斗争来确定的教导。持这类观点的人完全忘记了列宁的一个十分重要的论断,即资本主义的发展不可避免地提高整个社会的需求水平,包括工人阶级的在内;贫困的增长是就社会的意义,而不是就物质的意义来说的,它指的是整个社会迅速提高的需求水平与劳动者实际生活水平差距的加大。

根据上述那些错误的观点,在50年代初期曾经广泛流行一种论点,认为资本主义国家的生产只能在狭小的基础上发展,它的规模将会缩减。而后来的事实说明,资本主义生产不仅没有缩减,而且相反,它的发展比起20年代和30年代来大大加快了。所以,共产党人要遵循列宁的逻辑和列宁的方法,不能把愿望当做现实,他们不仅要看到现代帝国主义的缺陷,而且要看到它还具有的相当大的可能性,要对资本主义世界作如实的描绘。

特列别可夫说,列宁所说的帝国主义的腐朽,决不意味着科学技术和经济发展的停滞不前。腐朽是指现代科学技术为生产力发展开辟的可能性与这些可能性实际被利用之间的差距在加大。

他认为国民经济军事化是帝国主义腐朽性最明显的表现之一。在1966—1975年的十年间,美国在改建城市(这是有关国计民生的最迫切问题之一)方面共支出了190亿美元,而同一期间军费的开支却达7370亿美元之多。

他说,帝国主义的腐朽性和寄生性还表现为资本主义国家政治和社会生活的一切领域都急剧地转向反动。

德拉吉列夫在题为《列宁关于世界资本主义危机的论述与现时代》的报告中谈到帝国主义的腐朽性问题时说,人们问,在资本主义生产发展、技术水平不断提高的条件下,还能说现代资本主义的腐朽性吗?他们忘记了,列宁关于腐朽性的论点根本不是说资本主义的生产力停止了发展。列宁谈到了两种趋势:一方面是腐朽,另一方面是技术水平的提高和生产规模的扩大。30年代严重的经济危机特别突出地表明了腐朽的趋势,但即使在那时,也并不是任何地方、任何方面都完全停止了发展。当前,资本主义生产有很大发展,但这也并不意味着已经不存在腐朽的问题。在目前,腐朽性主要表现在资本主义世界生产力的实际水平远远落后于现代生产力的潜在可能性。垄断资本为了追逐利润采用新的技术,但远远没有达到现代科学研究水平所达到的程度。和过去一样,许多新的科学技术发明和发现被搁置起来,不能应用于生产。

米列科夫斯基说,第二次世界大战以后,发达资本主义国家的生产增长速度提高了,经济危机不像过去那样严重,劳动者的实际工资有所增加,社会保证制度有所发展。这一切是由于一些帝国主义国家的政府开始实行所谓反危机政策,这种政策使资本主义周期发生了一定的变化。所谓"可调节的通货膨胀"就是这种措施之一。此外,帝国主义资产阶级由于害怕革命而被迫采取了一些过去从未有过的让步和改良措施。但是,列宁关于帝国主义的历史地位的论断,即帝国主义是腐朽的、寄生的、垂死的资本主义这个公式,对于理解现代的规律性(尽管它们发生了很大变化)仍然具有十分科学的意义。米列科夫斯基认为,经济军事化就是帝国主义腐朽性和寄生性的一个典型表现。现在已经积累了如此大量的武器,足以把地球上的全部居民毁灭多次而有余。

关于资本主义周期性危机

经济学家们围绕战后资本主义经济危机和周期问题,以及现代科学技术革命和不断加强的国家干预("国家垄断调节")对资本主义危机的影响问题进行了研究。特别是对于战后时期最严重的1974—1975年世界经济危机,经济学家们进行了较多的分析。

经济学博士索柯洛夫在他的报告中说,列宁对于帝国主义两个相互矛盾的原则——垄断与竞争,以及与此相适应的资本主义发展的两种趋势——腐朽趋势与迅速发展趋势的分析,是揭示资本主义再生产的现代特点的关键。他说,当前在科学技术变革的条件下,资本主义国家的生产力获得某种迅速发展。同时,资本主义的生产关系也有某些改进,主要表现在经济中国家垄断性质进一步加强,国家垄断调节成了资本主义再生产的经常性制度,因而出现了资本主义周期运动的某些新的形式。所有这一切表明在资本主义规律的作用形式上发生了一定的变化。资产阶级理论家企图把这种形式上的变化说成是本质上的变化。实际上垄断统治的加强,垄断组织利用新的科学技术发展生产力,这一切归根到底将使资本主义经济矛盾加剧,资本主义是在越来越大的规模上再生产着它的矛盾。

缅希科夫教授(世界经济与国际关系研究所副所长)在报告中说,研究所在到1970年为止的十年中对资本主义周期问题进行了一些理论研究,研究的结果已经反映在这一时期发表的材料中,特别是集中反映在《现代的周期和危机》一书(1967年莫斯科出版)中。在这些材料中指出了周期机制所发生的变化以及发生这些变化的原因,对影响再生产进程的各种因素进行了详细分析。研究所有一些研究人员在研究周期方面采用了所谓"数学模式",即通过成系列的方程式来表示周期机制。这种方法的基础在马克思那里早就有了。大家知道,在《资本论》第二卷中马克思提供了社会生产两大部类再生产的公式。当然,马克思运用的是算术公式,现在则是进一步采用代数公式。

缅希科夫说,总之,周期仍然存在,周期式发展是资本主义经济所固有的。但是,当前由于国家开支的巨大作用,周期在某种程度上有所缓和。目前,国家起着巨大作用,科学技术革命促使对新技术的需求日益增长,在这种条件下,我们认为资本主义的主要困难不是与产品的销售相联系,而是与保证资本主义生产的比较迅速的增长相联系。困难首先在于经济中通货膨胀趋势的发展和资本主义货币体系的紊乱。

莫斯科大学经济系政治经济学教研室现代资本主义政治经济问题研究组在他们集体起草的报告中,以1974—1975年的危机为例,分析了现代资本主义的经济危机问题。报告的概括性结论是,国家垄断资本主义不可能消除危机的极有害后果。国家资本主义使资本主义国家的经济发生了一些深刻的结构性变化。这些变化不断聚集起来又引起新的危机现象。

施图卡图洛夫副教授在发言中谈了资本主义经济军事化对社会资本再生产的影响。他认为,某些苏联经济学家轻视了军事化对周期和危机的变化产生的影响,他们把军事经济看做社会生产的一个孤立的部分。实际上军事化缓和了生产过剩危机。

尤素波夫副教授在发言中谈到科学技术革命对现代资本主义周期的影响。他说,科学技术革命开辟了提高劳动生产率和劳动强度的可能性。垄断组织为了追逐利润争先恐后地在生产中采用新的先进技术设备。这样,设备的无形损耗过程加速,固定资本更新期限大大缩短。其结果是使周期中的萧条阶段实际上不再存在。所有这一切使四阶段公式(危机、萧条、复苏、高涨)发生很大变化,例如生产下降的持续时间缩短、下降幅度减小、复苏和高涨阶段延长、周期能够以局部的危机结束,等等。

尤素波夫论述了现代科学技术革命对资本主义再生产过程的二重作用。他说,科技革命除了造成结构性部门性的变化,增大市场容量,从而扩大了再生产过程的规模之外,在垄断统治的条件下,科技成果应用于生产也导致周期性发展的矛盾和社会对抗在越来越大规模上的再生产。

尤素波夫说,应当抛弃那种对资本主义经济的周期发展规律作简单、肤浅的解释的做法。这种做法无助于正确认识现实情况,而且会使国际工人运动消极等待资本主义的"自动崩溃"。

《教科书》中说,战后资本主义再生产的周期发生了一些变化。在危机时工业生产和投资下降的绝对数额,同20和30年代的危机相比有所减小。生产下降的持续时间也缩短了。但主要资本主义国家美国的危机和生产衰退却比战前更加频繁。证券交易危机也有所发生,但它们并不总是与工业危机同时发生。此外,可以清楚看出,危机在各个资本主义国家并不是同时爆发。这是第二次世界大战结束以后一直到1974—1975年危机以前的资本主义周期的一般情况。

关于1974—1975年危机的特点,《教科书》写道,从1973年底开始,所有发达资本主义国家的经济都遭遇到严重困难,在1974年,所有这些国家都进入危机阶段。这种各国同时进入危机的现象("同期性"),在战后时期还是第一次看到。这主要是由资本主义国际分工的加强、各国相互依赖关系的加深、帝国主义一体化的发展等造成的。这次危机的特点是:第一,它严重打击了战后时期形成起来的高度发展的国家垄断经济;第二,它同世界资本主义经济的其他领域的危机——能源危机、生态危机、粮食危机等交织在一起;第三,它是在持续进行中的资本主义世界通货危机的情况下发生的;第四,它是在各资本主义国家货币信贷体系极度紊乱的条件下发生的。

《教科书》说,1974—1975年的危机,以及震撼着资本主义社会许多领域的其他危机现象,说明了国家垄断调节在自发地发生作用的资本主义生产方式规律面前无能为力。在这个意义上可以说，对资本主义经济进行国家垄断调节方面的危机，是资本主义总危机进一步加深的表现。实际生活一再证明了列宁的话无比正确："完全的计划性当然是托拉斯所从来没有而且也不可能有的。"①

关于1974—1975年世界周期性危机的特点，《研究所报告》中说，这次危机使所有资本主义国家的生产规模大大缩减（工业生产的下降在美国是15%，日本22%，法国11%），失业急剧增加，使世界资本主义贸易在战后时期第一次遭到削减。这次危机的特点是：第一，危机实际上同时扩散到所有主要的资本主义中心和国家；第二，生产的急剧下降和大规模的失业同和平时期前所未有的通货膨胀紧紧地交织在一起；第三，它牵涉到其他一些深刻的结构性危机，这些危机牵动了能源、原料生产、农业、货币金融关系、生态学等这样一些重要部门。报告中说，1974—1975年的世界经济危机开始了资本主义周期发展的新时期。

马尔丁诺夫认为从1974—1975年经济危机来看，当前世界资本主义经济周期表现出以下一些新的重要特点：（1）各主要资本主义国家周期发展显示出一定的同期化；（2）资本主义再生产机制的作用遭到大大加强起来并且席卷一切资本主义国家的通货膨胀的严重破坏；（3）世界资本主义经济的发展严重比例失调，表现为尖锐的能源、原料和粮食危机；（4）出现通货方面的震荡和通货危机；（5）已经形成的对经济的国家垄断调节系统遭到明显的破坏；（6）帝国主义之间、国际垄断组织之间的竞争大大激化。

---

① 《列宁全集》第2版第31卷第64页。

关于国家垄断资本主义

国家垄断资本主义问题，是列宁帝国主义学说的重要内容之一，也是关于当代资本主义发展的一个重要理论问题。经济学家们就国家垄断资本主义的性质、作用问题作了论述。关于国家垄断资本主义的历史地位，国家垄断资本主义是不是帝国主义发展中的一个新的阶段这个问题，分别发表了不同的看法。

《国家垄断资本主义》一书说，关于国家垄断资本主义的学说，是列宁关于帝国主义的理论的一个重要组成部分。在《帝国主义是资本主义的最高阶段》一书中，列宁虽然还没有使用"国家垄断资本主义"这个名词，但是他实际上使用了这个概念。列宁在这本书中谈到了国家垄断资本主义的实质、目的和形式，论述了它在各个国家中以及在国际范围内的各种不同表现。1917年4月，在俄国社会民主工党第七次全国代表会议上，列宁才第一次使用了"国家垄断资本主义"这个词。在此以前，在列宁论述帝国主义的一系列著作中所以没有以专门的章节谈论国家垄断资本主义，是因为国家垄断统治的体制当时尚未形成。

伊诺泽姆采夫说，列宁在论述帝国主义时相当重视国家的作用，不止一次地强调指出垄断资本主义发展为国家垄断资本主义的趋势。马克思、恩格斯曾经作出结论说，生产和资本的集中，垄断的确立，要求国家对经济进行越来越多的干预，使越来越多的经济部门国家化。列宁则进一步加深和丰富了这些结论，指明了国家垄断资本主义产生和发展的客观性质，详细分析了资本主义经营机制因此发生的变化。

伊诺泽姆采夫说，现代国家垄断资本主义的机制已大大不同于20世纪的最初几十年。这方面最明显的表现之一，就是对经济的国家垄断调节进一步加强。第二次世界大战以后,大多数发达的资本主义国家都从粗放式的再生产过渡到集约式的再生产。提高生产主要不是靠投入新的生产能力和增加从业人员,而是靠改善经济的基本质量指标。在国家垄断资本主义经济中出现了一些反映经济集约化过程的重要结构性变化。在工业方面,如提高加工部门的比重而降低采掘部门的比重(更充分地利用原料,增加人工原料的生产,从经济落后国家进口廉价原料等);建立和迅速发展新的部门(原子工业、电子工业、计算和管理机器制造业、石油化学工业、仪表制造业、空气和水的净化设备制造业、生物化学等等);改变投资结构,更合理而经济地利用现有生产设备;大大增加耐用消费品的生产。在农业方面,如基本生产过程的全面机械化、广泛电力化和化学化;建立囊括产品的生产、采购、加工和销售的工农联合体。

伊诺泽姆采夫说,社会主义国家不应该轻视生产力发展的客观规律性,它们应该注意发达的资本主义国家在发展科学技术、管理巨大的经济联合组织以及组织劳动等方面所积累的经验。

切尔尼柯夫教授说,有必要精确地科学地确定成熟的国家垄断资本主义的标准,并且分析促进国家垄断资本主义形成的各种因素。他认为,列宁对国家垄断资本主义形式的分析对于研究现代帝国主义仍然具有指导意义。他指出,当前资本主义国家社会经济发展中的一些新现象说明了国家垄断资本主义体系的危机。波勃拉科夫(苏联科学院美国加拿大研究所)支持切尔尼柯夫的这个论点。他说,国家垄断资本主义的形成说明了走向计划化的趋势。在美国,国家调节系统达到了高度的发展水平,拥有各种各样的灵活手段来对经济施加影响。但尽管如此,它并不能真正解决各种社会问题,仍然存在着危机。

库利科夫副教授在发言中说,这些年来,苏联经济学家们在研究国家垄断资本主义的本质、基本方向和社会经济后果方面取得了一定的成绩。但是对于国家垄断资本主义的组织机制却研究得很不够。经济学界往往把垄断组织和国家力量的联合这一十分复杂的机制简单地归结为国家和垄断组织领导人之间的个人联合。但事实上国家垄断资本主义的组织机制远远不限于个人联合。首先，个人联合只是组织形式的一种；其次，个人联合是国家和垄断组织力量联合的结果。库利科夫认为，在国家垄断资本主义的组织机制中，企业家同盟起着最重要的作用。

关于国家垄断资本主义的性质，马尔丁诺夫说，国家作为工业、运输及其他企业的大所有主，目前已在起着集体资本家的作用。国家对经济的干预首先是由垄断资产阶级的策略目的决定的。垄断组织利用国家的政治和经济职能来保持自己的统治，加强自己在国内和世界市场上的地位，保障自己的垄断高额利润。马尔丁诺夫说，许多苏联经济学家认为战后时期的国家垄断资本主义是垄断资本主义发展中的一个阶段。这是没有注意到一个有决定意义的情况：资本主义发展的各个阶段现在不仅要由它的内在过程，而且要由使资本主义总危机发展和加深的各种矛盾和因素的全部总和来确定。

《研究所报告》实际上否认国家垄断资本主义是帝国主义发展的一个新的阶段。报告中说，现代资本主义就是国家垄断资本主义，其特点就是资产阶级国家对经济施加广泛的影响。列宁指出，资产阶级国家经济职能的扩大，是同垄断资本主义本身的形成和发展有机地联系在一起的。垄断资本主义在20世纪初期形成的所有那些重要特征，都不可避免地决定了国家的经济作用的加强。列宁在他的著作中证明，帝国主义既是垄断组织和金融资本统治的时代，也是垄断资本主义加紧转化为国家垄断资本主义的时代。

德拉吉列夫认为，国家垄断关系是帝国主义的根本属性之一。当前国家垄断趋势的加强，是帝国主义对于现代生产力的要求的回答。这就是说，德拉吉列夫也否认国家垄断资本主义是一个新阶段。《国家垄断资本主义》一书也表示了类似的观点，它说，现代帝国主义的根本特点就是它的国家垄断性质的加强。国家垄断资本主义不是作为帝国主义的一个特殊的方面或特殊的形式而产生和发展的。它是帝国主义的一种内在的特性，这种特性在开始时表现得不太明显，它随着帝国主义的发展越来越渗入到我们称之为帝国主义特征的那些过程中去。

在这个问题上，达林的看法与德拉吉列夫等人的观点不同。他说，几十年来的历史发展完全证实了列宁关于自由竞争的资本主义转化为垄断资本主义的论断。继这个转化而来的是另一个转化——垄断资本主义发展为国家垄断资本主义。

《研究所报告》说，目前可以认为垄断资本主义转化为国家垄断资本主义的过程已经基本完成，这首先是同世界上发生的一些巨大的社会变革和科学技术革命相联系的。

关于国家垄断调节的作用和效果问题，《研究所报告》说，在国家垄断资本主义范围内建立起来的国家对经济进行调节和计划的体系，在客观上是满足现代生产力计划性发展要求的尝试。但是，既然这种体系还保存着与生产力计划性发展相矛盾的私人资本主义所有制的统治，各种国家调节措施就只能是有限的、很少效果的、相互矛盾的，并且归根到底会产生出一系列新的尖锐的经济、社会和政治矛盾。

帝国主义国家经济和整个社会生活的军事化，在很大程度上加剧了对资本主义经济实行国家垄断调节方面的矛盾。军国主义是现代帝国主义寄生性的主要表现之一，是资本主义体系总危机的一个不可分割的部分。

米列科夫斯基认为，在最发达的国家，垄断资本主义已成为国家垄断资本主义,即已经走到了它的最后一个阶梯,在它和社会主义之间已经没有任何别的阶梯。在这些国家中,在国家的经济职能大大增长的条件下,工人阶级争取最起码的物质利益的阶级斗争都不可避免地涉及国家机器和政权问题。所以目前全国性罢工成为职工阶级斗争的最重要形式,这并不是偶然的。

关于科学技术革命

科学技术革命的性质,内容以及它对现代资本主义经济发展的作用,是经济学家们探讨的另一个重要理论问题。他们比较详细地分析了科技革命对于资本主义国家经济的二重作用,同时还涉及科技革命对于社会分工的影响,以及它所引起的脑力劳动与体力劳动的关系、人和机器的关系等问题。

《政治经济学》说,科学技术革命是现代资本主义发展中的一个新的质的因素。列宁曾经指出帝国主义时期生产力发展的两种相反的趋势,一种是同垄断相联系的阻碍技术进步的趋势,另一种是同扩大再生产规律以及生产力发展的客观要求相联系的促进技术进步的趋势。第二次世界大战以后,促进科学技术进步的趋势起了重大的作用。过去生产力的全部发展过程为现代科学技术革命作了准备。相对论、核物理、量子力学、控制论、分子生物学、信息理论、宇航技术等等,在科学技术观念上,在技术和工艺上引起极深刻的变革。

一些宣扬所谓"工业社会"和"后期工业社会"的理论家,夸大科学技术革命的作用,抹杀生产关系的意义,他们否认资本主义生产关系早已不是适合生产力发展的社会形式,事实上在阻碍着科学技术的大发展。同时,走向另一个极端,对生产力发展的独立意义估计不足,也是错误的。这一点在我们著作界也有所反映，其表现是把垄断阻碍技术进步的趋势绝对化，认为在资本主义制度下不可能有科学技术的革命。这种看法忘记了生产力在社会生产体系中起主导作用这一历史唯物主义的基本原则，它实质上是认为资本主义制度下生产力只会停滞不前，资本主义将"自动崩溃"，而这是完全违反马克思主义的。

夏皮罗和雷夫金（世界经济与国际关系研究所）在他们的报告中说，科学技术的发展已成为当代经济发展的最重要因素之一。科学成为直接的、活跃的生产力，成为人类的一个最富有成效的生产活动领域。由于科学技术革命的发展，在主要的资本主义国家，生产和资本进一步集中，生产规模扩大，固定资本的无形损耗大大加快，社会劳动生产率和资本效用得到提高。

经济学博士巴甫留钦柯（苏联科学院美国加拿大研究所）说，科学技术革命使现代生产力与资本主义生产关系的不相适应状态进一步加深。例如在美国，科学技术革命具有十分矛盾的性质。它一方面使生产力进步，另一方面又导致生产力的停滞。巴甫留钦柯以美国情况为例，说明了资本主义生产关系限制科学变为直接生产力的事实。

《教科书》说，科学技术革命在资本主义经济中引起巨大的结构性变化。各个经济部门跳跃式的不平衡的发展，造成特殊形式的与某些职业的迅速"老化"相联系的大规模的慢性失业，作为这种失业的牺牲品的，不仅是不熟练工人，而且包括大量工程技术知识分子和职员。科学技术革命加快劳动生产率的提高，不断排挤生产中的劳动力。在物质生产部门中对劳动力的需求相对减少，在某些时期甚至绝对减少。从事农业的人数也不断减少。此外，由于生产和消费之间矛盾的加深以及世界资本主义市场竞争的加剧，实现问题（市场问题）变得更加尖锐，因而使生产能力不能得到充分利用。这一切——慢性失业和经常性的开工不足，表明了资本主义再生产过程的失调，表明现代资本主义寄生性和腐朽性的加深。

科学技术革命客观上要求不仅在一国范围内，而且在国际范围内加强分工（专业化）和协作，在这方面，生产资料和生产成果的私人资本主义占有形式是不可克服的障碍。现代生产力与资本主义生产关系的矛盾不仅表现为频繁而深刻的生产过剩经济危机，而且表现为震撼整个资本主义世界的不断发展着的能源危机、通货危机、粮食危机、生态危机等等。

法明斯基副教授（莫斯科大学）认为，随着科学技术革命的发展，资本主义的基本矛盾更加尖锐，这种矛盾在世界经济中，一方面表现为世界范围的生产社会化与私人资本主义占有的矛盾，另一方面表现为生产和资本的国际化与各个资本主义国家利益之间的矛盾。

达林教授说，科学技术革命对资本主义经济的影响是十分矛盾的。它一方面提高了工业的生产能力，同时又绝对地或相对地减少就业人数，加深了生产和消费的矛盾。因此，在所有帝国主义国家，与科技革命相伴随都出现企业慢性开工不足的现象。科技革命造成物质财富的增长，而其结果只是使贫富不均现象更加严重。所以，科技革命对资本主义社会的主要影响，是使生产力和现代资本主义生产关系之间的矛盾尖锐化；科技革命加剧了而不是缓和了资本主义的各种矛盾。某些资产阶级经济学家和右翼社会党人企图把当前的科学技术革命说成是将开辟资本主义发展的一个新的进步阶段的"第二次工业革命"，这种论断是完全不符合现实的。

达林认为，科技革命的影响之一是它促进了科学研究和技术发明过程的社会化，使这些过程集中在属于垄断资本家或资产阶级国家的大型实验场所中，从而把科学家变成雇佣职员。科技革命把过去带有特权性质的脑力劳动同普通的雇佣劳动逐渐拉平,使脑力劳动者和体力劳动者的状况接近。

库金在题为《科学技术革命的世界历史作用与现代社会》的报告中说,目前的科学技术革命是新的生产革命的准备,这个新的生产革命就是从今天的工厂机器生产过渡到发达的共产主义社会的综合自动化生产。他认为,随着经济转上综合自动化轨道,人将不再是生产过程的主要代表。无论是在生产车间还是在管理部门,人都将被变为直接生产力的科学所代替。现代科学技术革命的实质,就在于把原先只能由人的大脑完成的逻辑性生产职能转移给机器(仪表等)。现代科技革命作为与资本主义社会经济形态无关的自发过程,在资本主义国家引起尖锐的矛盾和各种极其有害的社会后果:出现工艺性失业、大批人被排出社会生产、阶级矛盾尖锐化、技术片面发展、劳动强度提高,等等。

舍宁在题为《科学技术革命与社会分工》的报告中详细论述了科学在现代社会中的作用。他提出一个看法,认为科学家的劳动是直接的社会劳动,因而与其他社会生产部门中的劳动有本质区别。他认为,科学领域中的劳动不生产商品,尽管这种劳动的产品有时带有假定的价值外壳(发明专利证、特许证等)。他认为,将来随着"知识工业"的发展和变为社会生产的主要方向,在这方面有可能使交换关系归于消灭。

伏赖－沃娜娅对库金关于经济综合自动化条件下工人在生产中的地位的论点表示了不同意见。她说,任何自动化都不可能把人从生产过程中排除出去达到这样的程度,以致作为最重要生产力的工人阶级会消失。以为不变资本比重的增加,以及从业人员绝对数字减少的高度自动化企业的出现,将来会使可变资本归于消失,这当然是不对的。无论自动化达到怎样的规模,采取什么样的形式,工人阶级将始终是生产的主要代表,始终是最重要的生产力。

伏赖－沃娜娅也不同意舍宁的报告中关于在科学技术革命进程中交换价值这个范畴将会消失的论点（尽管所谈的是科研成果这样一种特殊的商品），认为这个估计是过分夸大了。事实上发明专利特许证日益频繁地成为垄断组织之间以及国家之间买卖的对象。固然，在某些专利同盟的范围内，一些交换确实是在无偿的基础上进行的，但并不能因此宣布交换价值这个范畴正在消失。

耶申说，现代的科学技术革命具有全球的性质。和过去的工业革命不同，现代科学技术革命不仅包括工业，而且包括农业，不仅包括物质生产部门，而且包括非生产领域。如果说第一次工业革命只涉及个别国家和少数人的话，那么现代科学技术革命在不同程度上影响全世界，实际包括了所有一切物质和精神生产部门。这个革命现在还仅只是开始。许多资产阶级学者认为，这次整个科技革命的完成约需 70 到 100 年乃至更长的时间。

几次会议的发言很多，涉及范围很广，这里再把一部分其他发言的题目一并列出，供做理论研究的同志参考：

列宁的帝国主义理论与政治经济学的方法论问题、列宁帝国主义论著作中的历史主义原则、列宁的帝国主义理论对研究社会主义经济结构的方法论意义、现代垄断资本主义的价格形成问题、垄断与商品生产、未垄断化成分的发展趋势、现代金融资本结构的特点、资本市场问题、列宁论帝国主义时代社会主义前提的发展、马克思列宁主义论资本主义再生产及其在现代条件下的矛盾、战后资本主义周期的某些特点、现代资本主义经济危机的特点及其在资产阶级经济学著作中的反映、资本主义体系危机的现阶段和新的国际经济秩序、国家垄断资本主义与资本主义总危机、现代国家垄断资本主义条件下的劳资矛盾、国家垄断发展的新趋势、国家垄断调节体系的矛盾和危机、国家垄断资本主义过渡到国际垄断资本主义的趋势、现代科学技术革命的内容、科学技术革命与垄断资本主义生产力发展的两种趋势、科学技术革命与世界资本主义经济危机、科学技术革命与资本主义世界竞争的尖锐化、美国政府与科学研究、列宁关于国际劳动社会化的论述与资本主义一体化和社会主义一体化的理论问题、帝国主义国家与发展中国家的经济联系、新殖民主义与发展中国家的农业问题、苏美经济竞赛的现阶段、两个体系的斗争与现代资本主义的经济问题、两个体系之间的经济联系问题、列宁的帝国主义理论对解决发达社会主义的社会经济任务的意义、根据列宁帝国主义理论批判资产阶级的新古典学派和制度学派的学说和对资产阶级"社会一致论"的批判等。

苏一些学者认为现实社会主义接近杜林的模式[*]

近年来苏联一些学者在评论恩格斯就未来社会主义问题同杜林的争论时认为：现实社会主义几乎是按照杜林的观点建立起来的，杜林"模式"比恩格斯的抽象概念更接近于历史经验。

B. 基谢廖夫在1988年出版的《别无选择》一书中发表文章《苏联曾有过几种社会主义模式？》，其中写道：按照马克思和恩格斯的观点，社会主义是以生产资料公有制为基础的、自觉调节的即有计划的、没有盲目生产的自治社会。恩格斯在《反杜林论》中证明，价值规律、商品货币关系与有计划和自觉的调节不能并存，它们会导致无政府状态和产品对生产者的统治；并强调现代国家是理想的总资本家。因此在革命进程中，国家所有制的确立不能解决资本主义社会的主要矛盾，却含有解决主要矛盾的手段和可能。生产力会逐渐被驯服，国家会变成多余而逐渐消亡。生产资料国家所有制的确立将产生下列结果：1. 消除社会分工；2. 排除生产力发展的障碍，包括消灭危机；3. 消除统治阶级及其政治代表的穷奢极欲和挥霍。

杜林则认为，在社会主义下将依然存在分工，将存在"根据生活方

---

[*] 本文选自《国外理论动态》1991年第33期。

式而区分的"人的"经济变种"。公社间的竞争依然存在，对雇佣劳动的剥削也会保留，因为经济公社是与整个社会（公社联盟）并列的权力主体。在各公社里还会有竞争。

杜林还认为公社仍保留货币，保留作为一般等价物的黄金，保留对特别复杂劳动的报酬，保留继承权，尽管将有专门的限制，使私人的过剩资金不能得到资本式的使用。

而恩格斯尽管拒绝构想未来，但还是推测，社员之间交换的货币将不是货币，而是领物证。领物证的基础是劳动时间。工作者无权领取复杂劳动的额外报酬，因为训练他们从事复杂劳动的费用是由社会负担的。恩格斯还认为，既然消灭私有制的结果是确立起直接的社会关系，那么生产计划就会不是由价值规律而是由消费品的效用来决定。试图在公社里既保留价值规律，又不把这一规律推广于劳动力，那是荒谬的，因为按自身的逻辑，"商品形式具有普遍化的性质"。

杜林还认为，在社会主义条件下，军队、警察、宪兵和法院还将存在。恩格斯则对此表示反对。

基谢廖夫说：究竟谁在历史上是正确的？是恩格斯及他的没有商品、没有国家的社会主义，还是折中主义者杜林及他关于保留货币、保留国家的未来社会主义概念呢？如果恩格斯是正确的，那社会主义就还没有成为现实，还只是梦想，最多是预言。如果这一预言是对的，而现实社会主义又几乎是按杜林的观点建立起来的，那就可以推测，在马克思和恩格斯设想的共产主义社会和资本主义之间还有一个社会，这个社会可叫做国家社会主义。

基谢廖夫认为，马恩依据的是资本主义发展的一般逻辑。在他们看来价值规律和社会生活组织的政治形式历史地过时了，这就为向新的生产方式过渡创造了充分的物质前提。这种逻辑是正确的。如果保留商品关系而又消灭上层权力（全国性机构），这就会产生市场的自发势力，地区之间的冲突等等，因为缺乏调节和保护全民族利益的手段。而如果消灭商品货币关系，这又会给官僚主义和滥用权力创造条件，因为劳动者已失去对国家进行经济监督的手段。此外，对国家计划中的失误缺乏发达的商品货币关系体系作为补偿机制，会不可避免地破坏有组织的经济。因此，马恩否定社会主义条件下国家存在的必要性，这同时也导致他们否定价值规律存在的必要性，反之亦然。

苏联学者 E. П. 康捷尔也提出了类似的看法。1990 年出版的《恩格斯及其时代》一书中发表了他的文章《论马克思和恩格斯关于社会主义社会的观点》，其中谈到：如果看看恩格斯同杜林就社会主义问题所进行的争论，"乍看起来会觉得杜林的'模式'比恩格斯的抽象概念更接近于我们的历史经验"。他在解释这一现象时认为，恩格斯同杜林的争论是在不可比较的领域进行的。杜林考察的是周围仍存在非社会主义国家条件下形成的社会主义社会，这里继续存在商品货币关系，甚至存在公社之间的竞争，并且还保留国家。而恩格斯分析的是全然不同的、较为高级的社会主义社会发展阶段，是直接接近于完全的共产主义的发展阶段，这时已不存在商品货币关系，价值规律不起作用，而国家看来已经消亡。恩格斯的概念是从对大资本主义生产的矛盾所作的深刻分析中得出的，结论是正确的，但他认为只有资本主义最大限度地破坏了生产力，彻底失去其进步的潜力之后才能开始社会主义革命，并且这一革命将大致同时在发达资本主义国家发生，这一看法限制了他对社会主义社会轮廓的分析。

（郑异凡 摘编）

德国学者福尔格拉夫认为杜林先于列宁提出一国取得社会主义胜利的思想[*]

《国外理论动态》1991年第33期曾刊登《苏一些学者认为现实社会主义接近杜林的模式》一文，提到杜林所考察的社会主义是指周围仍是非社会主义国家的社会主义，但没有具体谈到杜林是怎样说的。1993年出版的德文刊物《马恩研究论丛》发表了原民主德国马列主义研究院福尔格拉夫博士《再评〈马恩全集〉历史考证第二版》一文。该文作者指出，以往马列主义教科书认为关于一国取得社会主义胜利的论点为列宁所独创，其实杜林在1876年出版的《国民经济学和社会经济学教程》第二版中就提出了这个观点。杜林说："一个公社如果先于其他公社实现了社会主义制度，就会处于这样一种境地，它不仅要拿起武器保卫这个新制度免遭其余世界的侵犯，更确切地说，清除别的地方与自己相敌对的制度，而且还必须考虑好采取经济上的预防措施以保证自己经济生活的机制免遭外界的进攻，比如要使对外的交往适应内部的制度"。作者还指出，在列宁以前，德国社会民主党领导人福尔马尔在谈到"一个孤立的社会主义国家"时也有过类似的论述。

（周亮勋）

---

[*] 本文选自《国外理论动态》1995年第1期。

俄国关于十月革命研究的新观点[*]

〔俄〕帕·瓦·沃洛布耶夫　弗·普·布尔塔科夫

1. **关于革命的条件问题**。近来,关于革命的条件的最流行的观点是把革命的条件同俄国的现代化困难联系在一起。当然,用现代化的历史必然性似乎既可以解释19世纪60—80年代的改革,也可以解释维特和斯托雷平的行动以及后来列宁和布尔什维克的政策。但是,不能不考虑到,上层虽然主观上感觉到,相对于他们的地缘政治欲望而言,俄国太落后了,这种感觉并不比日本对本国在世界上的地位的不满程度强烈。然而,"明治维新"却没有破坏性。可见,在保留俄国农业传统方式的情况下进行的工业现代化的社会代价,对群众来说是极其痛苦的,这就决定了革命和改革的另一种截然不同的关系。

人们常常称第一次世界大战是十月革命爆发的最重要的和唯一的原因。的确,布尔什维克的二律背反("资本主义或社会主义"、"苏维埃政权或通常的资产阶级共和国"等等)是由战争引出来的。不能不承认,客观上是那些企图继续进行战争,而不考虑人民情绪的自由派和温和的社会党人把布尔什维克直接推上政权的。既然如此,那么提出这样的问题就是最恰当的,即旧政权和自由主义反对派进行改革

---

[*] 本文选自《马克思主义与现实》1997年第5期。

的可能性是极其有限的；他们的改革只能使基层人民忍无可忍和采取激进行动。

看来，只有当我们不仅把1917年革命，而且把1917—1922年国内战争都作为帝国体制危机的一部分来进行研究时，才能使研究十月革命的条件问题置于现实基础之上。然而绝不能由此得出结论，以为十月革命的各种历史比较研究都失去了意义。比如，"上层的"危机、1917年的政治突变、边缘人物的行为、农民的反应都可以同法国大革命的各种事件相比较；农民群众运动也同墨西哥和中国革命有不少相同之处；工人及其领袖们的行为可以同巴黎公社事件相比较。但是，1917年革命还有一些全新的因素：世界大战的直接影响，社会主义思想几乎成为群众意识的主要成分，很多社会冲突"简化"为"上层"和"下层"、"外国"和"本国"、"旧"和"新"的矛盾，民族因素，对苏维埃实行"党的"专政等等。因此要了解俄国革命的特征、革命发展的特点及其长期后果，必须反思俄罗斯帝国——独特的、组织复杂的、多民族的社会体系以及占地球陆地面积1/6的这个国家的极其独特的"色彩斑斓"历史。

2. **危机的酝酿与加剧**。如果我们注意到，俄国不仅是一个帝国（传统的或最新的资本主义帝国），而且是残余性质的帝国，那么我们就会对革命的发展有一个全新的认识，这个帝国形成的基础不是简单的扩张逻辑，而是由其居民的文化、地缘政治和社会家长制观念培育起来的特殊的国家主义政策。这是20世纪尖锐的俄国危机日益加剧的现实的、虽然是难以觉察的因素。俄罗斯帝国的危机是由于在现代化关键阶段欧化的"上层"同传统的"下层"社会文化不相容引起的。

帝国危机的酝酿过程是漫长的、不知不觉的，但是表现形式却是猛烈的、违反社会常理的、"自发"的。可以把危机划分为几个时期：

道德伦理危机时期、意识形态危机时期、政治危机时期、组织危机时期、社会危机时期、暴民政治危机时期和危机的理论复兴时期。道德伦理危机时期指彼得一世时代尝试用独裁的官僚制度取代旧的专制制度的政权变化。意识形态方面的危机是在欧洲唯理论上层社会形成后出现的。政治危机时期是从上层社会划分为官僚和反对派开始的。出现组织混乱和管理无效率局面是由于反对派不仅在道德和精神上向官僚施加压力，而且着手制定替代性结构——从政党到社会组织，结果使管理职能同自治的嫩芽发生矛盾。帝国的社会危机不单纯是由于群众生活状况恶化，而且还由于群众越来越相信"异己的"统治者是造成他们生活状况恶化的唯一的罪魁祸首。出现暴民政治不仅仅是由于社会精英尚未完全形成，而且由于社会零散力量有能力联合成充满幻想的、自以为可以无法无天的群体。最后，危机的理论复兴阶段的标志是全帝国的社会精英看到新的革命政权开始把自己的目标强加给人民而"清醒起来"。

无论帝国体制危机的这些组成部分或阶段之间有什么联系，实际上，在1917年革命中起决定作用的并不是"上层人物"的政治冲突，而是基层百姓争取生存的社会斗争。由于最高权力机构无所作为，使边缘人物的暴民政治行为发挥了作用，尤其当大多数群众处于观望状态时，这种暴民政治行为的作用就更为明显。因此，在分析革命事件时，应着重分析群众的精神状态，特别是心理状态——正是这些因素决定了某个上层政治集团是"被赶下台"还是"保住地位"。我们认为，上层社会是在徒劳地企图稳定局面、恢复"秩序"他们不懂得激进变革和蓬勃发展的群众运动是不可逆转的，仍然按照已成为过去的、"平静"时代的理想和欧化的上层社会同人民那种通常的关系行事。温和的社会党人的行动（尽管有良好的愿望）更是微不足道和徒劳的。他们已落后于左翼群众并在左翼群众对所有"旧式"领袖失去信心的情况下还在企图把"合理的"行动方式强加给他们。最后,布尔什维克在这一时期"和群众打成一片",然后领导群众,鼓励群众采取更激进的行动并称这一行动为"革命的首创精神"。

对于群众运动,不应用政治家(左的或右的)的标准,而应该以群众传统的政治文化为背景来评价。同样,对革命时代的政治家,也不能根据他们的相互评价甚至自我评价来进行判断。客观标准只能看他们能否顺应人民的愿望和变化了的心理,能否利用传统的政治文化来解决国家面临的建设性任务。

3. 1917年革命的社会心理解释。对1917年事件进行社会心理分析的焦点不是"布尔什维主义的"十月革命,而是"民主主义的"二月革命。对那些尚未摆脱家长制政权观念的群众来说,最重要的是政权崩溃的事实,而不是接管政权的人。

同时,二月革命是"公正"思想在群众社会运动中的现实胜利,这个胜利本应立刻在上层"巩固下来"(哪怕是以立宪会议的形式)。然而,思想家们没有做到也不可能做到这一点,这就在客观上使混乱局面更加严重。

总之,俄国危机阶段的转折时刻不应是1917年10月,而应是1917年10月到1918年夏季这一时期,在这个时期基本群众实现了土地的要求,但后来他们同强大起来的政权发生了矛盾,因为该政权强迫他们对此进行回报。在这个过程中人民的民主政治和边缘人物的暴民政治互相补充和消耗,这有利于恢复俄罗斯帝国的统治原则,但这次是以人民苏维埃的形式恢复的。

4. 阻止危机激化的结构性因素。目前普遍认为,在1917年同时进行着好几种社会革命——士兵革命、工人革命、农民革命、民族革命。

这几种革命交织在一起,决定了十月革命的"无产阶级的平民"革命的面貌。

士兵群众的运动——这些看起来人数最多、最不妥协的边缘人物的运动就其公开的反战性乃至"自私"性来说可能会被说成是纯粹破坏性的运动。但是,首先,应该从根本上划清运动开始阶段和结束阶段的界线,并考虑到群众意识和群众运动从来都具有的双重性(积极的和无政府主义的)。其次还要考虑,大多数俄国士兵(基本上是从前的农民)并不了解战争的目的;他们把旧政权的崩溃看作期待已久的转向社会公正世界的转折点。军官们承认,有一段时间士兵委员会是遵守纪律的。后来不少士兵(特别是后方新兵)对军队"民主化"感到失望,于是打着反战的政治旗号离开前线。但是,随着时间的推移,他们产生了放弃政治斗争、返回家乡巩固农民革命成果的想法。一般而言,有觉悟的革命者是水兵。

工人比其他任何人都更关心保留现代生产和加强国家的调节作用。他们的特点是职业素质高,同其他阶级相比,政治素质也高;更乐于建立工人监督(至少可以把这种监督看作是"自上而下地"建立"自己的"政权的一种尝试,是调整横向经济联系的经验);虽然表面上忠于社会主义理想,但更倾向于民主原则。工人尽管具有社会激进性和罢工积极性的特点,但并不拒绝同企业主和当局妥协。他们比拥护布尔什维克政权更拥护苏维埃,希望实行代表选举更换制度。

无论如何,**农民运动**的内容应该归到"村社革命"中去——这是农民自己(得到政府的同意)消灭农村的"不劳而获"分子,同理解他们需要的任何一个政权建立"公正"关系的一种尝试。农民运动中表现最突出的主要是社会文化分裂,即现代化的俄国同传统的政治文化的对立。

城市中等阶层的行动看起来最有政治倾向性。这里主要指的是"新的"中等阶层，即职员和自由职业者。总的说来，他们拥护温和的政党，期望在他们的帮助下使城市局势得以稳定。同时，职员和劳动知识分子代表苏维埃争取"拿着笔和锤子的无产者"联合的运动表明，一部分知识分子对"革命"秩序、而不是过去的秩序寄予更多的希望，认为只有新的组织形式和制度才能实现社会和睦。

"民族革命"好像历来都被指责为搞分立，而实际上它是按照民族领土和文化自治原则（这些原则丝毫也没有背离最高当局的领土和民族联合起来的传统形式）改革帝国的尝试。但同时，民族运动内部的社会因素通常较之文化因素的影响大。至于分立的情绪，在1917年10月以前所占比重是很小的。认为民族革命摧毁了帝国，这是嫁祸于人：少数民族是"逃离"他们认为行将崩溃的中央，而不是"背离"它。

有产阶级的行动在这种背景下看来是对社会下层群众自我组织客观发展进程的盲目反应。有产阶级的社会利己主义妨碍了健全的思维。二月革命以后，企业主和地主雄心勃勃地尝试同"无政府状态和经济破坏现象"作斗争。实际上，他们根本不可能通过非政府途径克服这些现象。他们内心深处是想恢复原来的生活，但是，1917年的客观现实却根本不可能实现他们的这个愿望；他们也没有对国家经济生活进行激进改革的方案。由于存在着群众极为蔑视的"资产者"（这个标签是基层社会党人、绝不仅仅是布尔什维克给他们贴上的）即有产阶级，所以劳动群众关于平均财产的呼声日益高涨。

关于妇女在革命中的作用。性别研究（包括分析参加革命的人的年龄特征和儿童对事件的反映）有助于描绘出1917年群众运动完整的画面，更重要的是，能够使人了解这场革命的长期社会文化后果。虽然二月革命是从妇女的粮食风潮开始的，但是后来妇女运动更多的是起缓冲社会矛盾的作用。

通过评价各阶层人民的社会心理变化可以看出，如果少一些感情色彩，多一些对法律的尊重，那么帝国体制危机就不会转变为公开的社会分裂。这种由非政治水平上的群众运动引起的所谓的革命的深入是"改革"性质的，而不是对抗性质的。当时占优势的是社会自我保护力量，而不是阶级利己主义力量。通过从制度上对革命过程进行的分析可以证实这一点。

5. **从制度上分析政权同人民的关系的危机。**过去通常不把革命进程的发展同"街头"行动联系起来，而总是同政党的行动联系在一起，认为是最激进的政党促使临时政府同苏维埃的最初对立有了逻辑上的结局。但是必须看到，由于政党不善于对群众自我组织的过程作出相应的反应，所以逐渐成为这一过程的人质。能够证明这一点的还有一种情况，即孟什维克和社会革命党人在"护国主义"基础上的意见一致掩饰了它们在纲领上的分歧，苏维埃中的"妥协"掩饰了阶级不可调和论。

我们认为，对于"两个政权并存"是公民分裂的主要因素的说法需要作认真的说明。首先，两个政权并存的时间很短——仅仅是在二月革命后的一段时期内。第二，可以把两个政权并存解释为政府同反对派的非对抗性模式，两个政权在一定程度上符合俄罗斯帝国的传统观念：让人民讲话，让沙皇掌权。第三，二月革命后，各地几乎没有两个政权并存的现象，后来连正式政权都被"冲掉"了。最后，应该考虑到，两个政权并存的提法是由政治家那里传到学术界的，这些政治家们暗中把实现自己纲领的可能性同全俄权力中心的行动联系在一起。如果关注一下俄国中部地区的革命运动，就会发现，地方的实际权力没有转到临时政府新任命的委员手中，而是转到擅自创建的社会安全委员会（还有很多其他名称）手中。社会安全委员会实际上是一个假革命的、而且是伪公共性的机构，以平等身份参加委员会的有所有政党、各行各业、民族联盟和苏维埃的各种代表。实际上，他们可以撤换那些"异己分子"，任命"自己的"政府委员。相对而言，社会安全委员会之所以有势力，是因为它们在组织上控制了旧的自治机构和社会舆论。社会安全委员会当时比任何其他革命制度更能够稳定局面，当然是在其成员意见一致的情况下。

在地方自治运动极端政治化的过程中，作为稳定体系的集团代表制分裂为"民主"派和"资格"派。地方自治政府主要是由那些没有务实作风、热衷于搞内讧的政党领袖所把持。它们在社会领域的无所作为使苏维埃的作用自然加强起来。但是，由于苏维埃中政治家的幼稚病以及危机时代体制自身的逻辑，苏维埃的作用只不过是充当激进情绪的中心。而且，随着时间的推移，原来依靠各阶级的工会和生产（工厂）中心的苏维埃逐渐失去了对俄国恶习——蛊惑性宣传和官僚主义的抵抗力。产生官僚主义是因为苏维埃中教条主义政治家占多数，而且是一些更左和更不务实的政治家。

科尔尼洛夫暴动后，各地现实权力大都从苏维埃转到工厂委员会和兵营——即拥有武装力量、看起来能够组织人民同似乎日益猖獗的反革命进行对抗的地方。正是右派专政的可怕幽灵（这在革命的一定阶段是经常出现的）使极左派领袖能够把群众鼓动起来。

在农村，深入人心并代表一切阶层的地方自治机构本来是能够挽救局面的。但是，有这样机构的地方并不多，各级（从省到乡）自治机构尚未健全。在这种情况下，农村大会就成了现实的基层权力机构，同其他任何政权相比，它是革命的，但就其在村社事务中的闭关自守作风来说又是保守的。由于神甫的威信动摇了，农民面对最有蛊惑力的人和激进派失去了思想防线。基层农民委员会开始摆脱由日益官僚化的社会革命党人政治家所把持的上级委员会。

要在全国范围内保持政权体制的平衡,就必须在 1917 年 7 月以前召开立宪会议或使苏维埃"协商"代表大会确定为立宪会议。但是,由于立宪民主党法学家和温和的社会党人领袖忠于形式上的法制,这两个机会都错过了。后来建立的假国民会议性质的机构,像国务会议和民主会议,都已经无法扭转当时的局面了。其实,社会安全委员会、苏维埃、工厂委员会、农民委员会都可以成为国家民主改革的有效因素。但是,能够保证这些组织的工作效率及其相互配合的唯理性主义和站在国家高度思维的能力,并不是 1917 年俄罗斯人的心理素质所能达到的。各政党的教条主义者(主要是孟什维克和社会革命党人)断送了民主革命和危机"平稳"发展的机会,而且还认识不到这一点。所以,克服了群众自发情绪的布尔什维克掌握政权就不足为奇了。

6. 激化社会心理的因素。所有革命如同所有非常局势一样,都会暴露人的本性的极端一面。革命不仅表现人的优秀本质,同时也揭露群众意识中所有的心理病态现象。在反思革命的"人的"根源方面,心理分析专家做了大量的工作。实际上可以从人的角度去分析革命前、革命中和革命后的所有俄国作品。同时,同时代人(主要指"非政治家")的回忆也为我们描述了战争是如何使群众变得野蛮的,而且通常是在至高无上的口号的掩盖之下。

使社会情绪出现忍无可忍、以致后来发生暴乱的转折点应该是二月革命。从这时起,社会上大多数人都把同旧时代有关的一切事物当成耻笑和辱骂的对象;几十年集聚起来的消极情绪可以公开发泄了。二月革命胜利后,俄国乃至全世界开始以黑白分明的形象呈现出来。由于社会历史色盲症的相互传染,使人们改变了对暴力的态度:过去通常认为是刑事案件的事情,现在则受到赞扬。恐怖手段成为改朝换代的工具。刺客成了旧制度的真正牺牲品。

任何一次革命胜利后,提到首位的任务都是镇压反革命"残余势力"。由于革命都不了解建设新社会的方法,需要为自己那些不可避免的失误寻找"罪人",所以常常夸大反革命的力量。

在俄国革命中,令人惊奇的不是"领袖",而是一大批"领头人"。大家都知道,领袖通常是不计较金钱、憧憬"美好未来"并为此而不倦地工作,直至对人的痛苦都视而不见的人。相反,"领头人"常常是一群精明的善于操纵人群的人,他们能煽起群众朴素的激情并从群众的无知中汲取力量,迄今为止,对这批革命的"中层"人物的研究是最少的。然而,只有通过研究这些人才能了解到,对人类幸福的美好信念是怎样被"掠夺被掠夺的财物"的思想排挤掉的。

革命口号是"旧制度"向"新制度"转变的符号。它们之所以能产生作用,是因为它们迎合了社会偏执情绪和传统的(或"被颠倒的")行为规范。革命初期的宽容作法(常常出现在愤怒爆发以后)很快重新被渴望复仇的浪潮所取代。然后,复仇的浪潮越演越烈,直至成为"死亡传送带"。这时社会已不再区分杀人和死亡的界限。无论如何,看不到革命的阴暗面,最终就不可能全面认识革命。

7. **关于布尔什维主义的反思**。渴望对俄国进行革命改造,认为当时世界资本主义已经陷入绝境,这是布尔什维主义的基础。各种不同历史根源和社会性质的矛盾——新与旧、俄国与世界的矛盾在战争中极其复杂地交织在一起,已经无法用"通常的"办法来解释了。布尔什维克正确地感觉到,有一个摆脱当时资本主义的办法,即反对资产阶级的世界革命。正因为如此,布尔什维克通过"自上而下地"对俄国社会进行逐步改造,平稳地进入欧洲文明。如果把他们的行动评价为冒险主义，是不正确的。这是在俄国范围内利用人民迸发出来的热情有意识地"超前发展"，是革命的现代化方式。

布尔什维主义的胜利之谜或令人不解之处在于，它寄希望于社会优秀人士的觉悟，而实际上调动的是人民的历史潜意识，这种潜意识通过暴力激发出来并通过承认新独裁主义而得到确立。但是，布尔什维主义领袖们在变革社会的道路上试图克服这种"人"的障碍，历史经验证明，这是一项最艰难的任务。

布尔什维主义的任何表现都有其特定的历史作用。在目前形势下，了解这一局面的悲剧因素是十分困难的。人们常常嘲笑列宁寄希望于"时代的智慧、荣誉和良知"，但同时却忘记了，这个说法的背后所表明的乃是对当时欧洲民主党人的失望，因为他们无力使人类摆脱战争，而且那些议会制政党又蜕化变质，去追求功名利禄。列宁另一个关于"厨娘"也应该学会管理国家的著名说法受到更严重的嘲讽，而实际上，正是由于"基层群众"没有足够的能力进行自我管理和对"上层人物"进行监督，社会才逐渐成为滋生金融寡头政治危险的源泉。

列宁生前没有能够留下一个改造俄国的长期计划。但是，重要的是应该认识到，列宁的"遗嘱"除了最一般的忠告和思考以外，通篇贯穿着对国家最优秀人物集体智慧的"最后"希望。

革命尽管每一页从表面看来似乎都那么肮脏和悲壮，但它同任何新生事物的诞生一样，毕竟是一种富有生气的举动。如今大家都认识到，必须用全新的观点来研究俄国革命，而新观点的立足点应是最大限度的客观性，客观性本身就是真正的人道主义立场。

(原载俄国《历史问题》杂志1996年第5—6期)

(孙凌齐 译)

论马克思在 50 年代初有关合作社运动的研究对于制订马克思主义合作社观点的意义[*]

〔德〕英格尔夫·诺恩于贝尔

合作社生产与合作社分配在社会发展中的前景如何，这历来是社会主义思想中最有吸引力、但同时又是最有争议的问题之一。早在马克思生活的时代，建立合作社就已经是劳动群众中最为迫切的要求之一，所以合作社思想从未真正地失去过意义；现在合作社的各种观点、计划和打算甚至再次得到有力的发展。对不同的政治力量来说，扩大合作社生产是完成目前深刻的社会变革的可靠手段。在生产力迅猛发展的基础上，这些变革在全球范围内伴随着重大的发展问题，但同时也为人类展现了全新的前景。

发生在东欧国家和前苏联的变化是最明显不过的；在这些国家中，随着改革政策的推行，合作社运动的理论和实践摆脱了教条主义的束缚和意识形态的蜕化。在这里，尤其是对马克思、恩格斯和列宁的有关基本认识所作的重新思考，促使合作社原则在建立民主的、经济上有效的关系方面充分发挥积极作用。在发达资本主义国家中开展的一些讨论也同样表明了这一点，其中特别是左派提出了合作社运动很有可能导致现有政权和统治结构走向民主化的理由。最后，合作社思想也给发展中国

---

[*] 本文选自《马克思恩格斯列宁斯大林研究》1997 年第 3 辑。

家的经济指出了新的前景,这些国家由于缺少现代大工业,所以从中长期来看,合作以及与之相适应的经济结构在客观上就成为摆脱贫穷、饥饿和不发达状态的最重要的杠杆之一。

所以在讨论中,为了进一步弄清合作社的真正潜力,显然要了解合作社的历史和研究这个问题的理论家。此外,人们还经常讨论马克思的观点。他通过全面批判资本主义并同时建立工人阶级的政治经济学发展了自己的合作社思想。

要想全面了解马克思对合作社问题的态度,首先必须明确马克思在其许多创作阶段都研究了这个问题。长期以来有一种观点流传颇广,认为马克思只是在上个世纪的六七十年代深入研究了这个问题,[①] 因为在这一时期马克思主义关于合作社运动的本质和目标的观点已经广泛形成。不过这里忽视了一个重要事实,即在合作社问题成为马克思研究的

---

① 这一观点在很大程度上是根据原始材料而形成的,因为人们长期不了解其他材料或者说对它们重视不够。不过《马克思恩格斯全集》历史考证版的工作带来了根本性的改变,在这项工作中,首先为马克思50年代的有关文章提供了证据(参看《关于马克思和恩格斯1849年底至1851年6月的政论活动》、《为〈寄语人民〉撰稿》,载《马克思恩格斯全集》历史考证版第1部分第10卷第705—707页;中译文见《马克思恩格斯研究》第1辑第188—197页。《关于马克思和恩格斯1851年7月至1852年12月的政论活动》、《关于为宪章派机关报〈寄语人民〉和〈人民报〉撰稿》,载《马克思恩格斯全集》历史考证版第1部分第11卷第584—592页)。译文见《马克思恩格斯研究》第1辑第210—235页。在专题著作的研究文章中也日益重视这个题材(首先参看鲁尔夫·德鲁贝克和雷纳特·迈克尔:《马克思和恩格斯论社会主义和共产主义社会。马克思主义关于共产主义变革学说的发展》,1981年柏林版第184—187页)。

重点之前，他就已经在50年代前半期为此奠定了基础。①

在1848—1849年革命失败之后以及在欧洲政治反动势力统治的条件下，马克思和恩格斯当时主要致力于完善工人阶级斗争的科学理论基础，尤其是继续制订工人阶级的经济理论。他们同过去一样极为重视各种政治实践活动，这些活动除了大量的新闻撰稿工作外，还包括同政治上的冒险主义和宗派主义作斗争以及与国际上革命的无产阶级先进代表开展密切的合作。

分析当时在英国尤为盛行、影响颇大的合作社运动是这一系列任务中的一项，因为合作社运动使工人们觉得有可能改善现有体制。此时马克思和恩格斯支持与他们有联系的革命宪章派，宪章派在厄内斯特·琼斯的领导下提出了这种挑战并把合作社问题列为其全部工作的中心。

马克思和恩格斯与宪章运动左翼之间的联系始于40年代，当时该运动的领导人是共产主义者同盟的成员。在1848—1849年革命中，联系中断，但不久马克思和恩格斯流亡到英国，② 从此，实际上每天都可以和宪章派直接接触，从而他们有了最有利的条件，使他们的合作在1850—1854年间达到了真正的顶峰，马克思和恩格斯后来再也没有遇到过类似的有利条件，能够持续多年地直接参与宪章派的斗争，尽管他们一开始就力图进行尽可能广泛的合作。

恩格斯在其《英国工人阶级状况》一书中就已经把宪章运动描述为"工人反抗资产阶级的集中表现"，因为在宪章运动中"反对资产阶

---

① 参看英格尔夫·诺恩于贝尔：《论马克思和恩格斯在19世纪50年代与宪章运动的关系。他们在争取在革命的基础上重组宪章派的斗争中与革命的宪章派领袖厄内斯特·琼斯的合作》，1986年柏林版第59—72页。

② 马克思于1849年8月，恩格斯于同年11月迁居大不列颠，直到去世。

级的是整个工人阶级,他们首先向资产阶级的政权进攻,向资产阶级用来保护自己的这道法律围墙进攻"①。由此而形成的宪章运动突出的无产阶级的阶级性质(它明显区别于当时其他所有激进运动和派别的性质)促使马克思和恩格斯得出一个对实际政治斗争来说非常重要的结论:宪章派最接近共产主义者。②

同时,马克思和恩格斯也绝不忽视宪章运动的弱点和缺陷。他们清楚地认识到,首先是科学理论的缺乏对运动的稳定性和战斗力产生了十分不利的影响,所以他们强调,不列颠工人运动与社会主义的结合是未来在保障无产阶级的利益方面获得成功的绝对必要的前提。③ 这就要求,宪章派除了争取宪章④外,还必须更加以社会的革命原则为指导,领导群众为争取民主和革命的变革而斗争。

马克思和恩格斯在与琼斯周围的人士的十余年共同斗争中就是从这一观点出发的。他们在此基础上给予的帮助和支持从根本上加强和巩固了宪章运动中的左翼,左翼也因此能够在 50 年代初成为一支应予重视的政治力量,而老宪章派组织的另一部分则在 1848 年以后明显地丧失了影响,最终沦为资产阶级改革运动的单纯的追随者。⑤ 马克思和恩格斯在与宪章派的合作中也获得了不少对他们本身的活动十分有益的东

---

① 《马克思恩格斯全集》第 1 版第 2 卷第 516 页。
② 参看《马克思恩格斯选集》第 2 版第 1 卷第 246 页。
③ 参看《马克思恩格斯全集》第 1 版第 2 卷第 527 页。
④ 人民宪章要求:21 岁以上男子有普选权,议会每年改选一次,秘密投票,各选区一律平等,取消议会议员候选人的财产资格限制,发给议员薪金。马克思认为,普选权的要求是最重要的一点,其他五点只是"保证在英国能真正实现普选权的条件"。(《马克思恩格斯全集》第 1 版第 11 卷第 268 页)
⑤ 参看《马克思恩格斯全集》第 1 版第 7 卷第 519 页。

西，因为他们通过直接与不列颠工人阶级的斗争的接触获得了重要的经验、提示和启发，从而有利于他们进一步准确地阐明科学的理论。

总而言之，宪章运动是马克思和恩格斯制定新的世界观的一个重要源泉。他们在其整个活动中都可能利用了宪章派丰富的经验，因此在一定程度上宪章运动在历史上的伟大历史作用是显而易见的，正如后来列宁所评价的，宪章运动"在很多方面是马克思主义的准备，是马克思主义的'前奏'"①。作为"第一次广泛的、真正群众性的、政治上已经成型的无产阶级革命运动"②，宪章运动成为工人运动继续发展的动力之一，成为一种"前奏"，它以一种最初的、不成熟的形式预示或先认识到工人运动未来的许多情况。尤其是宪章派左翼对合作社问题所持的态度，这个问题并非偶然成为马克思和恩格斯在理论研究领域支持宪章派斗争的中心。当时这一话题不仅在群众中讨论得很激烈，而且它表明了当时最为流行的未来社会主义经济的观点，所以，对任何革命思想进行有效的宣传还同时主要取决于对合作社问题的理解。

长期以来，一些论著对迄今为止提出的绝大部分问题仅有过草草的论述或者根本没有加以论述。这正是资产阶级历史编纂学的意图所在，即否定或至少是诽谤革命的宪章运动的发展、琼斯的作用和他与马克思和恩格斯的接触以及马克思主义和宪章运动之间事实上存在的所有共同点。例如其中有些历史学家以为发现了其中较深层的象征性意义，即马克思和恩格斯是在整个宪章运动已经过了巅峰时期并开始走下坡路时，积极同革命的宪章派接触的。照他们的说法，仿佛能够强烈地感到马克思和恩格斯创作活动中的所有可悲之处，好像马克思和恩格斯屡屡被自

---

① 《列宁全集》第 2 版第 38 卷第 319 页。
② 《列宁全集》第 2 版第 36 卷第 292 页。

己的错误估计、被过分的期盼和希望,甚至可以说是被幻想引入了歧途,最后提出了一种总体上严重脱离现实的理论。

其实,宪章运动的历史编纂从马克思和恩格斯就开始了,他们从40年代起就已注意研究这一运动,吸收了这一运动中的诸多经验,并对这一运动作出了在今天仍然适用的评价。在马克思和恩格斯之后,在世纪之交前后的一些马克思主义历史学家和社会民主主义历史学家之后,在列宁之后,在50和60年代苏联的学术文章之后,以及在少数一些不列颠的马克思主义研究者之后,《马克思恩格斯全集》历史考证版的工作才再次使人们更加注意宪章运动以及与其相关的问题。① 在这个过程中,尽管对有些问题的认识已经取得进展,但对它们的研究还远远不够,尤其是对马克思和革命的宪章派在50年代初在合作社问题这一方面所做的工作研究得不够,而这个问题具有重要的理论和实践意义。

---

① 参看《关于马克思和恩格斯1849年底至1851年6月的政论活动》;《关于为宪章派机关刊物〈民主评论〉、〈红色共和党人〉、〈人民之友〉、〈寄语人民〉撰稿的情况》,载《马克思恩格斯全集》历史考证版第1部分第10卷第698—707页,中译文见《马克思恩格斯研究》第1辑第188—197页;《关于1851年7月至1852年12月为宪章派报纸〈寄语人民〉和〈人民报〉撰稿的情况》,载《马克思恩格斯全集》历史考证版第1部分第11卷第582—604页,中译文见《马克思恩格斯研究》第210—235页;《马克思恩格斯及其战友在1853年的政论活动》、《马克思及其战友为左翼宪章派机关报〈人民报〉撰稿的情况》,载《马克思恩格斯全集》历史考证版第1部分第12卷第687—701页,中译文见《马克思恩格斯研究》第5辑第167—184页;《马克思恩格斯及其战友在1854年的政论活动》、《马克思恩格斯及其战友为左翼宪章派机关报〈人民报〉撰稿的情况》,载《马克思恩格斯全集》历史考证版第1部分第13卷第645—654页,中译文见《马克思恩格斯研究》第6辑第212—223页。

50年代初马克思通过宪章派左翼对合作社问题的研究施加影响

在合作社运动发展的初期工人阶级中就开始讨论合作社的生产和分配问题了，所以在马克思和恩格斯活动之初该运动就已经有十多年的传统了。合作社问题的产生和流行与深刻的社会变革密切相关，这场社会变革是由于18世纪后30年在英国、稍后在欧洲大陆各国在经济中采用机器生产而发生的，在变革的复杂过程中不仅仅产生了产业无产阶级，而且同时还为相应的观念和思想逐步被接受奠定了基础。产业革命造成无产阶级的物质生活困苦，社会地位低下，这是促使年轻的无产阶级迅速走向反抗资本主义剥削的道路的一个客观原因，从而也是工人运动产生的基础之一。

反对资产阶级斗争的内容和目标与方法和途径一样是不同的，它们的改变取决于工人阶级自身的发展程度和阶级觉悟的提高。如果一开始主要是自发的因素占主导地位，例如鲁德运动，那么不久经济罢工便有了重要意义，其结果就是建立了第一批工人组织——工会。在这个过程中还不断有其他一些理论在无产阶级当中产生了影响，这些理论大多是由资产阶级的人道主义者和民主主义者阐述的，其中首先是普遍的合作生产和消费的理论或合作公社的理论。

人们在经过了许多次徒劳无益的尝试之后，在英国看到了合作社思想转变中出现的第一批重要的实际成果，英国比其他国家更早地形成了资本主义，而且是当时资本主义矛盾表现最突出的国家。这最终也是合作社思想首先在那儿的工人中获得了群众性影响的重要原因。首先，工人们接受了欧文主义，即接受了第一次在实践中尝试的选择社会主义而不是工业革命的资本主义结果，这一选择是想同时用实践的尝试来证实理论的正确性。

同所有其他设想一样，这次尝试失败了；然而马克思和恩格斯所发现的合作社思路仍然可以理解为克服资本主义制度的一种手段。它们有的是对未来的美好幻想，有的是社会现实很快就制止了的实际步骤，有的是一个现代社会的进步方案，但也有的尝试是倒退的，企图阻碍资本主义的发展，回到简单商品生产的状态，总之，这些想法要求一个更公正的、更有成效的、没有危机的制度，它们以自己的方式反映了这样一种追求，即克服资本主义社会的无政府状态，使混乱的世界恢复正常。此外，不管在某些早期不成熟的条件下还是在后来的发展中合作社都可能是联合工人采取进步的和革命的行动的一个重要手段，然而，合作社日益受到资产阶级的社会改良者的影响并失去其社会主义的内涵，这种趋势总的来说在加剧。阻止这一趋势的发展，并反过来为工人运动及其斗争的发展发掘客观已经存在的合作社思想的革命的潜力，是马克思在50年代初深入研究合作社生产的问题并积极支持宪章派左翼在这个方面开展辩论的重要动机。

当时盛行以资产阶级改良主义为目的的合作社运动，马克思和琼斯共同努力，从原则上澄清在与之争论中出现的这些问题，他们所作出的这些努力被视为他们的所有关系发展到高水平并相互充实其自己的理论和实践活动的实例。在这一点上，从他们就协商具体的政治步骤而经常进行的口头交换意见到宪章派报刊上的直接合作，都清楚地表明了他们多年相互合作的所有重要方面和同时对双方所产生的益处。

在他们密切而友好的合作中，最重要的成果之一无疑是1851年春天在宪章派代表大会上通过的一个"宣传纲领",① 这个纲领包含了宪章派最重要的社会要求,在许多方面反映出了马克思主义思想的决定性影响。由琼斯制订的纲领令人信服地表明,在这一时期革命的宪章派已非常接近马克思的立场。这一点最集中地反映在对重要问题的认识上,即合作社生产只有在国家的基础上,在工人阶级掌握政权的情况下才能够为社会的进一步发展作出实质性的贡献。琼斯提出的这一社会主义目标不仅继续发展了在群众中广为传播的合作社思想,而且首先是赋予了合作社思想以全新的内涵。

纲领在关于解决土地问题的第一段已经说明,在土地实现国有化之后,国家有权不仅分给单干的农民,而且首先还要分给合作社。国家逐步赎买土地,马克思和恩格斯后来在某些场合把这一点看作是对无产阶级国家来说完全正确和有利的措施;② 从法律上禁止重新出让从国家那儿获得的土地,以阻止在人民政权建立之后土地的重新私有化,以此为出发点用最现代化的技术手段建立劳动的合作社并通过这个方式逐步实现整个农业生产的社会化。

1775年,托马斯·彭斯首次在经济学中引入了土地国有化这一概念,自那以后在每次资产阶级革命中,如列宁所强调的,它都是"**资产阶级最彻底的口号**"③。代表大会首先以土地国有化的形式提出了一个要求,同时还指出用一种形式来实现这一口号,即可以利用合作社作为对农业进行社会主义改造的基础。列宁写道,"土地的国有化不仅是资

---

① 参看《宪章派左翼的宣传纲领》,载《共产主义者同盟文件和资料》中国人民大学出版社1990年版第Ⅱ卷第384—393页。
② 参看《马克思恩格斯全集》第1版第22卷第585页。
③ 《列宁全集》第2版第35卷第315页。

产阶级革命的'**最高成就**',而且是走向社会主义的一个步骤"。①

宪章派纲领的另一个重要段落更加明显地显示了它的革命性质,这一段涉及了劳动法,其中把合作社思想的实现称为一切社会进步的基本前提之一。纲领写道:"合作的原则对于人民的幸福极为重要。财富的集中应该通过分配的趋势加以抵制。财富积聚在互相孤立的团体手中是仅次于财富被个别人所垄断的一件坏事。因此,在全国的基础上彻底重新调整劳动问题之前,今后试图建立的一切合作组织都应结成一个全国的联合会。各种工会和协会是这个联合会的地方组织或分会。"② 在这方面具有代表性的观点是,从各个合作企业中抽出一部分利润建立社会基金,③ 这种观点使人们清楚地看到,琼斯也已经就新的、公正的社会运作方式阐明了完全具体的设想。德国社会民主党正是因为忽视了这样一些重要的方面并坚持拉萨尔的"全部劳动所得"这一用语,马克思才在《哥达纲领批判》中予以猛烈的批判④(这也清楚地表明了琼斯在20多年前的伟大成就)。

1851年的纲领除了阐明自己的立场外,首先明确划清了同当时合作社运动的其他流派的界线。琼斯在马克思的帮助下认识到,合作的原则在客观上是争取建立一个新社会的最为重要的手段之一,而受到基督教社会主义思想和小资产阶级改良主义思想影响的大批现有的合作社却在工人中传播假革命的、博爱的观点,从而最终能在全国范围开展与其

---

① 《列宁全集》第2版第16卷第396页。

② 《共产主义者同盟文件和资料》中国人民大学出版社1990年版第Ⅱ卷第389页。

③ 《共产主义者同盟文件和资料》中国人民大学出版社1990年版第Ⅱ卷第389页。

④ 参看《马克思恩格斯选集》第2版第3卷第309—311页。

理论相适应的合作生产的实践。然而，琼斯周围的人们还必须与欧文的合作社运动进行论战，因为欧文的合作社运动拒绝开展任何形式的夺权的政治斗争，幻想在资本主义条件下单单借助工人合作式的联合完成向社会主义的转变。针对人们的所有这些期待，琼斯明确强调："在宪章派中间和工人阶级内部的非宪章派中间，还有许多人指望通过在现有制度的框架内建立合作社而取得有益的结果。相反，我们则认为这是不可能的，在现有的秩序未被推翻、人民未夺取政权之前，合作社运动注定要失败。"①

在后来的年月里，琼斯完全本着这一精神在《寄语人民》和《人民报》这两家宪章派报纸上向群众宣传，并同时准确阐明1851年宪章派纲领中的合作社计划，马克思也参与了大量的工作。马克思在准备《国际工人协会成立宣言》期间写信给恩格斯时谈到了这一点："我偶然翻到了几期厄·琼斯的杂志《寄语人民》（1851年和1852年），就经济论文来说，这个杂志在主要问题上是在我的直接领导下，一部分甚至是在我的直接参与下编写的。"②

单单马克思提到的文章就可以成为专门研究的对象，因为在这些文章里论及了政治经济学和阶级斗争的许多重要问题。然而我们暂时先作一般性的评价，从中就已经使人们信服地看到这些文章的重大意义了。

总的来说，在马克思的影响下撰写的和部分由马克思参与撰写的有关合作社的文章在琼斯的报纸中属理论上内容最为丰富的文章。这些文章使这两家报纸在内容上独具特色，并且完全符合工人对合作社生产和

---

① 厄·琼斯《联合与行动》，载1852年6月19日《人民报》（伦敦）。
② 《马克思恩格斯全集》第1版第31卷第11页。

分配问题的强烈兴趣。有关文章以革命的无产阶级对合作社问题的立场以及合作社在今后的社会发展过程中的机遇和前景的立场为出发点，揭示了现存合作体系的阶级性质和目标，因为当时英国工人运动对现存合作体系抱有太多的幻想。同时他们透彻地分析了合作社生产实际上在什么前提和条件下可以对工人阶级的斗争产生影响，在这里，建立无产阶级政权和组织全国规模的合作组织是整个研究的出发点和基础。一些报纸准备今后与资产阶级展开论战，它们把提高工人阶级的政治、思想和组织水平视为最重要的任务，而宪章派的两个出版物为这些报纸科学地分析意义重大的现象和发展过程作出了示范。

另外，人们可以从琼斯的一篇文章中看出马克思的观点在通常由琼斯署名的文章中有多大的影响，这篇文章回答了合作社运动的性质和目标等问题："结束投机活动，把工人阶级从雇佣奴隶制下解放出来，使工人阶级有可能为自己而劳动，打破垄断，通过均衡而普遍地分配财富来阻止财富的集中——这些就是合作社的目标。［……］而为了改造社会，消除投机，阻止竞争，从而真正以兄弟般的关怀取代它们，为了阻止财富的集中以及一切由此产生的弊端，必须建立国家规模的合作社"。① 在另一处我们还可以看到："如果一个合作社由单独的个人来建立，那么，即使这些人志同道合，也必然会遇到障碍，这即使不会从根本上阻止合作社的发展，也会大大妨碍它进步。合作社运动必须坚持国家原则，而这一原则必须通过国家的权力来实现。"②

---

① 厄内斯特·琼斯：《致合作原则的拥护者和合作社社员的公开信》，载《马克思恩格斯全集》历史考证版第1部分第10卷第642、647页。

② 厄内斯特·琼斯：《关于宪章派纲领的信》第3封，载《马克思恩格斯全集》历史考证版第1部分第10卷第649页。

对这些论点的最佳解释是马克思在《成立宣言》中的经典名句："要解放劳动群众，合作劳动必须在全国范围内发展，因而也必须依靠全国的财力。但是土地巨头和资本巨头总是要利用他们的政治特权来维护和永久保持他们的经济垄断的。他们不仅不会促进劳动解放，而且恰恰相反，会继续在它的道路上设置种种障碍。［……］所以，夺取政权已成为工人阶级的伟大使命。"①

在琼斯办的报纸上所发表的有关合作社的文章都引导人们去认识：只有国家规模的合作才能有助于消除人对人的剥削，才能使所有的人自由使用生产资料，从而才有可能使每个人按其能力和爱好从事劳动。但是，这些文章不赞成——正如本文在另一处已提到的那样——李嘉图社会主义者提出的乌托邦式的要求，即每个人应得到"全部的劳动收益"，这一要求后来被蒲鲁东和拉萨尔所接受。相反，它们指出，必要的扣除对各企业内部的再生产和社会基金来说是必需的。就此而言，这些文章在某种程度上已经接近这样的基本认识，即在社会改造的这个阶段还不能按需分配，而必须按一种能力的原则进行分配。

所以，和众多信奉欧文共产主义的人不同，琼斯认识到欧文的社会方案是不可能实现的，而且显然已经从原则上清楚地认识到，建立一个公正的社会（就他当时对这样一种社会所能想象的而言），似乎需要有一个中间阶段，在这一阶段还不能按照"各尽所能、各取所需"的原则来分配国家财富。

这里请人们注意琼斯的另一篇文章。这篇文章谈的虽然不是合作社问题，而是与当时的资产阶级和小资产阶级流亡运动进行辩论的问

---

① 《马克思恩格斯选集》第 2 版第 2 卷第 606 页。

题，但是这篇文章也是1851年直接同马克思合作写成的，文章对以后社会发展的各阶段作了出色的表述。在与小资产阶级分子的有关观点进行论战时，琼斯指出，社会主义和共产主义不是同一个发展阶段，因为共产主义还远远没有提到议事日程上来，而社会主义的建立则将消灭现存的资本主义制度："共产主义在世界现阶段是不可能实现的；［……］社会主义对阶级统治的无政府状态是致命打击，它是秩序的真正保障"。①

如果人们把所有在这里引用的表述和50年代初宪章派报刊上的其他表述与马克思和恩格斯后来的基本论断作一比较，便会更加同意这样一种看法，即在和琼斯合作的过程中，事实上已经在确立马克思主义对合作生产的态度方面取得了决定性的进展。也许，马克思和恩格斯关于战胜资本主义之后社会发展前景的设想也是这种情况，但我们有一种看法是肯定没有错的，即革命的宪章派对类似问题的研究至少促使马克思和恩格斯在50年代末就在《资本论》的准备材料中详细考察社会进步的经济基础了。

但是正如我们一直认定的那样，马克思再次取出在他的指导和参与下写成的有关合作社的文章估计与撰写《成立宣言》有关，这绝不是巧合。我们甚至可以从中得出结论，50年代初马克思在其经济学研究中，尤其是通过和琼斯周围的人士密切接触从而详细了解了他们在与现有的合作社运动的论战中取得的经验并且获得了一些认识，这些认识为以后出色地确定合作生产在社会向前发展过程中的作用作了实质性的准备。其实马克思本人也注意到了这一点，他在1864年11月4日给恩格

---

① 《马克思恩格斯全集》第2版第11卷第704页。

斯的信中写道："我在杂志上看到了什么呢？我看到当时我们进行的反对合作运动的论战，因为合作运动以它当时的死板狭小的形式妄想成为最新成就，这场论战就像10至12年之后拉萨尔在德国进行反对舒尔采-德里奇的论战一样，只是我们进行得更好罢了"①。

从50年代初对合作问题的研究中获得的认识和得出的结论。这些研究在马克思理论创作中的地位

恩格斯在1886年给奥古斯特·倍倍尔的一封信中用一句话概括了马克思主义有关合作社的设想，他在暗指当时居领导地位的主张合作社的人的态度时指出，他和马克思从来没有怀疑过，"在向完全的共产主义经济过渡时，[……]必须大规模地采用合作生产作为中间环节"②。在工人的这些行动中他们不仅看到了相对于资本主义来说在质上更高级的社会生产形式的一种萌芽，而且还看到了其中所包含的实现社会进步的可能性和潜力。不过这并不意味着，马克思和恩格斯曾经认为社会主义可以仅仅或基本上通过发展工人阶级的合作制度来实现。他们没有把工人的经济行为与资本主义企业等同起来，但他们在一开始就指出，如果合作的目的仅仅在于资本主义内部的改革而不是力争克服资本主义生产方式，那么合作发挥作用的可能性是很有限的。在他们看来这样的限制非但丝毫没有削弱合作社的意义，反而使人们注意到，合作社除了存在着可能性以外，首先还有一个自身为准备和实现普遍的社会变革作贡

---

① 《马克思恩格斯全集》第1版第31卷第11页。
② 《马克思恩格斯全集》第1版第36卷第416页。

献的客观任务。这就是马克思和恩格斯在这些年对合作社运动所形成的基本立场，他们完全是在这个意义上把合作社运动评价为"劳动的政治经济学对财产的政治经济学"①所取得的最伟大的胜利之一。他们认为给予合作运动多么高的估价都不算过分，因为它证明了"大规模的生产，并且是按照现代科学要求进行的生产，在没有利用雇佣工人阶级劳动的雇主阶级参加的条件下是能够进行的；他们证明：为了有效地进行生产，劳动工具不应当被垄断起来作为统治和掠夺工人的工具；雇佣劳动，也像奴隶劳动和农奴劳动一样，只是一种暂时的和低级的形式，它注定要让位于带着兴奋愉快心情自愿进行的联合劳动"②。

同时马克思让人们相信，合作运动只有在力量对比改变的情况下才能充分利用自身的多种可能性。他强调了 1848 年到 1864 年这个时期的经验，因为它们无可争辩地证明，就像工人阶级最卓越的领导者们（很显然指的就是琼斯——本文作者注）在 1851 年和 1852 年谈到英国合作运动时已经断言的那样，"不管合作劳动在原则上多么优越，在实际上多么有利，只要它仍然限于个别工人的偶然努力的狭隘范围，就始终既不能阻止垄断势力按照几何级数增长，也不能解放群众，甚至不能显著地减轻他们的贫困的重担"③。

在《共产党宣言》里马克思和恩格斯已经预言："资产阶级无意中造成而又无力抵抗的工业进步，使工人通过结社而达到的革命联合代替了他们由于竞争而造成的分散状态。于是，随着大工业的发展，资产阶

---

① 《马克思恩格斯选集》第 2 版第 2 卷第 605 页。
② 《马克思恩格斯选集》第 2 版第 2 卷第 605—606 页。
③ 《马克思恩格斯选集》第 2 版第 2 卷第 606 页。

级赖以生产和占有产品的基础本身也就从它的脚下被挖掉了"。① 以后的几年、几十年在理论和实践中证明了这一论点的正确性。尤其是英国和自 1848 年起在大陆兴起的合作社运动的进一步发展对于较深刻地理解资本主义的各个客观经济发展过程有着决定性的意义,因为这些发展过程包括了第一批直接产生于资本主义生产方式的和实际上有效的联合劳动的形式,并且使人们对在以后的社会进步过程中合作劳动原则的前景作出重要的推断。

一方面,阶级调和越来越明显地暴露出它消极的方面,合作社设想原来接近正在兴起的社会主义,而现在这一点日益成为敌视政治斗争、后来又敌视马克思主义的一块令人难堪的招牌,这种敌视态度原则上已经存在,但出于策略上的原因又常常不能大肆传布。另一方面,马克思和恩格斯在 50 年代初开始把合作社运动理解为一种适合当时工人的发展和觉悟程度的途径,它可以在理论和实践政治方面引导群众认识社会变革的必要性。马克思和恩格斯的这一认识主要是受革命宪章派斗争所取得的丰富经验的影响。

这一结论是从《资本论》第 3 卷中的极有说服力的一段论述中得出的,这些论述在某种程度上是马克思在《共产党宣言》中的论述的继续,其间,它在完善的工人阶级经济理论的基础上进一步得到了发展。"工人自己的合作工厂,是在旧形式内对旧形式打开的第一个缺口,虽然它在自己的实际组织中,当然到处都再生产出并且必然会再生产出现存制度的一切缺点。但是,资本和劳动之间的对立在这种工厂内已经被扬弃,虽然起初只是在下述形式上被扬弃,即工人作为联合体是他们

---

① 《马克思恩格斯选集》第 2 版第 1 卷第 40 页。

自己的资本家,也就是说,他们利用生产资料来使他们自己的劳动增殖。这种工厂表明,在物质生产力和与之相适应的社会生产形式的一定的发展阶段上,一种新的生产方式怎样会自然而然地从一种生产方式中发展并形成起来。没有从资本主义生产方式中产生的工厂制度,合作工厂就不可能发展起来;同样,没有从资本主义生产方式中产生的信用制度,合作工厂也不可能发展起来。信用制度是资本主义的私人企业逐渐转化为资本主义的股份公司的主要基础,同样,它又是按或大或小的国家规模逐渐扩大合作企业的手段。资本主义的股份企业,也和合作工厂一样,应当被看作是由资本主义生产方式转化为联合的生产方式的过渡形式,只不过在前者那里,对立是消极地扬弃的,而在后者那里,对立是积极地扬弃的。"①

这一段话是马克思从政治经济学的角度对合作社在战胜资本主义时的作用所作的思考的精髓。首先马克思再次明确地拒绝接受任何幼稚的或改良的合作社社会主义的变种:"对旧形式打开的第一个缺口"还是发生在"旧形式内",带着"现存制度的一切缺点",绝对不能建立一个新社会。马克思一再强调,但是"资本和劳动之间的对立"在合作社内部已经被消除了,它们的例子表明,"一种新的生产方式"怎样"从一种生产方式中发展并形成起来",在这里应当把合作工厂"看作是资本主义生产方式转化为联合的生产方式的过渡形式"。

因而马克思不仅全面地突出了合作社运动的积极的、社会发展的潜力和可能性,而且同时还首先论证了它在消灭资本主义和建设社会主义过程中的中心地位。然而在各社会主义国家的实际政策中这一基本认识

---

① 《马克思恩格斯选集》第 2 版第 2 卷第 520 页。

至今未得到足够重视。列宁在晚年完全同意马克思关于合作是走向新的社会过渡形式的认识，他认为，"合作社的发展也就等于社会主义的发展"①。这一天才的思想自斯大林起就没有人重视了，尽管程度不一，但是实际上在所有社会主义国家它都只有空洞的形式而无实质的内容。原民主德国合作社的发展也以这种方式表明了这一点，在原民主德国，由于合作社生产绝对限于农业（马克思从未讲到过的一种限制），从而在一开始就明显销蚀了国民经济结构在各重要部门的效益。

从思想史的角度来说，马克思在《资本论》第3卷中对合作社的论述结束了他自50年代初开始对此所作的研究。不过要把这方面的研究正确地排列在马克思的著作中就必须注意，第3卷的手稿写于1864年和1865年，也就是说与《成立宣言》以及第一国际其他重要文件的写作是在同一时期，在这些文件中也常常包含了对合作社问题的基本论断，它们和这一时期其他有关经济学著作一起构成了马克思研究合作社的第二个高潮。

继成立大会以及《成立宣言》中已引用的对合作社运动的基本立场之后，在1866年的第一国际日内瓦代表大会上又首先对这些问题进行了讨论。有一份文件这样写道，"我们认为合作运动是改造［……］现代社会的各种力量之一"。②它的重大功绩在于用事实证明了，"那种专制的、产生赤贫现象的、**使劳动附属于**资本的现代制度将被共和的、带来繁荣的、**自由平等的生产者联合**的制度所代替的可能性"③。

然而马克思在这里也作了十分重要的限制，他写道："但是，合作

---

① 《列宁全集》第2版第43卷第367页。
② 《马克思恩格斯全集》第1版第16卷第219页。
③ 《马克思恩格斯全集》第1版第16卷第219页。

制度限于单个的雇佣劳动奴隶通过自己的努力所能创造的这种狭小形式，决不能改造资本主义社会。为了把社会生产变为一种广泛的、和谐的自由劳动的制度，必须进行**全面的社会变革，社会制度基础的变革**，而这种变革只有把社会的有组织的力量即国家政权从资本家和大地主手中转移到生产者本人的手中才能实现"。①

马克思评价无产阶级的合作社是朝着社会主义方向前进的一项成就，同时他始终拒绝任何一种改良主义的合作社社会主义，包括从持所谓的罗奇代尔"公平先驱社"观点的欧文主义者到拉萨尔的纲领。按照马克思的观点，合作制只有在全国范围并且在无产阶级夺取政权的情况下才能发挥作用。"如果合作制生产不是作为一句空话或一种骗局，如果它要排除资本主义制度，如果联合起来的合作社按照总的计划组织全国生产，从而控制全国生产，制止资本主义生产下不可避免的经常的无政府状态和周期的痉挛现象，那么，请问［……］这不就是共产主义，'可能的'共产主义吗？"②

总的说来，合作社问题在马克思主义的社会主义思想中的位置是可以肯定的。这是指 50 年代初所作的有关研究，这些研究的出发点是基本弄清 1848 年以前的著作中关于联合的思想，这些著作是准确阐述到那时为止所获得的认识的第一个阶段，同时为恰当地确定合作社在第一国际时期的马克思主义和在《资本论》中这方面的位置奠定了基础。

当然，迄今还没有研究的各类问题更为广泛，其中首先是有关 50 年代末马克思对剩余价值的产生的揭示与 1850 年至约 1864 年和 1865

---

① 《马克思恩格斯全集》第 1 版第 16 卷第 219 页。
② 《马克思恩格斯全集》第 1 版第 17 卷第 362 页。

年对合作社的认识取得进展之间的关系问题。其实,就马克思评价合作社以及合作社在社会改造中的可能性来说,这里涉及的是对揭示剩余价值规律即资本主义运动规律的结果的研究。

迄今人们还没有对这个问题作出回答。但是今后在考察这个对其他问题也很重要的主题时主要出发点应该是,马克思通过揭示资本主义生产最核心的秘密也为他的合作社思想奠定了坚实的科学基础。如果同50年代初相比他的观点在15年之后有了新质,这种新质就表现在他认识到了合作社是一种在原则上越出了资本主义生产形式的生产形式。这一点在1849年之后的时期里客观上是不可能的。当时马克思"只"能确定合作社运动成功发展所需的形式和条件。在这些年里他的经济学研究总的来说还处于这样一个阶段,即虽然在分析资本主义的运行方式方面取得了重要的进展,但是具体到剩余价值规律,在既没有内容也没有概念的情况下就已经开始讨论了。讨论剩余价值规律还缺少这样一些前提条件,例如还没有揭示出劳动的二重性、劳动力商品,价值形式学说也还没有形成。

马克思通过对剩余价值规律的表述,深入地研究了资本主义生产方式的本质,同时也深入研究了资本主义生产方式的范围,从而有可能发现已经超过现存制度范围、开始孕育一种新的生产方式的特点的生产形式。合作工厂是过渡到全新的社会制度的一种形式,因为这种形式已经消除了资本与劳动的对立,这种认识首先需要对资本主义的基本经济发展规律的理解。

由此我们得到一些有意的提示,以利于回答迄今还没有研究出的问题,即马克思深入研究合作社问题的最重要的原因是什么。一方面显然与价值规律的发现有关,这表明,由于理论自身发展的缘故不仅不断有新的问题被提出来，而且总是有理由重新思考并进一步阐述已经研究过的问题。另一方面，我们当然不能忽视，马克思总是优先考虑工人运动的具体状况这个方面以及致力于从中产生的任务。

由于大工业的不断发展，工人开始逐渐认识到必须废除资本主义私有制，但同时还总是脱离不了小生产的观念，在这种情况下，恰恰是对合作社问题的科学解释提供了在群众中传播革命觉悟的良机。同时，这里还包括弄清大工业的发展与由此在客观上产生的较有利于无产阶级在经济、政治、意识形态尤其是组织等方面团结的条件之间的关系。

恰恰是合作社体现了在这个意义上的日益发展和有用的联合形式，合作社的主要动机是经济意义上的，通过工人在合作社中的联合而采取的行动，合作社在争取实现政治目标的斗争中也有巨大潜力，但马克思从未因此而认为它可以替代无产阶级政党的建设。

马克思和琼斯虽然没有忽视在资产阶级—小资产阶级的合作社运动中存在某些可以积极评价的方面，特别是其中包含的在资本主义条件下社会主义生产形式的最初萌芽。但他们在50年代初就多次确切地指出合作运动改良方法的阶级性质，指出作为在无产阶级解放斗争中唯一的一种手段，它存在的缺陷、不足和不适用的原则。当时和以后的年代里，马克思的指导思想是：不完全摒弃现有的合作社运动，而要更加发挥合作社运动中逐渐形成的社会主义意识的因素，同时克服该运动同样严重固有的各种乌托邦社会主义的和资产阶级改良主义的幻想和观念。

就合作社的问题来说也是如此，必须首先在工人实际斗争所提出的问题中去寻找马克思广泛研究合作社问题的原因。这绝不意味着轻视那种从理论发展的内在逻辑中所迸发出的希望较深入地了解当时研究对象的渴望。而就马克思自己的认识而言，理论始终是以实践为指导的。所以，对将来迫切需要详细研究马克思在上个世纪建立并不断完善的合作社观点的内容、目标和前景来说，这两个方面只是既共同构成了出发点，又共同构成了基础。因此，就本文开头提到的现实任务来说，不仅仅涉及作历史的考察，而是要在考察的基础上写出文章，推动合作社的生产和分配被理想地纳入正在形成的新的社会关系。这一点越来越重要，因为社会主义国家几十年合作社运动的理论和实践已经被歪曲了，并且由于权力政治的原因已经被滥用了。

(原载《马克思恩格斯年鉴》1991年柏林版第13期)

(蔡长缨 译)

论50年代马克思对蒲鲁东主义的批判及其对国际工人运动进一步发展的意义[*]

〔德〕乌特·威尔特尔

给无产阶级提供一种为消灭资本主义社会制度而斗争的科学理论是马克思和恩格斯奋斗的最高目标。这个理论的制定是通过批判国际工人运动中一个最有影响的流派——蒲鲁东主义来完成的。

这个流派的精神之父是小资产阶级社会主义者比埃尔·约瑟夫·蒲鲁东。他从李嘉图的劳动价值理论中剽窃了量的价值规定，并由此推演出一个交换银行的方案，让这种交换银行保障小商品生产者根据等量劳动时间单位交换原则进行通常的销售。与此有联系的是：货币（按蒲鲁东的说法它是万恶之源）支付可以根据所用劳动时间填发的证明书来解决。他的理论特征是，他不是将经济范畴理解为现实过程在人的意识中的反映，而只是将其看成任意的东西，并由此得出结论，人们同样可以"任意地"，也就是不废除生产资料私有制而将经济范畴扬弃。蒲鲁东期望通过一条不流血的通路建立一个小私有者的社会，从而使人们放弃无产阶级斗争的真正的目的和手段。

马克思与蒲鲁东主义的论战在40年代就已经开始，后来的论战表明马克思本人的理论有了进一步的发展。马克思在他自己的著作《哲学

---

[*] 本文选自《马克思恩格斯研究》1993年总第14期。

的贫困》（1847年）中就拟定了第一个广泛的批判计划。在这里，马克思先从方法论观点出发，依照自己成熟的理论对蒲鲁东范畴体系进行批判，而首先依据的还是他的哲学知识。他强调经济范畴的物质基础和历史特征，并且把社会生产关系作为他研究的重点。到这时马克思已经立足于劳动价值论，并且认为他能够用证据驳倒蒲鲁东的价值不直接表现在劳动时间上的劳动货币论。在批判蒲鲁东的货币理论的同时，马克思和恩格斯早在40年代就致力于研究货币和信贷在社会变革过程中有何实际意义的问题，并且在《共产党宣言》（1848年）中还将货币和信贷视为这样的"措施，它们在经济上似乎是不够充分和没有效力的，但是在运动过程中它们却会越出本身，成为变革全部生产方式所不可避免的手段"①。

1848年革命以后，蒲鲁东主义首先在它的发源地法国，在由于失败而失望和沮丧的工人中间很快找到立足之地。革命的结局似乎证实了蒲鲁东的无产阶级无能夺取政权的命题。

然而，马克思在经历了失败以后却没有气馁，而是在伦敦的流亡地重新着手在革命以前就已经在巴黎、布鲁塞尔和曼彻斯特开始的经济研究；马克思在1850年12月到1853年作的24本摘录证明他一直在紧张地工作，在研究期间马克思在1851年秋天偶然发现出自蒲鲁东手笔的最新出版物：《19世纪革命的总观念》（1851年巴黎版）。其中蒲鲁东所提出的广泛的社会构想促使马克思计划重新进行论战。为此他征求恩

---

① 参看《马克思恩格斯全集》第1版第4卷490页。

格斯的意见，恩格斯把一个涉及面很广的草稿作为意见寄给了他。① 此外，与此有关的通信还表明，40 年代的关国家银行在革命过渡中起作用的思想仍在继续谈论。因此，恩格斯想起"不久以前我们关于根据你的计划降低利率的讨论，你的计划是成立一个能够垄断纸币流通和停止金银流通的唯一享有特权的国家银行"②；他还阐述了蒲鲁东理论"在革命发展的某一个时刻"③ 有可能成为现实的思想。马克思把同蒲鲁东主义的论战不仅看成是制定自己理论的一个方面，而且也将其视为遏制蒲鲁东影响的一个方面。这一点在 1851 年 10 月 13 日马克思致恩格斯的信中表现得极为清楚，信中写道："最后，您必须把对蒲鲁东的看法告诉我，简单点也行。我现在正从事政治经济学的研究，所以对此尤其感兴趣。"④ 1851 年 11 月，在出版蒲鲁东与弗里德里希·巴师夏关于无息信贷的通信集时，马克思发现了适用于自己研究的蒲鲁东基本经济命题分类。这里涉及巴师夏准备的于 1850 年在巴黎出版的题为《无息信

---

① 这部手稿迄今为止只用俄文发表过。参看弗里德里希·恩格斯：《对蒲鲁东的〈19 世纪革命的总观念〉一书的批判分析》，载《马克思恩格斯文库》1948 年莫斯科版第 10 卷。

② 参看恩格斯 1851 年 8 月 11 日致马克思的信，载《马克思恩格斯全集》第 1 版第 27 卷第 326 页。

③ 参看《马克思恩格斯全集》第 1 版第 27 卷第 328 页。

④ 参看 1851 年 10 月 13 日马克思致恩格斯的信，载《马克思恩格斯全集》第 1 版第 27 卷第 379 页。

贷》的版本。① 在这些公开发表在蒲鲁东主义的报纸《人民之声报》上的书信中，蒲鲁东首先对其理论作了仅限于经济领域的表述。马克思从这里作的摘录就构成了50年代同蒲鲁东的价值和剩余价值理论论战的重要根据。②

马克思将论战双方的论据——论据比较、计算实例、定义进行了分类，这首先表明论战的性质。内容上的重点很明显的是——对巴师夏的书信也是如此——关于蒲鲁东的意见和对蒲鲁东的意见，是表明在同蒲鲁东主义的论战中的分类是正确的。例如，从巴师夏第12封信中所作的涉及面很广的摘录只包括他对蒲鲁东簿记的说明。③ 马克思无一例外地从14封信中作了摘录，而且摘录的涉及面越来越广，这是因为争论内容的重点越来越从"相互服务"转向根本的价值观。根本的价值观首先涉及蒲鲁东的第9、第11和第13封信以及上面已经提到的巴师夏的第12封信，因为到围绕无息信贷所展开的争论快要结束时，蒲鲁东还试图再一次提出一个相对完整的经济学的描述，在1851年11月24日马克思致恩格斯的信中举的一些例子，都出自蒲鲁东的第9和第11封信。这些例子说明了"浮夸、怯懦、叫喊和荏弱"④，而且也涉及作

---

① 受蒲鲁东的委托，这本书信集于1850年以《利息与本金》为标题也同样在巴黎出版。这个版本包括发表过的13封信。巴师夏接着写的第14封信，没有在《人民之声报》上发表，就像不止一次地提到的那样，由阿·米尔柏格出版的《资本与利息》的德译文（1896年耶拿版）没有用巴师夏的版本《无息信贷》，而是用了蒲鲁东的版本《利息与本金》。

② 参看卡尔·马克思：《伦敦笔记（1850—1853年）》第XVI本第23—30页。

③ 参看卡尔·马克思：《伦敦笔记（1850—1853年）》第XVI本第28页。

④ 参看马克思1851年11月24日致恩格斯的信，载《马克思恩格斯全集》第1版第27卷第393页。

为流通手段的货币与资本的混同和由此做出的推论。①

此外，摘录的内容还有：蒲鲁东关于贷放和出售的区别的看法；他的资本的定义、他的再生产理论以及由此得出的工人不能买回他自己的产品的公式。摘录的内容几乎不包括评论，这个事实绝不能视为赞同，因此马克思所作的极少的评语对蒲鲁东来说没有丝毫恭维之意。这些评语首先涉及蒲鲁东关于利息是可以借助于银行来改变的一种任意的制度的看法以及他的再生产理论。②

摘录是为了以后批判性地吸收而收集的材料，这一特点证明了这样的论点，即所计划的反对蒲鲁东《总观念》的论战的落空，不只归因于组织方面的困难，而是归因于马克思所知尚少，他的知识还不足以完全驳倒蒲鲁东。③ 这样，下述情况就完全可以理解了：马克思首先收集资料，但不立刻与他进行论战。后来，到了50年代末在对蒲鲁东主义的根本性论战中，马克思从这些大量的摘录中取出了最合适的几段原文，到后来——在《资本论》第3卷出版以前——他还保留着这些段落。

早在1850年马克思就表示了自己的希望：一个新的革命高潮将作为一次新的经济危机的后果而到来。④ 因为50年代后半叶一场危机临近的征兆越来越多，所以马克思全力以赴地为新的革命高潮准备理论武

---

① 参看卡尔·马克思：《伦敦笔记（1850—1853年）》第XVI本第26页。
② 参看卡尔·马克思：《伦敦笔记（1850—1853年）》第XVI本第26、27页。
③ 参看埃林弗尔德·加朗德尔：《恩格斯〈对蒲鲁东《19世纪革命的总观念》一书的批判分析〉的手稿对马克思和恩格斯与蒲鲁东主义论战的意义》，载《我们党取得胜利》1978年柏林版第115页。
④ 参看马克思和恩格斯：《评论。1850年5月至10月》，载《马克思恩格斯全集》历史考证版第1部分第10卷第467页。

器。重要的是,通过对雇佣劳动和资本之间的交换的分析来解释剥削机制,通过驳斥一切局限于流通领域的改革来说明消灭生产资料私有制的必要性。这项工作的成果首先是《政治经济学批判大纲》(1857—1858年)。其中所提出的基本问题是:"是否能够通过改变流通工具——改变流通组织——而使现存的生产关系和与这些关系相适应的分配关系发生革命?进一步说就是:是否能够对流通进行这样的改造,而不触动现存的生产关系和建立在这些关系上的社会关系?"[1] 马克思从批判蒲鲁东货币理论开始了他的思考,并且为此利用了蒲鲁东主义者阿尔弗勒德·达里蒙的著作《论银行改革》(1856年巴黎版)。在紧接着的《资本章》中这场论战基本上是以《无息信贷》一书摘要为基础的。在这一章里马克思不再研究交换银行草案和降低利息,而是把批判对准作为基础的理论。蒲鲁东没有能够认识到剩余价值的根源,只是把它看成是一种任意的追加额。"他在最简单的经济概念上混乱到了可笑的地步"[2],这使他"把资本和劳动之间的交换归结为作为交换价值的商品的简单交换"[3]。这样仍然掩盖了资本的本质。由于缺乏工业资本家能使人生产剩余价值的认识,蒲鲁东将生息资本和工业资本分开,这样就能把他的改革建议局限在流通领域。马克思向他指出,贷放和出售之间的区别只不过是纯粹表面上的,因为已经表明,"尽管同一个物品不会一再出售,但是同一个价值总是一再地再生产出来,让渡只涉及形式,而不会涉及实体"[4]。

---

[1] 《马克思恩格斯全集》第1版第46卷(上)第63页。
[2] 《马克思恩格斯全集》第1版第46卷(上)第280页。
[3] 《马克思恩格斯全集》第1版第46卷(上)第220页。
[4] 《马克思恩格斯全集》第1版第46卷(下)第373页。

这样，如果与蒲鲁东的想法相反，利息只从工业剩余价值中取得并且以这种价值为前提，那么对于无产阶级来说最后的结论就是：只有把利息与资本一起消灭。而蒲鲁东就废除利息而确定的目标就必然要归入全部生产方式的改造之中。马克思研究了完全被蒲鲁东看错了的雇佣劳动和资本之间的交换的特征，从而针对小资产阶级的幻想，分析了资本的实际剥削机制。

尽管所预期的作为危机后果的革命运动未能兴起，然而蒲鲁东主义的论战对国际工人运动的发展具有很大的意义，因为国际工人运动还处于形成过程，所以特别容易受到威胁。例如，法国的蒲鲁东主义者就试图使1864年成立的第一国际为他们的目的服务，并且否认所有的阶级斗争。1866年他们在日内瓦代表大会上提出了一份备忘录，其中还顺便谈到第一国际的任务："在可能的情况下第一国际将设一家商店，它的成员可以通过商店交换他们的商品，或进行服务与等值商品的交换，服务与服务的交换"。①

马克思从来没有低估过不仅在法国支部占统治地位而且还扩展到西欧的其他国家的蒲鲁东主义。他在1867年给路·毕希纳的信中写道："我认为，使法国人摆脱蒲鲁东对小资产阶级的理想化把他们引入的谬误观点，是非常重要的。不久前在日内瓦召开的代表大会上……经常遇到蒲鲁东主义的最恶劣的后果。"② 马克思对此的决定性打击是1867年《资本论》第1卷的出版。由于对资本主义生产方式的透彻而明确的分析，蒲鲁东主义在国际的领域内失去了大部分的追随者。1868年的布

---

① 参看M.克里沃古斯和S.M.斯特茨克维茨：《第一国际和第二国际史概论》，1960年柏林版第92页。

② 《马克思恩格斯全集》第1版第31卷第546页。

鲁塞尔代表大会以后蒲鲁东主义对第一国际来说不再构成威胁了。

然而，在法国的疆土上蒲鲁东主义仍然有影响。鉴于这一点，马克思一直关心尽可能快地将《资本论》译成法语，在1872—1875年间以许多分册的形式发表之前，马克思还亲自对译文作了一次校订。

然而，在《资本论》法文版出版之前，蒲鲁东主义不得不在1871年的巴黎公社中提出实践的要求。在这些斗争中他的许多追随者已经清楚：消灭生产资料私有制是不可避免的，资产阶级与无产阶级之间不可能和睦团结。蒲鲁东主义的主要论点证明它们本身显然是不现实的，为此进行的种种试验是灾难性的。对于没有动用法国银行以及因此国家的财政储备仍掌握在反动派的手里，蒲鲁东主义者是有重大责任的。这种行为所导致的消极后果完全证实了马克思和恩格斯早在1848年所阐明的货币和信贷的本质的论断；一种仅限于此的改革不会带来社会变革，然而在革命的改造中必然包括社会变革。

概括起来可以说，马克思与蒲鲁东主义的论战，是说明马克思如何在批判蒲鲁东思想时进一步发展他自己的思想财富以及如何同时为国际工人运动的形成作出重要贡献的卓越范例。

（原载《马克思恩格斯研究文集》第23辑第12—18页）

（邢艳琦 译 单志澄 校）

马克思提出过"无产阶级贫困化"理论吗？

——对有关这一问题争论的历史考察*

〔德〕卡尔·屈内

所谓"贫困化理论"（Verelendungstheorie）在对马克思理论的解释中很容易使人走入歧途。对马克思的许许多多的解释，包括严肃认真的和充满"诚意"的解释，都盲目相信了这一所谓的"贫困化理论"。

那些认为这一论断可以成立的解释，首先是以《共产党宣言》中一段著名的论述为依据的。这段话是这样说的：

"现代的工人……并不是随着工业的进步而上升，而是越来越降到本阶级的生存条件以下。工人变成赤贫者（Pauper），贫困（Pauperismus）① 比人口和财富增长得还要快。"②

甚至这段话本身就是不清楚的，因为工人"降到本阶级的生存条件以下"这一说法，决不应意味着现在整个工人阶级都必定降到本阶级的条件以下（这怎能设想呢？）。相反，这里显然包含这样的思想：这种条件表现为整个阶级的正常水平，只是整个阶级中的一部分降到这一条

---

* 本文选自《马克思恩格斯研究》1991年总第7期。

① Pauper 又译"需要救济的贫民"，Pauperismus 又译"需要救济的赤贫"或"需要救济的贫民"，指无产阶级中生活完全无着和需要救济的阶层和状态。

② 《马克思恩格斯全集》第1版第4卷第478页。

件以下。

在这个问题上人们通常引述的另一段话，见于《资本论》第1卷第23章，在这一章中马克思阐述了"产业后备军"理论。在该章第4节，马克思谈到"相对过剩人口的各种存在形式"，并阐明了"资本主义积累的一般规律"，其要点如下："生产资料和劳动生产率比生产人口增长得快的事实，在资本主义下却相反地表现为：工人人口总是比资本的增殖需要增长得快"。①

同这个问题有关的还有一段话，是"贫困化理论"的拥护者一再引用的。这段话是这样说的："社会的财富即执行职能的资本越大，它的增长的规模和能力越大，从而无产阶级的绝对数量和他们的劳动生产力越大，产业后备军也就越大……但是同现役劳动军相比，这种后备军越大，常备的过剩人口也就越多，他们的贫困（Elend）同他们所受的劳动折磨成反比。最后，工人阶级中贫苦阶层和产业后备军越大，官方认为需要救济的贫民（Pauperismus）也就越多。这就是资本主义积累的绝对的、一般的规律。"②

在这里很清楚，"贫困"这一概念显然同"过剩人口"，也就是同失业大军相联系。需要救济的贫民同工人阶级中的"贫苦阶层"是一回事。此外，从整个这一章的联系中也可以明确地得出这一结论。在稍往前几页，马克思注意到："工人阶级的一部分从事过度劳动迫使它的另一部分无事可做"，"工人阶级中就业部分的过度劳动，扩大了它的后备军的队伍，而后者通过竞争加在就业工人身上的增大的压力，又反

---

① 《马克思恩格斯全集》第1版第23卷第707页。
② 《马克思恩格斯全集》第1版第23卷第707页。

过来迫使就业工人不得不从事过度劳动和听从资本的摆布"。① 这就是预先明确说出的现代菲利普斯定理，这一定理使工资的运动成为失业率运动的函数。在马克思看来，过度劳动会加速产业后备军的生产，使之适应于社会积累的进步。

马克思使用"赤贫化"（Pauperisierung）这一用语，是想揭露一种矛盾，这种矛盾的一方就是生产力的发展，因而按照逻辑也就是就业者的平均实际收入，另一方则是没有被包括到生产过程中去的人或从生产过程中被抛出的人的状况。被排除或被抛出生产过程之外的原因，一方面是技术进步的节省劳动的趋势，另一方面是经济形势的不断加剧的动荡以及由此造成的停滞趋势。总的结果就是人口中的一个越来越大的部分被排除在正常就业可能性的范围之外。

马克思从来没有谈到过某种"贫困化"，他只是提到过"赤贫化"；后一概念具有完全不同的内涵。那些歪曲了马克思的著作家们想必老早就发现了这一点。因为从有关的引证中已经看得很清楚，马克思完全预计到了资本主义发展过程中实际工资会有某种增长的情况。在实际工资提高的情况下出现"工人阶级的贫困化"，这是可以设想的吗？不，发生的只能是"赤贫化"，因为后者意味着完全不同的东西，或者不如说，表示两层含义。

首先，马克思在一个地方所说的"工人状况的恶化"，决不是指工资状况而言的，因为马克思明确指出，在这里"不管工人的报酬高低如何"，反正都是一样。相反，马克思把这种恶化理解为人的内在的、精神上的贫穷（Verarmung），因为人从机器的主人变成机器的仆从，变成机器的助手，变成丧失"精神能力"、丧失创造力的"机器附属品"，

---

① 《马克思恩格斯全集》第 1 版第 23 卷第 697—698 页。

只去完成极端乏味的局部过程,这是人的异化的一个部分。关于这种异化,马克思在他的早期著作《神圣家族》、《1844年经济学哲学手稿》、《黑格尔法哲学批判》中作了令人生畏的描述。这种内在的贫穷远远超越了流水线上的计件工作,直到发展为我们的事务所生活的千篇一律的业务。只需人按电钮的"自动化",不是异化的扬弃,而是异化的最猖狂的胜利。人甚至再也看不到自己的创造物,它被机器从人手中夺走。

这就是人们企图解释为"贫困化理论"的马克思论述的一个组成部分。另一个部分则涉及"赤贫化理论"的核心点本身。

这里的"赤贫化"决不牵涉整个工人阶级,而只涉及工人阶级的一个部分。马克思想要说明的是这样一个事实:一方面,随着劳动强度的提高,早期残废者的数目扩大了;另一方面,由于经济周期节奏的变化,从一个长时期来看,失业即"产业后备军"的百分比上升了。

关于前一事实,经过社会改革的充分的讨论以后,我们早已感到是可信的。我们知道,大部分因致残而领取养老金者,例如早在他们达到60至65岁这一年限之前,就不得不要求领取补助金。关于这一情况,马克思有如下一段重要阐述:"属于这一类的,主要是因分工而失去灵活性以致被淘汰的人,还有超过工人正常年龄的人,最后还有随着带有危险性的机器、采矿业、化学工厂等等的发展而人数日益增多的工业牺牲者,如残废者、病人、寡妇等等。需要救济的赤贫形成现役劳动军的残废院,形成产业后备军的死荷重。"①

赤贫者的另一部分,是产业后备军本身。"社会的财富即执行职能的资本越大,它的增长的规模和能力越大,从而无产阶级的绝对数量和他们的劳动生产力越大,产业后备军也就越大。"关于这支后备军,马

---

① 《马克思恩格斯全集》第1版第23卷第706页。

克思说："他们的人数每当危机发生时就增大，每当营业复苏时就减少。"但是他们的长期的平均存在率，失业者在工人总数中的比重却不断上升。"但是同现役劳动军相比，这种后备军越大，常备的过剩人口也就越多，他们的贫困同他们所受的劳动折磨成反比。最后，工人阶级中贫苦阶层和产业后备军越大，官方认为需要救济的贫民也就越多。"①

现在很清楚，"需要救济的赤贫"一词无论如何不能简章地译为"贫困化"，更不用说同整个工人阶级相连的"贫困化"，而这种做法甚至在著名的社会主义者中间也不是少见的。这就表明，人们最粗暴地曲解了马克思。

实际上，这里犯了一个翻译上的错误：人们把"赤贫化"这样一个表示某一无权阶层的形成过程的用语，径直翻译为"贫困化"，并且不是同某种边际现象，而是同全体就业者的总体联系起来。

关于这一"错译"，本书作者早在1955年的一篇论述马克思理论的文章中就已经指出。那时我是这样说的："正是《资本论》的这一篇表现，马克思所注意的不是整个工人阶级的贫困化，而是这个阶级的一个较大的部分相对沦为这个阶级中的真正的'需要救济的贫民'，'工人阶级的贫苦阶层'这一事实。"②同时，我还提出这样一个猜想：这种"贫困化误解"实际上是由爱德华·伯恩施坦命名的。事实上，正是伯恩施坦试图一再要人们注意这样一点：生产力的发展同无产阶级水平的下降这二者的同时发生，是不可想象的；同时他假定，马克思并不相信这种消极的相互作用。他是这样说的："关于工人阶级的状况'毫无希

---

① 《马克思恩格斯全集》第1版第23卷第707页。
② 卡尔·屈内：《马克思和现代国民经济学》第2部分；《贫困化和积聚》，载《新社会》1955年第2期第64页。

望'的论断,早在50年前就被提出来了。在30和40年代的激进社会主义的文献中,这一论断一再出现,并且许多被发现的事实似乎证实了这一论断。"接着,伯恩施坦谈到《共产党宣言》,谈到马克思在《哲学的贫困》和《法兰西内战》中所作的听来令人悲观的论述。但是他没有从成熟的马克思的著作中引出一句话来,以证明他自己的说法。

总之,伯恩施坦断定马克思提出过上述论断,但是他的这一观点毕竟由于下面这种情况而受到了莫大的反压力,这种情况就是:像考茨基和普列汉诺夫这样一些"正统"马克思主义的代表人物,正是由于伯恩施坦敢于不相信这种"毫无希望的"状况而大为恼火。于是,伯恩施坦才得出下面这个极为空洞的看法:"工人状况的毫无希望……这样看来便是科学社会主义的一个无法推翻的公理。"①

在较新的社会主义文献中,真理开始逐渐为自己开辟道路,并且人们抛弃了关于毫无希望的状况的那种宿命论的论断,而后者同马克思关于"社会学方面的最低标准"可以移动的学说是根本矛盾的。这一点马克思在相当早的时候就已经论证过了。

大约在本书作者的上述著作问世的同时,罗曼·罗斯多尔斯基写出了他自己的巨著,在那里他断然否认马克思的"贫困化理论"的存在,并提出了一系列经过深思熟虑的论据。他认为,只有当马克思相信存在着某种生理学上的生存最低标准时,才能谈论马克思的"贫困化理论",而马克思正好拒绝这样的概念,特别是在他反对拉萨尔的"铁的工资规律"的争论中,这一点表现得最清楚。"问题不在于马克思和恩格斯在某一时刻是怎样评述英国和大陆各国的工资的具体变动情况的,

---

① 爱德华·伯恩施坦:《社会主义的前提和社会民主党的任务》,1919年斯图加特版第172页。

问题只在于：从马克思主义的经济学体系中，从马克思所提出的资本主义生产发展规律中，是否可以得出工人阶级状况不断绝对恶化（即'贫困化'）的必然性？例如是否像施特恩贝格所断言的那样，按照马克思的看法，资本的积聚和积累必定不是引起实际工资的提高，而是相反必定引起工资的下降？这后一种论断是应当坚决拒绝的，而且仅仅从马克思主义者反对生理学上的生存最低标准这一概念来说，就应当如此。"

诚然，罗斯多尔斯基认为，"甚至大智者有时也会前后矛盾"，并且应当承认，"甚至马克思（以及恩格斯）往往也过高估计导致无产阶级状况下降的各种因素的分量"。他把许多当代社会主义者接受下来的所谓"贫困化理论"列入科学误解的范围。据罗斯多尔斯基列举，除施特恩贝格"莫名其妙地"接受了这一理论之外，斯特拉彻也接受了这个理论。罗斯多尔斯基把这一理论说成是"同马克思的工资理论的精神和内容相矛盾的东西"①。

稍晚一些时候，欧内斯特·曼德尔在他的主要著作中也断定："无产阶级绝对赤贫化理论在马克思的著作中是找不到的。这是他的政敌硬加给他的，首先是由德国社会民主党中的所谓'修正主义'流派硬加给他的。"②

维尔纳·霍夫曼无端攻击曼德尔，说曼德尔这段说得一清二楚的话，表明他完全忽视了马克思的早期著作；不过，在霍夫曼看来，在马

---

① 罗曼·罗斯多尔斯基：《马克思〈资本论〉形成史》，1968年美因河畔法兰克福版第1卷第352—359页。

② 厄内斯特·罗德尔：《马克思主义经济学论文集》，1962年巴黎版第1卷第179页。

克思的早期著作中首先也只能为"相对"贫困化学说找到"某种根据";此外,霍夫曼在他自己的、多半是心理学的研究中得出结论说:人们应当从多半是心灵的和精神的意义上来理解马克思的概念。他认为马克思撇开实际收入,不问"报酬高低如何",又重新拾起他的青年时代的"异化"概念,说什么"个体工人畸形化","智力荒废","变成局部机器的有意识的附件"。这里涉及的是一种更加广泛得多的、一般人类的"贫困化",即"工人整个人身的退化",涉及的是某种"心理上的、智力上的、精神上的贫困化"。此外霍夫曼在谈到本书作者的一篇早期著作时,完全从"一个越来越大的部分沦为……贫苦的需要救济的贫民阶层"这个意义上来承认赤贫化这一经济学概念。①

不过,我们可以用另一事实来驳斥曼德尔:决不只是马克思主义的敌人和修正主义者,而是恰好有相当多的正统马克思主义者,包括布尔什维主义在内,都千真万确地误解了马克思,把这种论断加给马克思,结果招致了诸如卡尔多和萨缪尔森之流的嘲笑,说什么马克思在上一世纪60年代本来就应当去考察一下统计的趋势,等等。有一些较新的著作,例如1961年出版的《库西宁文集》,一反瓦尔加所说的"正统教条主义",在这个问题上最终也作了让步,并在一定程度上承认"社会的发展……就其总体来说……会遵循某种上升的路线"。②

与此同时,"学院"国民经济学的危机也开始使人产生这样的信念:那个极容易引起同马克思的争论并且可以压缩为统计年鉴教材的"贫困化理论"本身,在马克思那里是根本不存在的。

---

① 维尔纳·霍夫曼:《贫困化》,载《一个理论的后果——论马克思的〈资本论〉》1967年美因河畔法兰克福版第27、42、56页。

② 《马克思列宁主义原理》1961年莫斯科版第234页及以下几页。

索威尔 1960 年发表的一篇文章就是一个例证。此人在评述萨缪尔森和其他一些人的观点时,最后提出了一个正确的主张。他强调说:马克思从未假定工资水平中存在某种生理学上的最低生存标准。他说,霍夫曼就已经指出过,某种本来已表现为生理学上的最低标准的东西再发生"绝对的下降",这是根本不可想象的。索威尔强调说,马克思所说的"社会学的最低标准"不仅是一个可变动的标准,而且工人是从相对论的观点来看待的。索威尔进一步又强调,"赤贫化"包括失业大军在内,而"'官方承认的需要救济的贫民'则包括不再列入劳动力数量内者,即包括'接受施舍者'"。

另一方面,索威尔也作出了有利于"相对贫困化"理论的解释,按照这一理论,据说李嘉图所说的那种"实际工资",即工人从产品中取得的份额,会有一种下降的趋势,因此,马克思似乎主张工人在社会产品中所占份额不断相对下降的命题。①

围绕"相对贫困化"这一命题首先在 20 年代引起了激烈的争论,例如在纳达利·莫什科夫斯卡和布劳恩塔尔之间就展开过这种争论。前者认为繁荣时期会出现"相对"贫困化,而在景况糟糕时期会出现"绝对"贫困化,后者对此提出修正说:在景况糟糕时期,从工人阶级的生活水平比以前的状况有所降低这一点来说,诚然可能出现这种"绝对"贫困化,但是不可能出现"相对"贫困化,因为工人在社会产品中的份额是经常提高的。布劳恩塔尔当时所确认的东西,在今天为了术语的明确性仍有理由加以重述。当时他是这样说的:种种"奇谈怪论表

---

① 托马斯·索威尔:《马克思的"日益贫困化"理论》,载《美国经济评论》1960 年第 1 期第 115、116、117 页;111、112 页及以下几页。

明,'相对贫困化'这一概念是多么不幸"①。

当然,索威尔也强调指出,《哲学的贫困》(1847年)中确实有些论点容易使人们对马克思的立场作出错误的解释;恩格斯在为这一著作写的一条注释(1884年)中指出,这些论点可以同维持生存的工资理论相联系,这一理论是马克思在1848年尚且采用的。索威尔的这种说法从形式上看固然是正确的、但是马克思在这些地方只是说明,"劳动的自然价格无非就是工资的最低额"。马克思在这里说的不是"最低额"这一概念的内容。的确,恩格斯认为马克思在这里采用了维持生存的工资理论;但是他没有为此提出证明。而且,他甚至在这条注释中指出,拉萨尔借用了这一理论,然而这一理论是"不正确的";马克思在《资本论》中同拉萨尔进行论战时也强调指出了这一点。

利希泰姆的论断是带有结论性的,他说:"马克思认为,资本主义在社会的一极上积累财富而在对立的一极上积累贫穷(Armut)。马克思的这一论点遇到任何反驳,尽管人们发现(马克思也决不否认这一点),实际工资在生产率增长的情况下有提高的趋势……赤贫化这一概念同后备军相联系,但决不是同整个工人阶级有关,而且,凡是市场经济自由发生作用的地方,这种经济必然造成贫困者('需要救济的贫民')的庞大沉积物。"②

可见,"贫困化理论"的提法是建立在首先由伯恩施坦和修正主义者所作的解释的基础之上的,虽然他们的解释并不是错误解释的唯一来

---

① 纳达什·莫什科夫斯卡:《论贫困化理论——对马克思主义一个新流派的分析》,载《社会》1932年版第2卷第233页及以下几页;阿尔弗雷德·布劳恩塔尔:《答复》,载《社会》1932年版第2卷第245、249页。

② 乔·利希泰姆:《马克思主义在现代法国》,1966年纽约—伦敦版第146页。

源。马克思主义的为数众多的"庸俗批判者"都接受了这一论点,甚至专业经济学家也不加批判地承袭了这种论点。

诚然,甚至许多"正统"马克思主义的解释者也对于不能消除这一误解负有完全的责任。直到最近,特别是在法国,还有一些马克思主义观察家,如伊莱亚纳·莫斯等人,同"绝对贫困化"的论点调情。① 在苏联,瓦尔加所说的"教条主义者"长期以来就拒绝正视资本主义条件下实际工资提高的现实。只是在现时,某种较为实事求是的判断才为自己开辟出一条道路。

应用"相对贫困化"这一口号式的概念来表达工人在社会产品中所占份额下降的论点(实际上是洛贝尔图斯的论点),从根本上说是术语上的失策,因为这看起来好像是从已经放弃的出发阵地上撤退下来,然而这种阵地其实根本就不存在。

事实上,"贫困化"一语在马克思的全部著作中从未出现过。这是无可争辩的事实。

其实,马克思使用"赤贫化"一语想说的是完全不同的另一问题,而并不是他的批评家们所看到的"贫困化"问题。具体说来,这就是生产力的发展(从而合乎逻辑地还有实际收入的提高)同劳动力潜力的发展之间的矛盾。由于技术进步,这种潜力在一定程度上会变得"过剩"。

劳动力潜力、劳动效率的提高以及机械化趋势(从而也就是游离趋势)之间的竞赛问题,这样一来便涉及工资理论的全部复杂问题。

从原理上说,无产阶级化同货币工资和实际工资的提高完全可以齐头并进。马克思在不同的地方也曾多次强调指出这一点。一旦无产阶级

---

① 埃利昂纳·莫斯:《马克思和增长问题》,1956年巴黎版第176页。

的劳动力变成匮乏的商品，资本主义社会的基础就会受到威胁。一旦工资提高过多，劳动纪律、利润刺激以及积累欲（即投资欲）就会受到损害。

这一趋势受到三个因素的阻碍。第一，技术进步总是致力于劳动力的游离。第二，小资产阶级的消灭和殖民地与半殖民地工人大众的引进导致新后备军的开辟。第三，按照不规则的周期反复发生的危机把工人抛向街头。这些因素使失业者的"产业后备军"不断重新得到充实，这种后备军作为施加压力的手段成为对付全体工人过高要求的保障因素。同时，一旦整个经济得到足够的发展、技术进步所引起的游离趋势就可能被克服即得到抵消。增长问题毕竟同经济周期问题密切联系在一起，不过关于后者我们以后才能讨论。

在马克思看来，需要救济的赤贫是穷人的一个巨大苦水池，除失业者外，丧失劳动能力者、残废、养老金领取者以及不愿意劳动的"流氓无产阶级"也都排入这个池中。

赤贫化（修正主义者错误地译为"贫困化"）只涉及全体工人中降到平均工人正常生活标准以下的那一边际成分，即工人的"贫苦阶层"，"找不到买主"的工人。同时，这个平均标准（从而"需要救济的赤贫"的水平）完全可以提高；但是在马克思看来，重要的首先是"贫苦阶层"在全体工人中比重的增大。在这里，马克思和其他一些国民经济学家（如罗伯逊）一样，产生了同样的担心，并且这是符合实际的。第一次世界大战以后的大规模失业现象、社会保险金的停止发放以及养老金领取者的贫困，表明这种预测是完全正确的。

马克思所说的显然不是整个工人阶级的"赤贫化"，他只是说：有一部分工人，固然是边际不断扩大的一部分工人沦为全体工人中的"贫苦阶层"，这个阶层"同现役劳动军相比"不断增大。

第一次世界大战后一段时间的事实特别能说明问题。在英国，在1851年到1914年期间，甚至在最糟糕的危机时期（约从1858年到1879年），失业工人也从未超过工人总数的12%，在繁荣时期只有2%至3%，而在1921年到1938年期间，甚至在最好的年份里，这个岛国的失业也从未低于10%，平均是14%左右，这就是说，平均状况同以前只是在最糟糕年份才会出现的状况大致相仿。① 在德国，甚至在20年代的繁荣时期，这一数字也在6%至19%之间摆动，在1932年至1933年期间，竟上升到35%至40%，而只是例外地在军备生产达到高潮的1936年至1938年期间，才降到不低于10%，而在1914年以前，平均率只约为2%—4%。在法国，据计算，大约1932年以来全失业者达150万人，半失业者350万人，这一数字直到爆发战争时几乎没有减少。在美国在1932年至1933年，"产业后备军"达到1000万至1300万这一惊人的数字（据多方估计），1937年降至750万，至50年代，从不少于300万—350万，至60年代初又上升至600万。难道这不是马克思的"产业后备军"预见的鲜明证明吗？② 自1955年以来，中欧和西欧工业国家中的劳动力匮乏成了某种特殊情况，这只有从欧洲层次上对增长因素进行专门的分析，才可能作出解释。而且问题在于，这种现象是否只是暂时的，而并不是长期的。

人们把上一世纪中叶以来实际工资的提高看作不利于马克思的证据。如果撇开建立这种指数的困难以及商品消费成分的变化不谈，当然

---

① 参看阿·塞·庇古：《产业变动论》，1927年伦敦版第176页。
② 《行情统计手册》1933年和1936年柏林版；《国际联盟统计年鉴》1938年版。参看 W. 穆沙德特：《对法郎的过低和过高估价》1947年蒂宾根版第51页；B. 诺加敦：《经济学危机》1936年巴黎版第82页及以下几页；《合众国的恢复问题》1936年华盛顿版第61页及以下几页。

可以得出结论说，在1850年至1914年期间，最主要工业国家的实际工资几乎增长了一倍①，而且自那时以来，又继续有所增长，虽然增长得相当缓慢，并且只有第二次世界大战期间才是例外。

的确，马克思决不否认实际工资提高的可能性，他甚至明确地强调这种可能性，虽然这种可能性在他撰写自己的著作时还不是看得那么清楚。例如，他谈过这样的可能性："奢侈品归工人消费的数量比以前增加"；在繁荣时期工资提高；"实际工资……随劳动生产率而提高"，虽然"同后者不完全成比例"。② 马克思恰好强调"产品量"随劳动生产率而增长的现象，他第一个指出，资本主义时代使商品流获得何等巨大的增长。在他看来，全体工人在这种商品流中不可能不以强制方式取得或多或少的一份。此外，他甚至指出了通过工会迫使提高实际工资的可能性。

资本主义导致社会生产力的发展，这也就是它应完成的一项历史使命。但是，这决不是说，这样一来就必须承认资本主义是最高智慧，而鉴于实际工资的提高，社会改革也就成为多此一举。

工人"资产阶级化"命题的提出者的根本误解，正好就是由此而来的。其实，无产阶级成为"资产阶级社会掘墓人"的前提，绝不是忍饥挨饿。人们早就明白，革命者中的精华部分历来通常都是来自报酬优厚者的队伍，来自专业工人。如果饥饿可以自发地转化为革命，那么，例如在印度，由于周期地发生饥荒，此起彼伏的起义在本世纪和上世纪之交也许就已席卷全国。而事实正好与此相反，只有当交往关系有

---

① C. V. 蒂茨卡：《19世纪西欧各国的工资和生活费用》，1914年慕尼黑版。
② 《马克思恩格斯全集》第1版第24卷第377页；第25卷第505页；第24卷第457页；第23卷第702页。

所改善之后，饥荒实质上被克服之后，才开始出现起义，起义的最主要的代表不是来自贱民，而是来自生活相对较好的人。西班牙50年代的情况同70年代相比也有类似的情形、意大利的同一时期的情况也是如此。资本主义早期的赤裸裸的饥饿使民众变得对一切十分冷漠，只是当他们的境况有所改善之后，才出现革命的社会主义政党。这是为什么呢？并不是因为人们由于挨饿而更容易花时间和力气去思考。不是这样的，相反，是因为今天和明天之间，危机性失业和超时劳动乐园之间的对立变得更加尖锐，人人都能感觉得到。

马克思的"赤贫化学说"所指的是这样的事实：问题不在于生活水平的绝对高度，这一水平长期以来已有所提高；问题在于生活水平的差距及其动荡程度。认为工人有了电视机和小汽车就不会变成激进派，这是错误的。相反，工人失了业并无力支付分期付款或汽油，他才会比苦力更加十倍痛切地感到他所留恋的水平的下降，因为苦力从久已习惯的营养不良状态还只能再下降一步，即降到不折不扣挨饿的冷漠状态。而现代工业社会的特点却在于，在这里经济动荡的可能性要大得多，从而形成"产业后备军"的余地要大得多。所以，人们中的这样一个阶层会不可遏止地扩大，这些人的境况同他们以往的状况相比，以及同其他人的状况相比，相对说来要糟糕得多。人类社会中的失业的或靠领取养老金过贫困生活的"多余者"的生活水平同比如说自由工人的"正常"生活之间的差距，这是起决定性作用的东西而不是今天的一个失业者也许比1847年的许多完全就业者还要生活得好这一事实，具有这种决定性的意义。而正是这一事实，即相对赤贫化的"多余者"、"贫苦阶层"不断增大的事实，马克思称之为赤贫化。

马克·勃劳格把"贫困化理论"驱逐进寓言的王国，这不是没有道理的。他说，马克思"从不否认资本主义条件下实际工资提高的可能性……认为马克思提出工人阶级越来越贫穷的理论,这只不过是马克思逸闻('传奇马克思主义')中的一段故事"①。

霍夫曼的把基调放到资本主义条件下人的异化之上的解释,在盎格鲁-萨克森语系国家围绕"异化"问题而活跃起来的争论中引起了反响。在这里,维斯特提出一种观点,认为这个丧失人的尊严和人的自我充实感的概念,由于是随着分工和机械化而出现的,所以亚当·斯密的同时代人以及他本人也是颇为熟悉的。而马克思则远远超越了斯密,后者至少想考虑"丧失人性"的现象,而马克思则猛烈攻击人的商业化过程本身。因此,他不是简单地满足于某种较合理的分配,他"不仅关心物质产品的生产",而且"关心生存乐趣、自我实现和人性的巨大作用"。他认为"结合产品"的总体比某种传统"商品"的大规模生产更为重要。换句话说,他要求于他的社会的,远不是在可通过日常统计来衡量的社会总产品方面取得某种"富裕性质",而是在人的方面变得更加富裕。② 在这里,马克思同现代社会主义者的意向是一致的,后者决不崇拜增长现象,而是极力强调人的价值。

(原载卡尔·屈内《经济学和马克思主义》1972年德国诺伊维德和柏林版上卷)

(夕昆 摘译)

---

① 马克·勃劳格:《经济学理论回顾》,1968年伦敦第2版第262页。
② E.G.维斯特:《异化的政治经济学》,载《牛津大学经济学报》1969年第1期第13、18页。

恩格斯关于工人阶级状况的论述和当代国际工人运动中的若干问题

〔苏〕维·瓦辛

我们在阐明马克思和恩格斯的理论活动和实践活动有着不可分割的联系的同时,必须强调恩格斯独自为工人阶级在政治发展和思想发展方面做出的巨大贡献,尤其在马克思逝世以后,恩格斯一个人挑起了领导国际无产阶级的重担长达12年之久。

恩格斯的许多思想以及他对欧美社会主义者提出的忠告和建议对当代国际工人运动仍然具有现实意义。我们同那个时代虽然相隔一个历史时期,但这些思想、忠告和建议并没有失掉它们的社会意义,相反,它们的深刻程度和不朽意义倒是越来越明显了。本文有必要列举下面几个例子来加以阐明。

恩格斯的最大功绩就在于,他最先指出:无产阶级不仅是一个被压迫、被剥削的阶级,按其社会经济地位来说,它还是一个战斗的革命阶级。1845年,恩格斯在其著名的早期著作中写道,"工人阶级的状况是当代一切社会运动的真正基础和出发点……"① 在这部著作中,恩格斯

---

* 本文选自《马列主义研究资料》1984年第4辑。作者现任苏联科学院国际工人运动研究所研究人员。本文略有删节。

① 《马克思恩格斯全集》第1版第2卷第278页。

就已奠定了用以分析工人阶级状况的当代马克思主义方法论的基础：第一，把注意力集中在无产阶级发展的障碍上，集中在资本为了追逐利润而使生产和社会生活都服从于社会以致引起工人阶级贫困上；第二，注意到在资本主义制度下工人阶级的各个发展过程（这种发展使这个阶级将对生产起新的主宰作用有所准备）；第三，具体地、历史地研究这种发展趋势的相互关系的规定性，研究上述趋势在阶级力量对比、劳动市场供求关系、经济周期变化和经济发展各个阶段等等条件下的复杂辩证法。

同时，恩格斯，还有马克思（他后来在《资本论》中基本上论证了这个理论命题）指出，随着资本主义的发展，工人阶级的人数将不断增加。

实际生活证明，这个命题是正确的。对60年代末的情况所作的估计证明，发达资本主义国家的工人阶级人数为两亿多，发展中国家的工人阶级人数大约为1.5亿。19世纪中叶产业工人为900万，而今天工人和职员的人数已达3.5亿——这是资本主义世界工人大军在数量上的一大增长！这个发展卓越地证明了《共产党宣言》的下列论断："其余的一切阶级都随着大工业的发展而日趋衰落和灭亡，无产阶级却是大工业本身的产物。"①

有人试图以职员（"白领"）的人数比产业工人（"蓝领"）的人数增加得更快作为例子，因而怀疑当今资本主义社会各阶级的日益无产阶级化和与日俱增的两极分化；这种人的论点是不值一驳的。恩格斯对这种论点似有先见之明，他在《共产党宣言》1888年英文版上加的附注中写道："无产阶级是现代雇佣工人阶级，现代雇佣工人是没有自己的

---

① 《马克思恩格斯全集》第1版第4卷第476页。

生产资料、不得不靠出卖劳动力来维持生活的。"① 当然，不能否认，工人阶级在结构上已有了某些改变，在职业和质的组成上也发生了变化。所有这一切过程，由于科学技术革命的发展，在今天表现得特别强烈，但不能根本改变资本主义下雇员占据绝大多数这种状况，也就是说，他们不得不出卖自己的劳动力，从而遭到这样或那样的剥削。

恩格斯非常明确地区分了这部分或那部分居民的阶级特性以及他们的财产特性。他在《论住宅问题》这一著作中指出，私人住宅或其他财产的有无，对一个家庭的存在是至关重要的，而对它的阶级属性来说则是无关紧要的。无产阶级按其定义而言，始终是专靠工资维持生活的阶级。

恩格斯在《英国工人阶级状况》一书中还首先阐述了关于工人阶级在为自身的生存利益和最终目标的斗争中必须保持统一和团结这样一种在今天仍有现实意义的思想，他确认："资产阶级的统治正是建筑在工人彼此间的竞争上，即建筑在无产阶级的不团结上，建筑在一些工人和另一些工人的对立上。"② 同时，恩格斯和马克思以及后来的列宁都把工人阶级的统一行动看作是不论在全国还是在全世界范围内都亟待解决的一项任务。

在现代的条件下，工人阶级的统一问题尤为重要。许多工人运动领袖对实施国家垄断社会制度的国家的阶级关系作了剖析，从而认识到，工人运动的各个派别如果各行其是，那么，它既不能在垄断统治下建立民主制度，也不能开创社会主义的局面。

---

① 《马克思恩格斯全集》第 1 版第 4 卷第 465 页。
② 参看《马克思恩格斯全集》第 1 版第 2 卷第 507 页。

在国际工人运动中，共产党和社会民主党这两个最重要的政治派别扩大合作，对于发达资本主义国家工人力量的联合具有决定性意义。如果人们考虑到，发达资本主义国家的、至少是欧洲的大多数工人和相当大一部分其他阶层劳动人民采取这种或那种方式支持共产党或社会民主党，那就显而易见，人民群众不论在其反对垄断的斗争中获得新的成就，还是维护已经取得的地位，全都取决于共产党人和社会民主党人的统一行动。

有些社会民主党领导人常常指责共产党人是教条主义和宗派主义。与此有关，最近十年来在欧洲明显地形成了一种引人注意的局面。社会民主党人喜欢以发达的"现实感情"或"原则上反对教条主义"标榜自己，其实他们不愿抛弃那些早已过时半个世纪而且与当代情况不再相适应的观念。不是社会民主党人，而是共产党人才显示出一种真正的现实感情，并根据当前的要求，在争取工人阶级统一行动的斗争中发扬了首创精神。这种首创精神是以下列两个基本论断为基础的：

第一，共产党人将各社会党看成是工人党，就像1957年莫斯科共产党和工人党国际会议所强调的，后来又为1960年和1969年会议所证实，"愿意同它们不仅在争取更好的生活条件、扩大和维护其民主权利、争取和保卫民族独立、保卫国际和平的斗争中，而且在夺取政权和建设社会主义的斗争中"① 加强合作。

第二，共产党人已从工人运动的经验中吸取了教训，他们遵循下列永恒不变的原则：共产党人和社会民主党人只有以这种或那种方式团结起来，工人阶级才能取得最大的胜利。比如，在30年代，法国共产党

---

① 《争取和平、民主和社会主义的纲领性文件汇编》，1961年莫斯科版第76页。

人和社会党人的统一就堵死了法西斯分子夺取政权的道路。反之，如果共产党人和社会民主党人的关系疏远甚至公开为敌，工人阶级就会遭到惨败。例如，德国工人阶级的分裂助长了国家社会党于1933年夺取了政权，给全人类带来了极其可怕的后果。

共产党和社会党采取统一行动的条件和可能性现在已变得有利得多了。世界舞台上的力量对比已发生了有利于社会主义的根本变化，这就有可能采取新的方式、方法解决许多重大问题，而这些问题过去曾经是共产党和社会党之间产生分歧的根源。因此，就出现了这样一种现实可能性，即在社会主义还没有在全世界取得最终胜利以前就可能把世界大战排除在人类社会生活之外。只要社会制度不同的国家实行和平共处政策，就可以做到这一点。一切真正拥护和平的人们，无论是共产党人还是社会民主党人，都不愿意新的世界大战爆发。这就为他们之间的合作开辟了途径，而这种合作则意味着维护和巩固和平。

共产党人历来就是反对世界大战的，从来不曾为世界大战"工作"。恩格斯在预言一场世界大战时曾强调指出，这样一种战争必定是反动的战争，因为它"会使我们倒退多年。沙文主义将淹没一切，因为这是生死存亡的斗争"①。1893年1月18日，恩格斯在给左尔格的信中写道："对我们来说目前绝对不需要战争。我们有更可靠的办法前进，而战争只会妨碍这一点。"② 列宁强调指出："科学社会主义的创始者马克思和恩格斯常常说，从资本主义过渡到社会主义是必然要经过**一个长**

---

① 《马克思恩格斯全集》第1版第35卷第415页；第36卷第380页；第37卷第11页。当然，这并不意味革命者就不应该利用这样一种形势，即资产阶级蓄意发动的战争事件。类似的观点被写进了第二国际1907年斯图加特代表大会的著名决议中，后来又写进了第二国际1912年巴塞尔代表大会通过的著名宣言中。

② 《马克思恩格斯全集》第1版第39卷第10页。

久的痛苦的分娩期的。恩格斯分析世界大战的种种结果时，简单明了地描写了一个不容争辩的明显事实，即紧跟着战争而产生的以及同战争相连的这种革命（尤其是——我们还要补充一句——在战争期间爆发的并且不得不在包围它的世界大战时期生长和支持下去的革命）是**特别困难**的一种分娩"。①

共产党人在1957年、1960年和1969年举行的历次国际会议上，都把反对迫在眉睫的世界大战宣布为自己刻不容缓的任务，并呼吁全人类不惜一切力量防止世界大战的爆发。持久而巩固的世界和平并不是从天上掉下来的。帝国主义虽然日趋衰弱，但它的侵略本性难移。只有通过人类一切进步力量的共同斗争，才能防止一场新的战争。

在这里，展现了国际工人阶级的各个部分进行共同斗争的可能性甚至必要性，特别是为实现裁军计划而共同斗争的可能性甚至必要性。正像一些政治家和理论家试图主张的那样，裁军并不是幻想。早在19世纪末，恩格斯最先揭示了帝国主义的辩证法，他这样指出，帝国主义不可避免地招来将要消灭它自身的力量。对此，恩格斯写道："裁军，从而保障和平，是可能的……"② 列宁曾把裁军称之为社会主义的理想。这种理想是不会自行实现的。因此，人们必须斗争。裁军固然不易，却完全可能。正因为如此，一切马克思列宁主义政党都必须进行百折不挠的斗争。

另一方面，还需指出另一个千真万确的真理，即号召欧洲各国人民，首先是各国工人阶级、政党和工会，在解决维护安全问题时应发挥首要作用。拥有千百万成员的工人阶级的各个组织必须赢得欧洲大陆绝

---

① 参看《列宁全集》第1版第27卷第466页。
② 《马克思恩格斯全集》第1版第22卷第437页。

大多数劳动者的信任……十万火急地解决在我们大陆上潜伏着的爆发新战争的萌芽的一切问题。世界大战对工人阶级来说，始终意味着痛苦和灾难，因此他们对这种战争是深恶痛绝的。代表工人阶级利益的各个组织的责任感，它们的首创精神和行动，对能否确保欧洲的持久和平，将具有决定性的影响。对欧洲资本主义各国的工人阶级来说，同维护欧洲的安全问题密不可分的还有另一个重要问题。现在，同马克思、恩格斯和列宁生前相比，不必举行武装起义就向社会主义过渡的现实可能性①不仅存在，而且增加了。

但是，向社会主义和平过渡的可能性并不是一成不变的，它有可能减少或增加。这不仅取决于阶级斗争的外部状况——世界舞台上和平与社会主义的力量同帝国主义与战争的力量之间的对比——而且首先取决于阶级斗争的深度和广度，取决于工人阶级在每个国家采取统一行动的效果。

同时，和平地或非和平地过渡到社会主义的责任，关键在于社会民主党人，——在于他们对工人阶级的责任感，在于他们的政治路线，在于他们反对垄断斗争的积极性——同样也在于共产党人。工人阶级的要

---

① 众所周知，马克思和恩格斯本人并不排除在一些国家里是存在这种可能性的。比如，马克思1872年9月在阿姆斯特丹群众大会上说过："我们知道，必须考虑到各国的制度、风俗和传统；我们并不否认，有些国家，像美国、英国，——如果我对你们的制度有更好的了解，也许还可以加上荷兰，——工人可能用和平手段达到自己的目的。"(《马克思恩格斯全集》第1版第18卷第179页) 列宁认为，在1917年2月至10月这段时间里，苏维埃有两次可以和平地夺取政权，但是都遭到了孟什维克和社会革命党人的阻挠。列宁在1917年9月写道："……在这种特殊的历史时机，在全部政权转归苏维埃的条件下，革命的和平发展是**十分可能**的。"(《列宁全集》第1版第26卷第20页)

求提高了,而且还在继续提高。例如,前法国社会党总书记吉·莫勒在他的声明中就说过:"在社会民主党人往往已执政多年的所有国家里,他们并不能改变经济制度的性质。斯堪的纳维亚各国就是最好最鲜明的例证。我认为,我们的同志已经利用了在资本主义国家中进行改革的一切可能性。但是,这样的时刻会到来的"。吉·莫勒强调指出:"到那时,人们应当鼓起勇气,实现一个飞跃,彻底推翻资本主义制度,换言之,开始真正的革命过程。"① 吉·莫勒也许还记得恩格斯有一次在警告德国社会民主党领袖时说的一段话:"为了眼前暂时的利益而忘记根本大计,只图一时的成就而不顾后果,为了运动的现在而牺牲运动的未来,这种做法可能也是出于'真诚的'动机。但这是机会主义,始终是机会主义,而且'真诚的'机会主义也许比其他一切机会主义更危险。"②

马克思主义者一如既往地强调从资本主义过渡到社会主义的内容无论如何都是:建立工人阶级和一切劳动人民的政权,废除生产资料私有制,用社会主义所有制取而代之,消灭人剥削人的现象以及其他形形色色的社会压迫和民族压迫。不实现这些基本条件,社会主义仍然是一种纯粹的空想。

尽人皆知,恩格斯在《反杜林论》中说过:"但是,无论转化为股份公司,还是转化为国家财产,都没有消除生产力的资本属性。在股份公司那里,这一点是十分明显的。而现代国家却只是资产阶级社会为了维护资本主义生产方式的共同的外部条件使之不受工人和个别资本家的侵犯而建立的组织。现代国家,不管它的形式如何,本质上都是资本主

---

① 1968年10月28日至11月3日《新闻观察》周刊第207期第24页。
② 《马克思恩格斯全集》第1版第22卷第274页。

义的机器,资本家的国家,理想的总资本家。它愈是把更多的生产力据为己有,就愈是成为真正的总资本家,愈是剥削更多的公民。工人仍然是雇佣劳动者,无产者。资本关系并没有被消灭,反而被推到了顶点。"他接着说道:"生产力的国家所有不是冲突的解决,但是它包含着解决冲突的形式上的手段。"① 为了理解恩格斯为什么在这里使用"形式上的手段"这个术语,我们就要引用他于1890年10月27日致康·施米特的那封著名的信。他在信中写道,由各个阶级组成的社会产生着它所不能缺少的某些职能。被指定去执行这些职能的人,就形成社会内部分工的一个新部门。这样,他们就获得了也和授权给他们的人相对立的特殊利益,他们在对这些人的关系上成为独立的人,于是就出现了国家。恩格斯继续写道:"这种新的独立的力量总的说来固然应当尾随生产的运动,然而它由于它本来具有的、即它一经获得便逐渐向前发展了的相对独立性,又反过来对生产的条件和进程发生影响。这是两种不相等的力量的交互作用:一方面是经济运动,另一方面是追求尽可能多的独立性并且一经产生也就有了自己的运动的新的政治权力。"②

我们看到,恩格斯在这里已确认国家对社会的经济发展产生反作用的有机体的存在。在他看来,国家权力"可能沿着同一方向起作用,在这种情况下就会发展得比较快;它可以沿着相反方向起作用,在这种情况下它现在在经过一定时期就会在每个大民族中遭到崩溃;或者是它可以阻碍经济发展沿着某些方向走,而推动它沿着另一种方向走,这第三种情况归根到底还是归结为前两种情况中的一种"③。

---

① 《马克思恩格斯全集》第 1 版第 20 卷第 303 页。
② 《马克思恩格斯全集》第 1 版第 37 卷第 486—487 页。
③ 参看《马克思恩格斯全集》第 1 版第 37 卷第 487 页。

换句话说，恩格斯发现了国家的相对独立性的扩大，尤其是国家财产份额的增加，是生产的社会性与生产的私人资本主义占有形式之间的矛盾尖锐化的明显标志；他没有找到掩盖或尽可能削弱资本主义社会制度的这种基本矛盾的任何根据。恩格斯写道："资本主义生产方式日益把大多数居民变为无产者，同时它就造成一种在死亡的威胁下不得不去完成这个变革的力量。"①

但是，恩格斯并没有就此止步。他继续发挥他的思想并得出了一条非常重要的结论："这种生产方式迫使人们日益把巨大的社会化的生产资料变为国家财产，同时它本身就指明完成这个变革的道路。"②

这里明确地表明，恩格斯曾对国家财产问题进行过深刻的辩证研究。国家财产本身的扩大这个事实并不导致社会冲突的解决。但是，无产阶级夺取政权以后，国家财产在国民经济中所占比重的大小对于在新的目标下改组生产却具有重大意义。而生产的改组可以而且必须被赋予新的阶级内容。然而，恩格斯的主要目标是无产阶级夺取国家权力。

必须强调，恩格斯在《反杜林论》中以天才的预见指明了国家在经济中的作用将要提高的趋势；后来，即在1891年，他在批判德国社会民主党爱尔福特纲领时又先强调，由于托拉斯的兴起，就不能像过去那样认为资本主义是"无计划性的"③。恩格斯还强调说，这两种现象将加快发展中的社会主义革命进程。在恩格斯于1891年3月24日给奥

---

① 《马克思恩格斯全集》第1版第20卷第305页。
② 《马克思恩格斯全集》第1版第20卷第305页。
③ 《马克思恩格斯全集》第1版第22卷第270页。列宁曾经给予这个论点以高度评价，参看《列宁全集》第24卷第210、273页和第25卷第429页。

本海姆的信中，我们可以读到一段值得重视的论述：为了工人群众意识的转变就需要"生产方法更迅速的变革，机器用得更多……以及现代大工业的必然后果更加明显和更为普遍"①。

实际上，科学技术革命加剧资本主义的主要矛盾，它所提出的问题客观上是对垄断资本统治的一种挑战。为了使科学技术革命有利于整个社会的发展，人们就必须受到全面的、和谐的教育，社会的一切努力就必须协调一致。而要有效地解决这些问题就需要一种新的社会形式，即社会主义。

科学技术革命使人和机器的关系发生变化。在要求"生产合理化的"国家垄断资本主义的条件下，人和机器的关系带有一种非常畸形的性质，这一点，最近几年在强化劳动方面的表现尤为突出。机器运转的速度、操作的节奏以及生产过程的其他任务都不再是为之服务的工人的职能，而是由事先制定的程序来决定，这与其说是考虑到劳动者的精力和体力，倒不如说是最大限度地利用劳动工具本身。这对工人阶级产生了严重的后果，生产事故和职业病有增无减。科学技术革命给工人的职业训练问题增添了戏剧色彩。最后，这个问题对工人来说，就超出了是否存在工人学会某种固定的职业并获得及时的专业改造这种相应的可能性问题，因为工人适应职业的时间并不就是生产活动的周期。因此，工人的职业训练问题——没有越来越高的文化水平是不可想象的——成了最重要、最紧迫的社会问题之一。②

---

① 《马克思恩格斯全集》第1版第38卷第58—59页。
② 这个问题成为在联邦德国冶金工业工会倡议下，于1963、1965和1968年召开的讨论合理化、自动化和技术进步问题的国际会议的中心议题之一，不是偶然的。

从劳动人民的利益出发，解决科学技术革命的问题时，一个最重要的任务就是工人阶级为参与决定各种经济——从各个企业到全国乃至世界的各种经济而斗争。工人阶级要求参与管理经济的权利，这是阶级斗争进程的产物，并已为包括社会民主党的工人在内的广大劳动群众所接受。这个要求虽然是民主抉择的一种形式，同对生产资料和对劳动者所创造的财富的无限垄断权力是对立的，但它的发展趋势在一定条件下有利于社会主义目标的实现。总而言之，为扩大民主自由和在一切生活领域中实行民主监督而斗争，是所有工人政党采取共同行动的基础。

共产党人考虑到，在他们和社会民主党人之间，在意识形态方面，特别是在从资本主义向社会主义过渡的内容和途径问题上，在社会主义国家的形式和性质问题上，在工人阶级政党在革命进程中的作用等等问题上，都存在严重分歧。但是，共产党人认为，为了工人阶级的利益，这些分歧不能妨碍两党的统一行动。而统一行动的反对者则认为，意识形态上的分歧是两党统一行动的"不可逾越的障碍"，这种论点是经不起生活的考验的。法国、意大利、芬兰、日本、智利和卢森堡等国，在接近工人运动的最重要的政治派别的观点中成功地取得了不同程度和不同形式的、有利于整个工人阶级的成就。但是，总的说来，这种接近毕竟进展得很缓慢，还不像生活所要求的那么广泛。共产党人和社会民主党人进行积极而广泛的共同斗争，无疑将大大加快工人阶级事业的胜利。19世纪末，恩格斯对工人阶级事业的未来胜利充满信心，他在给西西里岛社会党人的贺信中这样写道："一个更好的新社会的曙光正在开始照亮各国被压迫阶级。而各地的被压迫群众都在团结自己的队伍，他们不顾边界的限制，不顾语言的差别，到处在相互达成协议。国际无产阶级大军正在形成,即将来临的新时代将使它获得胜利!"①

20世纪实际上成了工人阶级凯旋的世纪:社会主义世界体系这一主要成就已经产生;资本主义国家的工人运动正在蓬勃发展;由于国际工人阶级的革命胜利和民族解放运动的高涨,各国人民从殖民奴役下解放出来的时代已经开始;国际工人阶级的革命先锋队——国际共产主义运动日益广泛和强大。

工人阶级将以现在和将来的一切胜利,永远向恩格斯这一位世界社会思想的最高成就——马克思列宁主义的创始人之一致以崇高的敬意。恩格斯曾经谆谆教导我们,马克思主义的学说不是教条,而是行动的指南。不断丰富革命理论,放弃过时的结论,提出新的适应不断变化了的实际情况的论断,是马克思列宁主义的特点。恩格斯是一位天才的马克思主义者和革命家。我们有充分理由用他描述马克思的话来描述他:"他的英名和事业将永垂不朽!"

(原载汉斯·佩尔格编《弗里德里希·恩格斯。1820—1970年评论、讨论文集》1971年汉诺威版第245—254页)

(蒋仁祥 译　朱中龙 校)

---

① 《马克思恩格斯全集》第1版第22卷第558页。

工人阶级：历史使命与现实生活[*]

〔俄〕В.Г.安东年科

> 马克思学说的主要的一点，就是阐明了无产阶级的世界历史作用。
>
> ——列宁

马克思和恩格斯总是在研究和分析先前的以及同时代的哲学、经济学和社会学理论，深入考察现实生活中的事变的同时致力于从生活本身寻找进步的源泉和推动力。他们向工人阶级立场的转变和投身于工人阶级斗争的实践是他们的科学世界观得以形成的条件，同时也使他们对历史发展进程作出了科学的阐释。

《共产党宣言》中最重要的论断是关于无产阶级作为资本主义掘墓人和社会主义社会创造者的世界历史作用的论断。《宣言》中说："资产阶级不仅锻造了置自身于死地的武器；它还产生了将要运用这种武器的人——现代的工人，即无产者。"[①]

马克思主义的奠基人把工人阶级反对资本主义的革命斗争看作工人阶级在资产阶级社会的客观地位的必然结果，把社会主义革命和确立无

---

* 本文选自《马克思恩格斯列宁斯大林研究》1998年第4辑。

① 《马克思恩格斯选集》第2版第1卷第278页。

产阶级的统治看作是根据社会主义原则改造社会的途径。马克思和恩格斯在后期著作中进一步全面论证了上述结论。

恩格斯指出,社会主义自建立在科学基础上时起,即"被看作两个历史地产生的阶级——无产阶级和资产阶级间斗争的必然产物。它的任务不再是想出一个尽可能完善的社会制度,而是研究必然产生这两个阶级及其相互斗争的那种历史的经济的过程;并在由此造成的经济状况中找出解决冲突的手段"①。

马列主义经典作家在科学共产主义理论研究的各个阶段都在多部著作中强调无产阶级的世界历史使命。如马克思主义的奠基人所说,无产阶级所处的客观地位使其必然进行反对现存制度的革命斗争,并在全体劳动者为摆脱压迫和暴力的社会解放运动中发挥领导作用。无产阶级是资产阶级社会中受剥削最深重的阶级。无产阶级被剥夺了生产资料所有权,只能靠出卖劳动力维持自己的生存。无产阶级以其劳动增加了资本的积累并因此而使资产阶级加强了对它的统治,因此无产阶级最热心于消灭资本主义私有制,消灭剥削,并建立一个以公有制和社会公正为基础的社会。

在新的历史条件下工人阶级世界历史使命的论断在列宁著作中得到了进一步的发展。列宁为这个论断赋予了特殊意义。他说:"马克思学说中的主要的一点,就是阐明了无产阶级作为社会主义社会创造者的世界历史作用。"② 列宁指出,马克思看待社会现象的方法的最重要的特点是"考虑具体时间、具体环境的历史过程的客观内容,以便首先了

---

① 《马克思恩格斯全集》第 1 版第 19 卷第 226 页。
② 《列宁全集》第 2 版第 23 卷第 1 页。

解,哪一个阶级的运动是这个具体环境里可能出现的进步的主要动力"①。列宁认为在新的历史条件下这一社会进步的主要动力是无产阶级反对资本主义制度的斗争。他指出无产阶级是走在一切被压迫者争取自身解放斗争前列的阶级。正是无产阶级"英勇地奋不顾身地积极地创造世界历史"②。

如列宁所说,无产阶级在社会主义革命及新社会建设中的作用和真正力量不是由它占民族的大多数决定的,而是由它的革命性、组织性、政治觉悟以及擅长把其他阶级吸引到自己一方并领导他们的斗争等品质决定的。这些品质在无产阶级有了自己的、用先进科学理论武装的、擅长赋予无产阶级斗争以目的性的政党时表现得最为完整。伟大的革命领袖在1917年前夕指出,我们生活在两个时代的交界处,社会进步受资产阶级制约的时代结束之日便是另一个时代的开始之时,一个新的阶级——无产阶级在一个广泛的历史范围内都将是这个时代的中心。

列宁有力地驳斥了资产阶级思想家、机会主义分子以及第二国际领导人的某些言论,他们强调说,资本主义在其发展到帝国主义这一新阶段时的"组织性"会消除工人阶级为实现社会主义和共产主义而进行革命斗争的必然性。

像马克思和恩格斯一样,列宁也认为工人阶级的革命性是由它在资本主义社会中所处的客观地位决定的。正是这一客观地位使工人阶级对以公有制为基础的制度抱有极大兴趣。工人由于集中在大型企业工作而增强了自己的组织性和团结精神,这些东西是其他任何一个受资本压迫的社会阶层都不具备的。工人阶级在反对资本的斗争中的主导作用还取

---

① 《列宁全集》第 2 版第 26 卷第 140—141 页。
② 《列宁全集》第 2 版第 14 卷第 381 页。

决于它不仅限于保护自身狭隘的阶级利益,还反映出了社会进步的总体利益。因此说无产阶级最为完整地代表了全体劳动者的利益,"集中反映了全体被压迫者求解放的一切愿望"①。

列宁指出,与劳动者在资产阶级革命中主要是完成铲除封建制度、君主制度、中世纪制度这种消极的破坏性的工作不同,无产阶级及其领导的劳动群众在社会主义革命中的主要任务则是进行"积极的或者说创造性的工作"②,是在生活的一切领域实现根本的变革。作为最高类型民主的工人阶级政权将使最大多数人口即被剥削者和劳动者的民主得到前所未有的发展和扩大,从而为他们提供"十分积极地参加独立建设新社会"③的可能性。列宁强调工人阶级及其他劳动群众的积极性在社会主义建设进程中的不断增长,强调他们作为社会创造的真正主体的作用,从而把马克思和恩格斯发现的人民群众在历史中的作用日益增长的规律具体化,指出了这一规律在社会主义改造条件下的作用。

马列主义关于工人阶级世界历史使命的结论在社会历史实践中得到了充分证实。俄国十月社会主义革命的胜利和社会主义社会的建设、世界社会主义体系的改组以及当代世界革命的总进程皆可为证。

同时应该指出,工人阶级在社会主义社会生活中的主导作用及其社会积极性的提高既不是固有的又不是自动形成的现象,必须不断注意刺激工人阶级去提高自己的素养和社会积极性,注意创造条件以便培养工人及其他劳动者的生产主人翁和国家主人翁精神,为进一步发展社会主义民主和人民的社会主义的自我管理扫除一切障碍,使作为社会发展主

---

① 《列宁全集》第 2 版第 35 卷第 272 页。
② 《列宁全集》第 2 版第 34 卷第 154 页。
③ 《列宁全集》第 2 版第 34 卷第 154 页。

体的劳动人民能够真正发挥越来越大的作用。

经常注意发展社会主义民主，注意吸收广大劳动群众首先是工人阶级参与社会主义社会的管理、参与经济和文化发展重要问题的决策，是认识社会主义较之于资本主义所具有的一切优越性的必要前提。

工人阶级是当代资本主义营垒中一切反帝民主运动的主要革命力量和可资利用的力量。工人阶级的斗争所举的旗帜是当代的马克思列宁主义。

由此不难理解，反共分子为何如此残酷狡诈地发动对列宁主义和科学共产主义思想的进攻，为何试图推翻马列主义的主要之点即关于工人阶级的世界历史作用和无产阶级专政（根据真正的人道主义原则改造社会的工具）的必要性的结论。资产阶级思想家以及形形色色的机会主义分子试图为当代资本主义的"非无产阶级化"主张找到论据，试图论证工人阶级在科技革命的条件下必然减少、将来还会从资产阶级国家有工资收入的人户中完全消失。

资产阶级理论家、右翼社会民主党思想家和修正主义者以科技革命和工人阶级通过顽强斗争所取得的物质状况的些许改善为借口，炮制出关于"变了形的"、"合理化了的"和"变了性的"资本主义的种种理论，好像在这种条件下就不需要进行社会主义革命了，工人阶级本身"在消失"，正在变成一种"中间阶级。"工人阶级被描绘成了"过眼云烟"。美国的贝尔、贝尔纳德、里斯曼和法国的阿伦、布洛克-米舍尔、佩鲁、富拉斯季耶等资产阶级思想家以及法国的修正主义者加罗季、奥地利的修正主义者菲舍尔和其他许多人都发表过和正在发表这样的言论。

在资产阶级思想家看来，当代资本主义的本性发生了变化，它与马克思和恩格斯时代的资本主义迥然不同。工人阶级的状况在这一崭新的资本主义条件下也全面改观,总的说来工人阶级对自己的处境也还满意。

马克思主义的资产阶级解说家们断言,无产阶级世界历史作用的学说无论过去还是现在都未经证实,这不仅是对马克思学说本身,而且也是对资产阶级社会的真实发展前景的歪曲。其中的一位解说家吕贝尔写道,资本主义在任何地方都没有"造就出自己的掘墓人","无论哪一个发达国家的工人阶级都没有以不断加强的反抗对自己所受的奴役作出反应"[①]。他还断言,在我们这个时代不存在马克思主义所说的不断成长、人数最多且最富革命性的工人阶级。在1983年联合国教科文组织举办的题为"今日马克思"的国际研讨会上研究马克思主义的资产阶级"专家们"也大肆宣扬此类主张。

资产阶级思想家错误地解释了"工人阶级"这一概念本身。他们中的许多人只把工人阶级中的一个社会职业群体的代表即体力劳动者(蓝领工人)算作工人阶级。他们以科技革命条件下主要是体力劳动领域在萎缩为借口作出结论说,工人阶级在当代资产阶级社会中的作用正在缩小,将来就会完全消失。

众所周知,马克思和恩格斯在对同时代的工人阶级进行分析时把繁重的体力劳动作为工人阶级生命活动的典型特征之一,但他们从未把工人阶级仅仅和体力劳动者或者和工厂工人等同起来。列宁也注意到了这一点,他指出,把工人阶级仅仅局限于工厂工人,就是把马克思的思想缩小到不堪设想的地步。[②] 马列主义政党在处理这个问题时以苏联及国

---

① T.T.季莫菲耶夫:《资本主义矛盾的激化和劳动者》,1986年莫斯科版第155—156页。

② 《列宁全集》第2版第1卷第280页。

外的马克思主义出版物对资本主义国家工人阶级状况和作用所作的分析为依据,在对工人阶级进行界定时既考虑其是否参加体力劳动,又考虑工人阶级内部结构在现今条件下变得复杂化这一情况。这样做不仅有利于合理地安排工人阶级的各种专业队伍和主要行业集团的工作,而且能够及时全面地了解科技革命对工人阶级的发展所产生的影响。

按照马克思主义的划分法,划入发达资本主义国家工人阶级范畴的是这样一些雇佣工作人员:他们和资产阶级直接对立、被剥夺了生产资料、靠出卖自己的劳动力为生、在生产关系体系中占从属地位、受剥削、完成纯粹的执行性功能并根据自身的劳动力价值领取报酬。①

资本主义社会的工人阶级由工业无产者、农业无产者和商业事务所无产者三个主要群体组成。他们全都具有上述特点。在无产阶级总体构成中起主导作用的是它的产业工人队伍。恩格斯早就指出,"不同工人的发展水平直接取决于他们与工业之间的联系",优于其他人意识到自身阶级利益的恰恰是产业工人。列宁关于"运动的全部主要力量就在于各大工厂工人的组织性,因为大工厂里集中的那一部分工人,不但数量上在整个工人阶级中占优势,而且在影响、觉悟程度和斗争能力方面更占优势"② 的话同样有其现实意义。

发达资本主义国家的科技进步并未给劳动者的处境带来本质上的变化,只是由于职员以及工程技术人员加入雇佣劳动大军而使资本主义剥削的范围有所扩大。最新技术成果在生产中的运用使工人阶级的专业、行业和技能构成产生了深刻的变化。这表现在相当一部分的工人向电子

---

① A.加尔金:《资本主义国家的社会构成改进和工人阶级:工人阶级的历史使命和思想斗争》,1974年莫斯科版127页。
② 《列宁全集》第2版第7卷第10页。

工业、化学工业、核工业和火箭制造业等新兴工业部门的转移。科技革命要求工人具有较高的技术素养。因此纺织业、采煤业以及其他一系列工业部门的工人大受排挤。农业领域的同样进程也导致了农业无产者人数减少。发达资本主义国家无产阶级构成的变化还表现为劳动力从生产领域向服务、商业等其他领域的流动。但工人阶级的核心依然是工业无产者。

作为一种社会现象和资本主义原来的剥削对象的工人阶级正在消失这一"思想的"荒诞和无根据尤其鲜明地表现在它不能为资本主义国家的劳动者本人所接受。如美国1984年进行的社会身份调查结果所示，48%的被调查者把自己列入传统上包括产业工人、农场主和农业从业人员在内的"劳动阶级"。3%的被调查者认为自己属于"中间阶级"，这个阶级通常包括熟练工人、职员（基本上是这两种人的中上层）和知识分子。美国居民当中仅有2%的人把自己归入常规上被称作资产阶级社会精英的"上层阶级"。由此可见，绝大多数美国人都明确地把自己归入工人阶级，在他们看来，工人阶级决不是什么"正在消失的"阶级。

美国劳动部对1990年各行业技能群体劳动力分布所作的预测也颇值得注意。据估计，到80年代末美国劳动力构成中将有13%的熟练工人、11%的半熟练工人、3.6%的运输工人、4.5%的非熟练工人和2.1%的农业工人。这就是说，根据美国劳动部专家预测，1990年美国社会生产中将有34.2%的体力劳动者，这个数字大大超过了80年代中期的同比水平。

体力劳动者随着体力劳动在社会生产领域内的消失也会从资产阶级社会的社会阶级构成中"消失"，这一论调的拥护者不仅伪造了体力劳动领域内的数量变化，而且有过之而无不及地伪造了这一领域和科技革命之间相互关系发展的本质，推崇"无人控制的自动化工厂"和当代资产阶级社会的"智力精英"，"证明"工人阶级已经变成不能再对资本主义世界的社会的发展起任何实质性作用的"次要阶级。"以利普谢特为代表的资产阶级思想家为了证明"正在消失的无产阶级"已不可能而且也不应该成为劳动者在反对垄断资本斗争中的先锋队，于是不仅简单地把无产阶级等同于体力劳动者，而且非要把无产阶级和体力劳动者中"受教育最少、生活最无保障、社会世界观中有最保守最传统表现"[①]的那一部分人等同起来。利普谢特及其他资产阶级思想家竭力把工人阶级和体力劳动者等同起来并把工人阶级描述为完全丧失了革命潜能、与资本主义体系融为一体，但具有挑衅性和权力欲、没教养和没文化的狭隘的"社会利益"集团，其用心在于塑造一个智力落后的阶级模式、在脑力和体力雇佣人员之间制造对立、在工人运动中制造分裂并削弱工人阶级的阶级联盟。

上面提到的美国人在歪曲工人阶级的本质特征时，根本无视以下重要因素：熟练工人的数量增加了1/3，本世纪最后25年内大多数工人所受的学校教育高达13年，文化方面需求在增长，政治成熟性和社会积极性都在提高。相反却对科技革命和劳动之间相互关系的重要方面如劳动的智能化和劳动的转化等讳莫如深。事实上，如果说在科技革命前期只是把一些机械性的、执行性的体力劳动功能转移给了机器，那么随着自动化的实现人们才第一次发挥了自己的智力功能，对机器和工艺过程等实行自动控制。人的智能与电子计算机、计算机技术的工艺能力在科技革命这一阶段达到的紧密结合使人们得以完全摆脱沉重的体力劳动和

---

① S. M. 利普谢特：《无产阶级究为何物？一个无法完成的历史使命》，1981年英考特版第24页。

千篇一律的重复性操作,摆脱体力、心理以及神经方面的重负,甚至摆脱那些辅助的机械脑力操作,为最大限度地发挥和发展人的智力创造能力创造了条件。换句话说,随着自动化的发展,体力劳动和脑力劳动都经历了深刻的本质的变化,二者在劳动者的生产活动中有机结合的客观前提已经具备。

尽管当代资产阶级社会工人阶级的构成有所改变,但实际情况和《共产党宣言》中关于资产阶级社会"日益分裂为两大敌对的阵营,分裂为两大相互直接对立的阶级:资产阶级和无产阶级"①的论断完全相符。资产阶级和工人阶级是发达资本主义国家的主要社会阶级。而且工人阶级在人口中占绝大多数,而在英、美等国中占多数。

苏联科学院国际工人运动研究所的统计结果表明,工业发达的资本主义国家工人阶级的总数在本世纪中期至 80 年代初期由 1.7 亿增加到 2.41 亿,而工人阶级在这些国家的经济部门就业人口中所占比例由 58% 升至 70%。美国工人阶级的数量同期翻了一番——由 4300 万增至 8600 万,英国——由 1800 万增至 2100 万,法国——由 1100 万增至 1500 万,联邦德国——由 1400 万增至 2000 万,日本——由 1300 万增至 3500 万。②

如美国共产党新党纲所说,工人阶级"是在技术不断进步和资本不断集中的条件下唯一保持数量增长的阶级"③。工人阶级是社会进步的决定性力量,他们在发达资本主义国家有工资收入的居民中占多数,在自己周围团结了广泛的劳动者阶层,致力于千方百计改善这些人的社会

---

① 《马克思恩格斯选集》第 2 版第 1 卷第 273 页。
② 《工人阶级和当代世界》1985 年第 6 期第 145 页。
③ 《美国共产党第二十三次全国代表大会》1985 年莫斯科版第 234 页。

经济状况并提高其教育、职业技术和文化水平。工人阶级的劳动实际上创造了当代社会的全部财富，并保障着社会本身的存在和发展，这充分证实了马克思关于"最强大的一种生产力是革命阶级本身"① 的思想具有空前的现实意义。

当代的生产力发展水平不断产生出新的需求以及用以满足这些需求的产品。然而，由于工人阶级在资产阶级社会的社会经济地位并未改变，它依然是一个受剥削并承受由此而产生的一切后果的阶级，因此它对消灭资本主义制度的要求仍未消失。马克思指出，无论情况对工人阶级如何有利，无论"如何改善了工人的物质生活状况，也不能消灭工人的利益和资产者即资本家的利益之间的对立状态"②。这是决定工人阶级对待资本主义态度的主要之点。无可否认，工人阶级的生活水平在资本主义条件下的一定提高有可能使它的个别代表人物产生机会主义情绪，资产阶级则热衷于散布这些情绪并千方百计让它们植根于工人之中。但决定工人阶级对资本主义态度的并不是这些情绪，而是工人阶级在资产阶级社会中的客观地位。恩格斯指出："问题不在于目前某个无产者或者甚至整个无产阶级把什么看做自己的目的，问题在于究竟什么是无产阶级，无产阶级由于其本身的存在必然在历史上有些什么作为。它的目的和它的历史任务已由它自己的生活状况以及现代资产阶级社会的整个结构最明显地无可辩驳地预示出来了。"③

马列主义的奠基人从未绝对化地把贫穷当作决定劳动者革命性的唯一因素。当代资本主义远未消除工人阶级的贫困，却产生出激发工人阶

---

① 《马克思恩格斯全集》第 1 版第 4 卷第 197 页。
② 《马克思恩格斯全集》第 1 版第 6 卷第 497 页。
③ 《马克思恩格斯全集》第 1 版第 2 卷第 45 页。

级革命性与它的社会政治地位相关的一系列其他因素,如热核战争的威胁、环境污染和资产阶级对民主的进攻。

经济发达的资本主义国家的工人阶级经过顽强斗争取得的生活水平的显著提高,并未给它的社会经济地位带来本质变化,并未使工人阶级的"生存得到保障"。工人阶级不断受到失去经济和社会成果的威胁,深刻感到不断增长的需求和满足这些需求的可能性之间存在巨大的差距。

资产阶级被迫作出的一些让步不是无止境的。垄断组织由于市场行情的恶化以及经济困难的加剧而采取新的策略手段,他们开始剥夺曾经给予过的东西,向工人阶级发动进攻。

垄断组织由于1965年后一系列欧洲国家及美国出现了经济困难增长势头而即刻加强了对工人阶级的压榨。1966年美国全国工业者协会发表了带有禁止劳动者收入"过度增长"意向的纲领性声明。一些国家冻结了工资增长,提高了价格和税收等。

近年来,特别是由于美国及其伙伴开展的军备竞赛,用于社会需求的支出锐减。现在在最富有的资本主义国家美国大约有55%的工人或者生活在贫困之中,或者维持低水平的温饱。30%—35%的工人的收入远远不能使他们过上富裕日子,仅有10%—15%的工人在全年就业的情况下能达到资产阶级思想家硬说整个工人阶级都达到了的那种水平。贫困问题是美国最尖锐的社会问题。

70年代初美国官方注册的贫困人口有2600万,此外还有1200万人常年处于饥饿状态。80年代这两个数字又有很大增长。多数发达资本主义国家对贫困居民阶层提供社会救济的条件变得非常苛刻:提供失业补助金的期限缩短、发放条件苛刻、实际工资收入下降,等等。

科技革命给资本主义带来的典型社会后果之一是失业人口增加。

1986年上半年欧洲经济共同体国家共有1600多万失业者，其中英国约有330万，联邦德国有220万，意大利约有300万，法国有250万。美国的失业人口总数在800万—900万之间波动。① 所有这些不能不引起工人阶级的反抗，他们加强了反对垄断组织的斗争。

与国外散布的工人阶级的革命积极性正在下降乃至消失的论调相反，工人阶级的斗争并未停歇。国外的罢工运动在60年代末70年代初掀起了高潮。在此期间法、意、西班牙、葡萄牙、联邦德国、比利时、英、美、加拿大、日本、奥地利等国和拉丁美洲、斯堪的纳维亚半岛国家都发生了大规模的罢工，参加人数共有8亿。80年代有2.8亿人参加了罢工运动。

最近几年在资本主义国家参与社会冲突的人数增加了。例如，1975—1979年仅在发达资本主义国家就有2.82亿人参与社会冲突，1980—1984年的参与人数为3.35亿，而同期参与政治行动的人数分别为1.55亿和2.21亿。② 这表明劳动群众对垄断统治的反抗加强了，尽管如前所说，工人阶级的政治行动在个别年份也呈明显下降趋势，其发展也不够平衡。

工人阶级是资本主义世界一切阶级搏斗和政治冲突中的主要革命力量。它在物质财富生产中的决定性作用、它的人数的增加、政治觉悟的提高以及不断增强的组织性极大地提高了它的政治威信和它对其他劳动者阶层的影响力。同时也应该指出，资本主义世界工人运动的发展是不平衡的。工人阶级反垄断斗争的高潮期和回落期交替出现，帝国主义资

---

① 《世纪末的资本主义》，1987年莫斯科版第257页。
② T.T.季莫菲耶夫：《资本主义的矛盾激化和劳动者》，1986年莫斯科版第196—197页。

产阶级不时地使一定数量的工人幻想着在资本主义社会内部使自己的利益得到满足，向工人阶级灌输反共、反苏情绪的紧锣密鼓的宣传有时也能奏效，它动摇了工人阶级的社会主义理想信念，从而削弱了它们为捍卫自己的权利而进行斗争的战斗力和决心。为帝国主义的资产阶级利益服务的宣传机器千方百计瓦解工人阶级的阶级意识，在工人当中散布改良主义幻想及民族主义的偏见。

在资本主义国家的工人运动中同时存在着革命的和改良主义的两种思潮。一定数量的工人受到资产阶级改良主义或保守主义政党和团体的影响。所有这一切都是资产阶级社会中造成进步势力与反动势力之间的对立的那些矛盾的反映，表明在资产阶级的经济和思想统治下无产阶级阶级觉悟形成的复杂性。资产阶级的宣传机构宣扬有利于统治阶级的意识形态并把它强加给工人阶级，尤其企图利用工人阶级中某些新生分子的不成熟，因为他们的代表人物尚未完全与小资产阶级幻想决裂。所有这些努力都不无成效。危机的出现、狂妄的反共反苏宣传以及针对社会主义国家首先是苏联的诽谤在一定程度上降低了发达资本主义国家工人阶级的积极性。例如，1983—1985年的罢工总数较之1980—1982年减少了15%—17%，罢工人数则减少了大约1/3。在美、日、法等一系列国家参加工会组织的注册工人数量明显减少①。

最近几年，一些美国工人中的反苏倾向、民族情绪有所抬头，对美国实行的"新全球主义政策"的支持有所加强。列宁曾经谈到过工人运动由于工人阶级觉悟形成过程中的不同特点而产生的不平衡性。他说，无产阶级阶级觉悟上的变化"有时是无声无息的，无产阶级聚集力量是在暗中悄悄进行的，因而常常使知识分子对群众运动的持久性和生

---

① 参见1986年3月28日《真理报》。

命力感到失望。后来，转变关头一到，整个革命运动好像一下子就上升到一个新的高级阶段。在无产阶级和它的先进部队……面前，从实际上提出了新的任务。为了解决这些新的任务，转变前夕谁也没有料想到的新的力量，好像是从地底下生长了出来"①。如今的工人运动也同样有这样的变化。但这些变化并不能阻碍阶级斗争的进行，因为资本主义正在不断地为阶级冲突的产生制造新的理由和根据。例如，跨国公司对各国劳动者的剥削的加强，就促进了工人阶级的国际联合，促进了工人阶级在反对国际垄断资本斗争中的协作。

应该指出，亚洲、非洲和拉丁美洲的工人阶级在最近几十年里发展迅速、力量激增。捍卫独立的斗争、已获得解放的国家的阶级分化过程、和平和战争势力之间不断加剧的斗争以及整个国际工人阶级的反帝斗争都在促进发展中国家工人阶级的阶级觉悟的提高，都在加强工人阶级在本国乃至整个世界的发展进步中的主力地位。

近年来反动势力展开的规模空前的军备竞赛以及军费开支骇人听闻的增长加剧了劳动者的贫困，大大降低了劳动者的生活水平，减少了用于教育、文化和保健的费用，成为解决就业问题的障碍。目前美国是头号军事拨款大国。然而这个被反共分子吹捧为"全面繁荣"的样板国的国家的人均教育经费在世界排名第4位，保健经费排名第10，教师平均覆盖率排名第13，儿童死亡率和医生平均覆盖率排名第17，人均拥有病床率排名第29。这个最富有的资本主义国家居民的平均寿命在世界排名第25。②

如果把对军事领域的拨款用于解决社会问题，那么不仅能使从"国

---

① 《列宁全集》第2版第9卷第227页。
② 《国际工人运动手册》，1980年莫斯科版第138页。

防"战线退下来的人有工作可做,而且还会额外提供几百万个就业机会,其中包括受过高等教育的专家的就业机会。另外可以增加穷人、老人、退休人员以及残疾人的津贴,使成千上万公民的居住条件得到改善。然而,上述问题的解决对垄断组织、对那些醉心于聚敛财富、憎恨共产主义和现实社会主义主张的人来说无利可图。资产阶级国家的领导者们不止一次地在口头上宣布过解决社会问题、克服资产阶级社会危机的纲领。但实际上他们实行的政策根本不是为了解决社会问题,不仅如此,在垄断组织的利益稍一受到威胁时,领导人的政策立即转向收缩社会纲领、收缩民主自由。这一趋势在 70 年代中期表现得尤为明显。而最近几年当最为反动的统治阶级集团在领先资本主义国家,首先是美国占上风时,对劳动者权利的侵犯已经采取公开的形式了。

垄断统治不断产生出新的社会冲突。现代资本主义与 20 世纪初期,甚至中期的资本主义大不一样,但它无力根除其固有的弊病并解决社会问题。

资本主义制度使发达国家与发展中国家之间原本正在扩大的差距进一步加大,帝国主义妄想把发展中国家的居民拒之于科技进步之外。这不能不引起反帝力量,首先是工人阶级的反垄断斗争的活跃。当代资本主义不得不见风使舵,以适应新的条件。

工人阶级不会因帝国主义资产阶级在它的猛烈攻势下立即作出的某些暂时让步而感到满足。工人阶级对资产阶级的剥削机制有了越来越清楚的认识。因而小恩小惠难以使它满足。在罢工以及劳动者的其他群众性活动中日益积极地提出了政治性要求。工人阶级的历史使命即在于把所有劳动者从剥削和压迫中解放出来。如马列主义经典作家所言,工人阶级的利益及其革命斗争理应服从于这一使命。

资本主义始终孕育并且在不断地产生军事冲突。它的这一特点在目前条件下构成了对全人类的致命威胁。80年代上半期执掌美国政权的右翼集团及其在北约的主要盟友骤然间由缓和政策转向实力地位政策,为获得对社会主义国家的军事领先地位而扩充军备,从而形成了具有爆炸性危险的世界格局。对世界军事紧张局势感兴趣的是军工企业,这使它们有利可图。但这种趋势本身包含着对人类冲突的致命威胁。在这种情况下无产阶级的世界历史使命又具有了更深刻的人道主义含义。作为反帝主导力量的工人阶级,目前最重要的任务是维护世界和平。维护和平、防止对人类有毁灭意义的世界性热核战争是当前解决世界更新过程中的许多具体问题的基本前提,因为防止这样的战争是整个人类得以生存的首要条件。保卫地球上的生命的斗争使整个工人阶级和工人运动中现存的各种势力派别的统一行动显得更为必要。

目前的国际局势要求一切维护和平和理性之尊严、反对帝国主义侵略势力之疯狂和冒险的力量必须实现联合。

共产党走在工人阶级革命斗争的前列。党的事业是否成功在很大程度上取决于能否对工人阶级社会构成的变化、崭新的国际局势以及现阶段劳资对立的特点明察秋毫。和马克思、恩格斯及列宁所处的时代一样,劳动和资本的对立以及无产阶级和资产阶级的阶级斗争依然是资本主义国家的社会和政治生活的主要内容。

(原载《〈共产党宣言〉和当代》1988年基辅政治书籍出版社版)

(侯静娜 译)

工人阶级仍然是最重要的政治力量[*]

〔美〕迈克尔·耶茨

形形色色的激进派都认为必须以一种完全不同的社会取代资本主义。马克思认为从资本主义过渡到这一新社会的主要动力是资本主义自身产生的工资劳动者阶级（即雇佣劳动者阶级）。然而当前激进派普遍认为工人阶级承担不了马克思为其设定的这个任务，因为工人阶级尽管有足够的时间却没有完成这个任务。对此，我持异议。

一、只有工人阶级能够埋葬资本主义

资本主义生产的不断发展提供了走向富裕生活的可能性。但是资本主义在通向富裕生活的道路上设置了不可逾越的障碍。

资本积累需要对工资劳动者进行剥削，需要有劳动后备军。这些人都同富裕生活无缘。资本主义制造发展不平衡，使富裕集中于少数国家和各国少数人之手。资本主义经济不可避免地发生间歇性危机，有些人刚看到隧道尽头的亮光时，亮光就熄灭了。生活在底层的人如果不安分，国家随时会用镇压机器把他们打回到原地。

---

[*] 本文选自《国外理论动态》2004年第11期。

必须废除资本主义，代之以一种劳动者创造的全部剩余产品由劳动者自己支配的生产方式。怎样实现这一目标？

鉴于资本主义强大而有韧性，它不可能自行崩溃。需要有一种力量来领导反资本主义的斗争，谁能担此重任？

资本家们自己，包括乔治·索罗斯那些所谓"开明的"资本家决不会成为自己的掘墓人。独立业主们——个体户、私人开业者或家庭手工业者普遍存在于资本主义社会，他们既做资本家也做工资劳动者。历史告诉我们，他们往往向往成为资本家，有时也同进步群众运动结盟。不过这种同盟不可靠，而且没有他们资本主义照常运转。

农民阶级也存在于几乎所有的资本主义社会，他们是首先遭受资本主义之害的群体，资本把他们的土地变为用以牟取利润的私人财产，成为资本积累的一个要素。马克思在晚年认识到，农民可以成为一支革命的反资本主义的力量。他们要求有自己的土地并为此而斗争，他们还有一种集体办事的行为方式，能够接受更具集体性的组织。毛泽东深谙其中真谛，因此缔造了以农民为基础的红军。今天尼泊尔的共产党也在这样做。据估计，世界上将近一半人口仍然是农民。有鉴于此，不应忽视农民激进的潜力，不应拒绝同他们的进步组织如"巴西无地农民运动"等结盟。但尽管农民是革命斗争中的重要因素，他们不可能是主要力量，因为他们零星分散，难以有效地组织起来向资本主义进行全球规模的挑战。他们成批地被剥夺土地后流入城市，他们更可能作为劳动后备军，而不是给资本主义带来麻烦。再者，资本主义富国的农民为数有限，其政治力量微乎其微。说到底，资本并不需要农民，资本主义制度没有农民照样生存和发展。

于是唯一能领导反资本主义斗争的阶级便是工人阶级。在这方面它有许多优越条件。首先，在资本主义统治下它是举足轻重的阶级，资本主义必然产生工资劳动者,而且其人数不断增长。其次,资本绝对需要工资劳动者,因为他们是创造剩余价值从而也是创造利润的源泉。第三,工人的工作场所也就是从工人身上榨取剩余价值的现场,因而他们处于了解这个制度之本质的最佳地位。但这不等于大多数工人能自发地了解资本主义的本质,往往是一些技术工人和非工人阶级的人能了解资本主义本质并以此教育工人群众,工人们一旦了解了资本主义的本质就会更有阶级觉悟并愿意为反对资本主义而斗争。第四,工资劳动者更倾向于向前看。不同于农民,他们没有失去任何东西,所以不会留恋过去。技术工人有时会向后看,留恋技术给他们带来社会地位和受人尊重的往昔,但资本主义向技术工人开战,因此工人大众的均一化加强了工人阶级的前瞻性思维。

之所以说工人阶级是反资本主义的首要动力,还因为在资本主义社会中没有任何其他群体、运动或力量能像组织起来的劳动者那样有效地、不可阻挡地对现有权势体制发起挑战。然而这决不是说妇女、黑人、和平积极分子、生态主义者、同性恋者等等的运动以及其他多种运动不重要或不起作用,但只有组织起来的工人阶级才是资本主义主要的(但不是唯一的)掘墓人,是必不可少的和不可替代的"历史变革的动力"。

二、工人阶级的历史性成就

有必要简单回顾工人阶级的成就。它具有自觉的阶级意识还不到200年,但工人已组织起工会,不仅用它来维护自身权益,还通过它进行阶级启蒙教育。组织起来的工人阶级推动了一些知识分子分析批判资本主义制度并积极同工人结盟。工人阶级把自己的组织从工作场所发展到社会上，组织起政党，鼓动政治改革和由工人阶级直接管理国家。工人还创建了自己的报刊、音乐团体、剧院等等。总之，工人在组建工会和政党的同时，创造了工人阶级自己的文化。工人阶级及其同盟者的活动改变了资本主义社会的每一个部位，包括改善了工人的物质生活、全面扩大了民主，也改变了资产阶级的文化。更有甚者，工人阶级同农民结盟推翻了资本主义并尝试建立一种非资本主义的、社会主义的生产方式。这方面的例子包括苏联、中国和古巴。

三、西方国家工人运动为何趑趄不前

尽管取得诸多成就，但工人阶级没有动摇资本主义的主宰地位。资本主义富国从20世纪70年代初期开始向工人阶级发起凶猛进攻，工人屡屡挫败。在资本主义穷国，经济学家议论着失去的几十年。时至今日，新自由主义仍四处肆虐，其势如日中天。面对资本的凶残宰割，工人竟没有奋起战斗推翻这一压迫性的制度，难怪关心此事的人们断言世界工人不能也不愿（哪怕他们能够）领导争取美好世界的斗争！

问题出在哪里？首先，正如马克思指出的，资本主义凭它自己的意愿来塑造工人。因此工人很难认识到是他们创造了资本，反而以为是资本养活了他们。甚至当他们组织起来以后，也只是要求"公平一些"的工资和稍好一点的劳动条件，而不是奋力争取结束工资劳动制度——这是使他们生活陷入这种境地的根源。对于他们，资本主义制度看起来是不可避免的和不可改变的。媒体和学校等强大宣传机器更强化了这种思想。

其次，资本在积累过程中制造了工人队伍的分裂，同时雇主又千方百计煽动和利用工人的分裂。如资本积累造成技术工人和非技术工人之间以及就业工人和失业工人之间的分裂，种族、性别、民族和宗教等的不同又加剧了这种分裂。在美国，最棘手的分裂工人的问题就是种族问题。奴隶制的残余从未被肃清，工会运动从一开始就受其毒害。此外，直到最近工会运动一直是男人的运动，这也大大阻碍了工会运动去组织并团结整个工人阶级。当工人终于赢得自己的一些要求后必然要维护现状——维护同雇主和同国家之间的现有关系。工会同雇主谈判成功后往往同资方合作，尤其在雇主遇到市场销售困难时，其会员往往认同自己的雇主而不是与其他工厂的工人（哪怕这些工人同属一个工会）团结一致。在国家机器凭借其权力拉拢收买工会领导人时，问题更为严重。20世纪30年代，当美国新组建的一些产业工会有机会采取独立的政治立场时，罗斯福政府当即拉拢某些产业工会联合会（产联）领导人如西德尼·希尔曼和菲利浦·默里等，并利用他们反对独立性较强的约翰·刘易斯①。甚至美国共产党也陷入了这个圈套。结果是有组织的劳工同日益反劳工的民主党完全结成亲密的同盟。在欧洲，苏联的"威胁"和左翼工会的强大使资产阶级迫不及待地采取拉拢收买战略，建立起雇

---

① 在20世纪30年代短短几年内，在美国共产党的推动和积极参与下，美国工会在产业工人中的组织工作大大发展，重大罢工斗争屡屡获胜。"二战"后初期，美国工会运动再次高涨，美国政府通过一系列镇压共产党和工会运动的立法，在冷战的气氛中美国产联于1949年至1950年期间以"执行共产党的原则和政策"为由，将共有80万会员的11个产业工会开除出去。从此产联内部不再存在反对意见而且政治路线同劳联完全一致。1955年劳联与产联合并成立劳联—产联，由劳联主席米尼任主席。——译者注

主、工会和国家之间的伙伴关系,虽然这种"劳工协调"导致能使工人受益的福利国家的形成,但近年来当雇主抛弃这种"协调"时,工会竟手足无措。对劳工而言,寻求国家的保护或甚至同雇主结盟有时不失为一种有用的策略,但不能作为战略。在美国,这种"劳工协调"带来了特别严重的灾难性的后果。当时雇主和国家支持这种协调的最基本的条件就是工会运动必须摒弃它的左翼力量。于是产联将左翼领导的工会全部清洗出去,这些工会恰恰就是那些支持民权斗争和男女平等、坚持工人阶级国际团结传统的工会,就是那些能为工人赢得最有利的集体合同并且是最民主的工会。由于产联同狂热反共的劳工联合会(劳联)合流,美国工会运动失去了它最优秀的分子和工人阶级思想理论的指导,从此远离蓬勃兴起的民权运动而完全受男性白人工会官僚(其中不乏追名逐利之徒和腐化的准暴徒)的统治。劳联—产联主席乔治·米尼甚至自夸他从未参加过罢工纠察队,他的下属中有些人还效力于中央情报局,参与颠覆世界各国民主政府的活动。战后的两次经济繁荣和美国强大的经济实力使美国工会运动能为其会员分得一杯羹,但当20世纪70年代中期经济繁荣结束,雇主发动进攻时,工会运动几乎全盘投降,其软弱令人惊诧。市场机制的力量以及工会同资本之间的交易使雇主得以放手操纵劳动过程,将大量现代工作场所变为苦役营。鉴于工会放弃了进行斗争的权利,于是工人纷纷购买声称可使他们有权控制企业的各种公司股票就不足为奇了。

最后,民族主义和帝国主义的合力使资本主义富国的工会运动严重地脱离正轨。资本主义是在民族国家的框架中发展起来的,而且它的发展从一开始就是不平衡的。欧、美、日以其强大的军事及经济力量征服了世界其他国家,建立了帝国主义体系。民族主义和帝国主义的孪生发展严重地阻碍了世界工人的团结。原因有二：第一，民族主义是一种排他意识，具有强大的思想影响。它鼓励工人效忠于自己的国家，但对本国效忠的反面则是对"外国"的猜疑甚至仇恨。第二，在发达资本主义国家，民族主义和帝国主义互为表里。发达资本主义国家在凶残剥削亚、非、拉美工人农民的同时，在国内刻意进行种族主义宣传教育；跨国公司从边缘国家榨取的剩余价值在本国工会的压力下可以分少许给本国工人；与此同时，公司和政府还以设立名目繁多的劳资合作机构、在公营企事业任职等方式拉拢收买工会领导人。这一切都旨在使发达资本主义国家的工会领导人和工会会员相信帝国主义对工人而言是好事，而且这些手段基本上是成功的，所有发达资本主义国家的工人组织不仅支持本国跨国公司残酷剥削穷国工人，甚至也支持富国工人之间互相残杀的战争。民族主义和种族主义严重地阻碍了国际工会运动将自己的力量拧成一股绳。当阿根廷失业工人进行斗争时，劳联—产联对此不屑一顾。今天，对伊拉克的占领掩盖了对初生的伊拉克工会运动的镇压，但听不到美国工会的声音。然而，美国工会每次开会必先唱国歌甚至向国旗敬礼。最糟糕的是，一些工人阶级父母鼓励子女应征入伍，当他们丧生时还夸耀他们是英雄。

四、工人阶级的历史任务：一定要实现、一定能实现

工人阶级究竟能不能改变这个世界？面对这个问题，必须重申两点。首先，只有广大工人群众着手改变这个世界，才会有一个美好的世界。资本主义的自我再生产需要有工资劳动者，因此只有工人阶级能终止它的再生产并重新组织社会的生产及分配方式。其次，资本主义不可

避免地要产生许多矛盾,这就为工人阶级及其同盟军挑战资本的权力提供了机会。但资本总是能从这些挑战中汲取教训甚至使形势转而对自己有利。资本主义在其发展过程中既霸道又有韧性,这使取代资本主义的任务十分艰巨。尽管如此,仍出现了许多令人鼓舞的现象,例如蓬勃发展中的全球正义运动,(美国)学生领导的反血汗工厂运动,大批成功地提高工资的斗争,以及妇女、少数民族、移民等等领导的具有革新精神的组织活动,还有工会内部正在开展的关于提高会员率的讨论和包括"美国劳工反对战争"在内的反战运动等等。

在美国,为振兴工会运动,劳动人民必须有工人阶级的世界观,有指引自己前进方向的思想理论和工人阶级观察认识世界的思想方法。要在工会运动内部和外部组织并发展左翼力量——建立起工人阶级独立的政治力量,同时揭露两大政党是一丘之貉的实质。要在工人群众中进行自我阶级教育,认识资本主义的本质。揭露资本主义同性别歧视、种族压迫等各种形式的压迫以及破坏自然生态之间的内在联系。就美国工会运动特别是劳联—产联历史上的种族主义和反左翼工会两大问题展开全国性大讨论,同时宣讲当年左翼领导的工会在种族及和平等重大国内国际问题上的立场以及在集体谈判和工会民主等工会问题上的成就。

要坚持不懈地提出左翼的要求及主张:就业的权利、享受医疗保健的权利、结社自由、体面的劳动、社区和工人的监督管理、民主管理国家、健康的环境、反对战争、反对帝国主义(将反全球化运动同反资本主义结合起来)、平等的人际关系等等,结合这些主张和要求让工人理解为什么要组织起来,在此同时必须提倡和发展包括各种艺术门类在内的左翼文化。要在工会和自己所在的组织中坚持民主和平等,反对一切形式的压迫。必须实行国际团结,切实支持外国工人的一切进步活动,尤其要反对美国的外交政策——它的出发点和落脚点都是反工人利益的。工人阶级必须千方百计地设法解决自然环境的迅速污染问题，指出资本主义是造成这一问题的总根源。

马克思在《资本论》中对资本的分析以及关于工人阶级是唯一能够埋葬资本的力量的论断，在今天就同当时一样的恰当和正确。

（原载美刊《每月评论》2003年12月号）

（郭懋安 编译）

谁来改变这个世界：工人阶级还是大众？*

〔美〕克里斯·哈曼

一、以"大众"取代工人阶级历史地位的思潮

自从热那亚事件和"9·11"事件以来，世界各地社会运动面临的问题已不仅仅是反对现存的制度，而是如何战胜这个制度。改变这个世界不仅是可能的而且是必要的。马克思和恩格斯认为改变这个世界的动力是工人阶级，但这个观点在20世纪80年代受到了许多人的质疑。

安德烈·高兹写了一本书，书名就是《别了，工人阶级》。意大利的自治主义思想家们认为工人是工作有保障、地位优越的群体，他们已经割断了同"真正的"无产阶级的关系。过去搬弄马克思主义词句的学院人士现在坚持认为性别及族群是和阶级一样重要的概念，甚至更为重要，而且这些概念的重要地位也将被其他身份取代。反资本主义的运动使许多在其他方面观点迥异的人都认为能向现制度挑战的是那些参与"身份政治"的为数众多的零散的群体，没有人再把工人阶级放在中心位置。其中如娜奥米·克莱恩在《无品牌》一书中认为，经济全球化的发展决定性地削弱了工人阶级的力量。哈特和耐格里在他们的《帝

---

* 本文选自《国外理论动态》2004年第11期。

国》一书中则认为,"过去可以把无产阶级归类为产业工人阶级,其典型形象是大型工厂的男工……今天,这样的工人阶级已经从视野中消失了。它仍然存在,但它在资本主义经济中的特殊地位已被取代了……"

他们由此认为"大众"才是改变这个世界的动力,"大众"就像五彩缤纷的彩虹,是时下多种多样的零散的身份群体结成的联盟。然而关于"大众"的论述却是该书最薄弱的一个环节。尽管如此,这个观点在意大利和拉美的激进派中很有影响。

二、工人阶级队伍在壮大,结构有变化

1. 发达资本主义国家工人阶级的状况

上个世纪最后25年,资本主义发生了许多变化,其中比较突出的是有些国家,如英国曾在60年代叱咤风云的矿工、钢铁工人和造船工人实际上已经消失了,整个制造业的工人减少了一半。但事实证明工人阶级的中心地位和重要性并未因此受到影响。

美国产业工人人数从1900年的1100万增至1950年的将近2100万,1971年的2600万和1998年的3100万。即1998年美国产业工人人数为1900年的近3倍。由于同期内美国的就业人口大量增长,所以产业工人的比重下降,但这决不是产业工人消失了。耐格里和哈特对此的解释是:"由美国、英国和加拿大牵头,出现了一种服务经济模式,在这种模式中工业部门的岗位急剧减少,服务部门的岗位相应地增加。"日本的数字证明他们的论点不能成立。在1950—1971年间,日本的工业劳动力翻了一番还多;1971年至1998年又增加了13%。

诚然，有相当一部分重要发达国家的工业部门就业岗位在 1971 年至 1998 年期间急剧减少，如英国减少 1/3、法国减少 1/4 以上、比利时减少 1/3 以上。但这不能说明产业工人阶级在所有地方都消失了。就发达工业国家整体而言，1998 年的工业工作岗位比 1951 年增加了 2500 万个，比 1971 年只减少 740 万个。那么比老的工业部门就业增长更快的是哪些新的经济部门呢？哈特和耐格里声称："这些部门的特征是知识、信息、情感和交流在其中起关键作用。在这个意义上，可以说后工业经济是信息经济……由于后现代进程，一切生产活动都趋于生产各种门类的服务，趋于信息化。"

然而对"服务业"进行分析可以看出其中大多数岗位的劳动的例行公事化、单调，完全同传统的体力劳动岗位一模一样，如仓储、保安、档案、计算机终端输入、呼叫中心、商店收款台、快餐售货台等等的工作都是如此。以英国为例，2001 年 9 月"销售、旅游、餐饮"业的工作岗位有 670 万个，"运输和传媒"业有 179 万个，邮政和电讯业有 40 万个，垃圾处理及"清洁服务"业有 29.3 万个，洗衣干洗及理发等有 17.5 万个，医院疗养所等的工作岗位有 130.7 万个。以上这些门类的服务将近占全部"服务"就业的 60%。另一方面，2000 年春季，英国有 85.5 万人从事与信息技术有关的职业，这就是说，在新技术发展的高峰时期这类工作岗位也只占全部劳动力的 3%！再看 2001 年的美国，与服务有关的职业共有 10300 万个，其中包括 1800 万日常的纯体力"服务职业"，如"家政服务"、"保安服务"、"食品服务"、"清洁和建筑物服务"、"个人服务"；还有 1800 万个日常的文职岗位，以及 675 万售货员岗位。这些工作岗位的工资和劳动条件基本上同许多"体力"劳动岗位一样——其特点是（虽然实行灵活工时制）规定严格的上下班时间，遭受经理人员的欺凌，不断进行工作评估以及计件工资制。同时还至少有4200万"服务部门工人"从事日常白领工作或体力职业。有人说现在已进入"后福特主义"时代，更准确地说这是把福特主义普及到包括零售业和快餐业，甚至还力图把这种操作方式强行推广到教学和护理等部门，这也就是为什么近二三十年来这些部门频频发生工会行动和罢工的原因。再看2000年的欧洲，有工作的人口总计15900万人，其中83%是雇员，17%是自雇者，二者的比例同1995年一样。20世纪90年代上半期雇员中的"不稳定就业"虽大量增加，但1995年至2000年期间长期工作岗位同非长期工作岗位之间的比例基本没有变化：长期82%，非长期18%。有18%的不稳定就业这个比例诚然太高，但不等于所有的工作都要变成临时性工作，然而耐格里和哈特却宣称："整个劳动人口都越来越处于不稳定就业之中。"这种观点是同那种认为工作岗位不断从发达国家流向第三世界国家的观点联系着的。这也是《无品牌》和《帝国》两书中的观点。但实际情况则如鲍勃·罗斯霍恩指出的那样，从所有发达国家流出的全部工作岗位仅约600万个，占总数的2%。

2. 世界工人阶级的状况

就全世界工人阶级的情况而言，目前有两种趋势。其一是上世纪末资本主义生产关系已渗透到全世界的每一角落，其表现之一是大规模城镇化。城镇人口在世界人口中的比重从1975年的37%上升至1995年的45%，预测到2015年将占发展中国家人口的49%。伴随城镇化快速发展的是较低速度的工资劳动人口的增长。据迪翁·菲尔默1995年的测算，在全球25亿非家务劳动力中，1/5在工业、1/3在服务业、2/5在农业。这三个经济部门中有许多劳动力不是工人而是自雇者，他们在农业中更多。菲尔默的结论是，全球受雇佣的劳动力总数约为 88000 万，自雇的劳动力在农村约 10 亿（绝大多数为农民），在工业及服务业为 48000 万。但这种计算方法忽略了大量农民在不同程度上参加了工资劳动的事实——如在农民人数最多的国家中国，每年约有 1 亿至 1.5 亿农民进城务工。另据调查，根据 15 个发展中国家最近统计，从事非农业劳动的农村劳动力占农村劳动力的 30% 至 40%，而且这个比重还在上升。所以比较接近实际的全球就业状况应是工资劳动者、完全自雇者（主要是农民）和半工人各占 1/3。

其二是全球范围内的就业发展不平衡。部分国家的工资就业水平实际下降，大部分国家则上升，但其趋势是非正规就业的增长快于正规部门的就业增长。在 20 世纪 80 年代即所谓的"失去的十年"中，拉丁美洲非农业的就业劳动力从 1980 年的 6800 万增至 1992 年的 10300 万，同期内"大企业"的雇员只从 3000 万增至 3200 万。非农业就业中的非正规就业和小企业就业在 1980 年共占 40%，到 1990 年升至 53%。

这些数字有力地说明，工人阶级没有消失，而是其内部构成发生了变化。

三、对工人阶级的警示

在工人阶级发展壮大的同时，居于工人阶级和统治阶级之间的中间阶层也在发展。"新中产阶级"对许多白领工人有影响，小雇主和自雇者则对城市工人群众有影响，特别是对那些不能稳定就业而不时挣扎着自谋生路的人们有影响。例如印度 1983 年的纺织工人大罢工以及其他大罢工赢得了经济发达城市如孟买市居民的支持，但在罢工失败后却形成了右翼的印度教湿婆神军党（Shiv Sena），他们控制了贫困人口中的广大阶层。英国在 20 世纪 80 年代出现过类似情况，在工人运动遭受挫败后小资产阶级中的撒切尔思想在许多工人中产生了影响。阿根廷在 20 世纪 90 年代初期也出现过同样现象。

说到大众，往往出现互相对立的大众。一种是倾向于左翼的采取集体行动的大众，另一种则是倾向于右翼的种族主义的和个人行动的大众。在欧洲，随着危机的深化已可看到这方面的迹象，一方面是反资本主义的运动、新的防御性的罢工以及反战运动等等，另一方面是新的极右运动的兴起。说反资本主义运动和反战运动是一些"大众"的运动也不无道理，因为其成员来自三教九流，背景各异，这是历来所有新出现的社会运动的共同特点：英国 19 世纪 80 年代再度出现的社会主义运动是如此，20 世纪 60 年代晚期的运动是如此，现在的运动也是如此。

这种"大众"的运动存在两个弱点。一是它缺乏权力，兴起时犹如火箭气冲霄汉，但随后乏力时坠下如枯枝。二是所有由各种不对称力量组成的运动在初期往往由拥有相对优越的社会地位的力量当仁不让地占据支配地位。目前的反资本主义运动的情况就是如此，它的主要人物都是中产阶级的中年人，而且主要是白人。

为克服这些弱点，必须特别强调工人的重要性，但关于"大众"的议论模糊了对这个问题的认识。去年在阿根廷和当前在委内瑞拉的对抗中，关键问题都是需要工人的深度参与。在这方面应该汲取葡萄牙在 1975 年的教训。

（原载美网站 www.zmag.org，2004 年 5 月 6 日）

（工力 编译）

工人运动中的策略分歧*

〔荷〕安东·潘涅库克

[**编者按**] 潘涅库克（1873—1960）是荷兰社会民主党人，天文学教授。1902年参加荷兰社会民主工党。从1903年起和海尔曼·果特等人一起同该党以特鲁尔斯特拉为首的机会主义多数派进行了坚决的斗争。1905年应邀到德国社会民主党柏林党校任教。1907年同果特、罗兰·霍尔斯特等人创办了《论坛报》，从而在荷兰社会民主工党内形成了一个左派集团"论坛派"。1909年"论坛派"被开除出党，之后，潘涅库克、果特等左派创建了自己独立的政党即荷兰社会民主党。1912年同考茨基进行公开论战，批评了考茨基的机会主义思想。在第一次世界大战期间，参加了"齐美尔瓦尔德左派"的活动。1919年参与创建荷兰共产党。1920年起站在"极左派"立场上，反对共产国际的纲领。1921年退出荷兰共产党。

潘涅库克一生著述很多。1909年出版的《工人运动中的策略分歧》是他的一部有名的著作。列宁对这部著作给予了很高的评价。1910年列宁写了《欧洲工人运动中的分歧》一文（《列宁选集》第2卷第

---

* 本文选自《马列著作编译资料》1980年第7辑。

392—397页），对该书的主要观点作了详细的介绍，认为这本书是用科学态度研究工人运动中产生分歧原因的"一次值得注意的尝试"。

全书共分八章。第一章：阶级斗争的目的；第二章：无产阶级的力量；第三章：策略分歧；第四章：修正主义和无政府主义；第五章：议会主义；第六章：工会运动；第七章：其他阶级；第八章：意识形态和阶级利益。现将列宁着重介绍的第三章和第四章全文译出，供读者参考。

第三章　策略分歧

产生分歧的原因

经过这些探讨之后，使人觉得，似乎工人阶级是在不断扩大力量的道路上坚定地、步调一致地走向社会主义目标，似乎在每次所采取的道路上出现的分歧只能是偶然的、暂时的，只能是在次要的个别问题上发生的。但是恰恰相反，工人运动的历史告诉我们，在围绕着反对资本主义应该采取的策略和斗争方法上，经常出现内部斗争。德国的社会主义运动在其存在的头十年中分裂成彼此常常进行极其尖锐斗争的两个派别。同一时期，在国际内部，马克思主义观点和蒲鲁东主义观点进行了不断的斗争。甚至在国际解散以后，这种斗争几乎在所有国家里仍然以无政府主义派别反对社会民主主义派别斗争的形式继续存在。

常常有人说，在工人还缺乏必要的经验和见解的时候，这些斗争表明是一种**幼稚病**，这种幼稚病在运动初期必然会得到克服。在一定意义上说，这是正确的。对社会的知识，对斗争目标和方法的见解，不像书本知识那样，在工人用它武装起来投入斗争以前就可以学到。恰恰相反，它们是斗争本身的果实。工人是本能地为他们所经受的压迫和剥削所迫起来反抗的。在此以后他们还充满了从学校、教会和以前的生活中带来的幻想和偏见。他们幻想资本家成为向他们发善心的慈善家，期望资本家出于人道来改善他们的贫困状态。当工人起来进行自卫的时候，他们才消除了这种幻想。随后，斗争经验必然逐渐消除其他的幻想和偏见，消除对政府的信任和对资产阶级机会主义政党的信任。在这一过程中，他们的社会知识、他们在策略上和政治上的见解、他们的组织性不断增加。他们对于马克思主义学说有了越来越多的了解，因为马克思主义学说在越来越大的程度上适应了他们自己的经验。因此，**战场也就同时成了学校和教练场**。工人运动的历史并不是全副武装的军队进行斗争的历史，而是逐步整队、逐步训练和学习打仗本领的军队的历史。不可能有其他的途径。整个工人阶级用最成熟的知识和坚强的组织性武装起来之日，也就是斗争的结束和胜利之时。

因此，工人必须在斗争中寻找自己的道路，改进自己的见解，在这一过程中，科学的理论著作固然是进行迅速决断的强大的辅助手段，但是不可能代替他们自己的经验。这样，各种分歧和策略斗争、暂时的迷路和随之而来的失望就成为正在兴起的工人运动的不可避免的组成部分。

但是，随着运动的发展，我们现在看到的策略分歧的尖锐性和深度与其说是减少了，不如说是增加了。当90年代无政府主义遭到破产的时候，恰恰出现了新的分歧。从爱尔福特党代表大会开始，没有一次党代表大会没有发生过策略斗争。在这种斗争中，在各种不同的问题上几乎总是出现同样的与迄今为止的策略相对抗的观点。在伯恩施坦要求对党的纲领进行修正之后，这种观点就获得了修正主义的名称。这种斗争不仅限于德国；在所有的国家里都同样出现了两个派别的对立，这两个派别按其理论观点来说，称做马克思主义和修正主义，按其政治策略来说，称做激进主义和改良主义。所有国家的党员同志都参加了争论，这种争论有时虽然通过代表会议的决议（有一国范围内的会议，如1899年的汉诺威党代表大会、1903年的德累斯顿党代表大会，也有国际的会议，如1905年第二国际的阿姆斯特丹代表大会）决议暂时获得解决，但总是一再引起新的争端。同时，在一些国家里，如在法国和意大利，工团主义作为老的无政府主义的代表出现，在德国这里则称做无政府社会主义，这种无政府社会主义使分裂更加扩大了。

　　工人运动在任何时候和在任何地方都有内部斗争，这一事实使我们不得不相信，这种斗争并不是反常的现象，并不是单纯的幼稚病，而是自然状况发展的不可避免的、正常的结果。因此，也不能把这种斗争归咎于某些好争论的人和鸣不平的人，要他们对此负责。如果是这样，资产阶级所说的整个工人运动只是某些煽动者挑起的观点就是合乎道理的了。不是对"无休止的争论"表示愤怒（当然，愤怒往往是在争执中使用的武器），而是需要研究和了解争论的原因。如果已经揭示出了社会主义运动内部产生各种不同的派别的根源的话，那么兄弟之间的争吵并不因此在将来就不可能发生了，因为争吵的原因是一般性的，是存在于个别富有见识的人的良好意愿之外的。但是当尽可能多的同志对这种斗争不再是不自觉的，不再是按照本能的感情行事，而是带着对这种斗争的原因和结果有明确的、自觉的理解而共同斗争的时候，毫无疑问，运动由于这种斗争而带来的损失就会小些。那时，人们在党内就能够理解和评价对方的观点，而同时又能为了运动的利益毫无顾虑地反驳这种观点。

　　从开展关于伯恩施坦问题的辩论时起就产生了一个词，即内部斗争无非是一种**发展的危机**。这个词揭示了策略斗争的普遍原因，这一点上面已经说过,我们不必为此而感到不安。谁要是不把工人运动看作是一种虚幻的观念,而是试图把它理解为普通人的实际运动,谁就会看到,正是从工人运动的不断增长中必然产生出在党内斗争中表现出来的那种困难和分歧。社会主义运动力量的日益增长带来了各阶级之间的社会关系和政治关系的变动,而这种变动又向工人运动提出越来越新的任务。工人运动把日益广泛的劳动人民吸引到自己方面来,并且总是重新受到它的拥护者中还没有**受过训练的**、缺乏经验和基本知识的广大**新兵**的影响,这些新兵只有逐渐通过实践,也就是说通过错误的实践和失算才能彻底了解社会主义解放运动给他们提出的艰巨任务。

因此,这些新兵要在相当的程度上重复运动开始时全党必须千辛万苦地寻找自己道路的那些状况。但是仅仅这个事实还不能产生党内的各种派别,因为那些缺乏经验的、新争取的拥护者一般说来是受老同志的成熟的经验、深刻的理解力、科学的洞察力和前进的信心引导的。除此之外,只能部分地允许同运动开始时作比较,因为要使每个人重新经历运动早期的一切失误和幻想是根本不必要的。这种经过千辛万苦获得的经验和知识的成果已经简要地概括到社会主义理论中了,他们可以加以运用。半个世纪不断发展的工人运动以及资产阶级和无产阶级之间的阶级斗争已经积累了丰富的经验,目前的社会主义运动的可靠的、坚决果断的斗争策略应当归功于这些经验,而且它的历史为新的拥护者和青年一代提供了吸取宝贵教益的永不枯竭的泉源。由于有这段历史,马克思和恩格斯早在1847年就在《共产党宣言》里阐明的关于社会发展和阶级斗争的学说已经成为最广大工人阶层的牢靠的、扎实的知识。这种知识为工人运动提供了使我们永远感到骄傲的前进的保证。因此,根据这一点,本来指望共同战斗的同志会不断取得一致并减少策略上的分歧的。

正如我们上面已经提到的，如果说这一点没有实现，那么原因在于资本主义和工人运动发展的特殊性质。持续不断地发生策略分歧的近因可以归之于下述情况来说明：不同地区的发展速度的不一致；社会发展的辩证性质；除资本家和雇佣工人之外其他阶级的存在。

落后地区

社会主义观点和目标是对社会变革、对资本主义发展进行考察的产物。但是这种发展不是到处都一样的。资本主义不是到处都以同样速度发展起来的。在一个国家里有这样一些地区，资本主义在那里最先筑巢安家，蓬勃发展起来，大企业和大城市好像用魔法呼唤出来一样，无产阶级大军在它指挥下聚集起来。此外，还有几乎没有为这种变革触及的另一些地区，在那里小资产者和小企业的经营方式同前几个世纪一模一样。

社会主义作为阶级目的和阶级组织就其整个本质来说是**发达的大工业关系的产物**。这种关系向工人指出了建立一种社会主义制度的可能性和必要性，也向他们指出了他们自己拥有为实现这一制度所必需的巨大力量。这种关系使他们相信自己拥有不断增长的力量和能力去夺取社会统治。

但是，一个想要夺取整个国家、改造整个社会的运动，不可能仅限于在这些中心城市发展。它必然要扩展到小城市、农村和全国去。在这里，它的鼓动员处处都可以找到倾听愉快信息的愤愤不平的人和受压迫的人。资本无处不渗入，在这里和那里或多或少地破坏着归属的关系；资本到处使广大人民群众成为敌人，到处都有雇佣工人，因而社会主义到处都可以找到愿意起来同资本作斗争的拥护者。

但是，这些拥护者所处的关系却使得他们用完全不同的眼光来看待社会和我们的目的。既然世界观总是最强烈地由自我感觉到的现实决定的，那么很自然，他们必然要怀疑我们的旨在消除大资本主义关系的理论和建立在这一理论基础上的策略。产生原则上和策略上的分歧的第一个原因就在这里。

高度发达的资本主义在生产资料占有者阶级和工人阶级之间造成了明显的、深深的鸿沟。与此同时，独立的中间阶层则日益消失或丧失了它的独立性。相反，在不发达的关系中则出现了**人数众多的有良好经济地位的中间等级**。这个等级充当了处于两极的两个阶级之间的缓冲垫。这个阶级一部分是由独立的小手工业者和小手工师傅组成，他们只是在特殊情况下才需要帮工，一部分是由小资产阶级组成，这个阶级通常雇用少量工人。工人和小手工业者之间的界线是不明显的；他们互相交往，工人和雇主之间的社交在形式上也是亲密的、和睦的，或者在较大的雇主那里存在着宗法形式的关系。资本家往往是不久以前从小手工师傅阶层中产生出来的；老年的工人会记得曾经有一个时期资本家同他们共同劳动以及同他们有过亲昵的关系。要在工资关系似乎是决定于私人关系和偶然性的这种亲密的形式的背后发觉逐渐渗入的资本的剥削和阶级斗争的开始，就需要很大的理论上的抽象。我们的理论对大工业关系的论述，很少适合于农村地区的各种关系，在那里，在农民、家庭、奴隶、仆役之间还存在着完全是原始的关系。固然在那里也要清楚地认识到，资本主义的一般准则、剥削、对利润的追求以及利益上的对抗还是适用的。但是，在这里，只有当人们对大工业的清清楚楚的形式有了认识之后，才能在这种原始现象的背后发觉它们。

在这些地区，工人占人口的少数，他们处于分散状态，并且常常受到有较好经济地位的小资产者的藐视。社会主义使他们产生了一种思想,即他们也是有权利和要求的。但是,对于想获得一切即夺取对所有其他阶级统治的思想,他们必然觉得是**一种无法实现的、遥远的空想**。在这里,对工人来说,越来越大地扩大工人阶级的权力不可能作为斗争的目标。因为他们是没有前途的少数。

这里的工人面临着另一种目标。在这些地区,通常说来,工资是微薄的、工人的生活地位是很低的。改善他们的直接状况,至少是一种可以达到的目标。企业主还没有资本寡头那样傲慢专横。他们也同每个相识的工人有私人联系。不久以前几乎不为人重视的工人群众的组织性和他们最初进行的团结一致的斗争,使企业主感到惊慌,扰乱了他们的平静生活。人数众多的小资产阶级的舆论对于已经暴露出来的各种弊病感到愤怒。工人所努力争取的东西,即不再遭受蹂躏,而是被看做**享有同等权利的人**,在这个阶级的广大阶层中有了理解。在这种条件下,通过谈判、协议、谅解可以获得更多的东西。

还要补充一点,小资产者中间相当大一部分人感到自己受资本的威胁,他们有一切理由仇恨资本。他们有越来越多的理由对工厂里的恶劣状况感到愤慨,如果厂主由于要在竞争中取胜而使他们的生活发生困难的话。小资产阶级常常能找到理由在政治领域内反抗大资本的侵入,为此他们同工人联合在一起。特别是在要求扩大选举权方面这两个阶级常常能够联合起来。在更早一些时候,小资产阶级和工人阶级通常总是联合起来维护民主制。这种情况在不发达地区很少出现。在这种情况下,加强阶级对立的理论似乎是不正确的、片面的,而且根据这一理论制定的加强阶级斗争的策略也是错误的。

马克思主义这个革命无产阶级的理论**在思想上引起了彻底的变化**。因此,马克思主义只能为那些其思想在他们留心观察和亲身经历的巨大变革中也得到了根本改造的人所完全接受和同情。现代大工业的发展破坏了老的传统，摧毁了一切传统习惯，它好像用一把扫帚清扫了人们的脑筋，从而使他们能够接受一种崭新的世界观。但是，在那些几乎没有为这种发展所触及的角落里，却依然保留着传统的令人窒息的空气。在那里，传统意识的统治仍然很强大；在那里，老的传统的思想没有遭到摧毁，因为老的传统的关系在那里仍然保存着；在那里，小资产阶级的世界观占统治地位；在那里，社会主义没有找到一种崭新的、改造一切的无产阶级世界观，只有一系列实际的有限的目标，而这些目标则同资产阶级的传统观念和平相处。

因此很明显，当我们党向落后地区推进的时候，必然要导致对社会主义理论的怀疑，必然要导致采取不同于在大工业中心所形成的社会主义策略观点。所以不能说，这些策略观点有同样的理由适用于落后地区。落后地区的社会面貌同大工业资本主义比较起来**只是这样的一种面貌**，即大工业资本主义的倾向和后果是显而易见的，而这些倾向和后果在落后地区固然已处于萌芽状态，但是从表面上观察起来却不能清楚地发现。资本主义的各种规律到处都是通行的，尽管在落后的关系中被传统的影响部分地掩盖起来了。资本的集中仍然是一个重要的真理，虽然它不是在每个边远的乡村都表现出来。乡村始终是整个社会的一部分，它是同整个社会共命运，并且为整个社会所统治。**统治这个社会的不是小城市的中等阶级，而是国际的大资本。创造历史的不是边远地区，而是大城市，是世界的中心城市**。大城市中的大企业的工人在作出政治判决方面比边远乡村中的工人或农民重要得多，因为城市中的千百万工人由于结成了团结一致的整体，同乡村中千百万分散的个人比较起来，其影响要大得多。因此，大工业城市的关系以及由此而产生的各种观点对于社会变革来说是具有决定意义的。

落后地区的关系并不是因此就没有影响了，但是这种关系**只能对发**

展起阻碍作用。所以应该尽可能缩小和抵制它们的作用。这样，在那里产生的"温和的"或"机会主义的"观点所起的作用是阻碍和削弱革命工人阶级的冲击。不管这些观点从这种关系中产生是多么不可避免，但是从一般社会观点来看却是**错误的**，不应当予以考虑。落后地区的工人的利益就在于不让这些观点（尽管对这些地区来说是很自然的）发生影响。尽管观点上不同，但是落后地区工人的利益同大工业无产阶级的利益是共同的。使落后地区的工人都经历从小经济到大经济的缓慢的、极其痛苦的发展是不必要的，也是他们不希望的。相反，他们必然希望大城市的无产阶级尽快地能够使自己的力量壮大起来，把资本的统治摧毁掉。

但是，有没有同从这种关系中必然产生的观点作斗争的手段呢？我们在理论教育方面拥有这样的手段。这种理论教育可以把人们的思想从自己直接的狭小的环境中引导到广阔的世界活动的范围内，可以说明大资本主义关系，说明具有最发达形态的资本和无产阶级，从而使人们也能了解产生本身所处的关系的最深刻的原因。因此，在落后地区一味想靠宽恕各种偏见来争取拥护者是极其荒谬的。在这里，加强理论教育工作越来越有必要，这种工作做起来越来越困难。

第四章 修正主义和无政府主义

发展中的对立

工人运动内部出现各种不同派别的第二个原因是**社会发展的辩证性质**。哲学家黑格尔的重要意义在于，他首先明确地认识到，世界是在对立中发展着，内在矛盾构成一切发展的动力。世界的本质只能理解为**对**

立的统一，这种对立在概念上是相互排斥的，因此对于天真的想法来说似乎是不相容的矛盾。这种对立也不是和平并存的，而是通过发展，解决矛盾，走向新的状态。因此，这种矛盾只是一个暂时的发展阶段，但是，整个历史也无非是由相互连接、相互交替的这样一些阶段构成的。由于有了这种辩证的思想方法，马克思就有可能把资本主义的性质完全看作是**充满矛盾的、一再造成新的矛盾并由这种矛盾不断推动的一个发展过程**。

资本主义所以能够存在，就是因为它能够越来越大地发挥自己的生产力，并且能够使自己不断扩展。但是，正因为这样，它也使自己越来越不能维持下去了。**资本主义的生存规律同时也是它的灭亡的原因**。因此，它在顺利时常常能够大大扩展，但是很快就会在经济危机中遇到矛盾而遭受失败，这种矛盾就是：生产不是为了消费，而是为了利润，而利润又取决于消费。它要克服这种危机，就只能通过扩大自己的势力范围，只能通过获得新的繁荣走向更高阶段，也就是说，它只能采取为新的、全面的危机作准备的手段。它的力量的每次扩大，都使它越来越接近于灭亡。每一次有力的、繁荣的表现，也同时是一次垂死挣扎的表现。它防止或延缓灭亡的每一次努力，都越来越肯定地给它带来厄运。产生这一切矛盾的根源是，资本主义不是一种始终不变的永恒的制度，而仅仅是一系列发展中的一个阶段。它不是一种固定的事物，不是一种固定的状态，而是**一个过程**。不仅如此，它也是**处在变化中、处在灭亡中**。资本主义从它自身中产生了摧毁它的力量即革命的工人运动；资本主义越是发展，越是要加强这个死敌的力量；资本主义使得这个死敌掌握了进行战斗的群众，教会这个死敌引导这些群众，直到它最终被这个死敌所推翻。

资本主义的这种辩证性质也决定了**现代工人运动的充满矛盾的性**

质，这种工人运动对那些用资产阶级观点思考问题的观察家说来是完全不能理解的。他们一会儿把社会主义运动看作是人为地企图唆使爱好和平的人们起来推翻一种荒谬的社会制度，而代之以由人类的智慧所设计的另一种制度；他们一会儿又给自己打气说：社会民主党只不过是一个改良的党，这个党作为工人利益的代表属于资本主义的正常组成部分，这个党想消除一些弊病，而在消除了这些弊病之后它自己也会消失，也就是说，这是"一个暂时的现象"。前一种观点看不到一种新的制度是从旧的制度中有机地生长出来的；后一种观点忘记了这种为了工人利益和改良而进行的斗争将导致彻底的社会革命。所以这两种观点都是错误的，因为它们只看到工人运动的一面，而把另一面作为它的相反的东西排除掉了。工人运动的现实是要把从表面看来相互排斥的这两个方面看作是一个统一体。

社会主义作为**自然而然的果实**是从资本主义的现实中产生的，同时它又是资本主义的死敌，因为它要埋葬和消灭资本主义。社会主义不是有朝一日会进攻和摧毁敌人的一种外来的力量，而是生活在敌人内部，是从敌人那里获得一切力量的。它的斗争不仅是一种未来的斗争，而且是和资本主义本身寿命同样长的一种斗争。它的实践是当前的工作，细小的工作，而这种工作也只有作为整体的一部分才有意义。资本主义所带来的不堪忍受的贫困激起了工人群众进行反对这种贫困的斗争，它不可能在这一过程中阻止他们获得生活状况的改善。但是与此同时，资本主义总是企图再度使他们陷于贫困，而且保持过去所获得的东西往往比这种获得本身要求进行更加严重的斗争。如果乍一看来可能觉得这只是要清除毒瘤，从而使资本主义变得令人可以忍受，使之成为稳固的状态（正像资产阶级改良主义者所设想的那样），那么，在斗争过程中很快就会表明，这种"毒瘤"是资本主义的真正本质，反对这种毒瘤的斗争只能导致反对整个制度的斗争。

人们可以把在社会主义中这样结成和谐一致的统一体的两个方面叫做**改良的**方面和**革命的**方面。社会主义寻求获得一切可能获得的眼前利益,但是它却只能在未来的革命即变革生产方式中实现自己的目的。它也并不忽视细小的工作;**日常的工作对它来说就是一切;但是它的革命的最终目的对它来说同样也就是一切**。社会主义利用资本主义社会的一切设施来进行自己的斗争,这些设施给它提供了扩大力量的可能性,但是它却同这些设施处于尖锐的、原则性的对立之中。社会主义完全置身于现存社会的基础之上,但是它同时却站在崭新的基础之上,从这一基础出发去推翻和批判一切现存的东西。社会主义对未来的美好理想怀着最热烈的向往,这种向往促使它的拥护者奋不顾身地、无私地、英勇地去完成自己的业绩。同时社会主义也是最普通的现实主义,它只能在科学的、事实的牢固基础之上去行动,而且对它来说实践就是一切。社会主义所以能把这些违反一般想象的和相互排斥的特点结合成一个统一的整体,就是因为社会主义是一个合乎自然的、**从现实中产生的运动**,是不断的变化过程中的一个环节,一个阶段。

但是,人的思想的本性是,根据有限的经验总是只能很好地看到事物的不同方面的一面,强调这一面,并且认为这一面具有普遍的和完全的合理性,而对其他的、对立的方面则不给予应有的重视。于是,工人运动的两个相关的方面就被看作是两个相互排斥的对立物,而这种对立物又表现出了两个相互对立的派别的共同性。按照经济状况、个人的状况和社会的状况不同而强调这一面或另一面。在工人生活状况良好(不管是由于地区上的条件,如 19 世纪下半叶的英国,也不管是由于时间上的条件,如在顺利的时候)和在提高工人生活状况的努力收到成效的地方,对运动的革命性的意识就会丧失,人们就会很容易地认为,通过不断的改良，在有产阶级的帮助下，或者至少是有产阶级不进行认真的反抗，不用进行暴力革命，对社会的逐步改造就会实现。相反，在危机的时候，也就是当巨大的政治灾难在广大阶层中造成不安和不满的时候，人们就会很容易地认为，通过一次有力的冲击，通过单独的革命行动，就可以推翻资本主义，而用不着进行耐心的、准备性的细小的工作。

体现上述情绪和观点的两个派别中的一个是**修正主义**。它仅仅强调实际的改良工作，并且认为对革命和我们运动的革命性的一切探讨都纯粹是脱离实践的空话。最终目的对他说来是微不足道的，运动就是一切。它看不到社会主义和资本主义之间的尖锐对立，只是看到它们的有机的联系。它认为社会不经过明显的转变可以不知不觉地长入社会主义；它发誓要实行缓慢的进化，并且把关于政治革命和社会革命的学说称为灾变论。它认为眼前获得的改良已经是社会主义的一部分。因此，它不可能在我们和同样希望改良的资产阶级社会改良主义者（当然他们和我们所抱的目的不同，也就是说，他们是为了加强资本主义以反对我们）之间划一条鲜明的界线，而是仅仅看到畏畏缩缩的社会改良主义者和彻底的改良主义者之间存在着步骤上的差别。皈依社会主义在它看来不是一种思想上彻底的突变，不是与过去一刀两断，而是对普通的实际问题采取的一种新的态度。因此，它根本不想了解力求消除旧的资产阶级偏见的启蒙教育工作，因为它担心这样会伤害这些偏见，并且会将不觉悟的群众推开。

和修正主义相对立的一种对社会主义的片面的观点恰恰相反。它根本不想了解细小的工作，而把眼光仅仅盯着最终目的，盯着革命。革命应当突然带来彻底的突变，建立一种新制度，而除了经常谈论这一点外现在什么事情也不做。它认为资本主义无非是一种不合理的专制和剥削；它丝毫看不到社会主义是自然而然从资本主义中成长起来的有机的联系。它并不把社会改良看作是一种进步，而看作是一种危险，因为工人对改良感到满意就会对革命感到厌倦。它根本不想进行缓慢的不断前进的工作，而是想尽快地一下子推翻资本主义。这种观点过去的代表是**无政府主义**。现在人们对无政府主义有各式各样的理解，从酷爱和平的、超世的托尔斯泰主义到社会上遭受不幸失败的人的病态的谋杀，都称为无政府主义。我们这里考察的只是在工人运动内部起作用的，并且由于有上述特征而和社会民主党相区别的无政府主义。自从无政府主义在1896年伦敦代表大会上从国际的运动中被抛弃以后，它的大部分特征又重新表现在这个期间兴起的**工团主义**或**无政府社会主义**身上了。

由于无政府主义怀着刻骨仇恨资本主义的天真的、出于本能的战斗感情，它不懂得人们可以把现存的基础当作自己斗争的基础，所以它根本不想利用资产阶级的一切机构。它认为这些机构（首先是议会）是给叛逆者设置的种种圈套。它发现工人代表作为同事同资产阶级代表在一起讨论和商量问题的议会是腐化的泉源。于是，它就撤退到工会组织中来，在这里，它发现只有纯粹的无产者才具有直接同资产阶级利益相敌对的利益。工会应成为推翻资本主义的革命机关。但是即使在这里也要做细小的工作，也要常常做比在议会里更有限的当前的工作。这里的情况是，只有通过耐心的细小的工作才能争取群众，教育群众。**仇视这种细小工作的无政府主义不可能把它所唤起的革命精神、斗争兴趣通过日常的实际工作付诸实现**。但是，没有通过有成效的、有力的工作真正实现的东西，是会再度消逝的。由于一些预定的大的行动遭受挫折，失望和沮丧的情绪就会代替兴高采烈的心情。如果不及时实行进行日常工作的其他策略，成立起来的一些组织就会散伙。这些组织就会降低为期望未来的"伟大的日子"的小小的争论俱乐部，而不能唤起必然会促使这个日子到来的力量。

修正主义同样不能帮助工人阶级获得巨大的力量。为了获得改良，它尽可能设法联合主张民主制和改良的资产阶级政党。通过鲜明地强调资产阶级和无产阶级的对立来唤起工人的明确的阶级意识对它来说是没有益处的。它担心这样就会吓跑这一部分资产阶级，把他们推到反动派的怀抱中去，使他们对改良感到厌倦。因此，它根本不重视在原则上明确地强调工人同**整个**资产阶级（包括进步的和反动的）的对立。它忽略了整个资产阶级，而是把矛头对准了反动的、敌视改良的那部分资产阶级。它的口号不是：这里是资产阶级，那里是无产阶级！而是：这里是改良，那里是反动！为了帮助进步的自由主义资产阶级反对反动派，它同这部分资产阶级在政策上结成同盟，或者为资产阶级政府提供社会主义阁员。可惜，它用这种办法得到的只不过是失望。指望这种改良是得不到结果的，或者很少有结果的。因为击退反动派的进攻，一切力量都是必不可少的。但是，如果这样一个政府到时候能够实现它的诺言并且对无产阶级作出重大的让步，那也会出现某个人所做的事情，就是他想要把他的马训练成不吃草料也能活的马。恰恰当这匹马学会这个本领的时候，它也就意外地死去了。恰恰当这个同盟政府想着手进行重大改良的时候，它就会意外地失去它在资产阶级中的拥护者而被推翻。

如果在这方面的收获很小，那么在别的方面的损失就会很大。既然修正主义企图激发工人相信资产阶级对工人的友谊，它也就**使辛辛苦苦获得的明确的阶级意识归于消灭**，从而给资产阶级的事业帮了忙。既然工人学会了指望资产阶级的善意或判断力超过指望自己的力量，他们也就不会起来建立坚强有力的组织。无产阶级的外部的和内部的力量、组织的和精神的力量就会因此受到损害。同时**运动也就失去了**对无产阶级的**吸引力**。那部分充满了强大的、本能的阶级意识而又对社会主义没有很好理解的工人就会离开党,在他们看来,这个党同资产阶级政党是一样的,这个党对统治政权的一切压迫政策负有共同的责任。在法国和意大利,改良主义政策、同盟政策、内阁主义在一部分工人中间培育出了工团主义,培育出了他们之中敌视一切政治活动的倾向,而作为工人力量基础的组织性和阶级意识则无法成长起来。

当然,在这里理论观点并不是唯一的基本原因;相反,经济上的不大发展和一定的政治条件则是这种有局限性的社会主义观点能够产生的基础。凡是在强大的大资本主义大规模发展的地方、凡是在迫使工人进行强大的阶级斗争和迫使他们大规模组织起来的地方,凡是在有一个为这些资本家效劳的强大的政权对工人实行迫害的地方,那里的工人必然会进行原则的斗争,他们会奋勇前进,为改良而斗争,同时也会把夺取整个统治作为唯一的目的,他们也必然会把政治斗争和工会斗争紧密结合起来。在那里就没有想把政治活动和细小工作当作"腐化堕落的东西"加以摒弃的无政府主义学说的地盘,同样也没有米勒兰的阶级合作学说的地盘。在那里,工人总是自然而然地使体现在马克思主义理论中的工人运动的两个方面统一起来。但是,凡是在发展停滞的地方,凡是存在着把民主思想同反动思想混在一起的从小资产阶级到农民的人数众多的中间阶级而工人又不相信他们自己力量的地方,凡是在大量的资产阶级自由阻碍工人认清他们阶级地位的地方,凡是在统治阶级企图用小小的让步讨好工人而政权又成为野心勃勃的政客集团的斗争对象的地方,在那里,社会主义的两个方面就分为两个相互敌对的、片面的学说和派别,这两种学说和派别彼此促进,相互鼓励,从两个相反的方向歪曲马克思主义。

资产阶级的策略

有产阶级的态度本身是造成工人运动在不同的派别之间来回摆动的直接原因。如果这种态度总是一样的、固定的，总是朝着确定的路线发展的，那么工人运动也会被迫采取固定的、始终不变的斗争态度和斗争方法。但是，这对有产阶级来说，是不可能做到的。有产阶级是在不同的方法之间来回摇摆的。固然，他们是想有一个确定的甘的：**维持他们的社会统治**，因为他们的剥削，也就是说，他们的生存就是建立在这个基础之上的。这是他们竭尽全力所要获得的东西。但是，整个资本主义社会的辩证的、充满矛盾的性质决定资产阶级在追求这一目的时的态度必然是充满矛盾的、不确定的。这是毫不奇怪的，因为他们的目的是达不到的，他们的灭亡是由社会发展本身决定的。不管他们做什么，也无补于事。他们采取的任何手段在实践中都证明是没有用处的，于是他们就从一种手法变换到另一种手法，从来也不满足于一种手法。

资本创造了资产阶级社会，它的法律基础是人人有自由和平等的权利。**它带来了资产阶级的自由即法律上的自由和平等**。它使人民群众摆脱了封建主义的人身依附和不自由状态，把他们解放出来，使他们成为有政治权利的公民。它完成这种伟大的历史功勋不是出于什么人道、权利意识或者伦理上的渴望，而是资本主义生产方式的**必然性**。因此，这种生产方式的需要创造了构成对革命的资产阶级说来是"解放劳动"的直接基础的那种权利意识。资本主义生产方式的基本前提是，对资本家说来，要使工人成为**自由的、同样的商品占有者**，同他们签订交换协定。工人为了能够将自己的劳动力卖给资本家，他们自己就必须能够不受限制地支配自己的劳动力，比方说，就不能承担对封建领主个人效劳的义务。除了他自己，也就是除了迫使他为资本家效劳的饥饿以外，谁也不能支配他。他在法律上的自由是他在经济上受奴役的必不可少的先决条件。资本主义是一种高度发展的生产方式，这种生产方式靠任人鞭打的奴隶或者无权的苦力是不能推向前进的。它的高度发达的技术和商业上的需要要求工人具有丰富的责任感并且同奴隶和农奴比较起来要有很高的教养。

无产阶级地位上的这种矛盾，即它**同时具有自由和不自由的矛盾**，是资本主义最重要的矛盾。资本主义也就是首先由于这种矛盾而走向灭亡的。这种矛盾使资本主义无法保持固定不变的状态。资本主义给予而且**必须**给予工人阶级的自由，成了工人阶级用来消灭资本主义不自由的武器。因为工人在他们的阶级斗争中靠的是资产阶级社会不得不赋予他们的政治权利和自由（集会权、结社权、出版自由、罢工权、选举权），而且只要他们还没有掌握这些权利和自由，他们就会运用他们在生产过程中的地位去夺取它们。

因此，工人阶级是运用资本主义给他们提供的武器来反对资本主义的。然而资产阶级所不能容忍的事情也就在这里，因为他们觉得这种武器是他们自愿提供的，他们可以收回这种武器。因此，他们不可能心安理得地容忍工人运用这种权利和自由来反对他们。结社权、自由发表意见的权利、出版自由、集会权将会用来批评统治阶级，用来攻击现存的制度，用来建立有战斗力的组织，这些权利和自由可以从资本家那里夺得一些利益。由于有选举权，工人代表被派进议会，他们对资本主义进行原则性的批评，迫使资产阶级政党实行改良并且对群众进行教育工作。无产阶级力量的增长不是经济发展的产物，而是利用公民权利和自由的结果，是拥有鼓动自由的结果。对统治阶级说来，比限制这种权利并借以摧毁威胁它的力量更迫切的东西是什么呢？它还要始终掌握政权,掌握立法的手段。

但是,它不可能容忍损害资产阶级制度的基本法律而不受惩罚。它曾经企图禁止革命思想的传播并且对这种传播严加惩罚。但是工人藐视这种法律。工人是社会的真正内容,工人是生产者,是社会一切必不可少的活动的执行者,他们像一个紧密交织起来的网遍布于全国,他们像机器上始终彼此紧密相连的齿轮。少数警察想要干什么呢?反社会党人法所起的作用同它的愿望恰恰相反。社会主义思想的传播不仅没有被阻止住,相反地,压迫和暴力行动却使受迫害者赢得了越来越广泛的同情,引起了这些向来无足轻重的人对自己的注意,使工人更加坚强地团结起来。

或者是统治阶级采取其他措施,将工人的选举权剥夺掉。那时工人就会更加有力地运用出版宣传和集会宣传或者街头游行示威。这样一来,统治阶级不是被迫实行退却,就是要进一步走上反动的道路。统治阶级越是侵犯各种权利,它的政府就越是带有非法的暴力统治的形式,暴动就会越来越多,它就会越来越多地激起迄今感到满意和对它忠顺的居民(他们的权利也因此遭到剥夺)来反对它自己。如果它走得如此之远,以致剥夺了工人的一切政治权利和自由,最后也剥夺了罢工的权利和个人的自由,从而使工人变成了苦力,那么这样一来它也就破坏了生产的基础,它自己也就会遭到毁灭。在俄国革命时期,波兰的工业遭受了严重的损失,这是因为由于政治上的原因,工人的各种组织受到了破坏,而许多资本家认为,为了使资本家和工人之间的利益斗争避免不可靠的、激烈的、破坏的性质,这些组织是必不可少的。一般说来是不会达到这种地步的。如果工人阶级软弱无力,统治阶级也就失去了奴役他们的根据。如果无产阶级变得强大起来,他们在经济上是不可缺少的和人数是众多的,他们就会找到阻止剥夺他们权利的力量。通过群众性的示威游行,在非常情况下,通过群众性的罢工,他们能够施加强大的压力,以致他们不仅懂得防止剥夺他们的权利,甚至懂得夺取新的权利。

因此,如果资产阶级选择反动的剥夺权利的道路,它必然后悔莫及。不是使敌人的力量受到削弱,反而使敌人的力量得到加强。工人运动在争取拥护者和团结方面就会取得巨大的进展。而这种力量的扩大仍然不是经济发展的产物,而是暴力统治的结果。资产阶级中的有教养的、有远见的人日益反对这种愚蠢的斗争方法。他们希望通过赋予充分的公民权的办法来剥夺工人进行宣传的资料。

所以,统治阶级在**两种治理方法**之间摇来摆去,而这两种方法又体现为两个彼此对立的政治派别。有产阶级内部在政治上的对立,的确首先是这个阶级所赖以组成的各种不同的集团之间的利益上的对立。从历史上看,人们在各国看到的两大资产阶级政党之间的对立产生于工业和大土地占有的对立,而这种大土地占有后来又同教权主义的小资产阶级结合在一起。由于资本主义的发展,无产阶级日益成为所有剥削者的一种威胁,这样,政党之间的这种对立也就随之而消失,由于资本渗入农业和大贵族参加工业企业,两个阶级先前的这种对立也就逐渐消除。但是,在这种情况下,在镇压无产阶级最好的方法上所持的不同的观点就多半以各个党派的新的对立(和旧的对立的残余融合在一起)的形式出现。大地主的和小资产阶级的"保守主义的"和"教权主义的"政党成了主张暴力方法的先锋,而进步的自由主义政党就成了主张运动完全自由的先锋。与此同时,旧的阶级界限日益被打破,以致最后在某一个党内或其他党内都可以找到地主、工厂主、农民和小资产者。"**保守派**"和"**自由派**"的名称**也获得了新的内容**。资产阶级中的进步人士不可能仅仅满意于给工人以活动的自由和权利,他们必然要试图清除工人不满的原因即资本主义的"毒瘤",也就是说,与旧的教条的自由主义即所谓曼彻斯特主义相反,他们主张改良并且主张国家干预经济关系。因此,这种"**新的自由主义**"必然同时是**主张改良和民主的**。

政党的这种转变仅仅在西欧真正实行宪制的国家里充分形成了。在德国,由于宪制没有占统治地位,而政府又是每个阶级都企图对它施加影响的独立的力量,所以这一转变从来没有完全实现。在这里,自由主义总是工业资产阶级对付容克和工人的度量狭窄的阶级代理人。"新自由主义"、民主的方针和对工人的友谊在这里从来没有超出空话的阶段,从来没有超出不知不觉就中止了的发动阶段。

随着各种特殊的经济事件或者政治事件的发生,这一种或另一种派别就会交替地占上风,资产阶级选民群众就会在这一种或另一种方法之间摇来摆去。这样一来,如果工人运动在风向变动时在理论见解上不牢牢掌握方向盘信心百倍地向目标航行,它也会被弄得摇来摆去。在统治阶级实行镇压一切组织的反动的暴力政策的情况下,不再走合法道路,只能以暴力对付暴力的观点就会传播开来。工人思想中占主导地位的无权感就会促使他们采取顽固的否定态度。否定积极的细小工作的实践,只能进行秘密的鼓动工作的实践,就会产生这样的理论:严禁细小工作,把一切幸福寄托在未来的"复仇的日子"。站在现实的基础之上,同压迫者在议会中谈判协商,似乎和叛变工人的事业相差无几。

如果出现突然的变化,如果统治阶级一旦打算采用蜜饼政策,那就会产生截然相反的感觉。如果严重的压力消除了,工人阶级就会感到呼吸自由,他们就会自由地开展活动和组织起来,那时就会出现一个新的春天。统治阶级的新的态度被看作是政治局势的永久不变的发展规律,**被看作是阶级斗争永久的缓和,被看作是社会的日益增长的民主化**,被看作是最终必然导致实现社会主义的**不断扩展的改良行动**。

代表上升的资本主义利益的自由主义思想、它的繁荣时期完全是过去的事了,但是现代社会却把它看作是崭新的东西,看作是由于带有进步的印记而同社会主义相近的东西,而不是它实际上表现的那样,是一种取代了残酷的资本主义地位的合乎理性的资本主义。在遭受了剥夺权利的严重压迫之后,政治上的平等权利似乎如此美好,以致使人几乎忘记了经济上的奴役。当然,这种情况在发言人那里要比工人那里容易发生。关于阶级对立严酷尖锐和必须进行无情的阶级斗争的学说似乎是不正确的、多余的,虽然这个学说除了恢复**本来的斗争的基础**之外丝毫没有提供更多的东西。"举起双手欢迎善意,攥紧拳头对付恶意",在福尔马尔的这一口号中突出的一个观点是,我们的拳头不是对准资本主义剥削,而是对准资本主义的反动的尖锐化的表现。

这样,为什么莫斯特宣传的无政府主义观点能够在反社会党人法颁布以后获得一些影响就是可以理解的了。社会民主党是资本主义的自然而然的产物,反对社会民主党的暴力手段是不能长时间实行的,只有抱着这种坚定不移的理论认识才能使大多数同志坚持实行正确策略的轨道。在反社会党人法被推翻以后则出现了相反的情况。福尔马尔在他的"黄金国演说"(《关于社会民主党的最近任务》)中声称,在目前,实行迁就迎合的新策略是适宜的。但是即使在这种情况下党也决心坚持老的策略:在坚持加强阶级斗争观点的条件下为一切改良而斗争。在这里,下这种决心之所以不困难,是因为这种"新方针"的欺骗性(它决不是自由主义进步的方针)是容易识破的。

在哈雷党代表大会上关于策略问题的讨论中恰恰看得很明显,从不同的方面片面地歪曲社会主义是怎样相互促进和加强的。柏林的"青年派"援引福尔马尔的发言来论证他们关于议会活动和细小工作会导致放弃阶级斗争的理论,而福尔马尔则攻击根本拒绝细小工作的"青年派"

的政治观点不可能产生结果，似乎进行细小工作才是在原则上坚持革命的观点。

在德国，无政府主义从未获得巨大的影响。在这里，马克思主义策略和修正主义策略之间关于国内策略问题的斗争基本上在于如何估计民主制和资产阶级政党的进步性的问题。在修正主义者对资产阶级的善意表示的信任中，愿望始终起着相当大的作用。一切社会主义者在争取严肃的改良政策和政治上的平等权利的**愿望**上都是一致的。真正的激进的改良政策将使社会变革尽可能没有痛苦地和经常地进行。"这种发展越是和平地、有秩序地和有机地进行，对我们和对社会就越好"，福尔马尔的这句话，任何社会民主党人都是同意的。没有阻碍地利用一切政治权利可以给今天的阶级斗争提供我们所希望的符合我们利益和整个社会的利益的文明的形式，而反动派却把以往的野蛮的方法强加在它身上。既然在拥有充分的政治上的平等权利的基础上进行斗争，既然在敌人那里看到有改善明显的社会弊病的严肃的愿望，似乎工人阶级就有可能通过采取体现在我们当前要求的纲领中的一系列有关的措施，不经过暴力革命就会实现从资本主义向社会主义的过渡。如果资本主义在它的丧钟已经敲响的时候会按照我们的愿望，不发生痉挛，不经过徒劳无益的垂死挣扎就安静地死去，那对我们就会更好，对我们的敌人就会更好，对整个社会就会更好。

但是，社会发展不是由我们的愿望决定的。还没有一个行将死亡的阶级懂得光荣地死去。还没有一个社会制度不经过痉挛性的挣扎就会死亡。而且到现在资本家阶级也没有一点点兴趣通过实行彻底的社会改良和民主进步的制度铺平通向社会主义的道路。决定历史进程的不是在已经选择好的社会改良的道路上推动人们不断前进的所谓的"事实的逻辑"，而是经济利益的斗争，这一斗争会使得统治阶级离开这条道路的，只要它担心在那里会使它的敌人的力量得到加强，而不是把他们引入歧途的话。

因为自由派的进步政策的积极目的就是把工人引入歧途。少数统治者的力量总是建立在这样一个基础之上的：不使人民群众认清他们自己的利益和他们的利益同统治者的利益的对立。因此，资产阶级必然企图不让无产阶级提高明确的阶级意识，或者，当这种意识已经提高了的时候，就设法使之腐化，使之模糊。阶级意识越是大大发展，越有必要这样做。而且，无产阶级的力量越强大，这种危险越带有威胁性，这种必要性就越是会强烈地被感觉到。可怕的剥削和贫困推动群众进行反抗。他们要求消除资本主义最坏的毒瘤。如果资产阶级想使他们同资本主义和解，那它就必须表示愿意通过社会改良来消除这种毒瘤。

对无产阶级的恐惧是资产阶级实行一切社会改良的动力。所谓恐惧，不是说恐惧爆发革命，而是**恐惧无产阶级力量的增长**。无产阶级的力量越强大，无产阶级的力量还会进一步增长的想法就会更加可怕地出现在资产阶级的脑海中，这样，就会更加强烈地推动它通过社会改良来安抚群众。结果达到一定程度就会发生突变而走向它的反面，当工人阶级的力量如此强大，以致用这种办法来削弱它的任何企图都变得毫无希望的时候，资产阶级就只能指望用刀枪作为防御手段。

面对统治阶级的这种企图，无产阶级必须采取的态度是，要**尽可能地支持**自由主义的改良意图，**但是一刻也不能受它的欺骗**，对于这种方针的真正意图，一刻也不能产生迷惑。资产阶级改良主义者和进步分子并不是接近我们的怀有好意的朋友，而是敌人，而且是远远比反动派更危险的敌人，因为他们企图破坏我们的内部力量，企图扰乱我们的见解和阶级意识。所以，恰恰是在实际工作显示出最大的表面上的成果的情况下，更要扎扎实实地进行理论宣传，使工人认清资产阶级改良的本质和作用。

通常发生的情况相反。通常资产阶级可以达到它的目的。工人中间或多或少有一部分人和他们的一部分发言人为改良所迷惑,他们相信资产阶级中这部分人对工人的友谊,他们相信资本主义的改善能力,并且将先前关于加强阶级对立的思想当作"过时的教条"加以抛弃。修正主义的学说就是这样。由于眼前的有限的经验,他们看不透这种学说的短暂性,被它引入歧途。这样,统治阶级的这种政策就会使工人运动遭到削弱和分裂,内部的斗争就大大阻碍了运动的前进。

因此,如果说,自由主义的进步政策(如果它能彻底贯彻的话)在统治阶级看来更为狡猾,那么,这种政策却有很大的缺陷,这就是,它不能贯彻始终,它很快就会由于自身的矛盾而归于失败。这种政策意味着要解除敌人的武装,但是,提供给敌人的一切却成了敌人用来作为武器的东西。对于资产阶级来说,通过实行真正的切实的社会改良,通过赋予一切政治权利,通过建立一种真正的民主制和合法地限制资本的权力来防止工人进行尖锐的革命的阶级斗争,是**根本不能解救自己**的。因为这样它自己就会代表工人的利益,自己就会开始实行社会主义,而不让工人去实行。民主制意味着扩大人民群众的政治力量。而任何一种对工人有帮助的社会改良,都会损害资本家集团的直接利益。因此,资产阶级的社会改良从来不会带有巨大的、慷慨的、宽宏大量的性质。**资产阶级总是设法尽可能少给东西,而又设法让这些少量的东西尽可能大地表现出来**。当它觉得它必须这样做的时候(因为不这样它就不可能抗拒社会民主党的发言人的进攻和普通工人的压力),改良总是细小的、吝啬的、狭窄的。直接利益每次都使它改变方针,而设法通过规定特殊的条款和提出附加条款来收回它在主要的条款中所必须给予的东西。**欺骗和广告是资产阶级社会改良的标志**。只有那些不断听取工人要求的工人代表的批评才能产生某些一般的结果。资产阶级政党的纲领中为争取工人而规定了一些美好的条文，一旦这些政党着手付诸实现的时候，通常都是要破产的。如果一个资产阶级民主党掌握了政权，那么它的表现往往无非是一种主张民主制的反动派的混合物，也就是在民主词句掩盖下的反动派。不久以前的法国克列孟梭激进政府就是一个典型的例子。

资产阶级世界观和无产阶级世界观

乍一看来，我们一般称为无政府主义和修正主义的两个派别只是互相对立的。但是，恰恰是因为它们都是从相反的方面片面地歪曲社会民主党的策略，它们同时又是相互紧密相联的。它们都是根本上区别于无产阶级世界观的同一个**资产阶级世界观**的产物。

无产阶级或社会民主党特有的东西并不是它具有特殊的斗争方法，既不是采用暴力手段进行突然的革命，也不是进行耐心的、有步骤前进的细小工作，既不是革命，也不是进化，既不是致力于实现一种遥远的未来的理想，也不是进行有局限性的针对眼前的实践。所有这一切见解和方法资产阶级也了解并运用过。资产阶级也热心、渴望和实行过革命。资产阶级也曾发誓要实行缓慢的进化和细小的改良。因此，上述这种或那种见解中丝毫不可能有无产阶级所特有的东西。

无产阶级所特有的东西仅仅是对具有辩证性质的必然的社会发展所持的观点。这也就是说，这一发展的精神要素只能理解为对立的，即它们在概念上是彼此对立的。例如，革命和进化、理论和实践、最终目的和运动。无产阶级所独有的只是它有这样一种看法，即所有各种在表面上似乎是互相对立的目标在一个巨大的发展过程中只不过是一些要素。无产阶级既不发誓要进行革命，也不发誓要实行进化，而是认识到，二者只不过是同一发展中的两个方面。对似乎是矛盾的统一体所持的这种辩证的观点（这种统一体只能在不断的发展中实现）是区别**新的无产阶级的、社会民主党的思想**和资产阶级思想最本质的东西。

资产阶级的不辩证的思想不了解历史发展的不可动摇的进程和真正的性质。它看到的仅仅是暂时最常出现的偶然的东西，因此它总是从一个极端走向另一个极端。它所看到的对立，只是一方面——另一方面，不认为它们是发展的动力。它所看到的发展只应该具有缓慢的进化的形态，只具有量的变化，而它的质即本质不会改变。

资产阶级世界观和无产阶级世界观的这种第一个对立和第二个对立是紧密相联的。**无产阶级世界观是唯物的，资产阶级世界观是唯心的。但是，辩证的和唯物的同唯心的和不辩证的一样，是紧密相联的。**在无产阶级看来，个人力量之外的物质力量支配着发展。在资产阶级看来，人的精神的创造力量支配着发展。物质的实际是辩证的，因为它只能作为对立的概念的统一体才能完全为人们所理解。但是在资产阶级世界观作为动力看待的概念和思想中却存在着直接的矛盾。作为概念来说，革命和进化、自由和组织，是互相对立的，是互相排斥的。

谁要是仅仅重视这些抽象的思想，把它们看作是本质的东西，而不重视在它们之下存在着物质的实际，认为这些概念事实上是不可调和的、相互排斥的对立，那么，他必然是要么坚持革命，要么坚持进化，第三条道路是没有的。如果他把革命看作是正确的，那他就会认为进行细小的改良的原则是有害的，或者，如果他认为进行细小的改良是值得追求的东西，那他就自然而然地要排斥它的对立面，即革命。标语口号代替了明确的见解。

这样，**无政府主义和修正主义二者都是工人运动中的资产阶级流派**。它们把资产阶级世界观同无产阶级思想结合在一起。它们站在无产阶级一边，并且想维护无产阶级的事业，但是，并没有在思想上和科学上实行巨大的改造，而这种改造则是科学社会主义的标志。它们从资产阶级世界获得观点和思想方式，它们彼此间的区别仅仅在于，它们是在资产阶级所处的时期的不同时代寻求这些观点和思想方式的。撇开个人不谈，可以说，资产阶级最初在它的上升时期倾向于革命的观点，之后，在它的没落时期，就再也不愿听到灾变了，在自然科学方面也是一样，因此它就致力于不明显的、缓慢的进化。无政府主义继续了资产阶级革命的传统，它总是以此来伪装革命，而修正主义则采用了没落资产阶级的和平进化的理论。

这些派别与其称为资产阶级派别，还不如称为**小资产阶级派别**。因为，和自我满足的大资产阶级相比，小资产阶级从来就是一个想反对现存制度的不满足的阶级。因为社会发展同它不一致，它不可能坚持固定的路线，而必然不可避免地从一个极端走向另一个极端。一会儿沉湎于革命的词句，并且试图通过暴动来取得统治，一会儿胆怯地在资产阶级后面爬行，企图向资产阶级骗取或乞求改良。**无政府主义是变得野蛮的小资产者的意识形态，修正主义是温和的小资产者的意识形态**。由于有这种亲密的关系，为什么它们之间很容易互相转化，就是可以理解的了。工人运动历史的例子往往证明，最激烈的"革命者"变成了最温和的改良主义者。许多修正主义者曾经相信1906年能够掀起一个小小的革命，而当这个革命没有成功时，就再度沦为最平庸的改良主义。在这方面，它们只是在形式上有变化，而实质上都持有同样的反马克思主义的观点，即看不到发展中的对立统一的观点。

这两个派别的共同点还在于它们都景仰个人和个人自由。它们是资产阶级派别也表现在这一点上。马克思主义从把人们推向前进的强大的经济力量中看到了社会的推动因素，而资产阶级学说则把进行**自由独立**

的贸易的个性当作它的哲学的中心。无政府主义的理论基础是彻底发展资产阶级个人主义。无政府主义的自由还战胜了自由主义的自由。老的自由主义——如在斯宾塞、赫伯特那里——把个人的绝对自由作为它的理想，从而以生产者的资产阶级自由来反对国家的干预。无政府主义者不了解这种自由只是资产阶级利益的一种理论表现。他们采用了这个口号本身，并且只是责难自由主义的自由还不是完全的自由。因为国家使用暴力对劳动阶级实行压迫。因此，只有彻底废除国家政权和一切权威，才能实现绝对自由。

工团主义在这一点上同旧的纯粹个人主义的无政府主义是有区别的，因为它是在已经组织起来的工人中间兴起的。因此它把工人阶级的组织看得高于单个人，它主张这个组织实行充分的自治。但同时它又不丢掉自由的、坚强的个性。弗里德贝格在阿姆斯特丹代表大会所提出的决议案中把"个人的精神的和伦理的发展"看作无产阶级最终解放的首要条件。

修正主义在这方面同工团主义几乎是一致的，它也总是主张维护自由个性的权利，因为它的发言人往往来源于知识分子阶级，他们在固定的组织中很难适应无产阶级的纪律。修正主义也重复着这样的口号："回到康德去！"新康德主义者崇拜同马克思主义关于道德的社会起源学说处于尖锐对立状态的个人伦理自由，这一主张在修正主义派别中也可以找到它的主要代表。

由于对历史唯物主义以及修正主义和无政府主义所特有的对辩证法在理解上有缺陷，它们对揭示资本主义内部结构的政治经济学的见解也必然是不完善的。资本主义生产具有两重性，这种两重性是从商品的两重性即使用价值和价值中产生的。一切劳动既是具体的、构成使用物的劳动，又是抽象的、构成价值的劳动。因此，在资本主义制度下，劳动既是为社会的使用价值的生产,又是为剩余价值的生产。对资本家来说,最终的职能即形成剩余价值是生产的目的和目标,但是这两种劳动又是不可分割地联系在一起的。因此,资本主义生产既是必需物品的生产(没有这种生产社会就不能生存),又是对工人的剥削。

无政府主义看不到这两重性。它忽视了生产的性质,它在资本主义制度中看到的**仅仅是不自然的、可诅咒的、共同的压迫**。它幻想把这一切全部摧毁掉,并且在旧世界的废墟上建立一个新的、较好的世界。这一观点也是无政府主义总罢工思想的基础。通过这样一次在形式上符合工人状况的起义,压迫者的奴役将被废除,而获得自由的人们将建立起崭新的世界。这种设想首先适合于小资产者和小资产阶级工人的思路。在他们看来,资本并不像大工业无产阶级所认为的那样,是已经在某些轮廓上建立起了未来社会的巨大的有组织的政权,而仅仅是压迫人的、吸人血的政权。在小企业的熟练工人看来,这个政权就是这样的,因为他们工艺上和技术上的才能由于采用新机器而变得多余了,他们看到高涨的生活水准受到了威胁。因此,他们特别容易接受无政府主义学说。瑞士汝拉的钟表匠曾经是无政府主义在国际内的第一批核心队伍,而现在在法国,工团主义学说在由于技术的发展而面临无产阶级化的熟练工人中间,可以找到它的最坚定的拥护者。

修正主义存在着相反的缺点,这种缺点要坏得多,因为资本主义的剥削性质是资本主义的最重要的方面。资本主义的生产首先是剩余价值的生产。这是资本主义的本质逼迫它这样做的。正因为这样,资本主义生产同为需要而直接生产和不存在剥削的社会主义生产是直接对抗的。社会主义生产固然是从资本主义生产中产生的,但是它只能通过破坏,通过突变才能转变为资本主义生产的对立面。修正主义否认资本主义的这种性质,它谈论的是资本主义逐渐长入社会主义,它把任何改良都看作是社会主义的一部分。因此，它的观点是很清楚的，它强调的是两种生产方式的共同性，是它们都采用大机器在世界联系中生产商品这一事实，但是它把对立的东西却放到了次要的地位。这样，**两种生产方式的差别成了程度上的差别**，与此相适应的是，任何小小的改善都被看作是资本主义和一部分社会主义的融合。为此，只需要扩大这一部分，只需要在改良中进行努力和竞争，就可以使我们不知不觉地过渡到社会主义。很明显，所有这一切特殊的修正主义观点都是从否认**在为完全彻底的政治统治而进行**的最后的**斗争中**表现出来的基本对立中产生的。

修正主义的这种资产阶级本性在关于**殖民政策**的争论中表现得更加明显。殖民政策是剥削的最可恶的形式，在这里资本的利润欲不会受到限制，因为它不必顾虑存在着一个政治上自由的、因而有防卫能力的工人阶级。修正主义强调的是现代殖民政策的**非本质的一面**，也就是强调商品交换和殖民地同欧洲存在着个人联系和贸易联系这一事实。既然可以预见到一个社会主义的社会将会同不发达的民族有商品交换（虽然规模大概不很强大），于是它就把现代资本主义和将来的社会主义对待殖民地的态度看作是在本质上一样的，只是在次要的方面和在表面上不同而已。资本主义剥削的、追求剩余价值的行为和社会主义带来文明的、仅仅是寻求使用价值的行为之间的原则对立被忽视了。这样就产生了一种幻觉，似乎存在着一种消除了残暴和野蛮的人道的、带来文明的殖民政策，而这种政策在资本主义制度下就可以实现了，根据这一点，社会民主党就不必要再彻底反对殖民政策了。

因此，如果说，两派都同样对马克思主义的经济学缺乏了解的话，那么它们都同样否认这个学说所产生的结果。修正主义者和无政府主义者都同样反对我们称之为**资本集中**的资本主义发展进程。大家知道，伯恩施坦就是根据他对资本集中学说的所谓反驳来攻击革命策略的。我们在无政府主义者切尔克佐夫论述社会民主党的学说和行动的一篇文章中也可以找到类似的论调,他在文章中是这样反驳资本集中规律的:"人们无论从哪一方面来观察,总是可以发现剥削者的数目在增加。如果人们重复这样一种谬论,说资产阶级将会安静地服从无产阶级所决定的对财产的没收,因为资本家的数目由于资本集中的规律已经变为逐渐消逝的少数,那么这必然是非常天真的。"因此,两派都否认社会主义的可靠性赖以建立的革命的基本事实。一派得出结论说,没有资产阶级进步分子的帮助或善意就不能达到目的,只是满足于改良。另一派则证明,等待物质的崩溃是徒劳的,必须一味进行打击,才会带来变化。这样,这两派都又**重新回到旧的空想主义**。马克思主义的巨大成就,即把社会主义解释为社会发展的必然结果的学说,被它们重新抛弃了。既然它们不把社会主义的到来看作是经济发展的确定的结果,它们必然采取制定设想和说大话的办法。大家知道,无政府主义者竭力作这样的设想,并且在他们的文章中对共产主义和自由的不同体系进行了详细的比较。他们认为社会民主党人也是愿意实现一定的社会制度即集体的社会制度的人,而这种制度同他们的共产主义最终目的是不相同的。类似的情况伯恩施坦也有。伯恩施坦忧虑的一个问题是,我们在我们的纲领中应当写上什么样的生产资料是我们愿意使之国有化的。两者都缺乏这样一个见解,即一种新的生产方式必然要发展起来,而且不是按照预先规定好的现成计划能够实现的。

总之,我们看到了修正主义和无政府主义是怎样彼此从相反的方面片面地歪曲社会主义的。由于它们不理解把这两个方面结合成统一体的马克思主义观点,所以这两派中的任何一派都认为马克思主义是另外一种,并且反对马克思主义本身。修正主义者把马克思的策略当作革命的浪漫主义加以反对,他们总是不顾一切实际经验企图把马克思主义者说成是反对日常细小工作和改良的人。这是很自然的,因为在他们看来,改良和革命存在着不可调和的对立,他们恰恰不能理解:一个把无产阶级的革命任务放到首位的人,同时也可以主张实行细小的改良。无政府主义者和工团主义者恰恰相反。他们把修正主义策略看作是社会民主党的必然结果,并且援引改良主义者的学说和行动来反对社会民主党人。

(原载安·潘涅库克:《工人运动中的策略分歧》1909年汉堡德文版第26—67页)

(李宗禹 译)

论马克思关于国际工人运动史的研究

——几个方法论问题*

〔俄〕 瓦列里娅·库尼娜

马克思的著作、演说和书信中包含了他对国际工人运动史的科学看法。他在制定关于社会发展的唯物主义学说的同时,研究了人民群众的阶级斗争史,并阐述了研究阶级斗争史的科学的方法论。① 40 年代初的早期文章中就已经有这方面的例子了。在《德意志意识形态》、《哲学的贫困》、《共产党宣言》、《1848 年至 1850 年的法兰西阶级斗争》、《路易·波拿巴的雾月十八日》和《哥达纲领批判》这些著作中可以清楚地看出马克思的方法论。《资本论》占有特殊的地位,在这部著作中,马克思的方法论得到了全面而深刻的反映。

列宁的下述论断对于马克思主义的方法论来说是普遍适用的:"在社会科学问题上有一种最可靠的方法……最重要的,那就是不要忘记基本的历史联系,考察每个问题都要看某种现象在历史上怎样产生、在发展中经过了哪些主要阶段,并根据它的这种发展去考察这一事物现在是

---

* 本文选自《马克思恩格斯研究》1992 年总第 10 期。

① 马克思研究工人运动史方法论的一般特点的描述包括在像《马克思传》(1983 年柏林版)这样一些著作中。

怎样的。"①

马克思的书信对于理解马克思的科学方法论具有重要意义。关于这一点列宁写道："如果我们试图用一个词来表明整个通信集的焦点，即其中所抒发所探讨的错综复杂的思想汇合的中心点，那么这个词就是辩证法。"他还在另一个地方写道："马克思主义的极其丰富的理论内容阐述得非常透彻……

读者从这些信件中可以看到非常生动的全世界工人运动的历史，看到其中最重要的时期和最重大的事件。"②

马克思对工人运动史的研究是建立在他关于工人阶级所肩负的世界历史使命的学说的基础上的，并且是由马克思主义本身的特殊性即革命理论和革命实践的统一所决定的。马克思关于工人运动及其规律性和基本特征的观点，是在他作为革命无产阶级的理论家和领袖进行活动的过程中形成和发展起来的。马克思总结了国际的和一国内的工人运动的经验，研究它们的历史、发展的条件和它们所采取的形式。他把注意力集中在工人运动中新趋势的产生和保留下来的旧传统的性质上。这样，他便丰富了他的革命学说，并完善了认识社会生活中的各种现象的方法。

把科学的客观性和党性有机地结合起来、彻底运用历史主义原则和了解工人阶级的民族利益和国际利益的统一，是马克思的特点。他的方法论的前提是，十分重视相互联系的客观因素和主观因素，深入分析工人运动的普遍规律性和民族特殊性。他始终把工人的阶级斗争的各个阶段看作是历史发展总过程的组成部分。

马克思依据仔细收集到的具体事实来研究工人运动内部的各种不同

---

① 《列宁全集》第 2 版第 37 卷第 61 页。
② 《列宁全集》第 2 版第 24 卷第 276 和 275 页。

形式和相互关联的现象和事件。他用这些事实为他的推论和预见打下坚实的基础。《资本论》就是运用这种方法的一个光辉范例，它的理论原理是以大量事实为根据的。

马克思在他早期撰写的文章《共产主义和奥格斯堡〈总汇报〉》、《〈黑格尔法哲学批判〉导言》①和其他文章中阐明了无产阶级是一个具有自身利益的阶级的特征后，也开始阐述工人运动的物质基础这一命题。马克思和恩格斯在《德意志意识形态》中写道，大工业创造了无产阶级，它很快就同整个旧世界对立起来。这是因为大工业"不仅使工人与资本家的关系，而且使劳动本身都成为工人所不堪忍受的东西"。②《共产党宣言》中也有关于工人运动的物质基础的说明。③在以后的几年中，马克思多次谈到这个问题。例如，他写道，无产阶级运动是"由现代社会自然的和不可抗拒的趋势所产生的"④，工人运动是"从生产关系本身中"⑤ 成长起来的，它的物质基础是"大规模的有组织的劳动"⑥。

从原始社会解体以来迄今为止的全部历史都是阶级斗争的历史——马克思的这一伟大发现包含了无产阶级反对资产阶级的阶级斗争的形成和发展是具有规律性的这一论点。在此基础上，马克思和恩格斯阐明了关于工人阶级的解放斗争分阶段发展的思想，他们的这种思想最先出现

---

① 《马克思恩格斯全集》第1版第1卷第130—134、452—467页。
② 《马克思恩格斯全集》第1版第3卷第68页。
③ 参看《马克思恩格斯全集》第1版第4卷第472—475页。
④ 《马克思恩格斯全集》第1版第16卷第365页。
⑤ 《马克思恩格斯全集》第1版第23卷第334页。
⑥ 《马克思恩格斯全集》第1版第17卷第597页。

在恩格斯的《英国工人阶级状况》①和马克思的《哲学的贫困》②中。

马克思在他的著作中划分了工人阶级斗争的几个阶段。他从无产阶级的形成开始,研究了无产阶级反对资产阶级的斗争的发展,直到"工人阶级在发展进程中将创造一个消除阶级和阶级对立的联合体来代替旧的资产阶级社会"③。

关于无产阶级的阶级斗争分阶段发展的思想在《共产党宣言》和《资本论》第1卷中阐述得更全面。《宣言》的作者们研究了从工人阶级形成以来就开始的阶级斗争的发展。他们断言:"随着资产阶级即资本的发展,无产阶级即现代的工人阶级也在同一程度上得到发展。"④

马克思和恩格斯指出:"无产阶级经历了各个不同的发展阶段。"最初是个别工人同个别资本家作斗争,然后是某一工厂的工人,再后来是某一地方某一劳动部门的工人起来进行斗争。起初他们攻击的对象不完全是资产阶级的生产关系,而首先是生产工具本身。在运动的这个阶段上,他们还是"分散在全国各处、因为相互竞争而联合不起来的人群"。但是,随着工业和交通的发展,工人阶级也不断增长,并越来越多地集中在大城市和正在形成的大企业中。无产者的利益、劳动条件和生活条件都变得相同了,这促进了他们阶级觉悟的成熟。同资产者的不可避免的冲突"愈来愈具有两个阶级的冲突的性质"⑤。无产阶级的运动产生了,这是绝大多数人为绝大多数人谋利益的运动。在地方上进行的阶级斗争发展成为全国规模的斗争。

---

① 《马克思恩格斯全集》第1版第2卷第500—513页。
② 《马克思恩格斯全集》第1版第4卷194—198页。
③ 《马克思恩格斯全集》第1版第4卷第197页。
④ 《共产党宣言》人民出版社1992年版第32页。
⑤ 《共产党宣言》人民出版社1992年版第35页。

无产阶级在经历了阶级斗争的不同阶段之后不可避免地要直接向资本主义进行冲击。但是它"如果不炸毁构成官方社会的整个上层,就不能抬起头来,挺起胸来"。

马克思和恩格斯得出结论说:"在叙述无产阶级发展的最一般的阶段的时候,我们循序探讨了现存社会内部或多或少隐蔽着的国内战争,直到这个战争爆发为公开的革命,无产阶级用暴力推翻资产阶级而建立自己的统治。"①

在《资本论》第1卷中关于无产阶级的阶级斗争史的概述就是以同样的思想为基础的。马克思从阶级斗争的最初的表现形式开始,分析了阶级斗争的性质。他认为,雇佣劳动者的形成是在14世纪下半叶②,并叙述了他们的发展概况,直到那个时代的工人运动的形成。他预言了无产阶级的阶级斗争将发展到剥夺者被剥夺的最高阶段的历史必然性。

马克思在《〈法兰西内战初稿〉》中也阐明了阶级斗争分阶段发展的同一思想,他在该书中写道,工人阶级"必须经历阶级斗争的几个不同阶段"③。

他也阐明了国际工人运动史时期划分的一般轮廓,这个划分也是以阶级斗争分阶段发展的思想为基础的。在这里,他所持的出发点是下述认识,即工人运动在每一时期内都经历了好几个阶段。

工人运动史的第一个时期包括很长一段时间。这个时期的开始,在《共产党宣言》中是这样确定的:无产阶级"反对资产阶级的斗争,是

---

① 《共产党宣言》人民出版社1992年版第37—38页。
② 参看《马克思恩格斯全集》第1版第23卷第806页。
③ 《马克思恩格斯全集》第1版第17卷第594页。

和它的存在同时开始的"①。

这种思想在《资本论》第 1 卷中也得到了论述:"资本家和雇佣工人之间的斗争是同资本关系本身一起开始的。在整个工场手工业时期,这场斗争一直如火如荼地进行着。"② 马克思认为**"资本主义时代"**是从 16 世纪开始的。③

但从以后的阐述中可以看出,这里涉及的还是现代工人运动的前史,因为只是"在采用机器以后〔马克思认为这个时期是 17—18 世纪〕,工人才开始反对劳动资料本身,即反对**资本的物质存在形式**"④。

马克思称从产业革命开始以来也就是从 18 世纪以来进行这种斗争的英国工人,"不仅是英国工人阶级的先进战士,而且是整个现代工人阶级的先进战士"⑤。但是,早在 18 世纪末和 19 世纪初,工人就已开始认识到对机器的资本主义性质的利用,并把他们的攻击目标从物质生产资料转移到利用物质生产资料的社会形式上来了。他们开始进行有组织的经济斗争。这一过程使工人运动史第一个时期带上了自己的特点。

第一批工人同盟——它们产生于 19 世纪前 30 年——成为反抗资本主义剥削的一个有效手段。它们在斗争进程中不断壮大和发展起来,而且不可避免地具有政治性质。⑥ 对阶级斗争在其第一个发展时期的发展前景的分析,使马克思得出了无产阶级的经济斗争和政治斗

---

① 《共产党宣言》人民出版社 1992 年版第 34 页。
② 《马克思恩格斯全集》第 1 版第 23 卷第 468 页。
③ 参看《马克思恩格斯全集》第 1 版第 23 卷第 784 页。
④ 《马克思恩格斯全集》第 1 版第 23 卷第 468 页。
⑤ 《马克思恩格斯全集》第 1 版第 23 卷第 332 页。
⑥ 参看《马克思恩格斯全集》第 1 版第 4 卷第 195—196 页。

争相结合的历史必然性的结论,这种结合是斗争获得成功的一个绝对必要的前提。

马克思着重指出,工人行动的自发性、运动参加者思想上的不成熟、组织上的四分五裂和各个地方自己单干是第一个时期的特点。出现了各种各样的空想的宗派和密谋团体,它们和现实——工人阶级的经济斗争和工人阶级的政策——格格不入。这些宗派团体向工人们提出了各种不同的异想天开的解决社会矛盾的办法。尽管如此,这些宗派团体在工人运动的这个早期阶段仍然是无产阶级运动发展的一个杠杆——这里也表明了马克思在评价历史现象时的辩证法。空想的宗派和密谋团体的存在使马克思和恩格斯能够在一定意义上把第一个时期描绘为"无产阶级运动的童年","正像占星术和炼金术是科学的童年一样"。[1]

马克思主义的奠基人证实了工人运动史上这一时期的一系列典型现象,当然,还没有展示出这些现象的全部多样性。马克思着重指出了那些反映工人阶级中的进步分子日益成熟的事实。从这些事实中,他清楚地看到了阶级斗争的前途和工人运动上升到一个更高阶段的必然性。

他把这一认识和40年代英国的宪章运动联系起来,而且首先是和共产主义者同盟联系起来。他在严格考察了这些组织形式赖以形成的具体历史情况后,对它们进行了评价,研究它们的特殊性,并确立它们对运动本身进一步发展的意义。

马克思着重指出,40年代后半期,第一个德国和国际共产主义政

---

[1] 《马克思恩格斯全集》第1版第18卷第36页。

党——共产主义者同盟的成立是无产阶级斗争史上最重要的一件大事。① 马克思写道，共产主义者同盟是"一个秘密地进行组织无产阶级政党的团体"②。他根据共产主义者同盟的历史强调指出，这个组织表明了无产阶级的阶级斗争的国际性质。同盟的成立和活动是在科学共产主义和工人运动相结合的道路上迈出的第一步。③

马克思对工人运动史第一个时期特点的描绘以对工人阶级在1848—1849年革命事件中所起的作用的分析而结束。工人阶级作为独立的政治力量的出现这一结论像一条红线贯穿于他这一时期的几乎所有著作中。马克思着重指出，在欧洲革命的一切重大事件中——无论是在巴黎、柏林或是维也纳——具有决定性的是资产阶级和工人阶级之间的阶级斗争。④

共产主义者同盟的成立和工人阶级1848—1849年革命中的独立的政治行动，结束了工人运动史的第一个时期，并标志着工人运动进入了一个新的时期。

马克思和恩格斯对共产主义者同盟史的时期划分与欧洲工人运动的一般历史完全相符。恩格斯在《关于共产主义者同盟的历史》中写到：

---

① 马克思的有助于理解他对共产主义者同盟史的看法的基本著作有：《揭露科隆共产党人案件》（写于1852年10月底至12月初，载《马克思恩格斯全集》第1版第8卷第457—536页）和《福格特先生》（写于1860年1—11月，载《马克思恩格斯全集》第1版第14卷第397—754页）。——关于马克思对共产主义者同盟的历史的研究，叶菲姆·康捷尔写过一篇文章《马克思和共产主义者同盟历史的问题》，载《马克思——历史学家》1968年莫斯科版第457—497页。

② 《马克思恩格斯全集》第1版第8卷第522页。

③ 参看《马克思恩格斯全集》第1版第19卷第260页。

④ 参看《马克思恩格斯全集》第1版第6卷第473—474页。

"从科隆案件时起就结束了德国共产主义工人运动第一时期。"①

马克思着重指出，1848年以后，工人运动是在质和量上都完全不同的社会条件下发展的。欧洲很多国家都发生了产业革命，工厂工业甚至在一些经济上落后的国家中也发展起来了。无产阶级开始在政治上摆脱小资产阶级民主主义。工人运动的发展速度加快了。无产阶级的斗争日益尖锐化，斗争的形式和方法也日益增多。

这一时期的一个重要事件是1857年的世界经济危机。这次危机引起了所有资本主义国家工人运动的高涨和欧洲民族运动的高涨。1864年，马克思在《国际工人协会成立宣言》中指出了这一时期前15年的特点。马克思以当时最发达的资本主义国家英国为例，概述了1849年后资产阶级社会的经济过程和政治过程，并分析了它们的主要趋势。他由此得出结论说，阶级矛盾不可避免地日益加深，而且社会对抗也日益尖锐。② 这一点在以后的几年中得到了证实。马克思进一步着重指出工人阶级在数量上的迅速增长，并确定了无产阶级运动的极其重要的任务。他向工人指出："夺取政权已成为工人阶级的伟大使命。"马克思在强调无产阶级政党的必要性时说："只有当群众组织起来并为知识所指导时，人数才能起决定胜负的作用。"③

马克思在《成立宣言》中运用了他在《资本论》中运用过的同样的研究方法。他利用从英文史料中挑选的反映英国现实的具体事实着重指出："……在大陆上所有先进的工业国家里，都在重复着英国的情况，

---

① 《马克思恩格斯全集》第1版第21卷第260页。
② 参看《马克思恩格斯全集》第1版第16卷第5—14页。
③ 《马克思恩格斯全集》第1版第16卷第13页。

只是带有不同的地方色彩和规模较小罢了。"①

马克思在研究表明这个时期工人运动的特征的阶级斗争的不同形式时，极为重视60年代中期成为"真正的……流行病"② 的大规模罢工运动。他把罢工的增多看作是资本主义某些经济规律所产生的作用。马克思研究了这些斗争形式对工人运动的发展的影响，并确信，这些斗争形式教会了无产阶级向企业主进攻，增强了阶级团结，显示出了顽强的战斗力，促进了工会的成立。罢工是无产阶级阶级斗争的一所学校。

这个时期无产阶级运动的最高发展阶段是国际工人协会的成立。恩格斯认为，它的存在标志着工人运动中的一个时代。③

马克思和恩格斯的著作及书信中包含有以大量事实材料为依据的对第一国际从创建到解散的历史的看法。他们的著作清楚地表明了共产主义者同盟和国际工人协会之间的连续性、它们的任务和目标、它们在无产阶级解放斗争中的意义以及它们的政策和策略。正如马克思所写的，协会"并不是某一个宗派或某一种理论的人为的产物。它是无产阶级运动自然发展的结果，而无产阶级运动又是由现代社会自然的和不可抗拒的趋势所产生的"④。国际的使命是"为了用真正的工人阶级的战斗组织来代替那些社会主义的或半社会主义的宗派"⑤。它的目标是通过夺取政权争得工人阶级的经济解放。

马克思对国际内部的思想争论非常重视。改良主义和无政府主义的历史学家把这场斗争归结为个别集团或个人的争执。马克思和他们相

---

① 《马克思恩格斯全集》第1版第16卷第9页。
② 《马克思恩格斯全集》第1版第16卷第113页。
③ 参看《马克思恩格斯全集》第1版第16卷第413页。
④ 《马克思恩格斯全集》第1版第16卷第365页。
⑤ 《马克思恩格斯全集》第1版第33卷第332页。

反,他在一系列著作中研究了各种思潮(蒲鲁东主义、拉萨尔主义、巴枯宁主义、工联主义)产生的全部客观因素和主观因素,首先是社会根源。马克思在研究与革命无产阶级格格不入的形形色色的思潮时,着重指出,这些思潮是由各国社会经济发展的特殊性决定的,是由工人阶级的发展(这是城乡小资产阶级中那些濒临破产的阶层增加的结果),以及资产阶级思想和政策所产生的直接影响决定的。

马克思首先以和巴枯宁主义的争论为例,论证了反对国际内的小资产阶级社会主义的斗争的必要性。他在许多著作和多次演说中分析了巴枯宁主义的社会根源和世界观、它的政策和策略。马克思强调指出,工人运动的无产阶级革命力量和小资产阶级的革命的巴枯宁分子之间的分界线是对工人阶级的作用的看法。巴枯宁分子的立场表现在它关于社会革命的动力、关于国家尤其是关于无产阶级专政、关于工人阶级的政治斗争和关于工人阶级政党在解放斗争中的作用的小资产阶级观点中。

马克思和恩格斯指出,巴枯宁主义否认工人运动中一切进行组织的要素和任何权威的作法不可避免地要导致无产阶级的失败,使无产阶级完全受资产阶级支配。针对巴枯宁分子提出"完全自治"的口号来反对马克思主义的组织原则的企图,马克思指出:"目前,毁坏我们的组织就等于放下武器。资产者和各国政府所盼望的莫过于此。"[①] 暴动和密谋是巴枯宁分子和布朗基主义者特别热衷的行动,是复活已遭到历史谴责的宗派活动的站不住脚的企图。马克思和恩格斯强调指出,在一个新的历史阶段上"旧的错误会在短期内重新出现"[②]。

---

① 《马克思恩格斯全集》第 1 版第 33 卷第 436 页。
② 《马克思恩格斯全集》第 1 版第 18 卷第 36 页。

马克思全面评价了国际工人协会在工人运动中的意义。他认为，协会是为国际无产阶级运动创立一个中心领导机构的第一个成功的尝试。① 国际的任务是争取实现"**思想和行动的统一**"②，这是工人阶级解放斗争取得胜利最重要的和必要的条件。

国际的成立进一步把科学共产主义和工人运动结合起来了，因此，接触革命世界观的不再只是少数进步工人，而是无产阶级中更广大的阶层了。这就为马克思主义传播的下一个阶段和马克思主义在社会主义工人运动中的胜利创造了前提条件。

马克思第一个认识到巴黎公社事件是无产阶级的阶级斗争向更高的阶段的过渡。随着巴黎公社的成立，国际工人运动的一个新时期便开始了。他在1871年4月17日致路德维希·库格曼的那封著名的信中写道："工人阶级反对资本家阶级及其国家的斗争，由于巴黎人的斗争而进入了一个新阶段。"③ 不管革命的结局如何，工人已经为他们反对资产阶级斗争赢得了一个新的出发点。马克思把公社看作是"把人类从阶级社会中永远解放出来的伟大的社会革命的曙光"④。

这个极其重要的指示对于确定工人运动史的下一个时期的特点及其面临的任务具有决定意义。

马克思从1871年无产阶级革命的实际经验中总结出的这些任务，在1872年国际海牙代表大会的决议中得到了反映。⑤ 决议指出了为了使工人阶级联合起来，使它在全国范围内加强政治上的团结而进行日常工

---

① 参看《马克思恩格斯全集》第1版第19卷第26页。
② 《马克思恩格斯全集》第1版第18卷第385页。
③ 《马克思恩格斯全集》第1版第33卷第210页。
④ 《马克思恩格斯全集》第1版第18卷第61页。
⑤ 参看《马克思恩格斯全集》第1版第18卷第165—177页。

作的必要性。

马克思的著作和书信为工人运动新时期开始时发生的组织形式的改变从理论上作了论证。第一国际已完成了它的历史任务；在各国成立独立的无产阶级政党已提上议事日程。

马克思认为，第一国际发展的辩证法在于，它在准备建立在科学共产主义原则基础之上的无产阶级政党的同时，也为国际工人运动必然过渡到一个较高的政治组织形式创造了前提。国际在1872年海牙代表大会上通过了一项关于工人阶级必须组成特殊的政党的决议，① 随着这项决议的通过，国际实际上承认了改变工人运动组织形式的必要性。马克思指出，国际一直存在至今，并领导工人运动，现在新的、客观地形成的形势使工人在每个国家的范围内的政治联合成为不可避免。

马克思在《哥达纲领批判》中写道："为了能够进行斗争，工人阶级必须在国内组成为一个阶级，而且它的直接的斗争舞台就是本国，这是不言而喻的。"②

马克思强调指出，但是工人运动组织形式的改变决不意味着放弃争取工人阶级国际联合和贯彻无产阶级国际主义原则的斗争。"工人阶级的国际活动绝对不依赖于'国际工人协会'的存在。"③

在巴黎公社失败后的几年中，马克思仔细地观察，生活如何证实了1872年宣布的工人运动的政治路线正确性，以及无产阶级政党是如何在各国建立起来的。④

----

① 参看《马克思恩格斯全集》第1版第18卷第165页。
② 《马克思恩格斯全集》第1版第19卷第25页。
③ 《马克思恩格斯全集》第1版第19卷第26页。
④ 参看《马克思恩格斯全集》第1版第19卷第169页。

关于工人运动在1871年革命后进入的新时期,列宁强调指出:"第一国际完成了自己的历史使命;随之而来的是……以各个民族国家为基地建立群众性的社会主义工人政党的时代。"①

马克思密切注视着当时的全部工人运动。在本文中,我们只限于——大家肯定已经看出——探讨马克思以19世纪3个资本主义最发达的国家——英国、法国和德国——为例对一国内工人运动史的观点。

马克思一生都在研究英国工人的阶级斗争的发展和特殊性。他在英国生活了30多年,英国是他的"观察对象"。他根据这个"观察对象"研究了资本主义的形成和发展、资本主义规律性的表现形式、无产阶级和资产阶级之间的阶级斗争的不同阶段和形式。英国也是他的观察点,从这个观察点出发,他分析了其他各国的进程,总结了19世纪中叶规模最大、最有组织性的英国工人运动的经验。② 英国工人运动史为马克思提供了内容丰富的资料来总结出无产阶级解放斗争的一般规律性。因此,他才能正确地划分像鲁德运动和第一个工人联盟的成立这样一些无产阶级解放斗争的阶段。③

马克思特别关注英国工人的第一个政治性群众运动——宪章运动。尽管宪章运动有其特点——正像马克思所指出的那样,这些特点是从英国社会经济发展和政治发展的特殊性中产生的——但是,马克思还是把宪章运动看成是40年代欧洲工人运动极其重要的一个组成部分,马克思本人亲自参加了宪章运动,他为我们指出了确定这个运动的性质和意义的重要的方法论提示。他的方法论的基础是密切注意19世纪30和40

---

① 《列宁全集》第2版第26卷第51页。

② 参看 В. Э. 库尼娜:《论马克思和英国工人运动》1968年莫斯科版。

③ 参看《马克思恩格斯全集》第1版第23卷第469页。

年代英国社会经济的发展，英国社会阶级力量的配置，以及英国的民主运动和工人运动的特点和传统。按照马克思的观点，第一个有组织的工人政党随着宪章运动登上了历史舞台，① 这个党有自己的纲领、自己的策略和组织。实现该党的纲领即人民宪章中的要求，客观上会导致资产阶级政权的取消和无产阶级政权的建立。② 这些要求中最重要的要求是普选权，"这是人民群众的宪章"马克思于1855年写道，"它意味着人民群众取得作为实现他们的社会要求的手段的政治权力"。③

对宪章运动的高度评价丝毫也不妨碍马克思认识到这个运动思想上的不成熟和组织上的弱点。他把宪章派在社会主义基础上改组他们的党，看作是宪章派在向社会主义靠近。④

马克思研究英国工会运动的结果得出了一些对全世界工人阶级都有非常重大的意义的结论。这些结论是《临时中央委员会就若干的问题给〔参加1866年在日内瓦举行的国际第一次代表大会的〕代表的指示》的基础。马克思指出，从工人自发的反对资本主义剥削的尝试中产生的工联，"已经不知不觉地变成了工人阶级的**组织中心**"。⑤ 尽管工会有巨大的潜力，但它至今还没有进行反对雇佣劳动制度本身的斗争，它还置身于一般的社会运动和政治运动之外。由此可见，工联的任务应该是：学会自觉地进行活动，绝不忘记彻底解放无产阶级这一伟大目标。

马克思和恩格斯后来用工人政党的领导作用这一论点对上述论断作

---

① 参看《马克思恩格斯全集》第1版第6卷第175页。
② 参看《马克思恩格斯全集》第1版第8卷第300—391页。
③ 《马克思恩格斯全集》第11卷第301页。
④ 参看《宪章派左翼的鼓动纲领》，载《共产主义者同盟·文献和材料》第2卷第405—419页。
⑤ 《马克思恩格斯全集》第1版第16卷第220页。

了补充,这就是说,工会必须在工人政党的领导下进行活动,正像本文作者先前已经阐述过的那样。①

从50年代初起,马克思考察了英国工人运动发展的两种趋势,即革命趋势和改良主义趋势。他和恩格斯一起揭示了英国无产阶级运动中改良主义的产生和发展同19世纪中叶英国社会经济发展的特殊性之间的直接联系。马克思得出结论说,英国在工业生产、贸易和占领殖民地等方面发展成世界垄断者,使英国资产阶级能够对工人阶级的结构产生影响,即创造一个与其他工人相比处于享有特权地位的工人贵族阶层,这个阶层正是改良主义世界观的主要体现者。从50年代后半期起在有很大影响的、组织完善的工联中处于领导地位的工人贵族开始决定英国有组织的工人运动的方向和性质。

对工人贵族所起的作用的分析使马克思认识到资产阶级直接和间接地收买了所谓的工人领袖;除了专制的地方外,他在1872年国际海牙代表大会上也谈到了这个问题。② 马克思把改良主义的加紧传播看成是自由资产阶级所推行的政策的结果。他们利用工人贵族作为扩大他们的影响的开路先锋,从而把工联的大部分会员卷入实现他们的政治目的的斗争中。

列宁研究了对于有关改良主义的社会根源、关于工人贵族的思想和一般政治作用等一系列复杂问题的马克思主义的分析。在领会马克思和恩格斯对这些问题所发表的一切见解时,列宁特别把注意力集中在研究改良主义的社会根源的方法上。他写道:"但是英国的特点是,它从19

---

① 参看 В. Э. 库尼娜:《论马克思和英国工人运动》第64页。——《马克思恩格斯全集》第1版第33卷324页。

② 参看《马克思恩格斯全集》第1版第18卷第724页。

世纪中叶起就具备了帝国主义的两大特征：①拥有极广大的殖民地；②拥有垄断利润［……］。就这两点来说，英国当时是各资本主义国家中的一个例外，恩格斯和马克思在分析这一例外时非常明确地指出了这种现象和机会主义在英国工人运动中的胜利（暂时胜利）之间的联系。"①

列宁在《〈马克思和恩格斯通信集〉提要》名目索引中引人注目地写道："英国无产阶级'资产阶级化'"

"英国无产阶级＝其他政党的'尾巴'"。

"收买无产阶级"。②

研究工人运动的社会根源和改良主义倾向的实质的马克思列宁主义的方法论对当代的共产党和工人党来说也具有特殊的意义。它表明，认真研究资本主义国家无产阶级的社会构成、它的各个阶层的状况、它的心理和观点多么重要，注意考察对工人阶级产生影响的主观因素和客观因素之间的复杂的相互关系多么必要。

马克思在研究英国工人运动中改良派的产生和特点的同时，强调指出了证明革命派存在的一切事实，尽管当时革命派还非常弱小。在宪章运动之后的时期，这涉及工联的基层组织第一国际时代的活动，土地和劳动同盟（1869—1870 年）和国际工人协会不列颠联合会（1871—1873 年）。马克思密切注视了英国工人的革命积极性的一切征兆，并预言社会主义运动必然会在英国复兴。早在 70 年代末和 80 年代初，他就指出了像进步工人对社会主义的兴趣日益增长和在伦敦以及其他工业城市出现了工人的政治俱乐部这样的迹象。③

---

① 《列宁全集》第 2 版第 28 卷第 75—76 页。

② 列宁《〈马克思和恩格斯通信集〉提要》名目索引中文版第 459 页。

③ 参看《马克思恩格斯全集》第 1 版第 35 卷第 253—254 页。

马克思对法国工人运动史的研究是从1831年和1834年里昂纺织工人的起义开始的。他着重指出了这些行动的最重要的特征：起义者是在没有意识到起义，也没有意识到社会主义要求的情况下举行起义的；"他们事实上却是社会主义的战士"。①

对于法国工人运动史，马克思特别仔细和深入地研究了像1848年革命和1871年巴黎公社这样的阶级斗争事件。马克思透彻地分析了这两次对全法国的发展产生了决定性影响的革命的性质和特点。他指出，法国无产阶级在1848年革命中从第一天起就"以一个独立政党的姿态走上了前台"②。随着资产阶级共和国的争得（工人错误地以为这是他们自己的共和国③），他们本来应该继续向统治阶级进攻，以便采取措施实现自己的利益。值得注意的是马克思对无产阶级提出的"劳动权"的要求的看法。他辩证地看待这一要求的内容及意义。一方面，他断定了这一要求的空想性质，但是另一方面，他又高度称赞这一要求是斗争着的工人阶级的革命要求的第一个公式。④

马克思鉴于阶级斗争进一步尖锐化的趋势，研究了阶级斗争的具体表现形式：巴黎工人于1848年2月28日、4月16日和5月15日举行的起义。根据这些分析，他确信，在不久的将来，法国工人阶级举行公开起义以反对资本家阶级是不可避免的。这个看法在1848年6月23日得到了证实，这一天"现代社会中两大对立阶级间的第一次大交锋"⑤开始了。六月起义中提出的革命口号，正像马克思所指出的那样，客观

---

① 《马克思恩格斯全集》第1版第1卷第486页。
② 《马克思恩格斯全集》第1版第7卷第19页。
③ 参看《马克思恩格斯全集》第1版第7卷第20—22页。
④ 参看《马克思恩格斯全集》第1版第7卷第47页。
⑤ 参看《马克思恩格斯全集》第1版第7卷第34页。

上包括了推翻资产阶级和建立工人阶级专政的要求。①

马克思得出的一般结论如下：巴黎无产阶级以其1848年的六月起义证明了它所固有的革命精神，如首创精神、独立性、英勇无畏以及了解它和资产阶级之间在利益上的对立。这使国家的进一步发展的前途同工人运动联系在一起。法国无产阶级是革命力量的中心；现在法国真正的革命利益集中在法国无产阶级身上了。

马克思着重指出了19世纪60年代法国工人运动中出现的一股思潮，他和恩格斯称之为蒲鲁东学派。马克思把蒲鲁东主义者描述为小资产阶级的空想社会主义者，他们也像他们的导师皮埃尔·约瑟夫·蒲鲁东一样，把小私有制理想化，他们充满"小市民的幻想"，认为无息贷款和在此基础上的人民交换银行是从旧社会到一个新社会的社会改造的主要机构。②

马克思着重指出，蒲鲁东主义者作为无政府主义世界观的拥护者和国家的狂热反对者，他们认识不到工人阶级获得解放的正确道路。"他们轻视一切革命的，即产生于阶级斗争本身的行动，轻视一切集中的、社会的、因而也是可以通过**政治手段**（例如，**从法律上缩短工作日**）来实现的运动。"③ 1873年马克思在《政治冷淡主义》④ 这篇文章中对蒲鲁东主义者的观点进行了彻底的批判。

马克思同时指出，60年代后半期，一部分蒲鲁东主义者，即公有

---

① 参看《马克思恩格斯全集》第1版第7卷第37页。

② 参看《马克思恩格斯全集》第1版第16卷第32、36页。——《卡·马克思关于土地所有制的两次发言记录》，载《马克思恩格斯全集》第1版第16卷第648—649页。

③ 《马克思恩格斯全集》第1版第31卷第533页。

④ 《马克思恩格斯全集》第1版第18卷第334—340页。

制的拥护者（首先是瓦尔兰派），已经脱离正统的蒲鲁东主义，走上了为建立一个独立的工人政党而进行政治活动的道路。这一转折在巴黎公社期间完全显露出来了。那些曾是蒲鲁东主义者的巴黎公社社员在最尖锐的阶级斗争的条件下，不是按照蒲鲁东的改革计划行动，而是本着科学社会主义的精神行动。①

在马克思的著作和书信中还包含有对法国工人运动中的另一个革命派别即布朗基主义者的评述。马克思对布朗基主义者的唯意志论的策略和他们的民族自大狂采取了批判的态度。②恩格斯也指出，"该派用革命的空话来代替对运动的真正过程的认识，用只能导致无益的逮捕的小小的政治密谋来代替宣传活动。"③但同时，他对布朗基主义者在1871年无产阶级革命中表现出来的给人印象深刻的革命勇气表示赞赏，他高度评价他们在第一国际中参加反对巴枯宁分子的斗争的行动。

马克思对路易丝-奥古斯特·布朗基本人非常尊敬。马克思对他在法国工人运动中的地位和作用的看法总的说来表明，马克思在刚刚形成的群众性革命工人运动的条件下把布朗基看作是无产阶级运动的代表，他和蒲鲁东及其拥护者的小资产阶级的空想的反动性势不两立。1850年6月，马克思和恩格斯向共产主义者同盟的盟员通报了关于布朗基主义者结成联盟的情况，并向他们阐明了与法国工人运动中的革命派建立

---

① 参看《马克思恩格斯全集》第1版第22卷第225—226页。

② 参看卡·马克思：《国际代表大会》，载《新自由报》1872年9月10日。——卡·马克思：《国际代表大会》，载《马克思恩格斯全集》第1版第44卷第595—596页。

③ 弗·恩格斯：《关于国际海牙代表大会》，载1872年9月28日《人民国家报》（莱比锡）。埃里希·孔德尔教授于1971年在莱比锡未作任何变动地再版了这篇文章，并附上一篇导言及马克思和恩格斯在《人民国家报》发表的文章的目录。

联系的必要性。① 马克思认为布朗基是法国无产阶级政党的真正领袖，是"无产阶级政党的头脑和心脏"②。

列宁对马克思在分析巴黎公社的经验和意义时所使用的方法作了精确说明。他写道，马克思"把从旧社会诞生新社会的过程、从前者进到后者的过渡形式，作为一个自然历史过程来研究。他以无产阶级群众运动的实际经验为依据，竭力从这个经验中取得实际教训"③。

在巴黎公社之后，马克思所注意的中心问题是，打碎旧的资产阶级的国家机器，并用新型国家来代替它。他研究了公社社员采取的创造性措施，这些措施表明了"通过人民自己实现的人民管理制"④ 的发展方向。这一分析使马克思洞悉了公社的"秘密"："它实质上是**工人阶级的政府**。"⑤ 公社就是"工人阶级夺取政权"。⑥ 马克思指出，法国无产阶级在当时是世界无产阶级大军的先锋。⑦

马克思对法国工人运动史所作的最后观察涉及70年代末和80年代初这段时间。在此期间法国工人党成立了（1879年10月。马克思在1882年11月给恩格斯的信中指出）"法国真正的工人党的第一个组织是从马赛代表大会开始建立的"⑧。它的纲领在序言部分阐明了共产主

---

① 参看《马克思恩格斯全集》第1版第7卷第366页。
② 《马克思恩格斯全集》第1版第30卷第612页。——另参看同上，第8卷第128页；同上，第30卷第178页。
③ 《列宁全集》第2版第31卷第45页。
④ 《马克思恩格斯全集》第1版第17卷第366页。
⑤ 《马克思恩格斯全集》第1版第17卷361页。
⑥ 《马克思恩格斯全集》第1版第17卷第468页。
⑦ 参看《马克思恩格斯全集》第1版第18卷第61页。
⑧ 《马克思恩格斯全集》第1版第35卷第111页。

义的目的；在经济部分只包括了"真正从工人运动本身直接产生出来的要求"①。

马克思对德国工人运动史的研究是从1844年西里西亚纺织工人起义开始的。他把这次起义看作是年轻的德国无产阶级的独立政治运动的第一个标志。马克思非常赞赏这个运动，因为他证明工人已经准备认识他们和资产阶级的对立以及他们自己的特殊利益。为了能够确定40年代中期德国无产者所达到的水平，马克思把德国工人运动的这第一个形式和英国、法国工人运动的最初形式作了比较。他认为，西里西亚起义和英国、法国无产者最早的起义的区别在于，这次起义的参加者已经本能地懂得了不仅要同剥削他们的个别企业主，而且还要同整个资本家阶级作斗争的必要性。②西里西亚起义证明，对工人阶级来说存在着巨大的革命可能性。

马克思认为，德国无产阶级在**理论上**的第一次独立活动始于40年代初期。1843年，他在一封书信中提到了魏特林的实际存在的共产主义，③强调指出了魏特林的著作的意义，并称他的著作是德国工人的史无前例的光辉灿烂的处女作。④

几年后，马克思和恩格斯在研究1848—1849年德国革命中阶级斗争的进程时指出，普鲁士和其他德意志国家的工人已作为积极的政治力量出现。⑤

马克思把工人运动史的下一个时期分为两个阶段。第一个阶段是，

---

① 《马克思恩格斯全集》第1版第34卷第451页。
② 参看《马克思恩格斯全集》第1版第1卷第482—483页。
③ 参看《马克思恩格斯全集》第1版第1卷416页。
④ 参看《马克思恩格斯全集》第1版第1卷483页。
⑤ 参看《马克思恩格斯全集》第1版第16卷第451—452页。

运动在革命失败后暂时处于低潮。它"只是以理论宣传的形式继续存在下去,而且这种宣传还局限在一个很小的范围内"①。第二个阶段是60年代初运动重新开始活跃的时期。马克思把斐迪南·拉萨尔的作用同这一过程联系在一起。

马克思的书信和著作中包括有关于评价拉萨尔及其信徒的活动的材料。1868年,马克思在给约翰·巴普提斯特·施韦泽的信中赞扬了拉萨尔的历史功绩。他写道:"在德国工人运动沉寂了15年以后,拉萨尔又唤醒了这个运动,这是他的不朽的功绩。"② 但是,被拉萨尔当作宣传鼓动的核心的对普选权的要求和工人在依靠现存的资产阶级国家的帮助下建立起来的生产合作社中联合起来的要求被推崇为教条了。拉萨尔派把这些要求看成是能够医治人民群众的苦难的万应灵丹,并企图"根据某种教条式的处方"③来操纵工人运动。客观上,他们的纲领和策略带有教条的、宗派的性质。这些远远离开了工人运动的真正需要,阻碍了无产阶级群众革命运动的发展。④ 60年代末,拉萨尔派是工人运动中出现的一种幼稚病,对此工人运动必须加以克服。

在60年代,德国工人运动发展的顶点是1869年社会民主工党在爱森纳赫的成立。马克思把它的成立不仅看成是德国阶级斗争史、而且也是全世界工人阶级斗争史上的一个转折点。马克思特别关注这个年轻的党和巴黎公社在德法战争年代所经受的考验。德国社会民主党的实践活动使马克思可以反复研究它的经验,并使这些经验有益于国际工人运

---

① 《马克思恩格斯全集》第1版第18卷第626页。
② 《马克思恩格斯全集》第1版第32卷第557页。
③ 《马克思恩格斯全集》第1版第32卷第557页。
④ 参看《马克思恩格斯全集》第1版第18卷第36—37页。

动。德国无产阶级的代表奥古斯特·倍倍尔和威廉·李卜克内西在北德国会上反对战争和军国主义的演说,以及社会民主工党在农民中进行宣传鼓动的最初尝试,为马克思规定社会党的政策的原则、战略和战术提供了材料。马克思在1871年国际伦敦代表会议上以德国社会民主党为例所作的发言,反映了他正着手为国际无产阶级运动总结各国工人党的经验。他把倍倍尔和李卜克内西在国会上的发言看成是真正代表工人阶级的"真正的人"①的斗争。

马克思认为,社会主义运动在德国比在其他国家发展迅速的原因是,资本主义在德国的发展虽然比英国和法国晚,但速度却比它们快。他还强调指出,德国工人所受到的各种空想观点的影响比他们的英国和法国的阶级弟兄所受到的这种影响小。这使他们更容易走上科学社会主义的道路。马克思说,在德国,"在实施现代工业体系的情况下",工人依靠他们在国会的代表的帮助,"几乎就已能组织一个独立的政党"。②

马克思通过对德国社会民主党的活动的分析,以及把它的活动拿来和法国工人运动的状况进行比较后得出结论说,70年代初,国际工人运动的中心已从法国转移到德国。③ 这个结论是建立在作为工人阶级先锋队的独立的无产阶级政党的作用这一命题的基础上的。德国社会民主党人在70年代取得的真正成功证实了这一点。在1844年和1877年当选的社会民主党国会议员的背后有数十万支持该党的德国工人。马克思

---

① 参看《马克思恩格斯全集》第1版第17卷第697页。——另参看同上,第701页。

② 参看《马克思恩格斯全集》德文版第34卷第512页。

③ 参看《马克思恩格斯全集》第1版第17卷第284页和第33卷第5—6页。

强调指出，这个成功不仅对德国本身来说是重要的，而且对整个国际无产阶级来说也是重要的。它促进了工人的独立的政治斗争的发展和他们的政党的巩固。

马克思在研究70年代德国社会民主党内部发生的过程，即研究爱森纳赫派和拉萨尔派的合并以及反对改良派的斗争时所运用的方法具有特别的意义。马克思对为1875年召开的哥达合并代表大会准备的纲领①，以及对1878年反社会党人非常法在德国通过后改良主义因素的出现作了透彻的分析和批判。在马克思的《哥达纲领批判》以及马克思和恩格斯《给奥·倍倍尔、威·李卜克内西、威·白拉克等人的通告信》中论述了正在形成的无产阶级的社会主义政党的革命性质、它们的组成、它们在工人阶级争取解放的斗争中担当先锋队和领导的能力等这些基本问题。②

马克思和恩格斯根据德国工人运动提供的具体材料，进一步阐述了无产阶级政党的学说，并最终揭示了这些问题与无产阶级革命和社会主义改造的命运和前途的有机联系。历史表明，如果不同思想上的波动偏离党的原则路线的现象作经常、彻底和全面的斗争，就不能完成使科学社会主义和工人运动结合起来的任务。

马克思批判了爱森纳赫派领导人在与拉萨尔派协商时所作的思想上的无原则的让步，并同时阐明了党对工人运动中各种不同的派别联合成

---

① 关于对《哥达纲领的批判》的理论分析。还可以参看罗尔夫·德卢贝克：《论〈哥达纲领批判〉对关于共产主义社会及其两个阶段的理论的发展的意义》，载《马克思恩格斯年鉴》1978年柏林版第1期第17—51页；亚历山大·马里什：《〈哥达纲领批判〉中关于工人运动的最终目的和当前任务的辩证法》，载《马克思恩格斯年鉴》1978年柏林版第1期第52—80页。

② 《马克思恩格斯全集》第1版第19卷第15—35页和第172—190页。

为一个统一的政党的观点。社会主义的革命政党绝不能放弃它先前通过的纲领。它没有权利进行"原则交易"。"既然不可能〔……〕**超过爱森纳赫纲领，那就干脆缔结一个反对共同敌人的行动协定好了。**"①

马克思提出了评价党纲的原则：党纲的公布，就"在全世界面前树立起一些可供人们用以判定党的运动水平的界碑"②。

在对哥达纲领以及工人运动中其他事实和现象的评价中充分体现了马克思和恩格斯的辩证方法。他们认为哥达纲领偏离了无产阶级政党的科学的纲领原则，但同时，他们也重视哥达合并所产生的客观上积极的成果，即消除了德国工人运动的分裂状况；德国和其他国家的工人以共产主义的含义来解释这个合并。③ 因此，马克思和恩格斯放弃了发表他们对哥达纲领的批判的打算（直到1891年才公之于众）。

在上面提到的《通告信》中，它的作者强调指出机会主义观点会对党员产生堕落的影响，并指出了无产阶级革命者和右倾机会主义分子在对无产阶级的社会主义政党的性质、政策和策略的看法上存在着巨大差异。④

马克思和恩格斯指出，党内改良主义的根源首先在于小资产阶级分子的渗入，他们企图把他们的与科学世界观相矛盾的观点强加给革命的、战斗的党。这些小资产阶级的代表由于"无产阶级被自己的革命地

---

① 《马克思恩格斯全集》第1版第34卷130页。
② 《马克思恩格斯全集》第1版第34卷130页。
③ 参看《马克思恩格斯全集》第1版第34卷第148页。
④ 参看 L. I. 戈尔曼：《反对机会主义和向机会主义妥协的现象的杰出榜样》，载《苏共历史问题》1979年莫斯科版第9期第71—82页，——1882年恩格斯曾用"机会主义"这个名词来称呼法国社会主义运动的右翼——可能派。后来，他用这个名称来评价包括德国社会民主党在内的其他社会党中的类似思潮。

位所推动，可能'走得太远'"而"满怀恐惧"，他们不赞成阶级斗争，只是在纸上承认它。他们实际上企图抹杀、冲淡和阻挠阶级斗争。总而言之："不是采取坚决的政治上的反对立场，而是全面地和解，不是对政府和资产阶级作斗争，而是企图争取他们，说服他们；不是猛烈地反抗从上面来的迫害，而是逆来顺受"①。

由此而得出的合乎逻辑的结论是：在工人阶级的社会主义政党中没有持这种信念的那些人的位置。

马克思和恩格斯关于19世纪70年代德国社会民主党内的改良主义者所说的话，对19世纪其他社会党中反对机会主义斗争有重大的现实意义。它们也适用于当前的共产主义运动和工人运动。

只有马克思的方法和理论才提供了理解和考察工人运动发展过程的内容和特点的可能性。

马克思从工人运动的发展来研究它的历史，他在研究过程中着重指出了工人运动和各个时期的特殊标志以及各种事件、现象、事实和思潮之间的联系。作为用唯物主义历史观武装起来的天才的理论家，马克思深入钻研无产阶级和资产阶级之间的斗争问题，揭示了运动的已经过去的阶段和呈现出来的未来发展的趋势之间的连续性。他仔细研究了无产阶级运动形式的变化和在这个运动中发挥作用的流派在性质上的变化以及它们的思想进化。他辩证地看待一切现象，指出它们在历史上是如何形成的、它们经历了哪些主要阶段，以及它们在当时说明了什么。

马克思在研究工人运动史时始终关注着世界上正在发生的变化、加快了的世界历史进程的速度和逐渐变得复杂的资产阶级社会的社会结

---

① 《马克思恩格斯全集》第1版第19卷第187页。

构。他特别注意无产阶级在状况、结构以及斗争方法上的变化。在研究工人阶级所经历的艰难道路和他们反抗资本主义压迫的形式和方法的时候,马克思始终强调指出,无产阶级运动的基本趋势是反对剥削者的社会。他依靠的信念是,工人阶级单是由于它所处的地位,就是体现人类未来的阶级。而它的解放斗争开辟了通往这个未来的道路。

由于与恩格斯密切合作进行创造性的共同劳动,马克思对工人运动史的研究导致了一个统一的马克思主义的看法。他们关于工人运动的产生史和无产阶级的阶级斗争在其发展史中所经历的阶段的观点,以及对一些事件和事实的评价,是建立在理论思维和革命实践斗争的有机结合的基础上的。

研究工人运动史的马克思主义方法论是在与资产阶级思想家和政治家、改良主义者和无政府主义者进行激烈的思想辩论中形成的。这些辩论有一部分是对企图扼杀或往往歪曲无产阶级解放运动的历史、无产阶级革命家的作用、他们的英勇道路的历史编纂学进行系统和彻底的批判。但是,马克思也经常赞赏那些用列宁的话来说是"用自己的头和心"① 创造历史的工人阶级的代表。

马克思根据对内容极为丰富的、他批判加以概括的历史材料的研究,阐明了无产阶级政党的科学的革命政策和策略的原则。这个在19世纪时阐明的原则对许多代未来的无产阶级革命者都具有不朽的价值。马克思的研究工人运动史的方法论证明,理解现在的最重要的条件之一就是研究过去。

对工人运动的发展所进行的马克思主义的分析,不仅仅为研究19世纪工人阶级的历史创造了一个坚实的方法论基础。

---

① 《列宁全集》第 2 版第 43 卷第 178 页。

当代的共产主义政党创造性地运用由列宁进一步发展了的马克思主义方法论，丰富它的内容，并把它作为与思想上的敌人作斗争的锐利而卓有成效的武器，用以解决实际的理论问题和政治问题。

（原载《马克思恩格斯年鉴》［柏林］第7卷第54—75页）

（夏静 译　李俊聪 校）

恩格斯——工人运动史学家[*]

〔苏〕列·伊·戈尔曼

恩格斯认为,历史上最革命的阶级——工人阶级的解放运动,是劳动群众反抗他们的压迫者的最高形式,它完成人民群众反对社会的和民族的奴役的阶级斗争的发展阶段,应最终结束对现存社会制度的根本上的革命改造并建立没有人剥削人的任何形式的无阶级社会。恩格斯经常关心无产阶级群众表现出来的阶级积极性,最密切注意他们的行动,从不忽略无产阶级斗争史上的任何稍为重要的事件。马克思主义创始人认为,这一斗争是资本主义制度的主要对抗——资产阶级和无产阶级之间的矛盾的表现,研究这种对抗表现的具体形式为解释资本主义时代的社会规律性、资本主义发展的基本倾向和用新的社会制度革命地代替资本主义的未来提供了钥匙。

只有这样阐释工人阶级的解放斗争,才能揭示它在历史过程中的真正地位,才能为把工人运动的历史理解为资本主义时代和资本主义向社会主义革命过渡时代中世界历史的决定性因素提出真正的科学标准。工

---

[*] 本文选自《马列主义研究资料》1986年1—2辑合刊。

原题注:本文是历史学家列·伊·戈尔曼所著《恩格斯——历史学家》一书(1984年莫斯科版)中的第三部分第三章的一节。——译者注

人运动及其历史在马克思和恩格斯的著作中首先得到了真正的科学解释。

马克思和恩格斯完成社会科学的变革以后，同时也从根本上审查了对工人运动的现有观点。他们的思想先驱——空想社会主义者，谁也不能正确解释工人阶级的历史作用。描述过工人阶级状况的资产阶级和小资产阶级的作家，在最好的情况下不过对它采取了温情的博爱主义的态度，因为他们根本不理解无产阶级斗争的性质和社会根源。统治阶级的代表，例如罗·冯·施泰因，《现代法国的社会主义和共产主义》（1842）一书的作者之流对工人运动采取露骨的敌视态度，是由于意识到"工人问题"的尖锐性，甚至也觉察出这个问题同社会主义学说的联系。他们由于抱定这种态度，不是直接伪造无产阶级斗争的历史，就是蓄意把它说成是威胁一切社会秩序的现象。他们不仅抱定这种态度，而且还搜寻对抗工人运动的手段：有时直接采取警察措施，有时则由当局玩弄"安抚"政策（施泰因的《社会的君主立宪》，等等）。他们用消除阶级矛盾并在"改善了的"资本主义关系的基础上有可能解决社会问题的虚假理论，对工人运动史作改良主义的解释，马克思主义创始人对此决不能置之不理。

然而，恩格斯开始研究无产阶级运动史，不只是作为力求把握社会发展规律的学者，而且也是作为工人阶级革命活动的直接参加者。恩格斯经常利用研究无产阶级的阶级搏斗所作的结论，来丰富无产阶级的组织和政党的思想理论武库。恩格斯认清革命传统具有重大的意义，把揭示并普及这些传统看作对无产阶级战斗大军的补充人员进行革命锻炼并以科学共产主义和无产阶级国际主义的精神培养他们的重大手段之一。在马克思和恩格斯看来，科学地阐明工人运动史，应成为无产阶级革命者后代掌握工人阶级的过去战斗经验，把工人阶级的单独国家的队伍的经验变成整个国际无产阶级的财富的形式。

恩格斯在撰写科学著作的整个期间发展了他对工人运动所持的观点。恩格斯在每个新的阶段都扩充并丰富了马克思主义的革命过程的概念。早在唯物主义和共产主义的观点的形成年代,恩格斯就密切注意无产阶级群众的行动。他是欧洲的第一批革命政论家之一,和马克思共同响应1844年6月初爆发的德国西里西亚织工骚乱。在宪章派报纸《北极星报》上刊载的两篇通讯中,恩格斯也和马克思一样,把这次事件说成是无产阶级反对现存的剥削制度的革命抗议行动,象征着它积极同资本主义作斗争的觉醒。①

恩格斯的重要著作《英国工人阶级状况》专门叙述了工人运动史。可以毫不夸张地说,它从根本上说是社会经济文献的第一部著作,其中对英国无产阶级斗争的考察是从科学共产主义的主要论点出发的,即承认工人阶级是推翻资本主义制度的决定性的社会力量。恩格斯描述的工人运动,不是像资产阶级庸俗经济学家和政论家企图想象的那样的社会反常,不是资产阶级滥用的自然灭亡,不是像《宪章运动》的作者托·卡莱尔认为的劳动群众的绝望和无知。恩格斯指出,无产阶级日益高涨的斗争是资产阶级社会发展、逐渐认清自身利益同资产阶级利益深刻对立的工业无产阶级的形成和成长的合乎规律的结果。列宁强调指出:"恩格斯第一个指出,无产阶级不只是一个受苦的阶级,正是它所处的那种低贱的经济地位,无可遏止地推动它前进,使它去争取本身的最终解放。而战斗中的无产阶级是能够**自己帮助自己的**。"②

恩格斯在自己的著作中叙述了英国工人阶级发展的各个阶段。无产

---

① 见《马克思恩格斯全集》第1版第42卷第211—213页。
② 《列宁选集》第2版第1卷第91—92页。

阶级斗争开始时采取最初的自发形式，例如破坏机器；后来工联成立并进行活动，开展了宪章运动。这实质上是从唯物主义和革命的共产主义的立场对包括宪章运动史在内的英国工人运动史的第一次概括。难怪马克思主义的宪章运动史编纂学正是从恩格斯的《英国工人阶级状况》一书开头的。① 恩格斯也未忽视这个国家社会主义思想的发展，他对欧文的社会主义给予了评价。

可见，恩格斯的著作对工人运动确定不移地采取了正确的立场，把它看作合乎规律的过程。书中所述的关于工人运动发展的阶段性质的论点，关于工人运动的强大程度和组织性取决于一定历史条件，即首先取决于资本主义生产方式本身的某个发展阶段，无产阶级的形成和聚集及其阶级觉悟，总之取决于决定阶级斗争具体形式的各种不同的客观因素和主观因素的论点，对于理解这一过程是极为重要的。这部著作以无可反驳的说服力叙述了工人运动的深刻进步性和解放性质、它的日益增长的力量和必然胜利的思想。恩格斯深信，无产阶级斗争的发展使工人了解对社会实行革命的社会主义改造的必然性。他写道："工人和资本家的对立愈尖锐，工人中的无产阶级意识也愈发展，愈明朗化。"② 未来的工人运动走的是同社会主义相结合的道路，1845年恩格斯就有了这种预见，当时社会主义思想尚处于乌托邦形式之下，在工人中间拥护者也较少。

恩格斯在1848年革命前夜和革命期间写的著作中，对于发展研究工人运动的方法论和阐明无产阶级的阶级斗争新事实作出了重大贡献。

---

① 见 В.М.拉甫罗夫斯基、В.Ф.谢麦诺夫：《宪章运动史料研究》，载《宪章运动》1961年莫斯科版。

② 《马克思恩格斯全集》第1版第2卷第529页。

尤其在《共产主义原理》一文中，他弄清了区分工人阶级革命斗争和资本主义以前时期的被压迫阶级解放运动的性质和目的的特点。恩格斯指出，只有无产阶级能消除生产资料私有制——一切剥削的基础——从而才不仅使自己而且也使一切劳动者摆脱压迫。恩格斯因而也就阐明了无产阶级革命性是最高形式的革命性的特点。

马克思和恩格斯在《共产党宣言》中不仅确定了工人运动的纲领和总的策略原则，指出了无产阶级革命的必然性和作为对社会进行共产主义改造的必要条件的工人阶级政治统治的建立，而且也以概括的形式说明了无产阶级斗争从它的产生到取得最终胜利所经历的历史道路。《宣言》的作者指出了这个时期无产阶级运动在主要资本主义国家中已经经历的基本阶段，并天才地预言了它将面临的任务。从起来反对个别资产阶级剥削者并捣毁生产工具，经过建立地方团体和工会组织工人反抗个别生产部门的企业主，直到无产阶级的力量联合成全国规模，各国无产阶级为反对整个资本主义制度采取国际统一行动，——这就是《共产党宣言》清楚说明的无产阶级斗争发展的总的路线。《宣言》作者的最伟大的功绩在于，指出了这一斗争进程中不可避免的阶段，即"无产者组织成为阶级，从而组织成为政党"①。《宣言》强调指出，只有掌握社会发展规律知识、了解无产阶级斗争最终目的及其解放条件的党，才能完成它的先锋队作用，并导致无产阶级的胜利。马克思和恩格斯表述了作为无产阶级阶级斗争的领导者和组织者的无产阶级政党的学说基础，因而也就阐明了工人运动的一个最重要的发展规律，它的成熟和战斗力的一个主要标志。

1848—1849年革命时期在法国、德国和其他欧洲国家表明：不只

---

① 《马克思恩格斯全集》第1版第4卷第475页。

是无产阶级为捍卫资产阶级的民主要求而采取行动,而且也是无产阶级同资产阶级的尖锐的阶级搏斗。1848年巴黎无产阶级的六月起义是这方面的最典型事件。列宁评述说,这是"无产阶级和资产阶级之间的第一次伟大的国内战争"①。恩格斯在《新莱茵报》上说明了六月起义的进程。他在专门的一组文章中揭示了巴黎工人英勇功勋的历史意义,并分析了起义的军事方面。他和马克思也在刊物中评价了这次最大的阶级搏斗,成为这一事件的首批历史学家。他们在《新莱茵报》上也对革命年代工人和资产者之间的阶级冲突的其他表现作了反应。

恩格斯的文章《德国的革命和反革命》的大部分内容是专门阐述工人阶级在德国资产阶级民主革命中的作用的。他以实例叙述工人积极参加德国和奥地利的决定性事件——柏林和维也纳的3月街垒战,1848年9月法兰克福美因河畔和10月维也纳的起义,1849年春天和夏天萨克森、莱因普鲁士、巴登和普法尔茨的武装斗争等,明显地指出无产阶级是为争取革命的民主改革而斗争的最坚决和最勇敢的参加者,他们最关心改革的彻底实现。同时,他指出德国无产阶级的思想和组织性还不够成熟,妨碍它充分发挥阶级独立性,成为运动的政治领导者,引导同盟者——农民和其他劳动群众跟随自己行动。

同时,恩格斯最先注意第一个国际共产主义组织——共产主义者同盟的历史,他是该同盟的创始人和领导者之一。他在《最近的科伦案件》(1852年)一文中概括地说明了同盟的活动,主要针对的是反动当局为了反对共产主义运动而策划的对科伦共产主义者同盟盟员进行的审判。恩格斯谈到共产主义者同盟里革命无产阶级路线和维利希-沙佩尔小资产阶级冒险主义宗派集团的拥护者之间的意见分歧。恩格斯的文章

---

① 《列宁全集》第1版第29卷第276页。

按其内容来看同此后不久出版的马克思的小册子《揭露科伦共产党人案件》是衔接在一起的。

在50年代和60年代初,恩格斯继续关注各国的工人运动。工人运动度过了欧洲反动气焰高涨条件下的暂时衰退之后,又在重新积聚力量。工人阶级努力建立独立的政治组织,摆脱自由派的政治和思想的监护并建立巩固的国际联系,但同时还在许多方面表现出思想上的不成熟,相信小资产阶级的空想社会主义处方,其中包括这些年来在德国和奥地利传播的拉萨尔思想、在法国传播的蒲鲁东思想,等等。在英国和美国,工人的头脑仍由自由主义工联的反社会主义的传统和学说控制着。当时,马克思和恩格斯通信中的许多地方专门叙述了工人运动问题。信中非常注意运动的思想方面,其中包括对各种形式的改良主义思想进行了批判的考察和评价,这些改良主义思想是蒲鲁东主义、拉萨尔主义、拉萨尔及其信徒的恶劣战略以及他们适应俾斯麦推行的政策的企图。

马克思和恩格斯曾千方百计地支持厄·琼斯重新恢复宪章运动的斗争,因为当时后者是宪章派中的最坚定的革命领袖。1858年秋天,他们关于琼斯的动摇所交换的意见,对于从理论上了解改良主义思想对英国工人阶级影响的根源,是非常重要的。1858年9月21日,马克思在信中告诉恩格斯说,琼斯已向资产阶级激进派作了让步。同年10月7日,恩格斯复信给马克思说道:"根据这件事来看,几乎确实应该相信:采取旧的传统的宪章运动形式的英国无产阶级运动,等不到发展成一种新的、更有生命力的形式,就一定要彻底毁灭。"[1] 恩格斯把革命宪章运动的衰落同英国工人运动中改良主义倾向的暂时优势和无产阶级的分

---

[1]《马克思恩格斯全集》第1版第29卷第344页。

裂，以及无产阶级中的资产阶级化的特权阶层的形成联系在一起，这个阶层（后来，尤其在1890年5月10日致保·拉法格的信中，恩格斯称它为"工人贵族"）实际上享用了英国资产阶级掠夺殖民地得来的巨额利润的施舍。列宁在评述这封信时指出，信中指明了英国经济发展的特点，即预先料到的帝国主义的一些不同方面：它拥有殖民地的垄断和世界市场上的垄断地位，从而使英国资产阶级得以攫取超额利润并由它们同工人阶级的上层分子加以瓜分。"就这两点来说，英国当时是各资本主义国家中的一个例外，恩格斯和马克思在分析这种例外情形时曾经非常明确地指出，这种现象是同机会主义在英国工人运动中的胜利（暂时的胜利）有**联系**的。"①

随着1864年第一国际的成立，不仅作为国际工人运动的领袖，而且作为它的理论家和历史家的恩格斯的活动，变得更加紧张了。恩格斯发展了他以前提出的提纲，这个提纲说明从理论上阐明无产阶级运动的性质和目的具有最重大的意义，革命理论是这一运动从自发的过程变为自觉而有组织的争取社会主义斗争所必需的因素。恩格斯在1867年出版的《资本论》第一卷的一个书评中，把这部伟大著作的出现说成是工人阶级解放斗争史上的标志。"自地球上有资本家和工人以来，没有一本书像我们面前这本书那样，对于工人具有如此重要的意义。资本和劳动的关系，是我们现代全部社会体系所依以旋转的轴心，这种关系在这里第一次作了科学的说明……"② 恩格斯还在《卡尔·马克思》传略（1869年）中指出了马克思的伟大科学贡献，他作为科学共产主义创始人的作用。

---

① 《列宁全集》第1版第23卷第110页。
② 《马克思恩格斯全集》第1版第16卷第263页。

恩格斯1874年在《〈德国农民战争〉一八七〇年版序言的补充》一文中提出的关于工人阶级的经济斗争、政治斗争和理论斗争的联系的论点，是研究工人运动史的最重要的方法论原则。这一论点是反对把工人运动作狭隘改良主义解释、把它缩小成在资本主义范围中为争取改善工人阶级状况而斗争的警告。恩格斯关于国际无产阶级的各个不同民族队伍之间互相支持的思想是极为有益的。恩格斯以无产阶级运动的国际性质、工人阶级的国际和民族的任务的一致性、承认国际无产阶级的团结是劳动群众解放的必要条件为出发点，指出，某个国家的工人阶级在不同发展水平上能够站在共同的无产阶级斗争的前列，"在战士的行列中占据一个光荣的地位"①。

可见，马克思主义根据对工人运动多方面性质的理解，在把它作为世界历史过程加以说明的同时，也决不忽视它的民族特点。依据历史条件，依据各国工人运动在不同时期的思想和组织的水平，无产阶级解放斗争的中心可以转移。

如上所述，第一国际的创始人和领导人马克思和恩格斯对它的历史的详细研究，实际上还在它的存在时期就已经开始了。在和马克思共同写的针对巴枯宁宗派集团的著作《所谓国际内部的分裂》（1872年）、《社会主义民主同盟和国际工人协会》（1873）中，在1872年和1873年写的《国际在美国》、《海牙代表大会》以及其他文章中，在1871年7月1—3日、16日和28日致卡·卡菲埃罗、1871年12月30日致保·拉法格、1872年1月24日致泰·库诺、1873年7月20日致奥·倍倍尔、1874年9月12—17日致弗·阿·左尔格等书信中，恩格斯奠定了国际工人协会的马克思主义编年史的基础。他指出了第一国际活动的历

---

① 《马克思恩格斯全集》第1版第18卷第567页。

史意义，揭示了国际对提高无产阶级阶级觉悟的影响，其中包括它对英勇的法国无产阶级的思想影响，后者在1871年3月完成了无产阶级革命并宣告成立了巴黎公社。恩格斯也阐述了国际在某些国家的活动。他特别详细地说明了国际工人协会发展中的困难及其在革命的马克思主义派同宗派主义和改良主义派别之间的多次斗争，在同它们对抗中造成马克思主义胜利的原因。恩格斯阐明这一斗争的历史时，揭示了工人运动中宗派主义的社会根源和思想根源。无论在上述著作还是在篇幅较长的理论著作《论住宅问题》（1872—1873年）中，他都说明了小资产阶级思想在社会主义运动中所表现的具有特点的形式，并指出克服它使无产阶级群众士气沮丧的消极影响的必要性。

恩格斯也对国际停止活动的原因作了科学说明，把它们看作无产阶级斗争发展新阶段的来临，在这个阶段中主要任务是在一些国家中建立无产阶级政党。

在《一八七七年的欧洲工人》、意大利社会主义报纸《人民报》上的通讯（1877—1879年）和1881年载英国工联机关报《劳动旗帜报》的一组文章中，恩格斯叙述了国际退出历史舞台以后无产阶级斗争的发展情况。他说明了工会运动（尤其是在英国）的加强，同时也阐明了英国工联主义所固有的改良主义组织的特征，指出了无产阶级政党的意义和为争取建立它而进行斗争的重要性。《俾斯麦和德国工人党》等一些文章，专门阐述了统治阶级同工人运动的斗争，评述了"铁血宰相"妄图用来消灭社会民主党的反社会党人非常法。恩格斯强调指出这些反动企图是徒劳无益的，证实了无产阶级运动具有不可抗拒的力量，它的发展是不容置辩的历史规律。

恩格斯在自己的一些书信中谈到工人运动的许多理论和历史问题。例如，1875年3月18—28日他在致奥·倍倍尔的信中不仅指出拉萨尔分子的宗派主义的目光短浅和理论的无能为力，而且还揭示了他们分化瓦解的历史必然性。

在1881年10月25日、1882年10月20日以及其他几封信中，他专门阐述了法国工人党成立的经过，法国社会主义运动中革命派（盖得派）和机会主义派（可能派）之间的斗争。

如上所述，恩格斯在这些年代已着手撰写一些著名的工人运动活动家——马克思的战友的传记。他发表了威廉·沃尔弗的传略（马克思的《资本论》第一卷就是献给他的）和马克思的夫人和长女燕妮的悼文。他在悼文中指出了第一批无产阶级女革命家的积极的社会作用。

1877年恩格斯写了一篇新的马克思传略，其中不仅指出了马克思在理论方面的伟大成就，而且也阐述了马克思作为无产阶级实际斗争的组织者和领导者的功绩。他在《反杜林论》和小册子《社会主义从空想到科学的发展》中阐明了马克思主义诞生的社会前提和思想前提——工人阶级的科学世界观。1883年3月14日马克思逝世时，马克思的最亲密的朋友和战友恩格斯在墓前讲话中揭示了他的科学著作和实践活动对于劳动人民的解放的世界历史意义。

恩格斯生前的最后12年所写的著作中，涉及工人运动史问题的比重是很大的。由于资产阶级和改良主义的作者歪曲无产阶级斗争的过去历史的企图日益加强，深入研究这些问题就非常重要了。恩格斯明确意识到用马克思主义说明过去阶段的工人运动的日益增长的需要，并竭尽全力去满足这一需要。如前所述，他曾打算撰写马克思的长篇传记。他在1892年新写的马克思传记文章中只在某种程度上实现了这一计划。恩格斯在两篇文章中说明了马克思的早期活动，他在1848年革命中的作用。1885年恩格斯所写的两篇文章《共产主义者同盟的历史》和《马克思和〈新莱茵报〉》是工人运动的马克思主义编纂史的典范。恩格斯在这两篇文章中清晰地阐明了德国和国际的无产阶级的第一个政党在工人运动史上所占的地位，指出了共产主义者同盟在革命时期活动的特点，它作为无产阶级革命者的学校、第一国际的先驱的作用。

在《共产党宣言》1888年英文版和1890年德文版的序言中，恩格斯揭示了这两个组织之间的继承性联系。他解释了国际在工人运动中为确立马克思主义思想而发挥的作用，因此《共产党宣言》是"从西伯利亚到加利福尼亚的所有国家的千百万工人共同的纲领"[①]。

恩格斯继续深入研究了无产阶级战士的生平经历。他在这些年代写了格奥尔格·维尔特和约翰·菲利浦·贝克尔的传略。他多次注意到英雄的巴黎公社的历史。在马克思的著作《法兰西内战》1891年版导言中，他补充了马克思对无产阶级国家史上的第一个国家的世界历史作用的分析，并作了许多重要的历史总结。其中，他揭示了公社时期的斗争性质，指出当时缺少一个明确意识到斗争目的、提出左右斗争前途的决定性方式的党。

在再版马克思的其他著作和自己的著作的序言和跋中，在为工人刊物撰写的文章和为党的代表大会、各种社会主义组织所写的贺词中，恩格斯对反映19世纪后三分之一年代工人运动发展的重要事实进行了评价。他在《法兰西阶级斗争》导言（1895年）中概述了工人运动发展的一般状况（较早时期的状况也包括在内）。他也阐述了第二国际的活动，80至90年代阶级斗争的一些明显事件，包括法国、德国和英国发生的大罢工、德国社会民主党的选举和其他方面的成就（这些成就迫使执政当局放弃延长非常法）以及无产阶级齐心协力举行的第一个五一节游行示威。恩格斯的文章《德国的社会主义》对德国工人运动史作了

[①] 《马克思恩格斯选集》第2版第1卷第264页。

概括性评述。他也谈到英国和美国工人运动中的最重大的进展，英国新工联和美国群众性的工人组织如劳动骑士团的出现（《英国工人阶级状况》1887年美版和1892年英国版的序言）。恩格斯尤其在专门阐述英国的文章中非常注意改良主义的社会根源即"工人贵族"问题，后者的形成他在50年代后半期就已发觉了。各国无产阶级斗争的发展和社会主义政党实际工作中取得的成就和存在的困难，曾是恩格斯和他的通信人之间经常交换意见的题目。随着工人运动的发展，这些通信人的数目增加了。当时，这些人中包括了第一批俄国马克思主义者以及捷克、罗马尼亚和保加利亚的社会主义者。

恩格斯这个时期写的文章是和工人运动史紧密相关的，其中考察了马克思主义理论的来源和发展。这里首推《路德维希·费尔巴哈和德国古典哲学的终结》。

恩格斯非常重视对工人运动史的资产阶级和改良主义的概念的揭露。例如，他在1890—1891年写的小册子《布伦坦诺 CONTRA 马克思》，专门驳斥讲坛社会主义者路·布伦坦诺胡说《资本论》作者对科学不诚实、似乎任意篡改引文的诽谤，并严厉批判了讲坛社会主义者和自由派对工人阶级斗争史的解释，后者把工人阶级的斗争目的归结为改善劳动保护。恩格斯指出，布伦坦诺及其同伙想使工人抛弃消灭资本主义关系的目的本身，"把雇佣奴隶变成**心满意足**的雇佣奴隶"[①]。

可见，恩格斯一生对工人运动史的各种观点系统地进行了研究。他有哪些研究成果，我们将尽力作简要的概括。本篇叙述的他作为历史学家的遗产就是主要的成果。

首先，如前所述，恩格斯同马克思一起奠定了工人运动的科学史的

---

① 《马克思恩格斯全集》第1版第22卷第110页。

方法论基础。不仅马克思和恩格斯所详细制定的历史过程的唯物主义理论,他们对资本主义发展的经济规律的阐释,而且马克思主义创始人提出的科学共产主义的最重要的原理,都是工人运动发展的前提条件。关于工人阶级世界历史使命、关于社会主义革命和无产阶级专政、关于无产阶级政党、关于它的战略和策略、关于无产阶级斗争的形式、关于它同农民、其他劳动阶层和争取民族解放的战士的联盟的学说,——所有这一切使无产阶级解放斗争史的马克思主义概念有了科学基石。

恩格斯在一些著作中概括地评述了19世纪末以前的工人运动的发展,阐明了这一发展的基本阶段。这样一来,也就为深入研究作为世界历史过程的最重要组成部分的无产阶级斗争史的科学分期打下了基础。同时,恩格斯认为,18世纪末工业革命是起点,它孕育了工业无产阶级。但是,他也指出了当代无产阶级的先驱——市民中的底层即平民阶层在革命斗争中、在先前的资产阶级革命中所起的积极作用;指明了无产阶级斗争和人民群众先前的革命运动之间的承继性关系。

如果说平民的行动,——尽管它的代表者处于一种幻想,一种非常狂热的形式之中,按照恩格斯的说法,"已经超出当时还没有出现什么迹象的现代资产阶级社会"[①],——客观上反对封建主义,那么这样的资产阶级制度就已经是无产阶级斗争本身的对象了。马克思和恩格斯在这一斗争的历史中对某些时期或某些阶段进行了区分。一个阶段转变为另一个阶段标志着,不仅是力量的加强、运动规模的扩大和运动对社会生活影响程度的增长,而且也是运动参加者的团结性和组织性方面在质上达到的新水平以及他们的阶级觉悟的大为提高。

恩格斯在一些文章中,特别是在他1895年写的《法兰西阶级斗争》

---

① 《马克思恩格斯全集》第1版第7卷第405页。

导言中指出，工人运动在早期阶段还不成熟，可以说是处于胚胎状态，基本上具有自发的性质。与其说是觉悟，不如说是觉醒了的阶级本能，使无产阶级领悟到自己同资产阶级社会的对立。它根据经验而不是由于对自己解放条件的了解而得出结论：必须组织自己的力量，准备罢工，建立工会和政治团体。

恩格斯同时还指出，无产阶级的斗争在这些早期阶段已达到非常大的规模。他认为，英国的宪章运动和1848年巴黎工人的六月起义，是无产阶级在这个阶段中发展的最高点。

恩格斯在自己的一些著作中强调说，1840年成立的第一个群众性的工人政党（会员达五万人）宪章派全国协会，在其宣传和活动中首先克服了先前劳动群众运动的地方性的隔绝状态，并使运动具有全国性的规模。宪章派的最伟大的历史功绩在于，它使同资产阶级的斗争转移到政治舞台，因此，工人阶级的抵抗矛头首次指向整个资本家阶级，指向它的政权。难怪列宁继恩格斯之后把宪章运动看作"第一次广泛的、真正群众性的、政治性的无产阶级革命运动"[①]。恩格斯并未忽略宪章运动的弱点——它理论上幼稚，对争取政权的斗争和对社会进行社会主义改造的任务之间的联系缺乏明确的理解。正如恩格斯所强调的那样，虽然宪章运动客观上也有社会的性质，但是宪章派的多数人并未认清社会主义的斗争目的。巴黎工人的六月起义表现出，无产阶级斗争的参加者的阶级觉悟整个说来是不高的，这一斗争的领导也是软弱的。但是这一事件的世界历史意义，正如恩格斯指出的那样，在于它明显地揭示出蕴藏在工人阶级之中的巨大革命可能性，表现出它的空前的群众性的英雄主义和自我牺牲精神，武装斗争中的坚忍不拔和纪律性。这一切证

---

① 《列宁全集》第1版第29卷第276页。

实,以无产者为代表的阶级登上了历史舞台,它能用革命的方法改造社会。

无产阶级的科学理论——马克思主义的产生是开创工人运动史上的新的更高阶段的标志。从此,自发的斗争开始转变为自觉的过程,尽管尚需作很大的努力,以便把科学世界观的原则灌输到革命无产者的头脑中去。按照马克思的话来说,无产阶级从"自为阶级"逐渐变成"自在阶级"。

科学共产主义在工人中间传播的开端,是同共产主义者同盟的活动相联系的。恩格斯以这一组织的历史为例指出,工人运动只有在马克思主义的思想基础上才能摆脱妨碍无产阶级阶级觉悟发展的资产阶级和小资产阶级意识形态的影响,克服民族狭隘性和局限性的倾向。共产主义者同盟是第一个无产阶级政党,它以科学共产主义和无产阶级国际主义的原则作为自己的旗帜。正如恩格斯强调指出的那样,这个组织体现了超出民族范围的工人运动的第一个形式。共产主义者同盟是真正的国际工人运动的开端,在这个运动中实际上真正存在国际联系并体现了各国先进工人的团结,他们斗争的共同的国际纲领。因此,恩格斯把共产主义者同盟的建立及其活动,不仅看作德国和国际工人运动上述发展取得的成就,而且也视为走向新质的更高的发展时期的过渡阶段。

同时,恩格斯已认清组成持科学共产主义立场的无产阶级政党——共产主义者同盟的过程,只有为数很少的工人阶级的先进分子。同盟对处于完全自发的发展状态的群众性的工人运动难以产生持久的影响。只有随着资本主义的发展,工人阶级中的成分发生了接踵而来的变化,工业工人的比重在其中增加了,才为业已形成的革命的无产阶级政党及其思想基础——马克思主义具有群众性基础创造了客观条件。

恩格斯正是把解决这一历史任务看作第一国际的主要功绩。正如恩格斯指出，这一国际组织在无产阶级解放斗争中的卓越之处首先在于，在它的队伍里并在它的科学共产主义和无产阶级国际主义的思想影响下吸收了各国的广大无产阶级群众。因此，国际的活动构成了工人运动史上的新阶段。它促使马克思主义战胜了形形色色的小资产阶级宗派主义者的社会主义，为在19世纪90年代最终把它们排除出去奠定了基础。

法国工人建立无产阶级专政——1871年的巴黎公社的第一次尝试，是国际工人协会活动的最伟大的成就。公社是国际的精神产儿这一著名公式，就是恩格斯说的。① 这个公式指出，只有在下述条件下巴黎的工人才能成功：欧洲工人运动整个说来达到比1848年更高的思想水平；由于国际的活动及其影响，社会主义思想开始掌握各国工人其中包括法国工人的头脑。另一方面，公社本身也被恩格斯看作国际工人协会史和整个世界工人运动史上的转折点。巴黎公社的经验教训及其强有力方面和薄弱之处严肃地把理论和实践的方针的选择问题摆在工人运动面前，它强烈地表明：是选择科学共产主义，还是选择经不起考验的各种小资产阶级社会主义，二者必居其一。

恩格斯在上面提到的马克思《法兰西阶级斗争》导言中指出，公社是一次重大的事件，这个事件帮助工人阶级把科学共产主义视为自己的利益和期望的理论表现，并以它为基础组织社会主义政党。恩格斯在某种程度上把公社理解为开辟整个资本主义历史新时期的转折点，后来列宁在划分新时代各个历史时期时，把这种理解作了简要表述。

恩格斯认为，工人政党和社会主义政党的建立，它们对群众影响的加强，群众之间国际联系的增长，马克思主义的传播及其对马克思主义

---

① 《马克思恩格斯全集》第1版第33卷第644页。

以前的空想社会主义的最终胜利，是19世纪后三分之一年代的工人运动发展的特点。

可见恩格斯阐明了在团结无产阶级力量和建立无产阶级政治组织的事业中取得的成就，整个工人运动的进步，首先是由它对马克思学说原则的确认，马克思主义垄断地位的建立造成的。恩格斯把这一点看作工人阶级成熟的最重要的标志，它的伟大事业胜利的保证。

恩格斯揭示的工人运动发展中的一般规律，一般历史倾向，就是如此。但是，他决不认为，这些倾向在所有国家中都表现为同样的形式。他不止一次地指出，每个国家的工人运动都具有自己的民族特点，自己的特征。恩格斯本人就对英国、德国、法国、美国、比利时、意大利、西班牙以及其他国家中的无产阶级斗争的特点作了很多的说明。

同时，作为历史学家的恩格斯的功绩在于，他在分析某一方面的具体现象时总是避免片面性。作为辩证法学家，他准确地确定了影响某个国家工人运动发展的普遍规律性和特殊条件的作用的相互关系。无论抹杀任何民族差别的庸俗的公式主义，还是过分突出民族特点和传统，同他都是格格不入的。过分突出民族特点和传统，是各式各样的非马克思主义作者，特别是改良主义者，为了贬低共同规律性的意义而一贯采取的伎俩。在各个历史条件下的这些普遍规律的作用，不管采取任何形式，这些普遍规律不管在自己的道路上遇到任何障碍，恩格斯都确信，由于客观的必然性，它们都能畅行无阻。他毫不怀疑，革命的原则在工人运动中会到处取得胜利。

恩格斯写的一些著作揭示了改良主义者和宗派主义者的社会根源和思想根源：工人阶级的不成熟，它的队伍中前不久来自其他阶级的分子的存在，资产阶级和小资产阶级对它的影响，在这样的国家，例如英国，扮演对无产阶级施加资产阶级影响的传播者角色的"工人贵族"

的形成，这对于理解无产阶级斗争发展的客观条件作出了巨大贡献。恩格斯把革命倾向和改良主义、宗派主义倾向之间的冲突看作某种历史规律，看作党内的矛盾。

恩格斯认为，在阶级社会里，在阶级利益错综复杂的环境中，无产阶级政党"只有在内部斗争中才能发展起来，这是符合一般辩证发展规律的"①。不言而喻，这一规律在工人运动发展的各种不同阶段上和各种不同条件下的表现，也是不一样的。19世纪后三分之一年代以前，这一规律首先具有马克思主义同马克思主义以前的各种流派：魏特林主义、蒲鲁东主义、拉萨尔主义、巴枯宁主义等等进行斗争的性质。19世纪后几十年代，这一斗争的重心已转至社会主义政党和工人政党内部、革命马克思主义派别和各种机会主义观点代表者之间的思想分歧方面。恩格斯既作为揭露德国右翼社会民主党人、法国的可能派、费边社分子和英国工联的改良主义首领等的机会主义以及莫斯特及其拥护者、德国社会民主党内"青年派"和其他派别观点代表者的宗派主义和无政府主义错误的直接参加者，又作为工人运动历史学家，不止一次地证明，不在思想上粉碎右的和"左"的机会主义，无产阶级运动便不能真正得到巩固。恩格斯经常把研究工人运动意识形态、社会主义的思想发展列入详细分析工人运动史的任务之中。如果平民是过去产生不切合实际的社会主义意向，那么从18世纪末起尚处于乌托邦形式下的社会主义思想的发展，则反映了工人阶级的形成过程及其反对资本主义剥削的最初行动。

昂·圣西门、沙·傅立叶和罗·欧文的著作是空想社会主义发展的顶巅。恩格斯深刻地评述了这些伟大的空想社会主义者的遗著。他善于

---

① 《马克思恩格斯全集》第1版第35卷第370页。

揭示构成他们观点中长久价值的东西以及与无产阶级斗争本身不成熟阶段相适应的空想方面有关的东西。恩格斯的功绩在于证明社会主义思想发展从空想向科学过渡的规律性,而这一思想的发展是由于深刻的客观原因,首先是由于无产阶级阶级斗争的加剧造成的。弄清上述过渡的历史前提,科学共产主义同空想社会主义的本质差别,表明作为社会主义学说和工人运动的历史学家的恩格斯取得了最高成就。恩格斯指出,随着无产阶级科学世界观——马克思主义,工人阶级的理论武器的出现,社会主义思想和工人运动之间确立了密不可分的联系。正如恩格斯指出的那样,马克思主义史是无产阶级运动史的有机组成部分。

恩格斯在马克思主义形成的问题上区分了两个方面:阐明了使革命理论必然出现的客观的社会需要和革命理论产生的思想前提即认识论前提。他写道:"和任何新的学说(社会主义——作者)一样,它必须首先从已有的思想材料出发,虽然它的根源深藏在物质的经济的事实中。"① 恩格斯指出,加深了的资本主义矛盾,加剧了的无产阶级反抗,是马克思主义产生的物质原因,因为无产阶级需要从理论上论证自己斗争的目的和方法。马克思主义以前的科学思想成果为马克思主义的产生做好了思想方面的准备。恩格斯在这方面提出了关于马克思主义理论来源的重要论点,后来列宁对它们进行了透彻而又系统的研究。

恩格斯指出了马克思主义在哲学、政治经济学和社会主义学说方面借助了哪些成果。他阐明了由于马克思主义理论的建立而在所有这些方面实现的革命变革的性质,说明了马克思主义所有组成部分与构成马克思主义学说主要来源的那些理论相比在质上的崭新性质。

恩格斯揭示了作为新的革命学说创始人、天才思想家和革命家的作

---

① 《马克思恩格斯全集》第1版第19卷第205页。

用，指出了马克思的两个伟大发现——制定唯物史观和建立剩余价值理论——在他的观点的全部体系中所占的主导地位。这样一来，恩格斯就为研究马克思主义学说本身的形成过程提出了科学标准。他也评述了马克思作为无产阶级斗争的组织者、共产主义者同盟和第一国际的创始人和领导者、制定无产阶级运动战略和策略的作用。恩格斯强调了马克思的活动中体现了革命理论和实践的结合。恩格斯指出了马克思主义思想如何深入工人运动，马克思主义理论如何掌握群众，无产阶级政党如何在马克思主义基础上形成，同时他还阐明了马克思主义的最重要方面，它的社会作用的增长过程，它对人类命运的影响。这样他就证明，马克思主义不仅是认识世界的伟大武器，而且也是对世界进行革命改造的强大杠杆。

恩格斯在研究工人运动史和社会主义思想史中所作的贡献，概括起来就是如此。他在这方面的科学成就，意义非常重大。这方面的详细研究是马克思和恩格斯写的天才著作中奠定马克思主义历史编纂学的共同科学基石方面的重要部分，与资产阶级历史编纂学不同，马克思主义历史编纂学的主要研究对象是人民群众即劳动者阶级及其生活和斗争的历史。恩格斯在关于工人运动的著作中为马克思主义历史科学的最重要领域奠定了初步基础，它后来形成了研究国际工人运动和共产主义运动问题的专门领域。

（晓鸣 译）

第二国际史研究工作中的几个问题[*]

殷叙彝

国际共产主义运动历史中的第二国际时期，通常是指从1889年巴黎国际社会主义工人代表大会起到1914年第一次世界大战爆发、欧洲各国社会党背叛革命止的这一时期。从1876年第一国际解散到这一时期的开始，马克思主义得到了广泛的传播，各国先后成立了承认马克思主义为指导思想的独立的工人政党，工会组织蓬勃发展，无产阶级的政治斗争和经济斗争取得了很大成就，各国无产阶级及其政党的国际联系和合作大大加强，而所谓的第二国际就是这种联系和合作的成果和表现形式。另一方面，自从马克思主义在国际社会主义运动中取得主导地位以后，在运动内部出现了披着马克思主义外衣的修正主义思潮。马克思主义同修正主义的斗争贯串着第二国际后半期的历史，在这一斗争中产生了以列宁和俄国布尔什维克为代表的第二国际左派，为后来成立各国共产党和第三国际作了准备。因此，第二国际时期作为一个承先启后的时期是有重大历史意义的。它的发展和内部斗争的历史内容十分丰富，提供了许多重要的经验和教训，其中有些问题在今天仍然具有现实意义，值得进一步考虑和研究。

---

[*] 本文选自《马列著作编译资料》1979年第6辑。

早在1913年,马克思的外孙让·龙格就在《国际社会主义运动》一书中扼要叙述了第二国际的历史。在这以后的六七十年内,陆续出版了以德、法、英、俄、意文和其他欧洲文字写作的许多第二国际历史著作,在大部头的社会主义史、社会主义思想史、国际工人运动史和共产主义运动史著作中也都有专门的章节论述第二国际,关于第二国际的某一时期、某个侧面、某些问题的专著和论文更是不计其数。但在我国,新中国成立前自不必说,新中国成立后30年来这方面的研究也还几乎是空白。因此,合理地组织力量,有计划、有步骤地进行第二国际资料的编纂工作和历史研究工作,已是刻不容缓的了。

笔者最近翻阅了一些俄文和西文的第二国际史,看了我国近几年出版的几本国际共运史著作,对今后在我国开展第二国际历史的研究须要注意哪些问题初步进行了考虑,现在提出几点看法,希望引起正在从事和准备从事这一工作的同志们的关心和讨论。

一

我们说第二国际的历史,顾名思义,是把第二国际当作无产阶级在一个时期的国际组织来研究的。因此,本来有必要首先弄清这个组织的形式、机构和特点,再在这一基础上作进一步的研究。但是,过去外国和我国关于第二国际历史的著作多半对这一方面不很注意,往往不能使读者对第二国际的组织形式有一个明确的概念。

我们通常所说的"第二国际",和"第一国际"一样,都不是这些组织的本来名称,而是当时或后来的人们为了叙述方便而使用的名称。第一国际的正式名称是国际工人联合会,它是一个集中制的国际性组织,有总委员会作为中央领导机构,在一些国家设有总支部和支部。当时人们往往简称之为"国际"。至于第二国际,它在初期并没有建立任何固定的国际性组织和机构。通常所说的第二国际成立大会即1889年的巴黎国际社会主义工人代表大会,实际上只是第一国际解散后在各国先后成立的群众性工人政党的第一次大规模国际会议。在这以前,各国工人阶级组织虽然有局部的或双边的接触,但普遍的国际联系已长期中断,而巴黎代表大会则全面地恢复了先进工人的国际联系,因而开辟了一个新的历史时期。在这以后,各国社会主义政党和组织的代表每隔几年举行一次这样的代表大会,讨论共同关心的原则和策略问题,作出相应的决议,这是第二国际特别是它的初期的主要存在形式和活动方式。就这一点来说,第二国际和第一国际是有很大区别的。

当然,这样的国际联系无论在思想上还是在组织上都可以说是国际工人联合会的继续和发展,因此恩格斯在谈到1891年布鲁塞尔代表大会关于无政府主义者的决议时说:"旧的国际以此结束,新的国际则以此开始。这简直是海牙代表大会的决议在过了十九年之后又得到了认可。"[①] 又说:"旧国际以此结束,而远为广泛的、宣告自己为马克思主义的新国际恰恰以此为开端。"[②] 从此以后,国际社会主义运动中习惯地把国际工人联合会称为"旧的国际",而把1889年以来各国社会主义政党的这种形式的国际联合称为"新的国际"。到20世纪初叶在报刊文章中才开始出现第一国际和第二国际这样的称呼,例如列宁在1907年写的《斯图加特国际代表大会》一文中就是这样使用的。但是,直到1914年6月,考茨基还在《旧的国际和新的国际》一文中把共产主义者同盟称为第一国际,把国际工人联合会称为第二国际,而把1889

[①] 《马克思恩格斯全集》第1版第22卷第281页。
[②] 《马克思恩格斯全集》第1版第38卷第150页。

年以后的"国际"称为第三国际①,可见当时还没有形成一个固定的一致的说法。大致在第一次世界大战爆发以后,现在的这种区分第一、二国际的称呼方式才最后确定下来,并且一直沿用至今。

第一国际和第二国际这样的说法是符合二者在历史上的继承关系的,使用起来也是方便的。对于熟悉这方面历史的人来说,二者之间的区别也是很清楚的。但是,对于一般读者(包括一部分从事理论工作和宣传工作的同志)来说,如果在历史著作中不把这一点说清楚,就很容易产生误解,似乎第二国际是第一国际的简单的恢复和扩大,似乎第二国际和第一国际一样,也是一个具有中央领导机构的国际性组织。有些历史著作本身就有着含糊的或不恰当的提法。例如连茨在《第二国际的兴亡》的序言中说:"四十年前,即1889年在巴黎国际工人代表大会上成立了第二国际,它在二十五年当中已成长并发展为一个强大的群众性组织,资本主义国家千百万工人跟随着这个组织。"② 在我国出版的国际共运史著作中,有的只是笼统地提到第二国际的建立,而没有具体说明它在组织形式上的特点,有的则说它是各国社会主义政党和工人团体的国际联合组织。从这种提法里确实不能看出第二国际同第一国际有什么区别。

是否可以说,这不过是一个次要问题,对于正确地反映第二国际的历史无关紧要呢?我认为不能这样说。第二国际在组织形式上与第一国际相区别的某些特点是当时国际工人运动和社会主义运动的发展水平造成的,对这些特点的正确叙述有助于我们理解这一时期的国际社会主义

---

① 参见乔·豪普特:《没有开成的代表大会》,1967年维也纳德文版第284—285页。

② 约·连茨:《第二国际的兴亡》,1964年三联书店版第1页。

运动的历史，有助于我们正确地、恰当地估计第二国际的历史作用，因此这个问题是应当得到充分重视的。

第一国际有正式的名称和确定的组织，有自己的纲领和组织章程，有中央机构（总委员会）和各国的分支机构，各国的会员都是以个人身份加入国际的。它可以说是国际工人阶级的一个相当严格的集中制的总的政党。第一国际解散后的十几年内，各国都有了自己的社会主义政党，在酝酿成立新的国际时，就出现了究竟采取什么形式的问题。有些人主张完全恢复第一国际的样子，实际上就是要建立一个凌驾于各国党之上的国际性中央组织。对于这种意见，恩格斯一再表示反对。后来他在1891年8月17日给劳拉·拉法格的信中全面地讲了他的看法。他说："从各方面看，恢复国际都是没有意义的；当不论是法国还是英国，都没有一个强大的、统一的党的时候，尤其如此。如果有这样的党，而两党又同德国人一致行动，即使没有形式上的联合，目的也能达到，三个西方大国一致行动产生的精神影响就已足够了。但目前，这是不可能的，任何恢复国际的企图都会使一个小国（可能是比利时人）占有不相称的显要地位，结果争吵一场了事。问题在于，运动的规模已经很大很广了，再也不能用这种对它来说已经狭窄的框框束缚它了。"① 恩格斯的看法实际上也是当时很大一部分国际社会主义运动领袖人物的看法。例如李卜克内西在1889年巴黎代表大会上的发言中就说："国际工人运动已经发展壮大，不能容纳在单一的统一的组织范围里了。"② 在这种思想支配下，巴黎代表大会作出决议说："在各国社会主义组织之间必须建立经常的关系；但是……这种关系无论如何并且决不能在使用

---

① 《马克思恩格斯全集》第1版第38卷第141页。
② 《1889年巴黎国际工人代表大会记录》，1890年纽伦堡德文版第55页。

任何一种压力的情况下影响各民族的党的自主，因为这些党最有资格判断他们本国应当运用的策略。"① 在第二国际的整个时期，尽管各国社会党之间的联系不断加强，但是这一强调党的独立自主的精神是始终如一的，我们在考虑第二国际的一些重大事件和重大问题时应当充分估计到这一点。

第二国际在组织形式上的特点正是这一精神的反映。如上所述，第二国际在相当长时期内的存在形式就是定期举行的国际代表大会，在两次代表大会之间是不存在任何可以代表这些党的国际组织的。当时的人在提到国际时心目中也就是指的这些代表大会。例如列宁在1907年的《斯图加特国际社会党人代表大会》一文中把第二国际看成第一国际的继续，并且把新旧国际的历次代表大会连在一起计算，称斯图加特大会是"无产阶级国际的第十二次代表大会"②，1908年列宁在《马克思主义和修正主义》一文中也提到"重新恢复起来的国际工人运动组织，即定期举行的国际代表大会"③。实际上，第二国际的头几次代表大会连名称都不统一。1889年巴黎大会的正式名称是国际社会主义工人代表大会，但李卜克内西负责出版的德文版记录却只称之为"国际工人代表大会"。1891年布鲁塞尔大会和1893年的苏黎世大会称为国际社会主义工人代表大会，1896年的伦敦大会称为国际社会主义工人和工会代表大会，从1900年的巴黎大会以后才确定名称为国际社会党代表大会。前几次大会也没有统一的正式记录，从1904年的阿姆斯特丹大会起才有社会党国际局统一发布的大会文件和记录的正式文本。这些情况

---

① 《历次国际代表大会议程和决议汇编》，1902年根特法文版第43页。
② 《列宁选集》第2版第1卷第742页。
③ 《列宁选集》第2版第2卷第2页。

固然反映了组织工作的缺点,但在一定程度上也可以说是第二国际的比较松散的组织形式所造成的。

为了克服组织方面的缺点,1896年的伦敦大会决定筹备组织国际的常设委员会,这一机构在1900年的巴黎大会上成立了,这就是社会党国际局(或译社会主义国际局),它由参加大会的各国代表团各派代表二名组成,每年举行一次全体会议,并设一名支薪的书记。它的任务是筹备代表大会,编辑和发布大会的决议和记录,收集和公布各国党向大会的报告,以及"采取必要措施,以利于各国无产阶级的共同行动和促使他们在国际范围内组织起来"。国际局的成立是第二国际在组织方面的一个很大的进步,但是我们对它的作用也应当实事求是地估价。应当看到,国际局既不是一个中央领导机关,也不是一个由代表大会授予全权的执行机构,它主要是一个权力有限的联络和情报交流机构,它虽然能在某些问题(主要是某一组织参加大会的代表资格和某些国家社会主义组织的统一问题)作出建议或决定,却没有强制执行的权力。总之,它不能和第一国际的总委员会相提并论。万·科尔在巴黎代表大会上就组织问题作报告时就说过,建立国际局"并不是意味着恢复旧的国际"①。但是我国的一些著作中对社会党国际局的作用的估计却不很符合事实。例如某一本国际共运史教科书说:"巴黎大会决定成立国际社会党执行局,作为第二国际的常设执行机构。执行局的主席是比利时社会党右派首领王德威尔得。从此,第二国际进入了由修正主义者把持并逐步蜕化变质的时期。"最近还看到某一内部材料中有"第二国际的'总部'由倍倍尔、考茨基、普列汉诺夫等人领导"这样的提法。由此可见,有些同志对于社会党国际局的性质和情况是不十分清楚的。

---

① 《国际社会党巴黎代表大会正式记录》,1901年巴黎法文版第36页。

第二国际是无产阶级革命斗争的产物，它本身又是无产阶级内部各个派别进行政治斗争和思想斗争的国际阵地，因此我们研究第二国际的历史，应当把这些斗争当作中心问题。迄今看到的关于第二国际的历史著作，不管立场观点如何，基本上是这样做的，我们今后也还需要这样做。但是我认为，要正确理解和描述政治斗争和思想斗争的历史，并不排斥对第二国际的组织形式和组织制度进行研究和介绍，而是恰恰相反，很需要首先进行这方面的工作。近些年来，在我国的世界史研究和教学工作中，往往以政治史代替全部历史，而在政治史方面，又往往只讲阶级斗争和革命斗争，对于制度、组织和人物的历史非常忽视。这一缺点在国际共运史的研究和教学工作中表现得更加严重，更加突出。正因如此，我在这里把这个问题提出来，希望引起研究工作者和教学工作者的重视。

二

研究第二国际的历史应当以它本身的政治斗争和思想斗争为中心问题，当然不是说只能局限于这一问题。为了使研究深入下去，必须涉及这些斗争的经济基础和社会基础，涉及它们同各国工人运动的关系，涉及它们同各国的社会状况和政治斗争的关系。但是从我国的现状来说，应当首先集中力量为第二国际本身历史的研究工作打下一个良好的基础。我在这里想对怎样开展这工作讲一点设想。

我们迄今见到的第二国际史大致可分为两种类型。

一种类型基本上可以说是第二国际历次代表大会的历史。这一类型的主要著作有约瑟夫·连茨的《第二国际的兴亡》，威廉·福斯特的《三个国际的历史》（以上已有中译本），万·德尔·埃希的《第二国际》（法文版）等。这些著作并不一定直接把历次代表大会当作章节的标题，但基本上是依次叙述各次大会召开时的背景、大会议程、中心议题的争论情况、决议通过的经过和内容等等。与大会有关的各国社会主义政党和工人运动的问题和情况虽然也或多或少地提到，但一般不很详细，更谈不到比较深入的分析。

第二种类型的最早著作是让·龙格的《国际社会主义运动》（法文版）。它的头两部分（不到一百页）扼要地叙述了第二国际的历次大会和社会党国际局。第三部分以十九章的篇幅介绍了欧洲（十三章），亚洲、澳洲、南非、美国、加拿大和南美（以上各一章）各国的社会主义运动和政党，占全书篇幅六分之五强。过了40多年以后，1956年出版的英国乔治·柯尔的两卷本《第二国际》采用了类似的体例。该书只用不到一百页的两章的篇幅叙述了第二国际的历史，然后以二十五章的篇幅叙述了这一时期各国（以欧洲为主，旁及美、澳、南非和亚洲）的社会主义运动，占全书篇幅十分之八强。

苏联科学院1965年出版的两卷本《第二国际》的体例介于上述两种类型之间，而更接近第一种类型。它分几个阶段把国际社会主义运动的历史（基本上分国叙述）穿插在叙述第二国际历次大会的各章之间。

当然，对于这样一个较长的重大历史时期及其复杂的历史现象的研究，可以从各个角度着手，阐述的方式也可以是多种多样的。但是我认为，对于一本全面论述第二国际历史的著作应当提出一个基本要求，这就是：它应当抓住第二国际各个时期的中心问题，把各国特别是主要国家的社会主义组织围绕这一问题的斗争和第二国际代表大会上的斗争联系起来进行分析和叙述。既要通过各国的斗争同大会争论的关系来看问题涉及的广度、它的普遍性和在各国表现的特殊性，又要通过各次代表大会之间的关系来看问题的发展。经过这样的综合和分析，才可以说明第二国际时期无产阶级革命斗争和思想斗争的发展规律。

其实,第二国际各个时期的中心问题是比较清楚的。在酝酿成立和成立初期,各国的马克思主义者在恩格斯的领导下同以法国可能派为代表的机会主义者为争夺国际的领导权进行了斗争。接着就是马克思主义者同无政府主义者的斗争,这实际上是第一国际中的斗争的继续。无政府主义者退出国际以后不久,米勒兰问题和修正主义问题成了争论的中心。这一斗争告一段落后,由于帝国主义为争夺殖民地发动战争和制造紧张局势,殖民地问题成为第二国际代表大会的主要议程,与此同时还讨论了总罢工问题。接着就是反对帝国主义战争危险的斗争,一直到第一次世界大战爆发、第二国际破产为止。当然,有些问题如反对军国主义和战争的问题始终是第二国际关心的问题。此外,开展纪念五一节的活动和争取改善工人阶级政治经济状况的斗争也是贯彻第二国际始终的问题。我所见到的第二国际史,不管体例如何,立场观点如何,主要论述的都是这些问题。但是,像上述第一类型的著作那样把第二国际的历史简单地归结为代表大会的历史,就很难看出问题的深度和广度。另一方面,第二种类型的著作只是代表大会简史和各国社会主义运动史或思想史的简单并列,并没有能做到把二者有机地结合起来,因此也不容易使人看到问题的全貌。我认为,今后我们研究第二国际史,不但要运用马列主义观点,力求在分析的深度上有所前进,而且在论述方式上也应当突破上述两种体例的框框,尽量做到把各个时期、各个问题贯通起来,集中地、完整地表现第二国际的思想斗争。

列宁在1908年写道:"修正主义是国际现象。每一个稍有见识、稍有头脑的社会主义者都丝毫不会怀疑:德国正统派和伯恩施坦派、法国盖得派和饶勒斯派(现在尤其是布鲁斯派)、英国社会民主联盟和独立工党、比利时布鲁凯尔和王德威尔得、意大利整体派和改良派、俄国布尔什维克和孟什维克的关系实质上到处都一样，虽然按所有这些国家的现状来说，民族条件和历史因素极不相同。当前国际社会主义运动内部的'分化'，在世界上不同的国家里现在实质上已经是按同一条路线进行的，这表明比30—40年前有了一个巨大的进步，因为那时在不同的国家里相互斗争的是统一的国际社会主义运动内部的不同类型的倾向。"① 当然列宁主要是讲伯恩施坦修正主义出现以后的情况，但是这些派别在这以前基本上就已存在，而且修正主义同它出现以前的各种右倾机会主义流派在思想上本来就是一脉相承的，因此，列宁的这一分析对于我们考察第二国际的整个历史时期都具有指导意义。我们应当牢牢抓住这个线索，运用大量材料作出有说服力的分析。

我们可以举米勒兰事件为例。第二国际历史上的这一著名事件曾被列宁称为"在真正全国的广大范围内运用修正主义政治策略的最大尝试"② 和"实践的伯恩施坦主义"③。列宁的这一论断曾一再在我国的一些作者的文章和著作中被引用，但是我们对米勒兰事件和伯恩施坦主义的关系并没有真正讲清楚。最近看到西德一位作者在论述伯恩施坦思想的文章中提出一个问题：米勒兰根本不信仰马克思主义，怎么能说他实践了修正主义呢？这个问题当然是提得很肤浅的，但确实使我受到一点启发，使我认识到，即使像米勒兰事件这样著名、这样多次被人论述过的事件，也还需要我们作进一步的研究和阐述。

米勒兰确实从来没有宣布自己信仰马克思主义，他那著名的圣芒德纲领（1890年）连一句马克思主义的词句都没有用。不仅如此，在前

---

① 《列宁选集》第2版第2卷第7页。
② 《列宁选集》第2版第2卷第7页。
③ 《列宁全集》第1版第5卷第320页。

面引用的列宁的那段话里提到的同马克思主义对立的那些派别，有个别的也从来没有承认马克思主义是指导思想。因此从表面看来，列宁的话似乎是站不住脚的。但是从实质上说，修正主义的政治理论无非是披着马克思主义外衣的改良主义。德国存在着一个强大的统一的社会民主党，广大工人群众又有较强的理论感，因此修正主义在那里通过伯恩施坦形成一个严密的完整的理论体系，而在社会主义运动还没有统一的法国或工联主义影响很深的英国，它就不是必然要以这样的理论形式表现出来。米勒兰也许对伯恩施坦修正主义并不十分了解，但他是当时法国社会主义运动中的改良主义流派的代表人物，他的行动所反映的倾向在本质上同伯恩施坦主义是一致的。"法国社会党人并不谈什么理论，而是直接行动起来；法国在民主制方面具有比较发展的政治条件，所以他们能够立刻转到有其种种后果的'实践的伯恩施坦主义'上去。"① 因此我们在论述米勒兰事件时，必须一方面说明法国社会主义各派的思想倾向和组织情况、米勒兰本人的政治观点和理论，另一方面分析和比较法、德两国党内斗争的特点、伯恩施坦思想和米勒兰思想的共同之处和区别，同时旁及英、奥、俄、意、比、荷等国社会主义运动内部的思想斗争及其对米勒兰事件的态度，再在这样的基础上来叙述和分析巴黎代表大会关于米勒兰事件的争论。这样一来，我们对为什么说米勒兰事件是实践的伯恩施坦主义，就可以有更深的理解了。

不仅如此，还必须把巴黎大会的这一争论同1904年阿姆斯特丹大会关于社会党策略的国际准则的争论联系起来看。米勒兰参加的瓦尔德克-卢梭内阁已于1902年倒台，但围绕米勒兰事件的斗争并没有结束。特别是在德国，由于社会民主党在1903年国会选举中取得重大胜利，

---

① 《列宁全集》第1版第5卷第320页。

伯恩施坦和福尔马尔提出了党应当争取国会副议长职位的建议。这一问题促使社会民主党的德累斯顿代表大会又一次就党内的修正主义倾向进行了激烈的争论，并最后通过了反对修正主义的决议。盖得建议阿姆斯特丹大会以德累斯顿的这一决议为蓝本通过关于策略准则的决议，于是又把这场争论搬到国际舞台上来。倍倍尔和饶勒斯在会上作了针锋相对的著名发言，维·阿德勒后来称之为"一场精彩的政治辩才的表演，任何在场经历的人是不会忘记的"①。饶勒斯夸耀德国社会党人在争取民主方面取得的成就，把米勒兰入阁称为"大胆的尝试"，指责德国社会民主党坚持原则性策略是德国政治制度落后和德国党的无能的结果。如果把这一讲话同德国社会民主党的修正主义者奥艾尔在巴黎大会上的发言（他用非常羡慕的口吻谈到米勒兰入阁，为德国还不能达到这一地步感到遗憾）以及上述伯恩施坦和福尔马尔的建议联系起来看，不是可以说明，如果德国具备法国那样的政治条件，德国的修正主义者也会采取米勒兰那样的行动吗？由此可见，阿姆斯特丹大会的争论正是巴黎大会争论的继续，对于前者的研究能够加深对于后者的认识。

在阿姆斯特丹大会以后的各个时期的中心问题，也都贯串着马克思主义和修正主义的斗争，互相之间也存在着内在的联系。如果我们对这些问题逐个进行认真的研究，既考虑到各次代表大会的重要地位，又不局限于一次代表大会，而且照顾到各次大会、各个问题之间的关系，那么我们就可以对第二国际整个时期两条路线的斗争有一个全面的深入的了解。至于第二国际的组织问题，它在成立时的斗争以及它在工人运动方面取得的成就，都可以作为专题来研究和论述。在这一基础上，要写出一本有我们自己特色的全面的第二国际史就不困难了。

---

① 维·阿德勒：《论文、演讲和书信集》，1929年德文版第7卷第41页。

三

在新中国成立以来的相当长时期内，我国历史著作中关于第二国际的论述基本上是以苏联的著作为蓝本的，往往以抽象的分析代替具体史实的论述，凭经典著作的引文作结论，对一些代表人物简单地扣帽子，教条气很重；引用的材料也不够准确，常常人云亦云，有时甚至以讹传讹。笔者自己也曾受到过这种影响，在工作中颇有体会，而且痛感流毒之深，必须肃清，才能大步前进。我认为，今后我们开展第二国际史的研究工作，必须深刻领会经典作家关于国际社会主义运动历史的论述、特别是恩格斯和列宁关于第二国际的论述的精神实质，以此为武器来掌握和运用第一手材料，并且批判地研读苏联和西方各国学者关于第二国际的历史著作，博采众家之长。

先说掌握第一手材料问题。由于历史工作者和图书馆工作者的努力，我国在收集第二国际材料方面已取得一些成绩。"文化大革命"前，第二国际历次代表大会记录的各种文本已大致收齐。1976年以来，瑞士的闵考夫出版社将第二国际的全部文件影印出版，其中包括历次大会的记录的各种文本、社会党国际局的文件、各国社会党向大会的报告等，共二十三卷，不久即将出齐，这就给我们的工作提供了很大的方便。

第二国际主要人物的著作、书信、回忆录和传记等等也是非常重要的材料。这些材料的原本比较难于收集，但欧美各国最近几年陆续重印或整理出版了各种文集、选集、书信集等等，也给我们提供了很大的方便。

除此之外，还有相当大量的档案材料，尤其是书信和日记的手稿。这些材料主要存放在阿姆斯特丹的社会史国际研究所和苏联的马克思列宁主义研究院，目前我们还缺乏利用的条件。

当然，第二国际的材料还需要大力收集，但目前最大的问题是已有的材料远远没有得到充分利用，这主要是由于文字上的困难。就我国目前的力量来说，在相当长时期内很难指望大量翻译和出版这方面的材料，因此迫切需要培养能直接利用外文第一手材料进行研究的人才。我认为可以先就第二国际一些主要流派、主要人物、重大事件和重要问题编译一些专题资料，通过这一工作既可以熟悉材料，又可以培养人才，为进一步开展研究打下扎实的基础。这方面的工作量很大，最好有关单位能够通力合作，分工进行。

其次谈谈学习外国学者研究成果的问题。

在第二国际史的研究方面，我们不但曾经相当长期地搬用苏联的观点，而且在对待资本主义国家学者著作的态度上也受到苏联的影响，往往不加分析，否定一切。1965年出版的苏联科学院两卷本《第二国际史》在前言中实际上仍旧把西方学者看成"帝国主义的思想家及其改良主义的帮凶"，板起面孔指责他们歪曲第二国际的历史，这种俨然以唯一正确的"马克思主义史学家"自居的态度，令人望而生厌。当然，我们不是说今后对于西方学者的著作就可以不加分析地照搬了，也不是说今后对于苏联学者的著作就可以一概骂倒了，这都不是马克思主义的实事求是的态度。今后我们应当批判地对待外国学者的研究成果，凡是正确的东西我们就吸收，凡是可靠的材料我们就利用。据我看来，不管是苏联的还是西方的著作，只要是具有一定学术水平的，尽管立场观点各有不同，但对于个别问题的分析或对具体材料的运用，或多或少都是我们可以借鉴的。我在这里想对我看到的一些外国著作各自的特点谈一些非常简单的看法,由于缺乏深入的研究,在这里就不对各书在具体问题上的观点作出评价了。

上述1965年苏联出版的《第二国际史》的内容是比较丰富的。它引用了大量的材料特别是一部分未发表过的档案材料,很有参考价值。可惜这部书的体例近于第二国际时期的各国社会主义运动的通史,叙述分散,对第二国际本身的历史和主要问题的论述所占分量并不很多,分析的深度比起以前的苏联著作来进展不大。

在用英语写作的第二国际史中,美共领袖福斯特的《三个国际的历史》(1955年)在1961年已译成中文出版。这是一部简明的读物,可以帮助入门者初步了解第二国际的历史,但是史实方面不很精确。1956年出版的英国工党理论家柯尔的《第二国际》是他的《社会主义思想史》的第三卷,共分两册(中译本不久也将出版),它的体例前面已经提到。作者着重从思想的发展和斗争的角度论述和分析问题,但对具体史实注意不够,有不少错误。乔尔的《第二国际》(1955年)着重论述了倍倍尔、李卜克内西、卢森堡、阿德勒、饶勒斯的言论和作用,但是作者把第二国际的历史看成主要是德法两国社会党争夺领导权的斗争的历史,并且把第二国际的破产完全归咎于德国社会民主党对各国党所起的消极影响,这个基本观点是错误的。

让·龙格的《国际社会主义运动》是用法文写的最早的一本。它是孔佩尔·莫雷尔主编的《社会主义百科全书》中的一卷,内容比较简单,在今天主要只有历史文献的价值了。万·德尔·埃施的《第二国际》(1957年)有专门的章节介绍社会党国际局,对第二国际的组织制度也作了一些说明,这是可供我们借鉴的。此外乔治·豪普特的著作是值得我们注意的，他写了有关第二国际某一方面的几本专著，如《没有开成的代表大会》、《第二国际和东方》等，编辑了社会党国际局的文件和另一些材料，而且对第二国际史的编纂学和研究方法也提出了自己的见解。

在德文著作中，约·连茨的《第二国际的兴亡》（原名《第二国际及其后继者》，中译本采用了英译本的名称）是出版较早（1930年）和比较著名的。作者力图从马克思主义立场来阐述第二国际的历史，虽然观点未必全都精当，但在今天仍没有丧失其重要性。近年出版的德文著作有尤利乌斯·布劳恩塔尔的《国际的历史》，它的第一卷（1961年）的后半部是写第二国际的。作者曾长期在第一次世界大战后恢复的第二国际（即社会主义工人国际）工作，并曾担任过书记，因此虽然自称力求客观，但改良主义的立场是很明显的。1962年苏联的《历史问题》杂志就曾发表文章加以批判。但是，我认为这本书超出代表大会的时间界限，对第二国际的一些重大问题进行了分析，在体例上有可取之处。当然，叙述过分简单，也是它的一个缺点。

此外，近些年来苏联和西方还出版了不少论述第二国际的一个时期或一个方面的专著和论文，其中以论述第一次世界大战前反对殖民主义、军国主义和帝国主义战争的斗争的较多，这里就不多谈了。

面对这样多的材料和著作，我们必须掌握正确的理论武器，才能取其精华而去其糟粕，因此必须深入学习马克思主义理论。恩格斯曾亲自参加和领导建立第二国际的斗争，他在这方面的论述是我们分析第二国际初期历史的指针。列宁在1907年以后参加第二国际的活动，对第二国际的历史有过多次精辟的论述，这也是我们必须深入掌握的。当然，我们不应当把第二国际的历史简单地写成恩格斯和列宁为贯彻马克思主义路线而斗争的历史。对于恩格斯和列宁的论述,我们要着重理解其精神实质,而不是生搬硬套其词句。同时也要看到,革命导师们在认识上也有其一定的局限性,因此对于个别不恰当的结论,在根据可靠材料经过慎重的研究和思考后,也可以提出不同的看法。

批判资产阶级和修正主义关于恩格斯的理论活动和革命实践活动的观点*

〔苏〕E.П.康捷尔

在现代资产阶级历史编纂学中,对恩格斯在创立和发展马克思主义世界观方面的作用、他在制定革命无产阶级的战略和策略方面所作的贡献的歪曲,是证明阶级立场和意识形态立场的敌对性蒙住了资产阶级思想家的眼睛,不让他们看见马克思主义思想形成和发展历史中的明显事实的一个实例。属于这类思想家之列的有许多为资本主义"市场"需要效劳的、走上粗暴歪曲马克思主义学说的道路的著作界的名利之徒和变节分子。修正主义者给这些人帮了大忙,他们不仅表现为资产阶级对工人阶级的影响的传播者,而且亲自为资产阶级的"批判"提供新的"论据"。

根本不能抱怨资产阶级的作者们对马克思列宁主义注意不够。资产阶级思想的各种学派的代表人物是在伪造马克思列宁主义,他们包括法国的天主教徒和德国的基督教徒、新黑格尔主义者和实证主义者、存在主义者和资产阶级抽象人道主义的代表人物。右翼社会民主党的代表人物和修正主义作者们也属于这一帮人之列。

这些流派的共同特点是,它们显然毫无希望地企图编造所谓的"西方马克思主义",并把它同"东方马克思主义"对立起来。在这里,

---

* 本文选自《马列著作编译资料》1981年第14辑。

"西方马克思主义"被看成是人道主义传统和民主传统的承担者,相反,"东方马克思主义"自然被这些作者看成是马克思主义思想发展中最坏的方面的体现。这种论调在 50 年代就已经出现,而现在又喧闹起来了。明显的证据是在 1967 年至 1968 年出版的有关马克思的两本书:一本叫做《马克思和西方世界》,① 这是提交 1966 年 4 月在美国圣母玛丽亚大学举行的国际学术讨论会上宣读的报告的汇编(社会主义国家的一些作者也被邀请参加了这次学术讨论会),另一本叫做《卡尔·马克思。1818 年至 1868 年》②,是一本由一些西欧作者(既有马克思主义者,也有非马克思主义者)的著作组成的文集,书中同时收入了一些马克思著作的节录。在这两本文集中,编辑人员都竭力把恩格斯同马克思分离开来,似乎以为可以谈论马克思的理论遗产而同时不评价恩格斯的作用。诚然,在一本书中也包含有一些恩格斯著作的节录,但是所节录的只是这样的著作,其中恩格斯以他所固有的谦逊宣称(例如在《路德维希·费尔巴哈和德国古典哲学的终结》中),大部分基本指导思想,尤其是在经济学和历史领域,这些思想的最后的明确的表述,都是属于马克思的。③ 当然,恩格斯的这些话说明了他的崇高品德和自我牺牲精神。但是,如果我们像许多资产阶级作者那样,要想根据上述恩格斯的自我批评性质的声明来评价他的贡献,那将是极端令人奇怪的。在资产阶级的苏联学家专门出版的一部百科全书(《苏维埃制度和民主社会。比较百科全书》)(*Sovietsystem und Demokratische Gesellschaft. Eine*

---

① Nicholas Lobkowicz(ed.),*Marx and the Western World*,University of Notre Dame Press,London,1967. 同上述倾向论战的社会主义国家代表的文章是例外。

② *Karl Marx 1818—1968*, Inter Nationes Bad-Godesberg,1968.

③ 见《马克思恩格斯全集》第 1 版第 21 卷第 335—336 页。

vergleichende Enziklopädie）中，特别系统地把"西方"同"东方"，把青年马克思同恩格斯和列宁对立起来。对于资产阶级和改良主义的作者们的其他许多著作来说，这一点是有代表性的。

在上述两个文集中，伊·费切尔，福音教会学院出版的一家非定期刊物《马克思主义研究》（Marxismusstudlen）的编辑，占据了主导地位之一。他最卖力地维护关于马克思主义有两个阶段的论点，即认为有一个同恩格斯相对立的早年马克思时期，和一个主要是同恩格斯的名字相联系的后期马克思主义时期。费切尔不断号召要回到青年马克思的著作中去；他说什么在这些著作中，人道主义的和伦理学的主题阐述得最多。

但是，应该指出，关于马克思主义有两个时期的论点并不新鲜。它在 30 年代中期就出现了，当时在一些右翼社会民主党人（朗兹胡特、德曼、马尔库塞）的文章中，开始把马克思的《经济学哲学手稿》说成是"最核心的著作"、"真正的马克思主义者的启示录"。在这同时，上述作者并没有把注意力集中在《手稿》所包含的真正伟大的东西上面，而是把注意力集中在马克思那些还不成熟的思想上面，这些不成熟的思想是费尔巴哈人本主义影响的产物，并且正如《德意志意识形态》和 40 年代马克思的其他著作所证明的，很快就被马克思所克服了。①

---

① 诚然，后来，在 1941 年，马尔库塞曾经警告不要过高评价马克思的早期著作。他写道："马克思的早期著作无论如何只是……走向他的成熟理论的一些暂时阶段，对这些阶段的意义不应该作过高的评价。"（Vern-unft und Revolution, Neuwied, Rein, 1962, S. 260）但是，同时他并没有放弃他自己的错误的异化理论和把恩格斯同马克思对立起来的观点。他的著作 Soviet Marxism. A Critieal Analysis, N. Y. , 1958，特别证实了这一点。在该书中，他反对恩格斯的著作《反杜林论》和《自然辩证法》，反对把辩证法规律推广到自然界，反对把马克思主义变为世界观（见该书第 138—145 页）。

同列宁关于马克思和恩格斯的不可分割的一致性、关于人们理所当然地把马克思和恩格斯的名字作为现代社会主义创始人的名字并列在一起的论点相反,资产阶级和改良主义的书刊却力图贬低恩格斯的作用,把他看作是马克思主义的普通的通俗化者,甚至是马克思主义的庸俗化者。天主教徒维特尔、博欣斯基、卡尔维兹和基督教的"批判者"梯尔、费切尔、朗德格勒贝和接近社会民主党的科提埃、吕贝尔、霍德热斯,也搞这种名堂。① 比如说,奥地利天主教的马克思主义"批判者"维特尔,就把马克思的辩证唯物主义同"被恩格斯所通俗化和简单化了的庸俗辩证法"区别开来。② 博欣斯基走得更远,他否定马克思和恩格斯不可分割的思想上的一致性,企图证明,是恩格斯"一个人奠定了唯物主义的形而上学的和方法论的基础,用唯物主义不仅包括了社会,而且包括了整个自然界"。博欣斯基郑重地宣布说:"正是恩格斯创立了辩证唯物主义。"③

应该指出,无论是维特尔和博欣斯基认为马克思和恩格斯的观点中存在矛盾的论调,还是科提埃断言"在一些观点上这两个思想体系之间的裂痕是相当明显的"说法④,都不具有像在伊林格·费切尔那里那样系统的性质。费切尔把他人为地创造出来的关于马克思和恩格斯之间存在所谓矛盾的问题,变成了作为他所出版的期刊《马克思主义研究》

---

① 见我的文章《反对伪造恩格斯在马克思主义形成和阐发方面的作用》,载《苏共历史问题》杂志1960年第6期第99—108页。

② G. Wetter, *Der dialektische Materialismus. Seine Geschichte und sein Systen in der Sovietunion*, Wien, 1950, S. 39.

③ I. W. Bochensky, *Der Sovietrussische dialektische Materialismus*, (Diamat), Bern, 1960, S. 22 – 23.

④ G. M. Cottier, *L'atheisme du jeune Marx*, Paris, 1959, p. 7.

的基础的方法论原则。在这个刊物上发表的费切尔本人的文章（《从无产阶级的哲学到无产阶级的世界观》、《马克思主义对黑格尔的态度》[①]等等）以及他的同伙的文章——З. 梯尔的《对马克思的著作进行解释的几个阶段》[②]、朗德格勒贝的《黑格尔和马克思》[③]、Г. 博尔诺夫的《恩格斯对革命的观点及其在〈共产主义原理〉中的发展》[④]——所追求的目的，实质上都是要论证关于马克思主义中不存在统一性的论点，论证关于似乎存在两种马克思主义——即马克思的早期著作的马克思主义和更多地是同恩格斯和列宁的名字相联系的后来的马克思主义，关于似乎在马克思和恩格斯的哲学观点之间存在原则性分歧的论点。

上述反共主义的观点好像成了费切尔及其同伙的信条。费切尔利用20至30年代共产主义运动中的修正主义理论，特别是卡尔·科尔什的修正主义理论，竭力使马克思同黑格尔接近，硬把黑格尔关于主体和客体的同一性的观点强加给马克思，断言在马克思所提出的关于现实和思想、哲学和无产阶级互相渗透的观念中唯物主义和唯心主义之间的对立似乎正在消失。[⑤] 而因为根据这种主体和客体的同一性的观点，革命思想从一开始就已经实现和体现在无产阶级身上（费切尔就是这样随心所欲地解释马克思的观点），所以工人阶级就不需要有特殊的世界观，就不需要从外面向这个阶级灌输任何社会主义意识。在所有这些问题上，他都把恩格斯同马克思对立起来，他认为，恩格斯似乎提出了根本不同

---

① *Marxismusstudien*, zweite Folge, S. 45－46; dritte Folge, 1960, S. 66－169.
② *Marxismusstudien*, erste Folge, 1954.
③ *Marxismusstudien*, dritte Folge, 1960, S. 52.
④ *Marxismusstudien*, erste Folge, S. 77－144.
⑤ 见［德意志民主共和国］维拉·弗罗娜：《当时反列宁主义的〈哲学原理〉》，载［苏联］《哲学问题》杂志1970年第9期第121—128页。

的、"不正确的"答案。不能不看到，在这里，费切尔在关于党的问题上实质上是反对马克思、恩格斯和列宁的观点。①

对这个问题的具体分析证明，费切尔对青年马克思的著作做了不正确的解释，而对青年恩格斯的著作又不够熟悉。

费切尔对马克思的著作《〈黑格尔法哲学批判〉导言》作了歪曲的解释，在那篇著作中马克思根本不是站在主张主体和客体同一性的黑格尔唯心主义立场上，而是坚持了对这个问题的唯物主义解决方法。在这里，他主张理论同实践相结合，革命思想同无产阶级的斗争相结合，十分接近于得出关于向工人阶级灌输革命意识的思想；他说："哲学把无产阶级当作自己的**物质**武器，同样地，无产阶级也把哲学当作自己的**精神武器**；思想的闪电一旦真正射入这块没有触动过的人民园地，**德国人**就会解放成为人。"② 可见，马克思并不像费切尔所说的那样，认为似乎无产阶级体现了革命意识、革命理论。这是非常明显的，所以过了几年以后（在1965年）费切尔就不得不在他编的马克思主义史教科书第三卷导言中承认，在青年马克思那里也可以找到一些同列宁关于向无产阶级灌输革命意识的观点、关于党的观点接近的论点。但是费切尔赶忙警告我们说，这种言论不多，跟列宁不同，马克思认为工人阶级领会社会主义理论的过程是比较快的。所有这些遁词都是站不住脚的，它们无

---

① 见我的文章《马克思和恩格斯论政党与当代资产阶级和修正主义的历史编纂学》，载《苏共历史问题》杂志1968年第3期第34—36页。

② 《马克思恩格斯全集》第1版第1卷第467页。

法掩盖费切尔的观点同真正的马克思的观点背道而驰的事实。①

同在解释马克思的文章时一样，费切尔还是那样随便地企图让我们相信，马克思并没有把无产阶级分为被组织者和组织者，没有把阶级和政党区分开来，就是说，实质上没有坚持共产党是工人阶级先锋队的思想②。但是同时他又忽略了像《共产党宣言》那样的马克思和恩格斯的经典著作，在那里明确无误地指出，共产党人的最近目的是使无产阶级形成为阶级，在理论方面，共产党人比其他工人组织优越的地方在于他们"了解无产阶级运动的条件、进程和一般结果"③。

作为费切尔把马克思同恩格斯对立起来的整个观念的基础的，当然不仅是他对马克思和恩格斯的遗著了解很差，而且是他想利用自己的哲学思辨来为臭名昭著的"意识形态共处"的观念辩护的意图。说明这一点的具体例子是费切尔的文章《从无产阶级的哲学到无产阶级的世界观》。他认为，为了弄清楚马克思的哲学观点，值得注意的是他的早期著作，1845年以前的著作。马克思的其他著作，除了《资本论》和一些经济学著作以外，他照例不涉及。至于恩格斯，费切尔只是谈到《反杜林论》和《自然辩证法》，而且他把《反杜林论》看作只是恩格斯一个人的，而不是马克思和恩格斯一再声明的那样是他们两个人的哲学观点的反映。④

---

① 有趣的是要指出，费切尔1967年在把他的文章收入文集 *Karl Marx und Marxismus* 的时候，甚至并不认为需要作一些他在其教科书第三卷（*Der Marxismus. Seine Geschichte in Dokumenten. 1962—1965*, B. Ⅲ）中所加的羞羞答答的更正说明。难道这不是证明对马克思的著作采取随便的态度吗？

② I. Fetscher, *Karl Marx und der Marxismus*, S. 47 – 48, 76 – 78, 127 – 144.

③ 《马克思恩格斯选集》第2版第1卷第285页。

④ 见《马克思恩格斯全集》第1版第19卷第263页；第20卷第11页。

费切尔并没有对青年恩格斯的遗著进行分析，因此也没有把马克思和恩格斯的观点作任何具体的对比。① 而且他根本就没有给自己提出这样的任务。费切尔追求一个思辨的目的：把青年马克思的观点同《反杜林论》的作者恩格斯的思想发展加以对比，用这种办法捏造出一个关于两种马克思主义——青年马克思的马克思主义和恩格斯—列宁的马克思主义——的命题，并认为宁愿要前一种马克思主义。费切尔在考察马克思的早期著作的时候，千方百计地强调青年马克思力图站在唯物主义和唯心主义的对立之上，坚决主张有一个完全克服这两种体系的片面性的新的哲学综合。② 但是在第一次提出要进行具体分析的时候，这全部构想就像纸做的房子一样垮掉了。

但是，我们看一看青年恩格斯的著作，特别是他1844年写的文章《英国状况。十八世纪》，我们就会看到，同马克思一样，恩格斯也还没有公开拥护唯物主义哲学，他声称，同有抽象主观性的唯心主义一样，唯物主义也是一种片面性，这种片面性把抽象普遍——实体同主观主义对立起来。③ 这并不妨碍恩格斯在他的著作中维护费尔巴哈的唯物主义观点。甚至在《神圣家族》中，恩格斯也谈到了费尔巴哈作为克服了"唯灵论和唯物主义过去的对立"的哲学家的功绩。④ 这里所引述的恩格斯的言论清楚地说明，在这个问题的提法上，恩格斯同马克思一

---

① 在我们看来，马克思主义的研究工作者应该更多地注意把青年马克思和青年恩格斯的观点加以对比。这样做不仅可以详细地批判关于马克思和恩格斯之间存在"矛盾"的资产阶级神话，而且能够说明他们两人各自对革命理论所作的贡献的特殊性并且揭示这一革命理论形成的一些特点。

② I. Fetscher, *Karl Marx und der Marxismus*, S. 127 – 134.

③ 见《马克思恩格斯全集》第1版第1卷第657—658页。

④ 见《马克思恩格斯全集》第1版第2卷第120页。

样，是跟着费尔巴哈走，只是在《德意志意识形态》中他们才彻底地阐发了自己的唯物主义观点。

对青年恩格斯的著作做认真的考察使我们可以看到，这些著作按其主要方面来说具有和青年马克思的著作同样的特征，即来源于费尔巴哈人本主义观点的抽象人道主义因素的一些影响。马克思和恩格斯不止一次地指出他们的早期著作存在这种影响。马克思在《政治经济学批判》一书的序言中，恩格斯在他的《英国工人阶级状况》一书的序言中和《路德维希·费尔巴哈和德国古典哲学的终结》中，特别详细地说明了这一点。① 因此，想把青年马克思的观点说成是跟青年恩格斯的观点根本不同的企图，根据其实际论证就已经是站不住脚的。

费切尔和所谓"西方马克思学"的其他代表人物想把《反杜林论》中所阐发的论点说成只是恩格斯一个人所特有的观点并把它们同马克思的观点对立起来，这种意图也是没有根据的。正如恩格斯指出，他在把手稿拿去付印以前，向马克思全部读了一遍。在《反杜林论》的序言中，恩格斯以他所特有的谦逊态度指出，该书所阐述的世界观，绝大部分是马克思所阐发的，只有极小的部分是由他自己阐发的。② 马克思在他为恩格斯的著作《社会主义从空想到科学的发展》所写的序言中表示他赞成恩格斯在《反杜林论》中的观点。③

因此，恩格斯在《反杜林论》和他的其他著作中发表的对作为无产阶级世界观的辩证唯物主义哲学的看法，马克思也是同意的。他们在

---

① 见《马克思恩格斯全集》第 1 版第 13 卷第 9—10 页；第 21 卷第 297、313—314 页。
② 见《马克思恩格斯全集》第 20 卷第 11 页。
③ 见《马克思恩格斯全集》第 1 版第 19 卷第 259—263 页。

《共产党宣言》① 和给德国社会民主党领导的《通告信》②（1879 年 9 月）以及其他一系列文献中，实际上也坚持这一观点。"西方马克思学"的代表人物把这一切全部忽略过去了。他们继续顽固地抓住他们过时的公式不放，不考虑驳倒了这些公式的事实。

比如，费切尔写道："在构成马克思的著作的统一性和基础的出发点仍然被遗忘的同时，费里德里希·恩格斯在他的《反杜林论》和其他著作中阐发了'辩证唯物主义'的无产阶级世界观。借助于辩证法进行了加工的世界观即'科学'代替了废除哲学的无产阶级的自我意识的行动……自我意识和行动的互相渗透现在是通过这种办法来解决的，即有组织的无产阶级站在一方面，而它的'科学的世界观'则站另一方面同它相对立。"③

费切尔不仅在这个问题上，而且还在一系列其他问题上寻找马克思和恩格斯的观点之间的矛盾：在废除哲学的途径上（他说什么在马克思那里，废除哲学的途径在于哲学的实现，而在恩格斯那里在于用普通的科学的世界观去代替哲学），在他们对自然的理解上（他说什么青年马克思是在同人的历史社会世界的不可分割的统一中考察自然界，把自然界看作是人的作用的产物，而恩格斯不依人为转移，脱离开人的社会历史实践来考察自然界），在他们对唯物主义和自然科学的态度上。费切尔对恩格斯把唯物主义辩证法的规律也推广运用于对自然界的规律的认识，运用于他当代的自然科学的发展表示不满，而且对恩格斯在这里也

---

① 见《马克思恩格斯全集》第 1 版第 4 卷第 465、479—480、488—489 页。
② 见《马克思恩格斯全集》第 1 版第 19 卷第 186—190 页。
③ I. Fetscher, *Karl Marx und der Marxismus*, S. 127.

彻底贯彻了唯物主义的解释表示不满。① 恩格斯的彻底唯物主义的态度对于费切尔和其他的资产阶级马克思学家说来完全格格不入,这是自然的。

* * * *

资产阶级改良主义的关于马克思主义形成的观点,把青年马克思同"成熟的马克思"和恩格斯对立起来,硬把统一的马克思主义分成两个独立的部分。天主教的、福音教派的和改良主义的马克思主义批判者们特别是费切尔和吕贝尔,为创立这种观点费尽了心机。但是这种观点具有十分庸俗的性质,它同马克思主义形成和发展的真正历史完全背道而驰,以致费切尔本人也不得不反对这种观点的"极端性"。

1966年费切尔图书出版社出版了按分题选编的原则分类的四卷本的马克思和恩格斯著作教科书②,伊·费切尔利用这个机会在他附入每卷的简短导言中,谴责了上述观点的最粗糙的表现,甚至承认他自己的过错是为这样做开了头。比如,费切尔在收了哲学著作的那一卷的导言中对于各个社会主义国家的哲学家开始"认真地"对待青年马克思的著作讲了一些恭维话,然后就批判了西方作者们采取的把马克思的早期哲学著作同马克思的有关政治经济学批判和他同时代的军事政治事件的后来的著作割裂开来并且贬低恩格斯作为马克思的战友的作用、贬低恩格斯的一些重要著作的做法。费切尔指出了恩格斯在利用富有内容的、在文风上很有才华的导言来解释和传播马克思著作方面的功绩,强调指

---

① I. Fetscher, *Karl Marx und der Marxismus*, S. 133 – 139.

② *Karl Marx, Friedrich Engels, Studienausgabe in 4 Bänden*, Herausgeben von Iring Fetscher, B. 1, Frankfurt a/M., 1966.

出了促使马克思开始从事政治经济学批判的恩格斯的经济学著作的意义,恩格斯在出版《资本论》第二卷和第三卷上所起的作用,并且特别指出了恩格斯的历史著作和政治著作的意义。费切尔自我批评地声称:"论及青年马克思的哲学的大多数西方作者都企图贬低恩格斯的作用,而我也不能把我自己除外。"①

在第二卷即有关经济学那一卷的导言②以及马克思和恩格斯的《神圣家族》单行本的导言(其中费切尔批判了一些西方作者对马克思的异化理论的歪曲)③中,我们也看到了这种"自我批评的"声明和号召,他号召再不要把青年马克思同"老年马克思"对立起来,要在内在的统一中去考察马克思的著作,从马克思学说的统一性出发。但是,只要更加仔细地考察一下所有这些声明和号召,我们就可以得出结论,在这里观点并没有任何根本改变,这只不过是反对"极端性"的某种手法而已。在谈到必须"拯救恩格斯的声誉",因为西方批判者们把恩格斯如此加以贬低的时候,费切尔立即就以诽谤的口吻谈到"《反杜林论》和手稿《自然辩证法》在自然哲学方面的不求甚解的态度"④。这明确无误地说明了费切尔原来的唯心主义的、新黑格尔主义的立场。这种立场也表现在他的下述论断中,他说,"恩格斯对辩证法……做了残缺不全的叙述,并且硬把辩证法搬去说明自然界和自然科学,这就为列宁、斯大林的'辩证唯物主义'铺平了道路。"⑤ 费切尔在强调指出恩

---

① *Karl Marx, Friedrich Engels, Studienausgabe in 4 Bänden*, B. 1, S. 10 – 11.

② *Karl Marx, Friedrich Engels, Studienausgabe in 4 Bänden*, B. 2, S. 8 – 9.

③ Friedrich Engels, Karl Marx, Die heilige Familie, oder Kritik der kritischen Kritik, Herausgeben und eingeleitet von 1. Fetscher, Frankfurt a/M., 1967, S. VIII · IX.

④ *Karl Marx, Friedrich Engels, Studienausgabe*, B. 1, S. 10.

⑤ *Karl Marx, Friedrich Engels, Studienausgabe*, B. 1, S. 10.

格斯的政治著作的意义时,企图偷运一种思想,认为似乎恩格斯"比学者马克思更深刻、更认真地"领会了"盎格鲁撒克逊类型的自由民主社会的精神和实质"。① 看来,费切尔没有注意到恩格斯的大量文章和书信,其中揭露了英国和美国政治生活中的假民主主义和腐败现象。②

费切尔实质上是继续把马克思的早期著作看作是理解马克思后来的经济学著作和政治著作的唯一钥匙,而且从新黑格尔主义立场出发来解释这些早期著作。无怪乎他引用了法国天主教徒比埃尔·比果的著作《马克思主义和人道主义》,比果认为,马克思的《资本论》只不过是黑格尔的《精神现象学》的再现,在那里"《精神现象学》不是用哲学范畴,而是用政治经济学的术语来加以阐述"。③ 费切尔打着反对个人迷信的旗号仍然否定马克思列宁主义哲学的世界观性质,采取了发表自我批评的声明这种办法作为可靠的手法。正如德意志民主共和国的德国马克思主义者所指出的,费切尔企图利用这种手法来为实现被称为"搭析"政策的"缓和"反对社会主义国家的意识形态斗争的政策建立出发阵地。为了这个目的,他准备同自己以前发表的言论中一些最恶毒的反马克思主义和反共主义的攻击性言论划清界限。④

但是,这只不过是说说而已。实质上,费切尔仍然坚持他以前的立场,他在1967年出版的文集《卡尔·马克思和马克思主义》就证明了

---

① *Karl Marx, Friedrich Engels, Studienausgabe*, B. 1, S. 11.
② 见《马克思恩格斯全集》第 1 版第 21 卷第 439—444 页;第 22 卷第 357—361 页;第 39 卷第 212—213、236、343 页。
③ 见 P. Bigo, Marxisme et humanisme, Paris. 1953, p. 34.
④ *Unbewältigte Vergangenheit. Handbueh zur Auseinandersetzung mit der Westdeutschen bürgerlichen Geschichtschreibung*, Herausgeben von G. Lozek, H. Meier, W. Schmidt, W. Bertold. Berlin, 1970, S. 355 – 356.

这一点。在那个文集中，他收入了自己以前的著作（例如《从无产阶级的哲学到无产阶级的世界观》）而没有作任何实质性的改动，保留了大量攻击恩格斯和列宁的言论。①

正在起着更加重要的作用的是下述情况，即由马尔库塞、吕贝尔和费切尔花了很大力气制造出来，现在在西方成了许多资产阶级和改良主义的马克思主义"批判者们"的特殊标准的反科学观念，在大学讲义中，在许多学位论文中，在有关马克思和恩格斯的灵活的报刊言论中被奉若神明。

例如，维·波什特在叙述现代的围绕马克思的神学争论时，在他的《卡尔·马克思对宗教的批判》一书中追随费切尔，把马克思的理论同"恩格斯的理论"和辩证唯物主义对立起来。② 这本书只是阐述了维特尔、费切尔、马尔库塞、梯尔、朗德格勒贝等人的众所周知的反科学见解；作者的基本倾向就是要断言，马克思的哲学观点及其对宗教的态度是跟恩格斯和列宁的观点根本不同的。③

美国的社会学家罗伯特·塔克尔也朝着同样的方向发挥自己的观点。塔克尔歪曲青年马克思的革命观点，歪曲革命的无产阶级的观点的产生过程、科学社会主义的最初思想的形成过程，力图把马克思描绘成同宗教接近的抽象的道德家。他特别写道："在这里我们所理解的马克思主义是指马克思的思想。我们的对象是马克思本人的马克思主义，首先是他的'第一篇文稿'（指《经济学哲学手稿》——引者注），这篇

---

① Iring Fetscher,"Karl Marx und der Marxismus", *Von der Philosophiedes Proletariats zur Proletarischen Weltanschauung*, Münehen,1967.

② Werner Post, *Kritik der Religion bei Karl Marx*, München,1969,S.14.

③ Werner Post, *Kritik der Religion bei Karl Marx*, München,1969,S.23,S.24-25, S.263.

文稿跟马克思和他的伙伴恩格斯称为'唯物主义历史观'或者'科学社会主义'的那个经过整理的马克思的体系有很大的不同。"① 费切尔和法国天主教的马克思学家们强调"统一的马克思",把马克思的早期观点塞进这个概念。塔克尔跟他们不同,他断然把马克思观点的发展分成两个阶段。但是,怎么能够谈论《德意志意识形态》和《共产党宣言》以前的马克思主义,而且还对恩格斯参加制定这个理论的事闭口不提呢?

塔克尔在他的新书《马克思的革命思想》② 中已经强调"青年"马克思和"老年"马克思之间的统一,他企图弄清楚,马克思的早期观点在其后来的著作在多大程度上得到了发展。

目前几乎所有西方资产阶级马克思学家都在谈论马克思主义的统一。但是问题的实质在于在什么样的基础上强调这种统一:是以马克思主义的基本思想——唯物主义历史观和关于无产阶级的世界历史使命、关于无产阶级专政、关于党的学说——不断成熟的过程为基础呢,还是从新黑格尔主义的、托马斯主义的和抽象人道主义的立场来对待马克思主义,把用新黑格尔主义或者存在主义的精神作了唯心主义解释的异化理论当作统一的基础。③

大多数西方的马克思主义批判者,包括罗·塔克尔在内,对马克思主义的统一恰好持唯心主义观点。因为塔克尔认为,马克思的"历史理

---

① R. Tucker, *Karl Marx. Die Entwicklung seines Denkens von der Philosophie zur Mythos*, München, 1963, S. 1.

② R. Tucker, *The Marxian Revolutionary Idea*, N. Y., 1959, pp. IX – XI, 6 – 10.

③ See M. Buhr, "Entfremdung-Philosophische Antropologie-Marx-Kritik", *Die Marxistisch-leninistische Philosophie und der Ideologische Kampf der Gegenwart*, Berlin, 1970, S. 182.

论"只不过是把头足倒置的黑格尔的"历史理论"倒转过来罢了。① 马克思为了制定自己的唯物主义观点似乎不需要任何其他理论来源。关于马克思研究英国、法国和美国的社会历史,英国和法国的资产阶级革命,关于马克思研究法国、英国和德国的空想社会主义和工人运动,这里都只字不提。虽然在塔克尔的书中没有贬低恩格斯的作用的直接倾向,但是同时也没有指出恩格斯对马克思主义思想形成的贡献,没有弄清楚马克思在研究经济思想、社会历史时,在形成唯物主义历史观的最初思想时从恩格斯那里接受的推动因素。

K. 巴列斯特勒姆和 B. 席德尔从费切尔和他所出版的《马克思主义研究》的立场出发,写了一篇很长的方针性文章《恩格斯》,发表在 1968 年出版的百科全书《苏维埃制度和民主社会》第二卷上。② 文章实质上不谈恩格斯对马克思主义形成过程的重大贡献。作者以表面的客观主义作为掩护,责难恩格斯犯了许多过失,其中包括说什么是恩格斯最先开始把马克思主义解释为世界观,什么他徒劳无益地把辩证法的规律推广运用于认识自然界,什么他的认识论是成问题的,因为它没有使像马赫主义者亚·波格丹诺夫那样的"马克思主义者"满意,什么他非常鲜明地把唯物主义同唯心主义对立起来。在这里他们把伊·费切尔、M.吕贝尔和其他马克思主义"批判者们"的观点同恩格斯的观点对立起来。

*　　*　　*　　*

这些马克思学家关于马克思和恩格斯的相互关系的非科学的观点以及他们对马克思主义实质的资产阶级改良主义观点,在妄图成为"新马

---

① R. Tucker, *The Marxian Revolutionary Idea*, N.Y., 1959, pp. 6 – 9.
② *Sovietsystem und Demokratische Gesellschaft*, Band 2, S. 132 – 148.

克思主义"代表的那部分知识分子中间找到了支持者。这种觊觎者之一Д.霍德热斯在英国年鉴《社会主义者名人录。1965年》上写了一篇文章《恩格斯对马克思主义的贡献》①，在很大程度上是复述了费切尔、马尔库塞、萨特和其他马克思主义批判者的论据。根据下面一个例子就可以判断，霍德热斯本人的"论据"是多么站不住脚。他企图证明，恩格斯在《反杜林论》中对辩证法的理解和马克思在《资本论》第二版序言（1873年）中对辩证法所下的定义有着本质的区别。同时，霍德热斯却对马克思事先知道《反杜林论》的手稿并且赞成手稿的内容这个事实缄口不言。

费切尔和其他一些马克思学家的观点打着"新马克思主义"的幌子在波兰、捷克斯洛伐克、南斯拉夫的修正主义分子中间得到了一定的传播。

这一流派在南斯拉夫的最积极的代表人物是聚集在萨格勒布出版的杂志《实践》周围的那些哲学家。他们追随抽象人道主义的代表人物，若干年来一再说必须"回到真正的马克思那里去"，说什么只有恩格斯才是辩证唯物主义的创始人，而据说跟恩格斯的观点根本不同的马克思的哲学观点可以称作"自然主义—人道主义"。在所有哲学和社会学问题上，《实践》集团都追随他们的资产阶级的和改良主义的老师们，抄袭他们的论据，实际上在所有原则问题上都向古典的和现代的资产阶级哲学投降。

上述集团对马克思主义的背离最充分地表现在宣布马克思主义哲学的根本的作为出发点的思想不是世界的物质性，而是实践，1960年在

---

① *The Socialist Register*, 1965, pp. 297–310.

布莱德市举行的哲学家和社会学家会议上就是这样宣称的。① 在这个远离唯物主义的会议上，他们按照接近于存在主义和抽象人道主义的精神来考察实践。《实践》集团走上了折衷主义的道路，力图改变他们企图说成是"回到真正的马克思那里去"、是"真正的马克思主义哲学"的那个哲学体系的内在结构。

这个哲学集团从不是按照唯物主义精神来理解的实践的观点出发，歪曲地解释臆想出来的关于不同于恩格斯的马克思对自然界的特殊的态度的问题。Γ.彼特洛维奇实际上是同恩格斯进行论战，他宣称："分成物质和精神……在人的范围内并不是基本的东西，因此，这怎么能成为哲学的基础呢？"② 有个 B.米凯曾断言，什么马克思没有接受"从不以人为转移的物质是第一性和精神是第二性这个前提出发的……唯物主义"③。

《实践》杂志的理论家们剽窃了资产阶级作者们的所有这些深奥观点，他们忘记了，《德意志意识形态》最全面地阐发了关于唯物主义的实践的问题，其中同费尔巴哈相反，强调指出，人是依靠工业，通过自己的社会实践，通过自己对自然界的实践作用来认识自然界的，而这部书是马克思和恩格斯共同写成的。因此，企图用《德意志意识形态》中论述关于自然界和社会之间的相互关系的个别论点来反对恩格斯，就是追随资产阶级作者利用马克思和恩格斯著作的引文来玩弄不光彩的

---

① 在评价《实践》集团的观点时，我们依据的是 A.H.萨马林的很有意思的文章《在〈实践〉杂志的哈哈镜中的弗·恩格斯和马克思主义唯物主义》[载《弗·恩格斯和现代科学的方法论问题》（莫斯科大学学术理论讨论会资料）1970年莫斯科版第177页]。南斯拉夫作者们的著作的引文都用 A.H.萨马林的译文。

② G. Petrovic, *Filosofija I Marksisam*, S. 76.

③ V. MikeCin, *Marksisti j Marx*, S. 35–36.

骗术。

在关于把辩证法运用于自然界的问题上,《实践》集团同恩格斯进行了最激烈的论战。但是,这场论战是毫无道理的,同时它暴露了这个集团的观点同资产阶级对马克思主义的批判显然是很相近的。既然马克思没有涉及自然辩证法的问题,而这些问题在恩格斯那里得到了最广泛的阐明,那么从这里就可以作出毫无根据的结论,说马克思反对把辩证法运用于自然界的发展。

这些"抽象人道主义"的信徒们从不科学的立场出发,把马克思看作是被他们按照唯心主义和存在主义的精神加以解释的这种人本主义原理的拥护者,而恩格斯则被说成是"自然主义者"和"实证主义者"。他们把马克思描绘为"德国古典唯心主义的成果和继续",这使他们感到高兴,同时,他们断言,恩格斯是"法国启蒙的唯物主义,特别是霍尔巴赫的唯物主义的传统的继续"[1]。由此就得出结论说:恩格斯的《自然辩证法》是霍尔巴赫的《自然体系》的继续[2]。这样就获得了"真理"的假象。但是,为什么只有恩格斯继承了法国唯物主义的传统呢?而马克思呢?难道《神圣家族》中由他执笔的关于法国唯物主义的那一章不是证明他生动地接受了法国唯物主义的进步传统吗?另一方面,谁也没有像恩格斯在他的著作《反杜林论》、《路德维希·费尔巴哈论》以及特别是在《自然辩证法》中所做的那样,明显地指出

---

[1] A.帕扎宁:《马克思和辩证唯物主义》,载《实践》杂志1966年第1期第119—150页。

[2] A.帕扎宁:《马克思和辩证唯物主义》,载《实践》杂志1966年第1期第119—150页。

了法国机械唯物主义的缺点。①

《实践》集团背离马克思主义,也表现在他们为纪念卡尔·马克思诞辰150周年于1969年8月在科尔丘拉岛上举行的《马克思和革命》国际学术讨论会上。在这里,他们相当鲜明地暴露了他们在思想上同资产阶级对马克思主义的批判有着亲缘关系。他们再次说明了他们想利用把青年马克思同恩格斯和整个成熟的马克思主义对立起来这件事进行投机的愿望,说明了他们对待世界工人运动特别是各社会主义国家的成果采取的虚无主义态度,说明了他们不相信现代工人阶级的革命可能性,他们力图用知识分子、大学生来取代工人阶级。②

《实践》杂志的哲学家们用自己反对辩证唯物主义、维护同"资产阶级自由主义的哲学传统"的联合的言论,越来越同资产阶级哲学化为一体了。这种一体化已达到这样的程度,以致资产阶级马克思学家德·乔治在了解了他们的观点以后得出结论说,虽然他们几乎全都"宣布自己是马克思主义者……根据他们的著作来判断,有时很难说他们是一般的马克思主义者"③。

不过,伊·费切尔对《实践》集团的活动方针十分满意。费切尔在他的文章《关于东欧现代的哲学论争》④ 中谈到《实践》集团同南斯拉夫哲学家中的另一派别的论战时,尽管采取表面的客观主义的态度,却显然是同情《实践》杂志及其撰稿人的。

---

① 见《马克思恩格斯全集》第1版第2卷第158—170页;第20卷第23—24、27—29、364—366、384—386、542—545页;第21卷第319—323、338—339页。

② 见 В. Ж. 凯列、И. И. 克拉夫钦科的很有意思的文章《"人道主义批判"的演变》,载《哲学问题》杂志1970年第9期第129—140页。

③ R. T. De George, *The New Marxism*, p. 5.

④ *Karl Marx. 1818—1968*, S. 48–62.

《实践》集团的理论纲领在一定程度上成了国际工人运动中各修正主义集团的哲学纲领。奥地利共产党原来的活动家恩斯特·费舍也非常接近于这个纲领。德意志民主共和国的哲学家阿尔弗雷德·科津在《"现代的"马克思主义哲学。对恩斯特·费舍的理论的批判性评论》①一文中明显而又令人信服地指出了他的叛道行为。科津专门分析了费舍的哲学观点同《实践》杂志的纲领特殊接近的几个要点。这一点最充分地表现在费舍对所谓"实践哲学"集团的态度上，他实际上是拥护这个集团的。

　　科津指出，这种"哲学"的代表人物在对实践的理解方面不是跟着马克思走，而是跟着资产阶级马克思学家们的"半马克思主义"走，阐述了他们背离马克思主义哲学的几个基本点。第一，他们根据对马克思早期著作的思想的片面解释，断言自然界、物质对马克思说来是人的活动的结果，认为自然界并不具有不以人为转移的任何客观实在的存在，从而就否定了物质的第一性，而物质的这种第一性是一切唯物主义的出发点。

　　第二，"实践"概念失去了其具体的阶级内容和具体历史性质，脱离了工人阶级的斗争实践，脱离了社会主义建设，变成某种抽象的人本主义的原则。

　　第三，思维被宣布为人的实践活动的意义相同的形式，这样一来就忽视了物质的活动同思想、认识这种观念的、精神的活动之间在马克思主义的唯物主义哲学中的根本区别。这种把活动的两种形式混为一谈，使之成为所谓"创造活动"的观点，变成了消除唯物主义和唯心主义

---

① *Die Marxistisch-leninistische Philosophie und der Ideologische Kampf der Gegenwart*, Berlin, 1970, S. 89 – 133.

之间的矛盾的"工具"。

第四,这种思想进程的逻辑结果就是否定马克思列宁主义的反映论。

第五,这种"实践哲学"认为自己的主要任务就是不加区别地批判一切现存的东西(特别是在社会主义国家中),这种批判首先针对着社会主义国家——工人阶级政权和马克思列宁主义政党领导作用的武器。①

恩斯特·费舍不仅拥护否定恩格斯对马克思主义的伟大贡献并对马克思主义作唯心主义解释的"实践哲学",并且更进一步"发展了"这种哲学,使这种哲学更加具有唯心主义和空想主义的特征。这是从费舍本人的言论中得出的结论。他在他的著作《艺术和共处》中声称:"这种'实践哲学'中最优秀的东西是科学和空想的结合。"② 恩·费舍显然力图用恩斯特·布洛赫的唯心主义空想主义的思想来补充"实践哲学"。正如德意志民主共和国的马克思主义哲学家们所强调指出的③,费舍从这种立场出发,反对各社会主义国家的马克思主义意识形态,宣布这种意识形态"部分是错误的"。这就是他的修正主义观点的根本原则。

资产阶级和改良主义的历史编纂学,除了其个别进步的代表以外,不仅对恩格斯在创立和制定马克思主义哲学方面的作用作了歪曲的说明。它对恩格斯的革命实践活动及其在研究国际工人运动和马克思主义

---

① *Die Marxistisch-leninistische Philosophie und der Ideologische Kampf der Gegenwart*, Berlin, S. 105 – 106.

② E. I. Fetscher, *Kunst und Koexistenz*, S. 51.

③ *Die Marxistisch-leninistische Philosophie und der Ideologische Kampf der Gegenwart*, Berlin, S. 103 – 104.

的历史方面的伟大科学贡献也同样做了不正确的评价。

康策学派的代表人物和被这个学派所俘虏的一些改良主义作者对下述经过科学证明的论点提出异议：即马克思和恩格斯早在1848年革命以前就采取了旨在使工人运动从组织上脱离资产阶级自由派和民主派，建立独立的工人政党的重大步骤。B. 康策本人①、B. 席德尔②（诚然，他后来稍微改变了自己的观点，但没有完全放弃这种立场）和 Г. 莫姆增（他是长篇的方针性文章《工人运动》③的作者）都持这种奇怪的立场。学位论文《马克思和恩格斯论政党和阶级》④的作者乌尔利希·奥弗席尔德也支持这种观点。

Г. 莫姆增认为有必要用事实来加强、论证他的说法，但他只是援引了 M. 吕贝尔、M. 莫尔纳尔和 B. 席德尔的"新的研究著作"，这些人的

---

① W. Conze, "Der Beginn der deutschen Arbeiterbewegung", *Geschichte und Gegenwartsbewusstsein*, Göttingen, 1963, S. 336.

② W. Schieder, "Auf dem Wege zu einer neuen Marx-Legende", *Neue Politische Literatur*, 1965, No. 3, S. 259）。席德尔在他的文章《共产主义者同盟》（载 *Sovietsystem und demokratische Gesellschaft. Eine vergleichende Enziclopädie*, B. 1, 1966, S. 900 – 909）中已经承认，共产主义者同盟是"工人政党的萌芽形式"，它是在马克思和恩格斯的影响下产生的。但是，席德尔抓住他原来的模式不放，在他的另一篇文章《恩格斯》（载这部百科全书第二卷）中企图证明，似乎只是当刚刚开始的工人运动帮助资产阶级革命取得胜利时，马克思和恩格斯才参加了这一运动，他们并不把他们参加共产主义者同盟的活动看作是参加狭义的无产阶级政党的活动，他们力图使共产主义者同盟变成纯粹宣传性的团体。这种逻辑构想是如此巧妙而复杂，就连席德尔本人也未必能对我们讲清楚。

③ *Sovietsystem und Demokratische Gesellschaft*, B. 1, 1966, S. 302.

④ U. Aufschild, "Partei und Klasse bei Marx und Engels", Frankfurt a/M., 1965, S. 43 – 46.

研究著作似乎证明，"一切想把马克思和恩格斯描绘成争取建立现代意义上的严格的集中的党组织的先进战士的企图；都是根本错误的"①。但是，在马克思主义的历史学家中有谁企图把共产主义者同盟同现代的共产党等同起来呢？他们全都一致认为，共产主义者同盟只是这种政党的最初的萌芽形式。这些"新的研究著作"的用意何在呢？原来这些研究著作的用意在于，怀疑马克思和恩格斯在40年代德国工人运动中所起的积极作用。

而且Γ.莫姆增在援引了似乎证实了他的观点的B.席德尔的新的研究著作的时候，并没有注意到，正是他的这位同事在最近一篇文章《共产主义者同盟》（也载于该百科全书的第一卷）中却坚持一种跟他的观点有点不同的看法。

奥弗席尔德所坚持的观点就更加站不住脚了。他不仅不加批判地重复了康策学派的代表人物的论调，而且使这些论点具有更加粗糙的形式。即使从下述毫无根据的说法中就可以看出这一点，他说："恩格斯在过了四十年以后断言，马克思和他早在1847年就认为，无产阶级需要有'脱离了其他一切政党的特殊政党和同其他一切政党对立的独立的阶级的政党'，恩格斯这样说是歪曲了真相并且以理想化了的形式来说明他自己的作用。实际上，这些观点只是在1850年的上半年才写进他们的著作和书信，并得到全面的研究。"② 在这里，奥弗席尔德引用了1889年12月18日恩格斯给丹麦社会主义者盖尔桑·格利尔的信的节录，接着就发表了他的极端站不住脚的论调。

---

① *Sovietsystem und Demokratische Gesellschaft*，B.1，S.302.

② U. Aufschild,"Partei und Klasse bei Marx und Engels", Frankfurt a/M.,1965, S.53.

在这种论调中，无知和傲慢显然难分高下。对于奥弗席尔德说来，像《英国工人阶级状况》、《德意志意识形态》、《共产党宣言》这样一些阐发了关于无产阶级政党、关于共产党的思想的马克思和恩格斯的著作看来是不存在的。他还竭力不理会马克思和恩格斯在组织共产主义通讯委员会方面的活动，这些活动的最终目的是建立革命无产阶级的共产党。最后，奥弗席尔德忽略了马克思和恩格斯在建立和加强共产主义者同盟方面的革命实践活动本身以及像共产主义者同盟章程和同盟的其他文件这样的能自己为自己说话的有关这一斗争的文献资料。尽管奥弗席尔德也读过《共产党宣言》，但是他自作聪明地不去找出其中马克思和恩格斯关于政党的观点，在很明显的问题上误入迷途，弄不清楚他所引用的论述是什么意思。①

奥弗席尔德前面所引用的恩格斯在他给盖尔桑·格利尔的信中的言论并不是独一无二的。1869年，恩格斯在《卡尔·马克思》一文中特别写道，早在革命以前和在革命期间，在德国"曾经有过一个组织得很好的社会主义政党"。

在费切尔那里发表的Γ.博尔诺夫的文章《恩格斯对革命的观点以及这些观点在〈共产主义原理〉中的发展》②，也是在同样的倾向——即把恩格斯同马克思对立起来，从而发现恩格斯对马克思观点的背离——的影响下写成的。博尔诺夫指出了这个纲领初稿对后来写成《共产党宣言》有很大的意义，同时又费尽心机地找出《原理》和《宣言》在表述方面的一些差别，认为这些差别是马克思和恩格斯之间的原则分

---

① U. Aufschild, "Partei und Klasse bei Marx und Engels", Frankfurt a/M., 1965, S. 44–48.

② *Marxismusstudien*, B. 1, 1954, S. 77–144.

歧的表现。特别是他企图证明，似乎恩格斯和马克思不同，他在《原理》中没有赋予无产阶级的阶级自我意识的提高这个革命成熟的因素以很大的意义，在恩格斯那里，革命是无产阶级成长及其物质状况急剧恶化的简单结果。在这里，博尔诺夫显然背离了科学分析的原则。他不弄清楚写作《原理》的具体历史条件（恩格斯十分匆忙地写成了这个文献，以便在共产主义者同盟第二次代表大会开幕以前把它寄往伦敦），也忽略了一个情况，就是我们现在掌握的是未完成的草稿，而且我们不知道寄往伦敦的这个文献是什么样子。博尔诺夫还把恩格斯是《共产党宣言》的作者之一这个事实撇开不谈。因此，在这里首先是初稿和作为马克思和恩格斯共同劳动的结果的最后定稿之间的差别。这个或那个建议归根到底究竟出于谁手，无论是博尔诺夫还是其他任何人都不知道，只能做一些无谓的猜测。从下面一点可以看出，博尔诺夫本人是多么内行地分析他所提出来的问题，他竟然不顾一切地断言，似乎恩格斯在"无产阶级革命"和"共产主义革命"这两个概念之间作了区别。

对于马克思主义创始人在1848—1849年革命时期的活动的说明及其在恩格斯著作（《关于共产主义者同盟的历史》、《马克思和〈新莱茵报〉》、《德国的革命和反革命》等）中的历史反映，有人作了特别严重的伪造。在这方面尤其卖力的是所谓康策学派，它力图贬低马克思和恩格斯在革命中的作用，把他们说成不是同德国正在形成的工人阶级的先进一翼有着密切联系的无产阶级革命家，而只不过是民主主义者和孤立的知识分子。资产阶级和改良主义的历史学家们把在活动中表现了机会主义倾向的斯·波尔恩说成是德国工人的领袖。这些历史学家还粗暴地歪曲了马克思和恩格斯、共产主义者同盟在革命中的策略。资产阶级和改良主义的历史编纂学广泛地利用了B.尼古拉也夫斯基的反科学的说法，似乎马克思在1848年用他个人的权力解散了共产主义者同盟。所有这一切都是为了迎合关于工人运动一体化为资产阶级社会的别有用心的理论的。①

许多马克思主义"批判者"（B. 席德尔、B. 列昂加尔特、B. 沃尔弗）坚持似乎马克思和恩格斯制定关于政党的观念是在1850年的错误论点，他们借助于从书信和一些著作中精心挑选的、断章取义的引文企图证明，马克思特别是恩格斯并不认为无产阶级政党具有很大意义，似乎他们对这个问题采取极端实用主义的态度。② 马克思主义创始人的许多同这些说法相矛盾的言论，这些作者当然是不会引用的。

有人也从不科学的立场来说明马克思和恩格斯在第一国际的活动。席德尔断言③，起初马克思在国际工人协会中执行了一种考虑参加国际的工人运动各个派别的利益的审慎政策。但是，随着恩格斯来到协会总委员会，他和马克思又开始用以前的《共产党宣言》的大胆语言说话了，而这造成了许多冲突和分裂。于是，席德尔不是去理解国际内部发展的逻辑，其实在国际中各个根本不同的派别是暂时共处，它们之间的斗争随着工人运动的壮大不可避免地是要尖锐化的。席德尔把问题的实质归结为马克思和恩格斯的所谓错误，这样一来，国际的历史就被归结为某些偶然性。奥弗席尔德也持同样的不科学的观点。④

---

① 详见 B. 施米特和 P. 德卢贝克的文章《工人阶级的马克思主义政党的形成》（载东德《历史学杂志》1966年第8期第1282页）和 E. П. 康捷尔的文章《跟踪一个资产阶级传奇》（载《近代和现代史》杂志1968年第5期第120—132页）。

② 见我的文章《马克思和恩格斯论政党与资产阶级和改良主义的历史编纂学》（载《苏共历史问题》1968年第3期第41—43页）。

③ *Sovietsystem und Demokratische Gesellschat*, B. 2, S. 138.

④ U. Aufschild, "Partei und Klasse bei Marx und Engels", Frankfurt a/M, 1965, S. 96-103.

席德尔和其他马克思学家把马克思和恩格斯在国际中对巴枯宁主义和其他反马克思主义派别所取得的思想上的胜利宣布为"失败",认为其原因是马克思主义创始人企图用统一的、集中的国际无产阶级政党去取代国际的联合组织。据说,这引起了在西班牙、意大利,甚至在德国本国范围内作为工人政党成立起来的德国社会民主党中的国际组织的反对。① 但是,马克思和恩格斯并没有提出过建立国际无产阶级政党的思想。这样的组织已经以国际工人协会的形式存在了。他们力图要在每个国家本国的范围内建立工人政党。国际伦敦代表会议的决议和马克思反对总委员会前委员豪威耳的文章证实了这一点。② 马克思和恩格斯执行的国际实行大集中的路线,是从巴黎公社失败以后形成的条件中,从必须积极反对各国反动政策的迫害以及各资产阶级政党的行动这种情况中产生出来的。

资产阶级和右翼改良主义的历史编纂学在关于马克思和恩格斯对德国社会民主党的态度的问题上作了最严重的伪造。这种历史编纂学的基本倾向是要否定马克思主义创始人同德国社会民主党的紧密联系。如果说恩格斯,而后来是列宁在著作中谈到了科学社会主义、马克思主义在德国无产阶级政党中所取得的思想上的胜利③,如果说威·李卜克内西和奥·倍倍尔称马克思和恩格斯为德国社会主义政党的创始人和领袖,

---

① W. Schieder, "Auf dem Wege zu einer neuen Marx-Legende", *Neue Politische Literature*, No. 3, 1965, S. 138; U. Aufschild, "Partei und Klasse bei Marx und Engels", Frankfurt a/M, 1965, S. 96 – 103, S. 111 – 114.

② 见《马克思恩格斯全集》第 1 版第 17 卷第 454—456 页;第 19 卷第 163—169 页。

③ 见《马克思恩格斯全集》第 1 版第 21 卷第 373—374 页;第 22 卷第 288—290 页;《列宁选集》第 1 版第 1 卷第 255—256 页。

那么资产阶级改良主义的作者们则千方百计企图否认这个论点,从 B. 沃尔弗、普拉梅纳茨、列昂加尔特和其他马克思学家的著述中可以看出这一点。

席德尔也对这种姑且说是"观念"作出了重大贡献。他不顾历史事实,断言什么在倍倍尔和李卜克内西的爱森纳赫党创建时期,恩格斯对他们比对拉萨尔派还谨慎,对拉萨尔派更为同情。①

席德尔在说明马克思和恩格斯对包含了向拉萨尔的理论上的让步的 1875 年哥达纲领的否定态度时,毫无根据地断言,似乎马克思和恩格斯没有公开表示反对这个纲领,因为害怕处于孤立地位。②

但是,当恩格斯在 1891 年不顾倍倍尔和德国党其他领导人的意愿而发表马克思的《哥达纲领批判》的时候,难道他就不害怕这一点吗!

在席德尔看来,由于害怕孤立,使得恩格斯认为宁可对德国社会民主党采取颂扬的立场,于是在 1893 年恩格斯开始接近于承认有可能依靠议会夺取政权的观念,而恩格斯的这个立场是在党取得了竞选成就的影响下形成的。③

但是,大家知道,恩格斯在他写的许多序言和导言中不止一次揭露社会民主党的一系列领导人对议会抱有幻想是机会主义,并且对德国党

---

① W. Sehieder, "Auf dem Wege Zu einer neuen Marx-Legende", *Neue Politische Literature*, No. 3, 1965, S. 138.

② W. Sehieder, "Auf dem Wege Zu einer neuen Marx-Legende", *Neue Politische Literature*, No. 3, 1965, S. 138 – 139.

③ W. Sehieder, "Auf dem Wege Zu einer neuen Marx-Legende", *Neue Politische Literature*, No. 3, 1965, S. 139 – 140.

的领导保持独立的态度。阿·罗森贝尔格和奥弗席尔德①硬说恩格斯迷恋于议会成就,没有看出机会主义在德国社会民主党内的滋长,这是站不住脚的。

恩格斯在他生前最后20年所写的著作和书信是对这种臆想的坚决而明确的回答。恩格斯反对机会主义的斗争是工人运动一切革命活动家学习的典范。弗·伊·列宁写道:"马克思和恩格斯十多年来始终不渝地进行了反对德国社会民主党内的机会主义的斗争,打击了社会主义运动中的知识分子庸俗观点和市侩习气。这是一个极重要的事实。"

对敌对的意识形态的不调和态度在以"弗里德里希·恩格斯和共产主义运动"为主题的布拉格国际理论讨论会(1970年7月)上也得到了广泛的反映。这次会议号召在反对把科学社会主义庸俗化、反对资产阶级思想家的斗争中更充分地利用恩格斯的理论观点来批判资产阶级和机会主义的观念。② 这个号召无疑将会得到共产主义运动的理论工作者的广泛响应。

(原载《苏共历史问题》杂志1970年第11期)

(屏羽 译)

---

① Artur Rosenberg, "Demokratie und Sozialismus", *Zur politischen Geschichte der letzten 150 Jahre*, Frankfurt a/M., 1962, S. 252—260; U. Aufschild, "Partei und Klase bei Marx und Engels", Frankfurt a/M, 1965, S. 85 – 95, S. 164 – 182.

② 见《和平和社会主义问题》杂志1970年第9期第6—7、70—72页。

恩格斯与德国修正主义的起源：另一种视角*

〔澳〕曼弗雷德·斯德戈

自马克思1883年去世之后，关于恩格斯所承担角色的实质问题始终是研究社会主义思想的历史学家所众说纷纭的话题。且不论各个阐释者自身的理解分歧，仅就他们所一致认同的观点而言，存在着严重的局限，即他们都未能将对某些关键文本的理解置于特定的政治语境中。本文将恩格斯的晚期著作——他在19世纪90年代关于历史唯物主义的书信以及1895年为马克思的《1848年至1850年的法兰西阶级斗争》所写的导言——置于世纪末德国波谲云诡的政治环境之中，通过阐释改变恩格斯晚年的马克思主义及其理论前提的历史与政治境遇，从整体上重新考察学界围绕恩格斯之所谓"修正主义"而产生的种种争论。恩格斯指导欧洲社会主义运动的卓越功绩是毋庸置疑的，而分歧主要的焦点集中在以下三个相关的主题。

首先，恩格斯是否——或者是错误地，或者是有意地——在其晚年著作中着手对马克思进行了实质性的重新解释，而这根本性地远离了他们所共同从事的理论事业？作为马克思的密友，关于恩格斯早先对马克

---

* 本文选自《马克思主义与现实》2010年第6期。作者Manfred Steger系澳大利亚皇家墨尔本理工大学全球化研究中心教授。

思的阐释,最新的研究成果已经表明,原来所流行的马克思恩格斯"对立论"是站不住脚的。相反,他们认为,过去30年以来很多关于恩格斯的优秀传记作家已经严重地低估了这两个人之间的理论共识。

其次,事实上,对恩格斯这位马克思的合作者最常见的批评是,恩格斯应该为"粗俗的马克思主义"——即作为实证主义之"粗糙"形式与在"苏联斯大林主义"那里达致极点的唯物主义独断论——承担责任。但是,关于恩格斯"辩证唯物主义"哲学框架对苏联意识形态的影响到底有多广泛,即使东欧社会主义阵营早已解体,这至今依然是一个悬而未决的难题。

最后,也许会出现另外一种相反的理解模式,即把年迈的恩格斯刻画成为一个"修正主义的原型"。因为恩格斯在关于暴力革命的地位、议会选举的价值以及历史唯物主义等方面已经逐渐消释了原来的理论底色。事实上,这个问题看上去确实切中了恩格斯最后几十年的理论历程,虽然有些德国工人运动的历史学家强烈反对恩格斯晚年潜在地改变了立场的观点,而其他人则认为在恩格斯晚年著作中所持的"新"的进化论与他的得意门生、"修正主义的祖师爷"爱德华·伯恩施坦所持的零星"改良主义"之间存在着十分确定的理论关联。

除了某些理解上的分歧,以上各个理论阐释者实际上"分享"了一个非常严重的缺陷,即他们未能将对某些关键文本的理解与整个特定的政治语境结合起来。倘若未能对当时举足轻重的政治语境怀有深度关切,那么,关于恩格斯所谓"修正主义"称号的争论便会陷入极为抽象的境地。正如我在本文中所欲展示的,恩格斯在"党的策略"与"历史唯物主义理论"之间的全新位置不能被视为关于某个纯粹理论蓝图的单纯"观念"的发展。为了对恩格斯与伯恩施坦所谓"自由的社会主义"之间种种可能的暧昧关系做一个全景的透视,关于恩格斯晚年著作的批判性考察必须置入其历史背景中并予以实证的分析。

因此，下面我要将恩格斯具有关键意义的1890年以来关于历史唯物主义的书信与1895年为马克思《1848年至1850年的法兰西阶级斗争》所写的导言置于世纪末德国变化纷纭的政治情境之中，最终解释恩格斯当时所处的全新位置：一方面作为纯粹的政治策略，另一方面又以极为模糊的方式应对党所面临的各种具体挑战。由于德国社会民主党重新获得了"合法"的身份，其所面临的紧迫政治任务也由此呈现出新的面貌；年轻的社会主义激进派开始对原有的理论提出了新的挑战，为了获得选举胜利，党的工作重心从"社会民主运动"向"群众运动"的转变等现实的情况，迫使恩格斯赞同和缓的短期策略，但同时也坚持以武力夺取政权之前景的乐观主义评估。

结果是，马克思主义理论——从未摆脱其内部对立的种种趋向——积累了更多的对立元素与内在缺陷。为了应对与革命的理想预期迥异的现实政治环境，恩格斯试图将渐进的政治策略与革命的目标嫁接起来。其结果却是，他不仅未能对"渐进"与"革命"之间的根本性差别做出有意义的分析，而且也使得马克思主义之雄心勃勃地将理论与实践统一起来的理论初衷陷入了折中境地。最终，恩格斯的这个立场导致"理论"的地位在社民党中进一步下降，而这同时又强化了党内的工具主义策略——即所谓的"实用主义"策略。由于与政治实际渐行渐远，社会主义理论已经逐渐变成了一种极为便利的"混合体"，即能够将正统的马克思主义与集各种对立解释于一身的"改良主义的修正主义"包容在一起。事实上，在"策略思考"的名义下，"理论"已经从整体上被忽略掉了。

于是，恩格斯的晚年著作为马克思主义的修正主义打开了一条通道，鼓舞了伯恩施坦从其导师所表达的意向中进一步"发展与阐释马克思主义学说"。但与他的导师不同，伯恩施坦强烈地意识到资本主义的致命危机并没有出现在地平线上，因此，他才将自己的修正主义模型与恩格斯的修正策略"咬合"起来。因此，最终是伯恩施坦而不是恩格斯，在马克思主义关于"理论与实践、构想与行动的统一"之紧迫性问题上有所行动。伯恩施坦意识到马克思与恩格斯关于经济社会发展的论说已经不再与现代资本主义的"现实"相匹配，因此，他选择了接受改良主义的实践并修改马克思主义的理论，并认为这是修复"现实与我们理论前提之间巨大落差"的最佳选择。

新时代的曙光

1890年2月20日，"是德国革命开始的日子"①。在德国社会民主党获得激动人心的选举成功之后的第六天，恩格斯激情满怀地写信告诉拉法格。德国社会民主党成功地实现了从马克思去世前两年仅有31.4万张选票的小型组织转变成了一个组织有序的群众政党——德意志帝国的第二大政党。同一年，俾斯麦首相下台，这也意味着他那反动透顶的、严重破坏德国工人运动近12年的《反社会党人法》的崩塌。

皇帝威廉二世和他的新首相卡普里维希望尽快出台应对工人问题的新方案。在1890年秋，他们持续的缓和姿态很快便获得了那些不愿意使得德国社会民主党"合法化"进程受阻的工人领袖的积极响应。全新的政治现实迫切需要对党的基本策略进行重新评估，因为原来建立在被压迫、边缘化、残酷对抗与潜在对立之政治现实基础上的策略已经不再适用。毋庸讳言，工人运动的长期非法化不仅加强了党的韧性，而且

---

① 《马克思恩格斯全集》第1版第37卷第359页。

有助于马克思主义理论的迅速传播。但是,社会的"停战协定"最终却为德国社会民主党打开了一扇机会之窗,恩格斯比任何人都意识到这一点。

面临着合法化与相对公开的选举制度的前景,福尔马尔、大卫以及其他一些温和派的社会民主党领袖重新激活了旧的、基于特定议题与资产阶级政党进行有限互动的社会转型的改良主义模式。但是,恩格斯和德国社会民主党领袖倍倍尔成功地抵制了全盘实行"改良主义"的主张,而主张采取一种可称为"渐进主义"的短期战略。在他们看来,工人运动的迅速发展应该在合法化的前提下稳步前进,而不要蓄意挑衅威廉政府。对于德国社会民主党来说,在工人运动足够强大并能够发动革命性的反击之前所采取的任何激进措施都注定是灾难性的。由于恩格斯对威廉二世的新政策仅持一种"策略性"的回应,并没有进行深入的理论反思,他不得不多次警告党内的激进派不要采取不成熟的直接行动。例如,在指出当时德国反复无常的政治气候时,他否决了德国社会民主党为纪念"劳动节"而组织的游行,另外,他也阻止了当天计划的一场罢工,并斥之为"极为讨厌的愚蠢行为"。事实上,在整个19世纪80年代,恩格斯都主张维持"目前的"和平、合法与克制气氛。

在与德国社会民主党领导人的一系列通信中,恩格斯认为,在新的时代,社会主义的胜利依赖于"聪明的策略"与"明智的马克思主义"指导,他因此要求他的德国同志草拟一份取代1875年折衷陈旧的哥达纲领的新的党纲。在恩格斯看来,哥达纲领充满了"理论的矛盾"与拉萨尔风格的"有害的国家社会主义词汇"。虽然1891年恩格斯的学生伯恩施坦与考茨基草拟的爱尔福特纲领没有将其建立"德国民主共和国"的急切主张包括进去,但他还是对最后的定稿表示满意。正由于一再屈从于当时的紧迫的政治现实,恩格斯接受了倍倍尔的观点,即为了维持党的合法地位,其中激进的条文应该予以撤除。而最终,对于政府可能报复的担心战胜了理论的"正确性"。

但与倍倍尔的极端策略相比,更加困扰恩格斯的是当时德国社会民主党内激进的青年派的兴起。这些人自称"革命的马克思主义",激烈反对党内的渐进主义的政治策略,在社会主义的报纸中产生了广泛的影响。在获得了众多的青年知识分子的支持之后,他们批评倍倍尔与李卜克内西抛弃了革命的马克思主义原则而倾向于"卑劣的小资产阶级机会主义"。从这个意义说,青年派实际上效仿的是海因德曼与巴克斯所领导的"英国社会民主联盟",后者自封为马克思主义者,实际上只是粗读《共产党宣言》,然后诉诸于不间断的激进手段。结果是,恩格斯公开警告他的伦敦同事不要支持海因德曼狭隘的"粗俗马克思主义",因为在恩格斯看来,他们试图"将我们的理论变为纯粹的、僵死的教条"。

此时,倍倍尔与李卜克内西向"导师"请教,希望能获得一些"权威的指导意见"以回应青年派左翼的攻击,恩格斯毫不犹豫地利用其反对"英国社会同盟"攻击的理论武器库,以给这些傲慢的学生、自大的知识分子与其他年轻的、堕落的暴发户一个采取"适当政治策略"的教训,恩格斯轻蔑地将他们的激进路线称为"疯狂地歪曲了马克思主义",并欢呼党内终于成功地开除了这些"乌合之众"的青年派领袖。为了保持平衡,恩格斯又将其批评转向改良主义的福尔马尔派系,称他们是小资产阶级的社会主义者,认为他们摆脱不了很快便失败的命运。

无疑,伯恩施坦深受其老师之明显转向"政治实用主义"的影响。在他看来,急剧变化的政治局势已经证实了恩格斯关于议会选举的普世价值与资本主义之和平转变的基本观点。年轻的伯恩施坦据此臆测他的老师已经逐渐向"费边式进化论"靠近，而他自己也逐渐对此表示赞同。毕竟，他的老师不是也坚持认为"所谓的社会主义社会"不是一个固定的概念而是一个不断变化的、进化的现象，从而使得我们这些"社会主义者"都成为了"进化论者"，进而修正了关于"革命"的理解吗？他不是声称，在一个客观的历史发展时机明显有利于议会道路，且社民党最早于1898年可能获取政权的情况下谈论革命夺取政权的道路显然无异于"自杀"吗？最后，他不是也在致力于缓和当时法国劳动党的革命热情并警告他们不要走得太近而陷入陈旧的布朗基主义吗？

但是，由于诸多原因，伯恩施坦天真地忽视了隐藏在其老师策略性方针之后的革命核心。正如亨利·图多所指出的，导致伯恩施坦错误判断的主要原因在于他在处理手段与目标之间的关系时与恩格斯之间的根本性差异。对恩格斯来说，他对革命的信心从来没有动摇过，转变政治策略只是他为了德国社会民主党寻求一条恰当的、可能成功的行动方案而采取的清醒的手段。沿着"严格的、类似数学般的法则"前进的无产阶级的革命道路根本就不存在什么道德法则。如果伯恩施坦少一点断章取义，他应该可以体察到他的老师极为重要的态度："我把道德问题丢在一边——这里不是谈这一点，所以我也就把它撇在一边，——对于作为革命者的我来说，一切可以达到目的的手段都是有用的，不论是最强制的，或者是看起来最温和的。……因此，在我看来，您（指格尔桑·特利尔——译者注）把首先纯属策略的问题提高到原则问题，这是不正确的。而我认为这里原本只是策略问题。但是策略的错误在一定情况下也能够导致破坏原则。"① 同时，伯恩施坦深深地厌恶在现代社会

---

① 《马克思恩格斯全集》第1版第37卷第322页。

中采取暴力实现社会革命的方式，而是着力摆脱政治现实主义者对手段—目的之间关系无道德感的工具式考量。同时，由于伯恩施坦对康德式的"道德政治家"深表同情，因此，他拒绝为了单纯的策略考量而将手段与目的分离开来："民主是手段，同时又是目的，它是争取社会主义的手段，它又是实现社会主义的形式。"① 他关于忍耐、团结与人类生命尊严的高度的道德标准最终超越了狭隘的阶级利益。如果比他更为清醒的导师（即恩格斯）活到了1898年关于修正主义大讨论时，这也许是恩格斯深深卷入其中的一个罪控。

而基于恩格斯的视角，对议会选举与合法性的短期的、纯粹策略性的支持与推动资本主义社会朝着革命的纵深处拓展的整个马克思主义蓝图是一致的。但恩格斯所忽视的却是这样一种渐进主义在马克思主义理论整体中的消极影响。毕竟，马克思主义不是传统意义上的科学，而是依赖于具体历史情境的理论与实践的有机统一体。因此，很明显，青年派中的某些理论倾向可以轻易地被斥为非马克思主义的主观主义甚或是无政府主义。但是，青年派中的大多数人是在动荡的19世纪80年代入党的，他们所接受的革命的马克思主义理论不仅具有系统的学理性，而且也是行动的指南，他们的激进之处在于深受《共产党宣言》中关于政治经济危机加剧、社会两极分化和无产阶级夺取政权的乐观预见等令人难忘的观点的影响。对大多数青年派来说，恩格斯对他们的批驳与对改良主义的捍卫一道，似乎已经与马克思主义的理论基础——关于"历史"的马克思主义的唯物主义观——背道而驰了。而事实上，生产力与生产关系之间不断增加的对立、经济基础与上层建筑之间的相应分离，

---

① 〔德〕伯恩施坦：《社会主义的前提和社会民主党的任务》，三联书店1973年版。

不正是使得革命必然发生的中心原则吗？

这里，青年派对恩格斯的真正挑战在于：如果理论与实践是相互依赖的，那么恩格斯之突然转向合法性与议会选举制难道最终不会导致对马克思主义理论的"修正"吗？事实上，他们的挑战更为严重之处在于它不是从理论内在矛盾的抽象之处出发，而是深深地植根于当时社会民主党的政治处境。由于对资本主义历史发展过程中的经济的确切地位与政治因素的影响感到困惑，年轻的党员如施密特、布洛赫与梅林给恩格斯写信就经济基础与上层建筑之间因果决定关系的实质问题进行了详细的咨询。面临着社会民主党双重意识形态的政治压力，可以预料，导师的反应肯定是模糊的。但至少可以确定的是：他对此问题的新的表述很大程度上已经与马克思在其著名的1859年《〈政治经济学批判〉序言》中关于唯物史观的经典表述具有极大的差别。这倒并不是说马克思的导言就是唯物史观的整体的、完全的表述，因为，对"上层建筑"因素之积极意义更为"唯心主义"的表述最早也可以见于马克思恩格斯的《德意志意识形态》等著作当中。但是，值得指出的是，这些著作是后面才陆续出版的，许多信仰马克思主义的社会主义者就是将唯物史观等同于马克思在导言中那种简洁与紧凑的表述。

关于历史唯物主义的书信

一开始，恩格斯在信中指出青年派机械地将1848年的《共产党宣言》套用到1890年的历史语境中，这根源于他们对马克思的方法论做了简单化的理解。他强烈提醒那些青年派的通信者："马克思的整个世界观不是教义，而是方法。它提供的不是现成的教条，而是进一步研究的出发点和供这种研究使用的方法。"① 但是恩格斯也含蓄地承认，青年派对唯物史观的粗俗解释也暴露了存在于马克思主义中的机械的因果决定论与人类自由意志之间的对立。这里恩格斯触及到了最为核心的问题：既然历史发展的最终原因既不能在意识形态（黑格尔）也不能在毕希纳与杜林那种非辩证的、旧的唯物主义中寻找，那么如何才能在理论上使得社会历史结构的优先性与具有动机和行动的人类活动相一致呢？

在1886年著名的关于费尔巴哈的研究中，恩格斯以辩证的方式回应了这个挑战。他认为，仅外在地诉诸人类个体的动机无法解释历史事件的发生。"在历史上活动的许多单个愿望在大多数场合下所得到的完全不是预期的结果……因而它们的动机对全部结果来说同样地只有从属的意义。"② 这种解释虽然成功地为极端的自发主义与唯心主义所谓"自发的人类意识"的信条设定了界限，但关于经济基础的终极原因与人类主观意愿之间的确切关系依然是悬而未决的。恩格斯在1890年关于历史唯物主义的书信中，试图通过直接地转向一种"相互作用"的唯物史观的模式，将青年派直接定位为一种"粗俗的唯物主义"。恩格斯明显提高了意识形态上层建筑的决定性地位，而削弱了马克思在1859年"序言"中的经济决定论。

但出乎恩格斯通信者意料的是，恩格斯承认关于历史的"旧的"观念中存在着"根本性的缺陷"："我们这样做的时候为了内容方面而忽略了形式方面，即这些观念等等是由什么样的方式和方法产生的。"③

---

① 《马克思恩格斯选集》第2版第4卷第742—743页。
② 《马克思恩格斯选集》第2版第4卷第248页。
③ 《马克思恩格斯选集》第2版第4卷第726页。

在恩格斯的信中,马克思的方法是作为解释社会变化的极为复杂的方式而出现的:"根据唯物史观,历史过程中的决定性因素归根到底是现实生活的生产和再生产……如果有人在这里加以歪曲,说经济因素是唯一决定性的因素,那么他就是把这个命题变成毫无内容的、抽象的、荒诞无稽的空话。"[1] 恩格斯可能不会接受对他已经"修正了"唯物史观的指控,在他的心目中,他只是对他以前的观点做了精确而清晰地表述。事实上,他重新评估了马克思主义关于经济必然性之最终决定的原初概念,认为人类历史沿着自然进化与"运动法则"向前发展,人与人之间相互冲突,其结果不是任何单个人的意志所决定的。

但是,较之马克思1859年的导言,恩格斯对经济基础与上层建筑之间相互依赖关系的强调,给予了宗教、法律与哲学更为重要的位置。恩格斯此举并没有将与经济因素相关的社会意识层次的地位理解清楚,因此,他对唯物史观的确证依旧处于模糊之中,甚至还为一系列不同的、甚至相反对的解释打开了方便之门。例如,恩格斯认为,经济基础能够被相对自主的政治因素潜在地影响,由此便不难发现,伯恩施坦得出其修正主义的结论已经距之不远了。换言之,伯恩施坦将政治与意识形态的因素与纯积极因素一道纳入进来,将恩格斯所谓的起最终决定因素的力量变成了一种互相平行因素之间的多元决定论,所有这些因素均能对社会发展起决定性的和持久的影响。但是这样一个唯物史观的"修正"模型依然试图保持马克思主义经济决定作用的解释与预见功能,伯恩施坦拒绝将经济作为历史发展的原初条件,而是极力强调观念的重要性。由此看来,伯恩施坦的唯物史观版本已经丧失了在一系列重大复杂的、产生相互影响的问题上的连贯性。

---

[1] 《马克思恩格斯选集》第2版第4卷第695—696页。

事实上，一旦预见到社会不同发展过程的方法论基础被削弱，社会主义便从一门科学倒退到"康德式希望"的不确定的事业中去了。可见，恩格斯对意识形态因素相对独立性的强调，不仅构成了伯恩施坦修正主义的出发点，也开创了新康德主义的社会主义的先河。卡洛斯·斯台曼认同对恩格斯书信的一般评价，他说："由于在理论层次上缺乏将经济因素的最终决定作用与上层建筑的相对独立性沟通起来的有效机制，从而在政治上无法产生一个基于革命政治现实的系统理论。"但事实上，与此相关的其他一些问题，如政治生活中的具体情况暴露和加剧了理论上的矛盾，这个问题——即作为对政治实际之直接回应的社会民主党的政治策略与马克思主义理论之间的矛盾——随着社民党与夺取政权的逐步失之交臂而日益加剧。然而，直到1895年末，乐观的恩格斯依然在宣扬他那推动革命进展的作为短期措施的渐进主义策略。

1895年为马克思《1848年至1850年的法兰西阶级斗争》所写的导言

在对恩格斯1895年为马克思《1848年至1850年的法兰西阶级斗争》所写的导言进行解释之前——这个文本也常被视为恩格斯的政治遗嘱——有必要简要地回顾围绕这个文本之"正确"版本而引发的持续争论。当恩格斯在1895年早期完成此文章的初稿时，德国议会的代表正在热议所谓的"革命法案"——一个限制工人运动的法案。于是，政治事件的考量又一次支配了理论的反思。为了缓解社民党执行委员会的担忧，恩格斯不情愿地同意对某些文本做了删减，以防止保守党将其视为社会民主党颠覆政权的证据。但在恩格斯发表其文章之前，作为著名的社民党机关刊物《前进报》主编的李卜克内西却设法取得了该文稿，在未取得恩格斯同意的前提下，李卜克内西断章取义地修改了文稿。恩格斯对此极为生气，他说："使我惊讶的是，今天我发现，《前进报》事先不通知我就发表了我的《导言》的摘录，在这篇经过修饰整理的摘录中，我是以一个爱好和平的、无论如何要守法的崇拜者出现的。"① 他坚持他自己只是主张"一种适应今日之德国的策略，并对此还存有很多的保留"。随后，他迅速授权并要求将修正过的文稿发表于考茨基的《新时代》，考茨基接受了。恩格斯在与伯恩施坦与费舍尔的两封信中分别确认了这个版本的"合法性"。

1925年，俄罗斯学者、莫斯科马克思恩格斯档案馆馆长梁赞诺夫，为了迎合当时的中央执行委员会而出版了删节本，他还错误地认为这个版本违背了恩格斯的意愿。正如肯德尔·罗格所言，梁赞诺夫的工作助长了当时存在的普遍误解，即认为恩格斯对李卜克内西《前进报》中节录的抗议，乃是对准导言的《新时代》版本。更不幸的是，这一系列的混淆导致了对恩格斯修正主义等指责的文章的出版。确实，由于担心可能有助于"革命法案"的通过，恩格斯所编辑授权的"考茨基版本"对革命等相关问题未多着墨，的确有违他的柏林同事的意愿。但尽管这个版本认同短期的渐进策略，它依然保持了某种激进的理论蓝图。毕竟，恩格斯认同这些变化，并对该文本的整体内容承担责任。

现在我们来考察这个版本。从一开始，恩格斯就重申了在《共产党宣言》中的革命模式被证明是一种"幻想"："历史表明，我们以及所有和我们有同样想法的人，都是不对的。历史清楚地表明，当时欧洲大陆经济发展的状况还远没有成熟到可以铲除资本主义生产的程度。"②

---

① 《马克思恩格斯全集》第1版第39卷第432页。
② 《马克思恩格斯选集》第2版第4卷第512页。

在这里，恩格斯已经为伯恩施坦后来对"社会主义理论的乌托邦式思考"所进行的批评打开了方便之门。但按照这种说法，如果说马克思恩格斯在1848年的《共产党宣言》是错误的，那么恩格斯认为与威廉政府即将发生的革命性对决就不会又是一个错误吗？与导言中某些开放性的段落相应，恩格斯继续强调未来无产阶级社会革命的领导者再也不能从1789年、1830年与1848年革命的历史先例中寻求指导了。因为后者是少数有意识的组织者领导"乌合之众"以"旧式造反"的方式进行的革命，这也被称为"巷战"的策略。作为一个敏锐的军事历史学者，恩格斯认识到现代军队针对造反者的装备与训练已经明显优于50年前的前辈了。由此而论，1871年巴黎公社给了无产阶级一个沉重而又极有价值的教训，其核心之点就是提醒社民党内的激进分子，一定要抛弃与皇帝武装力量决一死战的诱惑。简单地说，工人运动中正面迎战对手的、旧的策略亟待修正。

  由于党的主要任务就是实现工人运动的迅速发展，恩格斯还以基督教在罗马帝国缓慢而又成功的渗透为参照，建议他的同志们保持并进行一种"阵地战"。按照恩格斯的假设，由于历史的动力是处在工人阶级一方，因此，在合法性的条件下，他们的终极目标更易得到实现。恩格斯指出，普选权作为我们最好的宣传方式"能够震慑敌人，鼓舞士气"，还能作为"指导我们增加力量的有效尺度"。选举只是作为一种有助于党在历史的关键时刻确立自身地位的手段（他认为这个时刻在1900年左右）。在此时刻，普鲁士的士兵都会投票支持社会主义，因此，在这个"摊牌"的时刻，他们是不会遵从皇帝的命令去射击他们的同志的。除了对于缓和当时局势的希望之外，恩格斯无疑还希望在德国出现一轮新的革命高潮。他清楚无误地表明，工人运动的"组织纪律"与"惊人的增长"最终一定会使得德国政府除了废除那些"致命的合法性"之外绝无它途。他希望在那时,社民党能够足够强大并赢得争夺政权的决定性胜利。

因此,经过修正的恩格斯导言的考茨基版本已经确切地表明,恩格斯只是将合法性与渐进主义的策略作为短期的手段。而为了在与威廉政府不可避免的"摊牌"之前为社民党获得宝贵的时间,这显然是最合适不过的策略。在恩格斯看来,那些短视的社会主义起义者与对可能出现大规模欧洲战争抱有错误热情的人也许会经历短暂的失利,但从长期来说,无产阶级是必然会取得胜利的。

但在整体战略上,恩格斯却发现自己与其他重要领导人之间出现了分歧。如倍倍尔就希望工人阶级在一次广泛的经济危机之后夺取政权,而李卜克内西则认为,社民党的新的战略目标乃是假设在议会中取得绝对多数,使得当前的社会自然自发地进入社会主义。与此相反,恩格斯明确地排除了"社会主义首先获得议会大多数进而夺取政权"的可能性。当恩格斯与社民党内其他改良主义者都认同修正党的战略时,实际上他们都是基于对当时德国社会的"社会主义转型"的不同理解而提出了不同理论模型。而新的政治形势也解释了为什么恩格斯——这个建构了马克思主义正统"机会主义"并无情地展示了国际共产主义运动中各种机会主义面目的人——继续着手准备在这个意义上"赋予社民党一个更为宽广的空间,只要它有助于其平稳的增长"。

结 论

恩格斯继续展示其渐进主义的"短期"策略时,还试图提出一种与具体的社会变化从根本上区分开来的潜在的革命理论。而伯恩施坦由于活得更久,且对资本主义的发展得出了更为实际的评估,因此,他是第一个预见在革命的理论与改良主义实践之间长期存在有害分歧的马克思主义理论家:马克思主义理论内部的持续不一致,最终使得其人言人殊。伯恩施坦试图将这种社会主义"理论"的贬值归咎于社民党内不断的官僚化倾向,进而通过为一种"自由的、改良的社会主义"提供成熟的理论论证,以将理论与政治实践匹配起来。正如彼得·盖伊所恰当指出的,"如果没有伯恩施坦,也要创造出一个伯恩施坦来"。原因正在于德国客观的政治经济发展与恩格斯的革命期望已经愈离愈远了。

因此,仅将恩格斯的"修正主义"作为单纯的理论问题展开讨论显然是错误的。正如我在文中所论,讨论的总体框架需要基于恩格斯的晚期著作的历史与政治背景展开认真的再考察。简而言之,学术上对抽象文本进行的集中阐释应该以阐明影响恩格斯所持的马克思主义及其理论前提的政治因素相补充。

(本文译自 1997 年第 2 期 *Political Studies*,原文标题为 "Friedrich Engels and the Origins of German Revisionism: Another Look",注释部分有删节。)

(王时中 译)

图书在版编目（CIP）数据

科学社会主义研究Ⅱ／彭萍萍主编．
—北京：中央编译出版社，2015.4
（马克思主义研究资料／杨金海主编；20）
ISBN 978-7-5117-2603-2

Ⅰ.①科⋯　Ⅱ.①彭⋯　Ⅲ.①科学社会主义理论-文集
Ⅳ.①D0-0

中国版本图书馆 CIP 数据核字（2015）第 067834 号

科学社会主义研究Ⅱ

出 版 人：刘明清
责任编辑：李媛媛
责任印制：尹　珺
装帧设计：田晗工作室
排版制作：北京宏章文化发展中心
出版发行：中央编译出版社
地　　址：北京西城区车公庄大街乙5号鸿儒大厦B座（100044）
电　　话：（010）52612345（总编室）　　（010）52612335（编辑室）
　　　　　（010）52612316（发行部）　　（010）52612317（网络销售）
　　　　　（010）52612346（馆配部）　　（010）55626985（读者服务部）
传　　真：（010）66515838
经　　销：全国新华书店
印　　刷：山东鸿君杰文化发展有限公司
开　　本：787毫米×1092毫米　1/16
字　　数：340千字
印　　张：27.5
版　　次：2015年4月第1版第1次印刷
定　　价：83.00元

网　　址：www.cctphome.com　　邮　　箱：cctp@cctphome.com
新浪微博：@中央编译出版社　　微　　信：中央编译出版社（ID：cctphome）
淘宝店铺：中央编译出版社直销店（http://shop108367160.taobao.com）
　　　　　（010）52612349

凡有印装质量问题，本社负责调换。电话：（010）55626985